国家哲学社会科学成果文库

NATIONAL ACHIEVEMENTS LIBRARY
OF PHILOSOPHY AND SOCIAL SCIENCES

经济全球化条件下产业组织研究

杨蕙馨　吴炜峰　冯文娜　王　军　等著

中国人民大学出版社

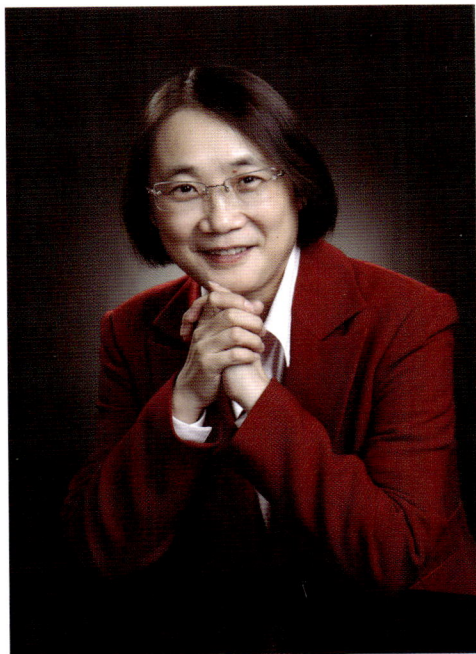

作者简介

杨蕙馨 女，1961 年生，河北邢台人，经济学博士，山东大学二级教授。国务院政府特殊津贴专家，教育部新世纪优秀人才支持计划入选者，山东省政府泰山学者特聘教授，孙冶方经济科学奖获得者。

主要学术成果为：（1）在国内较早进行了企业进入退出及产业组织的研究，并结合国企改革以及国企进入退出问题提出了政策建议，代表性成果《企业的进入退出与产业组织政策》被广泛引用，并先后获孙冶方经济科学奖、教育部高校人文社科优秀成果奖、山东省社科优秀成果一等奖。（2）在国内较早系统地开展了对虚拟企业、企业集群、企业集团、战略联盟、企业网络等介于市场与企业之间的中间性组织的研究，在《中国工业经济》、《南开管理评论》等发表论文近十篇，出版著作《中间性组织研究》，在学界反响较大，被广泛引用、转载。（3）深入研究了经济全球化条件下中国产业组织状况、规模结构的调整变化情况，为政府决策部门提供具有借鉴意义和针对性的产业结构转型对策与产业组织政策。

吴炜峰 男，1979 年生，浙江金华人，经济学博士，现就职于山东社会科学院农村发展研究所。主要从事产业组织、经济增长等领域的研究。目前已在《中国工业经济》、《经济学动态》、《财贸经济》等期刊发表论文 20 余篇，参与完成教育部人文社科重大攻关项目 1 项、国家社科基金项目 3 项，目前主持国家社科基金青年项目 1 项（批准号：11CJY033）。

冯文娜 女，1979 年生，河北沧州人，管理学博士，2008 年 11 月至 2010 年 12 月于山东大学应用经济学博士后流动站从事科研工作，现为山东大学管理学院讲师。研究领域为企业组织与产业组织。在《中国工业经济》、《山东大学学报》、《中央财经大学学报》、《东岳论丛》等期刊发表论文 10 余篇，出版著作一部，主持多项省级课题。

王 军 男，1977 年生，山东泰安人，经济学博士，现为山东大学管理学院副教授。主要从事产业组织与企业组织、企业战略等领域的研究。在《统计研究》、《南开经济研究》等学术期刊发表论文 10 余篇，出版学术专著两部，参编教材若干部。主持和参与省级及以上课题近十项。

《国家哲学社会科学成果文库》
出版说明

为充分发挥哲学社会科学研究优秀成果和优秀人才的示范带动作用，促进我国哲学社会科学繁荣发展，全国哲学社会科学规划领导小组决定自 2010 年始，设立《国家哲学社会科学成果文库》，每年评审一次。入选成果经过了同行专家严格评审，代表当前相关领域学术研究的前沿水平，体现我国哲学社会科学界的学术创造力，按照"统一标识、统一封面、统一版式、统一标准"的总体要求组织出版。

全国哲学社会科学规划办公室
2011 年 3 月

目 录

第1篇 总论篇

第2篇 理论篇

第 3 篇 政策与对策篇

Contents

Part Ⅰ   General Considerations

Part Ⅱ Theoretical Studies

Part Ⅲ Policy Implications and Countermeasures

第 1 篇

总论篇

第 1 章

导　论

　　《世界是平的》一书的作者托马斯·弗里德曼（Thomas Friedman）曾简明、形象地描述全球化是"更远（farther）、更快（faster）、更便宜（cheaper）、更深远（deeper）"[①]。毋庸多言，今日人类的经济活动早已超越国界，通过资本、技术、劳动力、贸易、服务等的统一配置与重组而形成涵盖全球的有机经济整体。在这样一个生产不断国际化、贸易走向自由化、金融逐渐一体化以及"全球统一市场"逐步形成的时代大潮中，一种新的、跨越国界的企业、市场的相互关系得以建立，在使全球经济在所有方面[②]融为一体的同时，也必将给一国产业组织及相关政策带来巨大调整和变革。本章主要介绍选题的背景和意义、国内外研究现状评述、研究总体框架、基本内容和观点、研究的基本思路和方法、研究的重点难点和创新点等。

1.1　经济全球化条件下研究产业组织的意义

1.1.1　选题背景

　　这里从全球化的含义、经济全球化的程度和经济全球化的影响等不同角

---

　　①　托马斯·弗里德曼：《世界是平的》，湖南科学技术出版社 2006 年版。

　　②　关于全球化的范围和广度有不同的观点。如下文提到的经济史学家海尔布罗纳和米尔博格（Heibroner and Milberg）认为：25 年来，金融资本的确流入了亚洲和拉丁美洲的市场，然而，全球化影响的主要是工业化国家和一小部分发展中国家。许多发展中国家，特别是撒哈拉沙漠以南的非洲国家和解体后的苏联系统，被排除在这一过程之外。

度为本书研究建立基本的事实背景。正所谓经济学乃致用之学，能够解释现实并预测未来发展规律或趋势的经济学理论才是"真正的经济学理论"。

1. 全球化的含义

从经济史角度考虑，全球化（globalization）是布雷顿森林体系在上世纪 70 年代初宣告结束，世界进入浮动汇率时代的一个后续事件，但并不是其必然结果。自 1973 年以来，在大多数工业化国家，产出及实际工资的增长都大幅度下降，失业率大幅度上升，收入不平等程度加剧。然而，如果缓慢增长是后布雷顿森林体系时代的一个特征，那么，另一个特征就是经济活动更加国际化。[①]

按照华盛顿 Cato 研究所的布林克·林德塞（Brink Lindsey）在《反抗旧势力》一书中给出的定义，所谓全球化包含三个层面的相互关联的含义：首先是市场活动跨越政治边界，一体化程度加深的经济现象（不管是政治上还是技术上的原因所致）；其次是特定的政治现象，政府对于商品、服务和资本的国际流动设置的限制减少；第三是更广泛的政治现象，国际和国内的政策越来越表现出市场导向的特点。第一层含义的全球化主要是由第二层含义的全球化带来的，而第二层全球化又主要来自第三层全球化的推动。[②]

全球化还具有其非经济方面的含义，波士顿大学的彼得·伯格（Peter Berger）指出了四个方面的文化全球化，即商业价值观的普及、知识价值观的影响、大众商业文化以及宗教运动的扩张（特别是据称在全球拥有 2.5 亿信众的福音会基督教派）。[③] 诚然，推动经济全球化的力量包含社会、心理、道德等，它们深深地影响了今日经济全球化的各个方面，但本书主要研究全球化的政治经济（主要是技术经济）层面，更进一步，特别是研究经济全球化对产业组织的影响。尽管如此，在导论部分有一个更开阔的视角，也是有益的，它们为下面的专题研究提供了更广阔的背景和注脚。

2. 经济全球化的程度

首先，市场导向的改革已经席卷全球，"市场社会"范围不断扩大。苏

---

① 参见罗伯特·L·海尔布罗纳、威廉·米尔博格：《经济社会的起源》（第 12 版），格致出版社、上海人民出版社 2010 年版，第 169 页。

② 参见 Lindsey, Brink, 2002. *Against the Dead Hand：The Uncertain Struggle for Global Capitalism.* Washington DC：John Wiley, 275.

③ 参见 Berger, Peter L., 1997. "Four Faces of Global Culture," *National Interest*, 49：23—29.

联解体后，重新建立了俄罗斯和 15 个小的独立国家，然后开始向市场经济转型。这种转型并非一帆风顺，事实是 1990—1999 年俄罗斯经济大幅跌落（年均 GDP 达到 6.1％的负增长[①]），失业率剧升（2004 年俄罗斯的失业率仍高达 7.8％[②]），通货膨胀严重（2004 年俄罗斯的通货膨胀率达到 10.9％[③]）。但是，改革的进程已经不可逆转，且开始显现成果，2000—2004 年俄罗斯GDP 年均增长 6％。[④] 自 1978 年改革开放以来，中国的市场化进程不断加快，并在此间保持了 30 多年的高速增长。此外，在巴西、墨西哥及印度等国，也显示了"市场社会"的进一步发展。

其次是国际贸易和投资在全球经济活动中的比重不断提高。1950 年全球商品出口占全球 GDP 的比重为 7％，而到 2006 年该比重已达到22.3％[⑤]，增加了 2 倍多。从全球外国直接投资看，上世纪 80 年代以来，其增长速度明显高于世界 GDP 的增速，这在很大程度上反映了跨国并购的影响。到 2002 年，全世界有 63 000 多家公司、超过 850 000 个分支机构和子公司在国外经营业务；这些外国子公司的雇员人数超过 5 300 万人，估计销售额达 170 多亿美元，超过了世界出口总额，是 10 年前销售额的3 倍。[⑥]

第三个方面是国际金融的爆炸性增长。21 世纪外汇市场的日交易量超过 2 万亿美元，甚至超过一年的世界贸易额，外汇买卖量是 20 年前的 10倍。[⑦] 根据《OECD 国际资本市场统计 1950—1995》的数据，国际资本市场融资额在 1988 年为 3 694 亿美元，1995 年达到 8 322 亿美元。世界上市公司已经接近 5 万家，上市公司总市值自 2000 年后就已超过世界各国国内生产总值；2007 年股票交易额占世界各国国内生产总值的比重高达 187.4％，股票交易周转率为 157.2％。[⑧]

---

① 数据来源：*World Development Report*（2006）.
② 数据来源：LABORSTA database（2006）.
③ 数据来源：*World Economic Outlook*（2005）.
④ 数据来源：*World Development Report*（2006）.
⑤ 数据来源：*World Development Report*（2006）.
⑥ 参见罗伯特·L·海尔布罗纳、威廉·米尔博格：《经济社会的起源》（第 12 版）。
⑦ 数据来源：国际结算银行：*Triennial Central Bank Survey*（2005）。
⑧ 资料来源：世界银行数据库。

3. 经济全球化的影响

经济全球化已经成为一个不争的事实，对不同国家、不同时期的影响方向与程度不一，某些国家可能得利更多，同一个国家可能短期获利而长期受损或正好相反。这里只对经济全球化的正面和负面影响分别列举几个主要的方面，但远非全面。

正面影响：

首先是全球意识的兴起。[①] 将世界视为整体的全球意识的发展有很长的历史，其间有两个重要的里程碑。其一是蒙古在 13 世纪对于大部分欧亚大陆的征服，这是人口最多、文化和技术最发达、面积也最大的陆地。其二是 15—16 世纪的地理大发现，使得全球化意识从欧亚大陆扩散到全世界。自此以后，以前彼此孤立的人们日益紧密地联系在一起，人类开始重新认识自身和作为整体的全球。当前的经济全球化以贸易、技术、生产、投资等全方位的方式将全球连为一体，带来了全球意识的最高值，这从支持和反对全球化的人数基本相当能明显地看到。

其次，市场的扩大为专业化经济发展创造了最佳条件。在古典经济学的传统中，认为分工是经济增长的源泉，分工取决于市场的大小，市场大小又取决于运输的条件，这被称为"斯密定理"（Adam Smith, 1776）。经济全球化条件下，运输成本持续降低，据世界银行的数据，今天的船运成本不到 1950 年的一半；由于大规模光缆投资和互联网扩张，通讯成本依照"摩尔法则"每 18 个月降低 50%。生产全球化将生产过程拆分为多个部分，然后在不同的国家依照比较优势原则完成各部分活动。全球产业链已经形成，分工的不断细化、深化使得专业化经济的发展明显提速。本书将在第 2 章中进一步深入探讨专业化经济的影响。

负面影响：

首先，某些国家将面临巨大的贸易逆差和外债。生产要素在全球范围内重新配置的过程中，资本流动性剧增，贸易往来更为频繁。在此过程中，一些国家（甚至部分最发达的国家如美国）可能面临巨大的贸易逆差和外债。

其次，全球协调日趋重要，但协调的难度越来越大。经济全球化通过外

---

① 参见马丁·沃尔夫：《全球化为什么可行》，余江译，中信出版社 2008 年版，第 84—85 页。

资进入、跨国并购和对外贸易等方式对一国经济构成挑战，也存在资本合作、技术模仿和制度学习等多种机遇。放任单边行为，将可能造成"以邻为壑"的政策取向，即本国利益的部分获得以他国利益受损为代价，比如各类保护性贸易政策可能盛行。为了更好地抓住全球化所带来的多种机遇，消除单边政策的不利影响，此时全球协调就十分必要。与此同时，各国之间的冲突也日益增多，使得全球协调的难度越来越大。此外，从企业层面看，经济全球化步伐的加快以及现代科学技术的蓬勃发展，使得合作性竞争已经成为新时期企业必须遵循的竞争规则。本书将在第 5 章中拓展该项专题研究。

最后，国家主权可能被部分地削弱。一方面，随着国际市场变得与国内市场同样甚至更加重要，越来越多的企业开始跨国界经营。企业将追求其在全球市场上的利益最大化，其自身的利益不再与任何国家的利益相一致。另一方面，由于全球协调需要相应的国际治理机构，如世界贸易组织（WTO）、国际货币基金组织（IMF）和世界银行等，为了全球协调的需要，部分国家主权将被削弱。如在欧洲，1997 年的《马斯特里赫特条约》创建了欧洲中央银行，为 11 个欧洲国家管理货币政策。此外，由于欧洲议会和欧洲法院拥有巨大权力，特定国家的主权被严格限制了。

1.1.2　研究的意义和价值

本书研究经济全球化条件下的产业组织及其发展趋势，对经济全球化条件下的产业组织进行理论剖析，并且深入分析开放经济条件下中国产业竞争状况、规模结构的调整变化情况，为政府决策部门提供具有借鉴意义和针对性的产业结构转型对策与产业组织政策。其主要意义和价值为：

一是有助于探索经济全球化条件下的产业组织理论，寻求各国产业组织调整变化的规律和趋势，具有较强的理论价值。产业组织理论是对市场经济发展过程中产业内部、企业之间竞争与垄断以及规模经济与效率的关系和矛盾进行考察研究，目的是探讨这种产业组织状况及其演变对产业内部资源配置效率的影响，为维持公平合理的市场竞争秩序和市场运行效率提供理论依据与政策建议。然而，传统的产业组织理论分析框架以一国国内市场的分析为基础，基本前提和假设是市场范围与企业竞争范围不变。在生产国际化、贸易自由化、金融一体化及全球统一市场逐步形成的时代变局中，市场范围成为影响市场结构、企业行为和市场绩效的一个重要变量，原有的产业组织理论愈显其局限性。因此，进一步探索经济全球化条件下的产业组织理论，寻求各国产业组织调整变化的规律和趋势，具有较强的理论意义。

二是有助于深入分析开放经济条件下中国产业竞争状况、规模结构的调整变化情况，正确把握产业组织及其发展新趋势，具有重要的应用价值。据国家统计局的数据，目前中国经济对外依存度已超 60%。[①] 在中国经济日益融入全球产业分工以及当前全球经济仍处于危机过后调整期的背景下，深入分析经济全球化条件下产业组织、竞争、结构、绩效的调整变化情况，正确把握产业组织及其发展新趋势，顺势对中国产业组织及相关对策进行调整变革，有助于中国经济更好地融入全球经济，获得持续发展的新动力。

三是有助于向政府提供有针对性的产业结构调整政策与建议，对于更好地迎接经济全球化的挑战和面对国际金融危机后更加剧烈的竞争，具有积极的对策价值。当前全球经济已经基本上摆脱了国际金融危机的影响，各国将进入空前的创新密集和产业振兴时期。中国正面临着一个积极促进经济发展方式转变和结构调整的重要战略机遇期，此时正确地把握产业组织及其发展新趋势，制定有针对性的国内产业结构转型对策和产业组织政策，对参与国际分工和竞争、促进经济持续健康发展具有迫切性和关键性。

1.2 国内外产业组织研究前沿与现状评述

1.2.1 国外研究现状评述

国外学者就经济全球化对产业组织形态、企业行为及经济绩效的多方面影响的前沿问题做出了较深入的探讨。

（1）市场范围影响产业组织。全球技术进步尤其是信息技术进步不断加快经济全球化的进程。企业开始在全球范围谋求规模经济和范围经济，市场范围不断拓展，既包括地域范围的拓展，也包括商品范围的拓展。地域范围拓展主要是指原来局限于一国之内的产品生产和销售延伸到该产品可以到达的其他各国，经过许多国家市场的叠加，形成全球化市场范围。萨缪尔森

---

① 参见 http://www.cctv.com/program/jjxxlb/20080805/130051.shtml。

（Samuelson，2003）认为："市场的扩大是垄断和寡占的敌人"，企业进入壁垒在税收、法律、政策等很多方面降低了。[1] 但也有学者认为，随着经济开放程度的提高，一国市场更易受到外来产品和企业的冲击，这将导致国内企业数量的减少及市场集中度的提高。商品范围拓展主要是市场中具有紧密替代关系的商品增多，可以表现为市场成长进程中企业进入以及在位企业不断开发所带来的大量相似产品，这导致商品市场竞争性增强；也可以表现为近些年由技术进步所推动的产业融合。产业融合就是通过技术革新和放宽限制来降低产业间的壁垒，加强不同产业企业间的竞争合作关系（植草益，2001）。[2]

（2）全球化导致国际产业分工调整和业务外包。全球化条件下分工与专业化的广度与深度都得到新拓展，各国无一例外地被卷入全球产业链的分工协作中。芬恩斯特（Feenstra，1998）认为经济全球化中贸易一体化与生产非一体化是一种共生关系，随着产业内贸易量的激增，中间投入品贸易占贸易总量的比重上升，生产非一体化程度也在上升。[3] 安特和赫尔普曼（Antrà and Helpman，2004）建立了一个南北国际贸易模型，借以分析具有不同生产率的企业如何在"内部化"中间投入品的生产或将其外包之间进行选择，其结果将直接影响一国的产业组织形态。[4] 中间品生产者的市场厚度可以影响外包发展水平，格罗斯曼和赫尔普曼（Grossman and Helpman，2005）的研究表明：中间产品生产者的市场厚度主要通过影响中间产品生产者的定制化投资成本、中间产品生产者的期望收益和最终产品生产者的搜索成本等影响外包。[5]

（3）并购向纵深化发展。当突破一国的疆域限制时，并购首先需要在国内和跨国间做出选择；"象吞蛇"、"象吞象"、"蛇吞象"的并购并存，发达国家对欠发达国家企业的并购与某些新兴市场国家对发达国家企业的并购并存。

---

[1]　Samuelson, P. A. , 2003. "Pure Theory Aspects of Industrial Organization and Globalization," *Japan and the World Economy* 15：89—90.

[2]　参见植草益：《信息通讯业的产业融合》，《中国工业经济》2001 年第 2 期，第 24—27 页。

[3]　Feenstra, R. C. , 1998. "Integration of Trade and Disintegration of Production in the Global Economy," *The Journal of Economic Perspectives* 12：31—50.

[4]　Antràs, P. , E. Helpman. 2004. "Global Sourcing," *Journal of Political Economy* 112：552—580.

[5]　Grossman, G. M. , E. Helpman. 2005. "Outsourcing in a Global Economy," *Review of Economic Studies* 72：135—159.

（4）国际贸易和外国直接投资（FDI）扮演愈来愈重要的角色。各国开始更多地强调报酬递增、规模经济以及产品差异对新时代国际贸易的重要作用（Helpman & Krugman，1987；Eaton & Kortum，2002）[①]，产业内贸易额大幅增加；特别是新兴市场国家鼓励 FDI 流入的主要原因不再仅仅是为了获得资金，而是为了获得技术上的"溢出效应"（Aitken & Harrison，1999；Lu，2007）。[②]

（5）金融一体化促进了国与国之间收益率的收敛。霍克西哈等人（Hoxha et al.，2009）的测算表明，当一国与外部世界实现金融一体化后，其生产率是"封闭"状态下的数倍，在同时考虑 FDI 的作用时，该数字将进一步增大。[③]

（6）科技创新的全球网络逐步形成。研发上的国际合作与协调，可以以较低的成本快速实现技术进步；科技成果的全球共享，促进了全球经济绩效的提高。

上述研究对判明经济全球化条件下产业组织及其发展新趋势具有启发性，其理论与方法对提出新形势下中国产业组织与发展的对策具有借鉴性。但是，这些研究主要是针对西方发达国家或某些国家的特定情况的。

1.2.2　国内研究现状评述

国内对经济全球化条件下企业规模、工业化的战略选择、外包、企业价值链优化、政府政策等有较多研究。

（1）企业规模。刘世锦、冯飞（2002）分析了汽车产业全球化的特征问题及其原因，汽车产业链的全球化配置和巨型汽车企业之间的大规模重组改变了国际汽车产业的竞争格局，使得汽车企业数量越来越少，规模则越来越

①　Helpman E.，P. Krugman. 1987. *Market Structure and Foreign Trade.* Cambridge，MA：MIT Press；Eaton，J.，S. Kortum. 2002. "Technology, Geography, and Trade," *Econometrica*，70：1741—1780.

②　Aitken，B. J.，A. E. Harrison. 1999. "Do Domestic Firms Benefit from Direct Foreign Investment? Evidence from Venezuela," *The American Economic Review*，89：605—618；Lu，C.，2007. "Moving Up or Moving Out? A Unified Theory of R&D, FDI and Trade," *Journal of International Economics*，71：324—343.

③　Hoxha，I.，S. Kalemli-Ozcan, D. Vollrath. 2009. "How Big are the Gains from International Financial Integration?" *NBER Working Paper* No. 14636.

大①；还有学者从跨国公司进入中国的角度剖析了经济全球化所带来的企业规模的变化趋势。

（2）工业化的战略选择。金碚（2001）认为经济全球化背景下的中国工业产业结构的调整必须以全球资源为基点，要致力于国际合作并培育具有全球化经营实力的企业群体②；黄如金（2001）从经济全球化进程所带来的竞争非对称性出发，指出中国应理性地选择战略，充分地利用和挖掘"复杂性动态优势"，增强综合竞争力。③

（3）业务外包。国内学者对外包的起源、性质及其对产业组织的影响进行了研究；此外，鉴于近年来服务外包的重要性，江小涓（2008）从合约理论的角度解释了外包的意义，对服务业中人力资本的特殊性及其对服务业合约性质的影响进行了分析。④

（4）企业价值链优化。吕政等人（2006）认为中国逐步融入了国际产业分工体系，成为承接国际产业转移最重要的国家，这正是中国企业进行价值链优化的大好契机。⑤

（5）政府政策。经济全球化条件下一国产业组织政策要做适当调整以应对来自国际市场的激烈竞争，政府对产业组织的作用有显著的新变化，要在反垄断与竞争政策方面考虑到国家产业安全。卢中原（2007）从世界产业结构调整趋势出发，提出了中国"产业链条全球配置，产业转移层次提高"的一系列对策建议。⑥

这些研究基本代表了新世纪中国产业组织研究的最高水平，与国外研究相比还存在不足：一是研究尚待成体系。目前以"点"上的研究居多，缺乏

---

① 参见刘世锦、冯飞：《汽车产业全球化趋势及其对中国汽车产业发展的影响》，《中国工业经济》2002 年第 6 期，第 5—12 页。

② 参见金碚：《经济全球化背景下的中国工业》，《中国工业经济》2001 年第 5 期，第 5—13 页。

③ 参见黄如金：《经济全球化与中国工业化的战略选择》，《中国工业经济》2001 年第 11 期，第 28—31 页。

④ 参见江小涓：《服务外包：合约形态变革及其理论蕴意——人力资本市场配置与劳务活动企业配置的统一》，《经济研究》2008 年第 7 期，第 5—10、64 页。

⑤ 参见吕政、杨丹辉：《国际产业转移的趋势和对策》，《经济与管理研究》2006 年第 4 期，第 9—14、24 页。

⑥ 参见卢中原：《世界产业结构调整趋势和启示》，《中国产业经济动态》2007 年第 15 期，第 20—27 页。

"点"之间关系及"点"、"面"之间的系统研究。二是理论创新略显薄弱。受中国加入 WTO 时间不长、统计数据不多的限制，实证研究相对缺乏，未能对新形势下中国产业组织及其发展新趋势给予足够重视。三是受理论和方法的限制，对策建议上的分歧较大，政府决策部门较难获得可直接采用的一致性结论与建议。四是缺乏结合当前刚刚摆脱国际金融危机影响和中国国情、具有时代感的对策研究。从当前形势看，经济全球化凸显"双刃剑"作用，亟须加强新形势下中国产业组织与发展的对策研究。

1.3　研究总体框架、基本内容和观点

1.3.1　研究的总体框架

本书在研究经济全球化条件下产业组织理论的基础上，深入分析开放经济条件下产业竞争状况、规模结构的调整变化情况，为政府决策部门提供具有借鉴意义和针对性的产业结构转型对策与产业组织政策。

（1）经济全球化条件下的产业组织理论分析。在把握经济全球化特点与未来发展变化趋势的基础上，分析经济全球化对产业组织影响的作用机理，对经济全球化条件下产业组织变化、影响因素、变化趋势进行研究。主要包括：经济全球化条件下的全球市场重构的趋势判断及作用机理的分析；从分工、专业化理论出发重新理解、阐述"斯密定理"；引入竞争、合作与全球协调的产业组织分析，采用博弈论的方法研究经济全球化条件下的企业行为与竞争态势等。

（2）经济全球化条件下产业竞争状况、规模结构的调整变化情况。分别从经济全球化条件下的市场结构、FDI 与国际产业分工、研发创新、企业竞争态势的新趋势、归核化的战略选择、外包的产业组织分析等角度对经济全球化条件下中国产业竞争状况、规模结构的调整变化情况进行专题研究，以判明经济全球化条件下的产业组织发展的新趋势。

（3）经济全球化条件下中国产业政策的选择。在理论和实证分析的基础上，提出经济全球化条件下中国产业政策选择的相关建议。一是明确中国产业政策的目标，认清政府在产业优化升级中的作用，从全球化视角重新审视竞争与反垄断、产业竞争力提升和产业安全，提出符合中国国情的产业结

构、产业组织政策。二是贯彻科学发展观和可持续发展的原则，结合经济全球化条件下国际金融危机对中国宏观经济及产业发展的后续影响以及产业转型升级的要求，从产业结构转型、重点产业振兴、战略性新兴产业发展、竞争力提升、创新等方面提出对策。

1.3.2 研究的基本内容

本书分三篇：

第1篇：总论篇。包括"导论"以及"经济全球化、专业化经济与全球协调"两章内容，它们构成本书研究的背景性分析。

第1章"导论"。主要介绍经济全球化条件下研究产业组织的意义、国内外产业组织研究的前沿与现状评述、研究总体框架、基本内容和观点、研究的基本思路和方法、研究的重点难点和创新点等。

第2章"经济全球化、专业化经济与全球协调"。本章在把握经济全球化特点与未来发展变化趋势的基础上，分析全球化的经济影响的作用机理，对经济全球化条件下产业组织变化、影响因素、变化趋势进行研究，为下面各章节的深入分析提供背景支撑和相关方法导向。主要内容是：首先讨论经济全球化条件下的全球市场重构，建立经济全球化的基本背景；其次从分工、专业化理论出发重新理解、阐述"斯密定理"；最后引入竞争、合作与全球协调的产业组织分析，采用博弈论的方法研究经济全球化条件下的企业行为与竞争态势。

第2篇：理论篇。采用理论与实证相结合的方法详细分析经济全球化条件下产业组织发展的新趋势。一是对全球及中国主要产业的产业组织现状进行研究，涉及全球和中国主要产业的市场结构与企业行为两方面。市场结构的实证研究包括集中度、规模、进入壁垒等，企业行为的实证研究包括跨国并购、价格竞争、产品差异化、创新、竞争与合作等。二是根据全球化对产业组织影响及现状的研究，从市场结构、跨国并购、研发创新、竞争态势、企业战略及产业组织形态等多个方面对产业组织发展趋势进行判断，形成研究的主要观点与中国政策的选择。由第3—9章共7章内容组成。

第3章"经济全球化条件下的市场结构"。本章讨论在经济全球化条件下市场范围的变化以及由于这种变化所导致的市场进入壁垒、企业规模和市场集中度的变化，给出经济全球化条件下的市场竞争格局。具体内容如下：首先分析经济全球化条件下的市场范围包括地域范围和商品范围的变化，其次讨论由于市场范围变化所导致的市场进入壁垒的调整和变化，再次分析典型产业的全球企业巨头规模，又次分析市场集中度的变化，最后给出经济全球化条件下市场结构呈现寡头垄断的趋势判断。

第4章"经济全球化条件下的国际贸易与市场结构"。本章是第3章的进一步拓展和深化。经济全球化最显著的影响之一就是促进了国际贸易的发展，不仅是进出口商品的数量和品种越来越多，而且涉及的交易主体也越来越多。国际贸易的扩大，几乎会对每一个产业甚至每一个企业产生直接或间接的影响，从而会影响到市场结构的方方面面。本章在经济全球化的背景下探讨国际贸易的发展对市场结构的影响以及影响的具体过程。具体内容安排如下：首先探讨国际贸易的发展对市场范围和产品差异化的影响，其次探讨国际贸易对市场集中度和企业规模的影响，最后讨论国际贸易对市场进入壁垒的影响。

第5章"经济全球化条件下的FDI与国际产业分工"。经济全球化条件下的FDI表现出了新的趋势和特点，跨国并购取代绿地投资成为FDI的主要方式，发展中国家的对外投资及相互投资增加。同时，全球范围内大规模的FDI与跨国并购对市场结构、投资国与接受国的产业分工及产业结构都产生了深远的影响。主要内容包括：首先分析经济全球化条件下FDI及跨国并购的新趋势及特点，其次分析经济全球化条件下FDI对市场结构的影响，最后分析经济全球化条件下国际产业分工的特点和变化，并提出促进全球价值链重构的措施。

第6章"经济全球化条件下的企业研发创新"。在经济全球化条件下，企业的研发创新行为发生了较大变化，并对既有的市场结构和产业组织产生了巨大影响，有些研发行为（如苹果iPhone的推出完全改造了传统手机业，又如亚马逊网上商城对传统零售业的巨大冲击）具有鲜明的熊彼特式的"创造性毁灭"的色彩。本章主要内容包括：首先分析企业研发创新对市场结构的影响，其次对企业研发创新中重要的标准竞争问题进行深入剖析，最后从产业生态系统角度研究企业研发创新对既有产业生态的破坏及新产业生态系统的形成。

第 7 章"经济全球化条件下的企业竞争态势"。通过对经济全球化条件的剖析，进而研判经济全球化条件下的企业竞争态势，即合作性竞争态势，并分析其对市场结构、绩效的影响关系。主要内容包括：首先剖析经济全球化条件下的企业竞争态势，其次讨论合作性竞争与市场结构的关系，最后论述合作性竞争与绩效的关系。

第 8 章"经济全球化条件下的企业归核化战略"。自 20 世纪 80 年代以来，全球掀起企业重构的浪潮，开始出售和剥离一些业绩不佳的业务来改善企业的整体业绩。归核化已经成为企业战略的一种新选择。主要内容包括：首先在经济全球化条件下对企业多元化进行反思；其次通过对企业归核化的再认识，结合企业核心业务与企业成长的相关理论，检验经济全球化条件下企业归核化趋势；再次分析经济全球化条件下企业归核化途径；最后以百事可乐公司回归核心业务为例，进行企业归核化典型案例分析。

第 9 章"经济全球化条件下的外包"。外包成为一种新的全球产业组织形态。国际分工形式从企业内分工向企业间分工的转变，使非核心业务外包成为实现归核化战略的有效行为选择，经济全球化条件下的外包具有同时节省交易成本和组织管理成本的优势，必然引起市场结构与企业行为的改变，最终影响到产业和企业的绩效。主要内容包括：首先分析外包发展的趋势及其影响因素；其次分析外包对进入壁垒、集中度和企业边界的影响；再次分析外包引起的企业行为的变化；最后分析外包对产业资源配置、产业技术进步和消费者福利的影响。

第 3 篇：政策与对策篇。主要讨论经济全球化条件下各国产业组织政策的新趋势及中国产业组织政策的选择。由第 10 章、第 11 章构成。

第 10 章"经济全球化条件下竞争政策的新动向及国际协调"。自 20 世纪 80 年代以来，伴随着经济全球化进程的加快，国际竞争环境发生了重大变化。在此背景下，世界各国纷纷调整竞争政策以应对经济全球化的挑战。本章分析经济全球化条件下世界竞争政策的新动向及其国际协调问题。主要考察欧盟、美国、日本三个主要经济体竞争政策的新动向，探讨竞争政策的国际协调机制，并对竞争政策的国际协调进行简要评价和展望。

第 11 章"经济全球化条件下中国产业组织的相关政策"。经济全球化已经成为当今全球经济发展的一个不争事实。本章首先在前面各章的基础上总结经济全球化条件下产业组织与发展的几个新趋势，即部分市场结构呈现更显著的寡头垄断趋势、FDI 和跨国并购使国际产业分工进一步细化、经济全球化改变了企业竞争态势、归核化成为企业战略的新选择、外包成为一种新的全球产业组织形态等；然后在总结中国产业政策的发展演变历史的基础上，从设计经济全球化条件下中国产业政策的指导思想、产业结构转型和产业组织政策的变化等不同方面对经济全球化条件下中国产业政策选择做出分析；最后是结论与展望，简要总结本书的主要成果，指出所存在的主要问题和下一步的研究重点。

1.3.3   基本观点

（1）部分产业趋于集中，寡头垄断趋势明显。经济全球化不仅使市场超越国界，从一国扩大到全球，各国市场趋于一体化，而且使进入壁垒降低，一些产业的市场集中度大幅提高，企业规模经济可以在全球实现，导致大企业越来越大，某些企业趋于全球垄断，一改原来通过市场自由竞争提高绩效的局面，而是通过寡头垄断竞争提高绩效。

（2）跨国并购使国际产业分工进一步细化。跨国并购屡屡发生在同一产业内部，既有通过并购扩大规模的，也有通过重组"瘦身"的，导致市场结构变化多样。经济全球化背景下的跨国并购使许多产业涌现出全球主导厂商，而全球主导厂商的出现并未阻碍产业分工的细化和竞争，相反更多厂商试图占据产业链的制高点。

（3）经济全球化改变了企业竞争态势。经济全球化条件下，在同一产业内企业间竞争愈演愈烈的同时，产业链上不同产业内的企业更多地以战略联盟等合作形式共同应对动荡多变的外部环境。"合作性竞争"已经成为企业竞争的一种新方式。

（4）归核化成为企业战略的新选择。巨型企业不单是规模大，而是将业务更多地集中到其资源和能力具有竞争优势的领域，即"归核化"，最终使核心业务具备竞争对手所不具备的产业规模和竞争力，更强化了其寡头垄断地位。

（5）外包成为一种新的全球产业组织形态。国际分工从企业内分工向企业间分工的转变，使非核心业务外包成为实现归核化战略的有效行为选择，全球化条件下的外包具有同时节省交易成本和组织管理成本的优势，必然引起企业边界与规模的变化、市场结构与企业行为的改变。发展中国家通过承接国际外包参与到国际分工体系中来，承接国际外包可以对发展中国家产生产业结构升级、技术外溢以及人力资本效应，推动经济增长方式转变。

（6）各国产业组织政策趋同背景下的中国政策选择。经济全球化已成为一个不争的事实。此次国际金融危机暴露出市场经济的一些弊端，中国产业组织优化和产业竞争力的提升要适应科学发展观的需要，不能单纯依靠市场，政府必须选择一条适应新形势的道路应对发展、应对危机，起到应有的作用。当前全球经济已经基本上摆脱了国际金融危机的影响，全球进入空前的创新密集和产业振兴时期，中国正面临着一个积极促进经济发展方式转变和结构调整的重要战略机遇期，此时正确地把握产业组织及其发展新趋势，制定有针对性的产业结构转型对策和产业组织政策，对参与国际分工和竞争、促进经济持续健康发展具有积极作用。

1.4 研究的基本思路、方法及重点难点、创新点

1.4.1 研究的基本思路、方法

本书研究的技术路线如图 1—1 所示。

（1）基本思路：立足全球化，研究全球产业组织及其发展新趋势，落脚点是中国产业组织优化及产业绩效和安全度的提升，目的在于保证中国经济持续稳定发展。

（2）研究方法：利用经济学相关理论和方法，研究全球及中国主要产业的市场集中度、企业规模、进入壁垒、跨国并购等，分析判断产业组织及其发展新趋势，进而考察各国产业组织政策的调整变化，提出经济全球化条件下中国产业组织的相关政策。

问题的提出 → 第1章：导论 →	研究的背景与意义；国内外研究现状评述；研究的基本思路、方法等	

背景分析与基本理论 → 第2章：经济全球化、专业化经济与全球协调 → 经济全球化条件下的全球市场重构；经济全球化条件下的"斯密定理"；经济全球化与全球协调

理论研究

第3章、第4章：部分产业趋于集中，寡头垄断趋势明显 → 第3章从市场范围、进入壁垒、集中度、经济绩效等方面剖析经济全球化条件下的市场结构；第4章从国际贸易角度深化市场结构的分析

第5章：FDI和跨国并购使国际产业分工进一步细化 → 经济全球化条件下的FDI；经济全球化条件下跨国并购对市场结构的影响；经济全球化条件下的国际产业分工

第6章：企业研发创新对产业组织的影响 → 企业研发创新与市场结构；企业研发创新与标准竞争；企业研发创新与产业生态

第7章：经济全球化改变了企业竞争态势 → 经济全球化条件下的企业竞争态势；合作性竞争与市场结构；合作性竞争与市场绩效

第8章：归核化成为企业战略的新选择 → 经济全球化条件下企业多元化的反思；经济全球化条件下企业战略的转型；经济全球化条件下企业归核化的途径；典型案例分析

第9章：外包成为一种新的全球产业组织形态 → 经济全球化条件下外包的发展趋势分析；全球化条件下的外包与市场结构；全球化条件下的外包与企业竞争行为；全球化条件下的外包与绩效

政策与对策

第10章：经济全球化条件下竞争政策的新动向及国际协调 → 欧盟、美国、日本竞争政策的新动向；竞争政策的国际协调机制

第11章：经济全球化条件下中国产业组织的相关政策 → 经济全球化条件下产业组织与发展的新趋势；中国产业政策的新调整；结论与展望

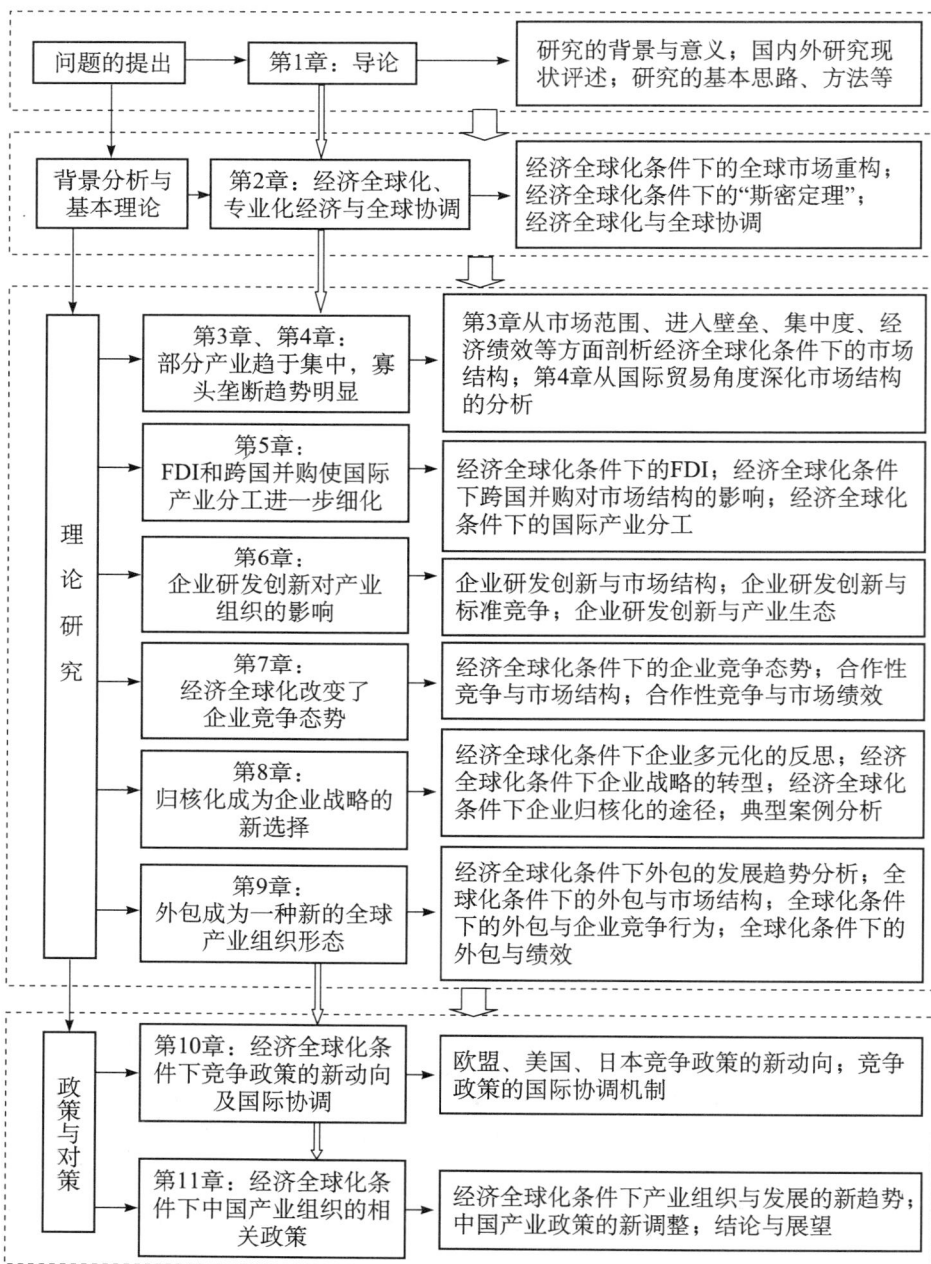

图 1—1   研究的技术路线

1.4.2　研究的重点难点、创新点

1. 重点难点

第一，对产业组织发展新趋势的判断。在全面把握经济全球化发展趋势和特征的前提下，分析经济全球化对产业组织的影响，对经济全球化条件下产业组织出现的新现象和新趋势做出相对准确的判断。本书的研究主要是在主流产业组织理论的 SCP 范式的基础上，加入全球化因素（globalization，简称"G"），考察经济全球化对产业组织的影响关系（参见图 1—2）。① 在市场结构分析方面，本书的研究从市场范围、进入壁垒、集中度、经济绩效等方面并特别从国际贸易的角度剖析了经济全球化条件下市场结构的变动，得出了"部分产业趋于集中，寡头垄断趋势明显"的趋势判断。在企业行为方面，本书的研究主要考察了 FDI 和跨国并购、经济全球化条件下的企业研发创新、经济全球化条件下的企业竞争态势、经济全球化条件下企业战略的转型、外包等方面的企业行为，得出了几大重要的趋势判断，如："FDI 和跨国并购使国际产业分工进一步细化"、"经济全球

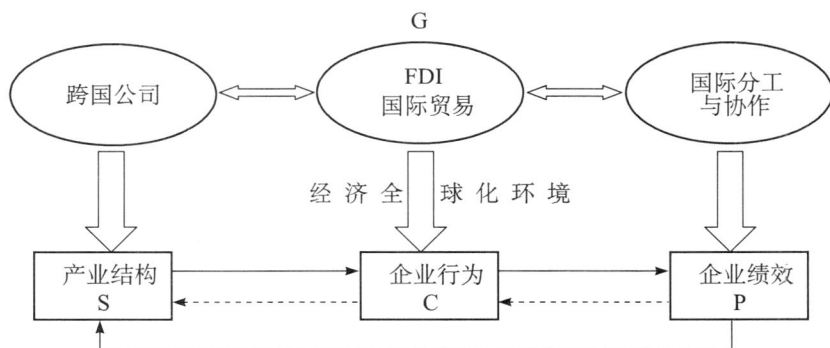

图 1—2　G-SCP 研究范式

① 可以把这一研究方法归结为"G-SCP"范式。经济全球化带来市场范围的扩大，因此市场结构发生一些重大改变，而企业跨越一国疆域的行为与局限于一国的情形也有较大差异；最后，在绩效方面，全球产业链的存在扩大了分工和生产专业化，总体产业绩效有所提升，然而，在产业链的不同环节对产业利润的分配存在不公平和不合理之处，一般地，发达国家在产业分工中占据主导地位，获得绝大部分分工利润。

化改变了企业竞争态势"、"归核化成为企业战略的新选择"、"外包成为一种新的全球产业组织形态"等。对产业绩效的考察则融合在对市场结构和企业行为的分析之中。需要说明的是：区别于国内对研发和创新行为的研究，本书侧重研究企业研发创新行为对产业组织的影响以及全球化条件下产业组织发展新趋势对企业研发创新行为的影响。除了专题研究企业的研发和创新行为，而且在研究 FDI 和跨国并购、合作性竞争、企业战略选择、外包等专题中对它们所涉及的研发和创新行为也做出了相应说明。这样处理之后，本书研究的总体框架层次明晰，重点突出，体现出较高的理论深度和实践指导性。

当前全球经济已经紧密联为一体，一方面带来巨大的一体化收益，另一方面也使得全球经济一荣俱荣、一损俱损，全球经济具有巨大的波动性和不确定性，此时全球协调变得十分重要。从竞争走向合作，从国内合作走向国际协调，是经济发展方式变革的重要方面。因此，本书研究所归纳出的当前产业组织发展新趋势的判断，对当前中国"转方式、调结构"具有较强的现实指导意义。

第二，利用相关产业统计数据进行实证研究。在研究过程中，数据问题仍是主要障碍，有的数据不能获得；有的数据可获得，但不系统（如外包、归核化、专业化、多元化、研发投入、专利数量等），限制了我们的实证研究。在现有数据允许的条件下，本书主要对以下问题做了实证研究：（1）市场结构的实证分析：包括市场范围确定（以国际贸易数据为主）、产业内贸易指数测算、企业规模和市场集中度测算（以世界 500 强数据为主，包括部分产业）等；（2）FDI、跨国并购的相关数据和趋势；（3）对合作性竞争中的"规模联盟"与"关联联盟"的实证分析（以汽车产业为主）；（4）中国部分产业的归核化情况测算（主要利用上市公司数据和中国工业企业主营业务收入数据）；（5）经济全球化条件下外包发展程度的测算（利用 OECD 结构化分析数据库投入产出数据）。这些研究，既可弥补当前相关实证研究的缺乏，又有助于判明市场结构和企业行为的发展新趋势，并具有积极的对策应用价值。

第三，设计符合国情且切实可行的产业组织政策和应对经济全球化与国际金融危机后续影响的对策。如何让设计出的产业组织政策和相应对策可行，具有一定的难度和挑战，关键在于必须有高瞻远瞩的全球眼光和完备的筹划，力争在产业组织的相关政策设计上有一定突破。本书的研究一是明确了经济全球化条件下的中国产业组织政策的目标，认清政府在产业组织优化中的作用，从全球化视角重新审视竞争与反垄断、产业竞争力提升和产业安全，提出符合国情的产业组织相关政策。二是贯彻科学发展观和可持续发展的原则，结合当前基本上摆脱了国际金融危机对中国宏观经济及产业发展的影响，从产业结构调整升级、产业发展、重点产业振兴、战略性新兴产业发展、竞争力提升等方面提出对策。然而，由于经济全球化的影响具有发展性、多变性以及多层次性等显著特征，中国产业组织的相关政策的设计在相对稳定的基础上也需要适时调整变化，同时要设立复合型、多元化的产业组织政策组合以适合不同层面的需要。例如，既要有反垄断与竞争政策，又要有激励自主创新、做大做强的科技创新扶持措施和鼓励适当规模经营的并购政策；既要积极支持全球贸易自由化，又要有确保国内关键产业安全的保护性措施。总之，在经济全球化的复杂环境下，努力营造科学发展和可持续发展的经济社会条件，在设计相关产业组织政策时需要融入更多的"权衡性"特点。

2. 创新点

第一，在对经济全球化条件下产业组织发展新趋势进行分析判断的基础上，提出的主要理论观点具有一定的开创性，符合当前备受重视的产业竞争力提升、产业安全及应对国际金融危机后续影响的需要。本书研究所总结的当前经济全球化条件下产业组织发展的基本趋势是：（1）市场跨出一国疆域范围限制，获得巨大发展，在企业规模、市场集中度、进入壁垒等诸多方面不断地发生着动态调整、变化，带来了市场结构的重塑，部分产业趋于集中，寡头垄断趋势明显。（2）FDI和跨国并购使国际产业分工进一步细化，全球经济竞争的重点已经转变为抢占产业链的制高点。（3）经济全球化改变了企业竞争态势，"合作性竞争"成为企业竞争的新主题。（4）归核化成为企业战略的新选择。（5）外包成为一种新的全球产业组织形态。

第二，对相关产业的产业组织的实证研究，能弥补现有研究的不足，为政府相关部门和企业决策提供理论与实证支撑。在数据允许的条件下，本书研究对市场结构、FDI与跨国并购、合作性竞争、归核化情况、外包发展等几个重要方面做了测算和分析，其中有几个方面（如合作性竞争、归核化情况测算）在国内具有首创性。这些研究既可弥补当前相关实证研究的缺乏，又有助于判明市场结构和企业行为的发展新趋势，并具有积极的对策应用价值。

第三，在当前各国产业组织政策趋同和基本上摆脱了国际金融危机影响的背景下，设计出符合国情且切实可行的产业组织相关政策，真正将研究落实到应用上。本书研究明确了经济全球化条件下的中国产业组织政策的目标，认清了政府在产业组织优化中的作用，从全球化视角重新审视竞争与反垄断、产业竞争力提升和产业安全，提出符合国情的产业组织相关政策。贯彻科学发展观和可持续发展的原则，结合当前基本上摆脱了国际金融危机对中国宏观经济及产业发展影响的背景以及产业转型升级的要求，从产业结构调整升级、产业发展、重点产业振兴、战略性新兴产业发展、竞争力提升等方面提出对策。

第 2 章

经济全球化、专业化经济与全球协调

经济全球化已经成为一个显著的事实。第一，经济的全球化首先体现为市场范围的扩大，几乎在所有市场领域，一国有限的市场日益融入全球更广阔的市场之中。经济全球化也重塑了市场结构，无论是企业规模、市场集中度还是进入壁垒等方面都在不断发生着动态调整、变化。第二，随着经济突破疆域限制而形成一体化的全球市场，有必要在此新的背景下重新理解、阐述"斯密定理"——正是专业化经济和交易成本之间的两难冲突决定了当前全球合作的深度和广度。第三，经济全球化条件下的企业行为、竞争态势与局限于一国之内的情形相比，其变化是革命性的。合作、协调理论成为解释这种变化的一种重要方法。下文将这样安排：首先，讨论经济全球化条件下的全球市场重构，建立经济全球化的基本背景；其次，从分工、专业化理论出发重新理解、阐述"斯密定理"；再次，引入竞争、合作与全球协调的产业组织分析，采用博弈论的方法研究经济全球化条件下的企业行为与竞争态势；最后是本章简短的总结。

2.1 经济全球化条件下的全球市场重构

2.1.1 全球市场的形成

经济的全球化首先体现为市场范围的扩大，几乎在所有市场领域，一国有限的市场日益融入全球更广阔的市场之中。

1. 世界一体的劳动力市场——就业移民与离岸外包并存

哈佛大学经济学教授理查德·弗里曼（Richard Freeman）指出，从上世纪 80 年代开始，全球劳动力的数量和质量都出现了重要的变化。他说："过去二十年来发生的一个极其重要的变化就是全球劳动力规模扩大了一倍。这是我所掌握的重大事实，它对世界各地人们的生活以及全球劳动力市场产生了深远的影响。1985 年参与全球经济市场的南北美洲、西欧、日本、东亚四小龙以及亚洲和非洲部分国家的总人口约为 25 亿；但是到 2000 年，除了古巴和朝鲜之外，世界 60 亿人口几乎全部被融入全球资本生产市场。"[①]

就业移民在世界移民中占据重要地位。从美国的数据来看，自上世纪 90 年代以来，国际移民人口占总人口的比重越来越大，自 2000 年后已经超过 10%；而国际移民就业人口在 2003 年超过 1 900 万，占就业人口的比重高达 14.14%（见表 2—1）。

离岸外包成为一种新趋势。麦肯锡的一份研究报告认为，全世界有 11% 的服务性工作可以异地执行，同时又指出由于管理层的态度、组织结构和规模等原因使得可以离岸外包的工作中真正被外包出去的只是一小部分；并预测总计离岸外包就业机会将从 2003 年的 1 500 000 份工作增长到 2008 年的 4 100 000 份，但仅相当于发达国家服务性工作总数的 1%。[②]

表 2—1　　　美国总人口、国际移民人口与就业人口、国际移民就业人口

	1990 年	1994 年	1995 年	1996 年	1997 年	1998 年
总人口（人）	248 709 873	259 752 000	262 107 000	264 314 000	266 792 000	269 094 000
国际移民人口（人）	19 767 316	22 568 000	24 493 000	24 557 000	25 779 000	26 281 000
国际移民人口占总人口的比重(%)	7.95	8.69	9.34	9.29	9.66	9.77
就业人口（人）	N. A.	N. A.	123 255 000	124 513 000	127 680 000	130 007 000
国际移民就业人口（人）	N. A.	11 706 000	12 980 000	13 203 000	14 524 000	15 260 000
国际移民就业人口占就业人口的比重(%)	N. A.	N. A.	10.53	10.60	11.38	11.74

① 转引自路虎：《一体化进程发挥强大整合推动作用，全球劳动力市场格局渐变》，《中华工商时报》2004 年 11 月 16 日。

② 参见 Farrell, Diana, Martha A. Laboissière and Jaeson Rosenfeld：《新兴全球劳动力市场规模》，https：//china. mckinseyquarterly. com/Economic _ Studies/Productivity _ Performance/Sizing _ the _ emerging _ global _ labor _ market _ 1635。

	1999 年	2000 年	2002 年	2003 年	2004 年
总人口（人）	271 743 000	274 087 000	282 082 000	285 933 000	N. A.
国际移民人口（人）	26 448 000	28 379 000	32 453 000	33 471 000	34 279 585
国际移民人口占总人口的比重（%）	9.73	10.35	11.50	11.71	N. A.
就业人口（人）	131 806 000	134 338 000	135 154 000	136 277 000	N. A.
国际移民就业人口（人）	15 238 000	16 532 000	18 933 000	19 273 000	N. A.
国际移民就业人口占就业人口的比重（%）	11.56	12.31	14.01	14.14	N. A.

说明：N. A. 表示数据缺失。余同。

资料来源：国际劳工组织数据库。

2. 世界一体的资本市场——金融市场与股市的全球震荡

在经济突破一国疆域限制不断走向全面的区域联合和一体化的时代变局中，资本作为经济发展中最活跃的要素，率先实现了大范围的跨国界流动，世界一体的国际资本市场早已成形。从国际资本市场持续扩张的态势看，全球化成为国际资本市场的发展方向和终极目标。

根据《OECD 国际资本市场统计 1950—1995》的数据，国际资本市场融资额在 1988 年为 3 694 亿美元，1995 年达到 8 322 亿美元。在 2000 年之前早就超过万亿美元，近年来仍在大幅扩张。从表2—2、表2—3 中可看到，近年来世界上市公司已经接近 5 万家，上市公司总市值自 2000 年后就已超过世界各国国内生产总值；2007 年世界各国股票交易额占世界各国国内生产总值的比重高达 187.4%，股票交易周转率为 157.2%；显然，收入较高的国家资本市场发展得要更好。

世界一体的资本市场在加快资本在全球间流动和更高效配置的同时，也带来了金融市场与股市的全球震荡。本次美国房产次贷危机在短时间内波及全球各地的资本市场，带来全球的金融危机，并进而危及实体经济，造成一次全球性的经济危机，从中可见经济一体化所带来的世界金融、资本市场的紧密联系程度。

表 2—2　　　　上市公司数和上市公司总市值占国内生产总值的比重

国家和地区	上市公司数（家）			上市公司总市值占国内生产总值的比重（%）		
	2000 年	2006 年	2007 年	2000 年	2006 年	2007 年
世界	47 877	50 264	49 913	102.4	111.8	121.7
高收入国家	25 304	30 444	29 505	116.9	123.5	123.9

续前表

国家和地区	上市公司数（家）			上市公司总市值占国内生产总值的比重（%）		
	2000 年	2006 年	2007 年	2000 年	2006 年	2007 年
中等收入国家	20 998	18 039	18 626	36.6	75.2	118.2
低收入国家	1 575	1 781	1 782	7.9	23.3	39.9
中国	1 086	1 440	1 530	48.5	91.3	189.8

资料来源：世界银行数据库。

表 2—3   股票交易额占国内生产总值的比重及股票交易周转率（%）

国家和地区	股票交易额占国内生产总值的比重			股票交易周转率		
	2000 年	2006 年	2007 年	2000 年	2006 年	2007 年
世界	152.5	141.7	187.4	122.3	129.9	157.2
高收入国家	178.2	172.4	218.5	130.5	149.4	180.8
中等收入国家	33.8	39.5	95.2	78.6	63.5	86.1
低收入国家	14.7	25.7	24.4	N. A.	79.3	80.2
中国	60.2	61.5	237.5	158.3	102.0	180.1

资料来源：世界银行数据库。

3. 世界一体的能源市场——油气产品的全球定价

与全球庞大的经济活动量相关，世界能源的产量和消费量也十分庞大。根据联合国《能源统计年鉴（2005）》的数据，世界一次能源生产量为 997 963 万吨标准油，中国一次能源生产量占世界一次能源生产量的 13.69%；世界能源消费量也高达 939 810 万吨标准油，中国能源消费量占全球能源消费量的 14.95%。从万美元国内生产总值能耗来看，近年来世界万美元国内生产总值能耗一直在降低，但直到 2005 年还在 2.49 吨标准油左右；中低收入国家的能耗要远高于世界平均水平，中国 2005 年的能耗也高达 7.65 吨标准油（见表 2—4）。

表 2—4   万美元国内生产总值能耗   单位：吨标准油/万美元

国家和地区	2000 年	2001 年	2002 年	2003 年	2004 年	2005 年
世界	3.08	3.12	3.06	2.82	2.62	2.49
低收入国家	13.09	13.32	12.53	11.83	10.58	9.42
中等收入国家	7.13	7.11	7.22	6.79	6.15	5.42
高收入国家	2.08	2.10	2.04	1.83	1.68	1.61
中国	9.22	8.33	8.22	8.29	8.19	7.65

资料来源：世界银行数据库。

全球经济一体化的加强，使得全球统一的能源市场开始形成。从最重要的一次能源油气产品（特别是原油）来看，其已经实现全球定价，形成了几大重要的能源市场：

——纽约商业交易所（New York Mercantile Exchange，NYMEX），是全球最大规模的商品期货交易场所。成立于 1882 年，1994 年与纽约商品交易所合并。该交易所主要进行能源和金属的期货与期权交易，产生的价格（特别是原油期货）是全球市场上的基准价格。

——伦敦国际石油交易所（International Petroleum Exchange，IPE），是世界主要石油期货市场之一，是欧洲最重要的能源期货和期权的交易场所。伦敦国际石油交易所的原油价格是观察国际市场油价走向的晴雨表。

——新加坡燃料油市场，在国际上占有重要的地位，主要由三个部分组成：现货市场、普氏（PLATTS）公开市场和纸货市场（Paper Market）[①]。新加坡是世界上重要的成品油市场和集散地，目前燃料油消费国主要集中在东南亚，包括新加坡、中国、泰国、越南等。

此外，石油输出国组织（Organization of Petroleum Exporting Countries，OPEC），是最重要的国际性石油组织，成立于 1960 年，随着成员的增加，OPEC 成员国已经遍及亚洲、非洲和拉丁美洲的一些主要石油生产国，通过石油生产配额制等手段，对保持全球原油市场价格稳定具有主导地位。

最后，由于化石能源消费将产生温室气体问题，这时国际的能源合作与协调显得更为重要。二氧化碳的排放量已经从 1990 年的 209 亿吨增长到 2007 年的 288 亿吨，根据国际能源署《世界能源展望 2009》估计，到 2020 年还会增长到 345 亿吨，2030 年则达到 402 亿吨，整个预测期内以年均 1.5% 的速度增长；要把全球平均气温上升超过 2℃的概率控制在 50% 以内，全球与能源相关的二氧化碳排放量要在 2030 年下降到 264 亿吨。到目前为止，世界性的气候会议并没有达成有效的减排方案。

4. 世界一体的粮油市场——开始凸显的中国粮油产业安全问题

粮油产品是对谷类、豆类、油料及其初加工品的统称。粮油产品不仅是人体营养和能量的主要来源，也是轻工业的主要原料，还是畜牧业和饲养业的

---

① 新加坡纸货市场大致形成于 1995 年前后，属于衍生品市场，但它是 OTC 市场，而不是交易所场内市场。纸货市场的交易品种主要有石脑油、汽油、柴油、航煤油和燃料油。

主要饲料。从总量上看，世界粮油产量巨大：2007 年世界谷物总计 234 242.7 万吨，大豆 21 614.4 万吨，花生 3 485.6 万吨，油菜子 4 947.9 万吨。①

在经济一体化的条件下，世界粮油市场已经成型。成立于 1848 年的芝加哥期货交易所是当前世界上最具代表性的农产品交易所。② 芝加哥期货交易所的玉米、大豆、小麦等品种的期货价格，不仅成为美国农业生产的重要参考价格，也成为国际农产品贸易（特别是玉米、大豆、小麦）中的权威价格。此外，泰国大米市场所形成的大米价格是全球米价的基准。

由于粮油在国民经济中的基础地位，全球经济一体化也对中国粮油安全构成了巨大挑战。据统计，2007 年中国食用油的对外依存度高达 59%，6.2% 的外资企业控制着全国 45.6% 的产量，产值和利润分别占到 46.8% 和 56.3%；此外，外资通过收购、参股国内大型粮油企业获得大豆进口权，全国 97 家大型油脂企业中，外资就控制了 64 家，占总数的 66%。③ 自 1996 年起，中国由大豆净出口国转变为净进口国。2007 年大豆进口量高达 3 082 万吨，比 2000 年的 1 042 万吨增加 1.95 倍，年均增长 16.7%。大豆进口量占 2007 年世界贸易量的 40.9%，比 2000 年提高 22.0 个百分点。大豆进口依存度从 2000 年的 48.1% 增至 2007 年的 78.7%。④

5. 世界一体的工业基础原材料市场——以国际铁矿石价格谈判为例

作为全球产业链基础环节的工业基础原材料，已经形成全球性的谈判交易市场。以铁矿石价格形成为例，全球铁矿石价格是根据国际三大铁矿石生产商与主要钢铁生产商商定的合同价格确定的。该谈判定价体系自 1981 年起运行，每年第四季度开始，由世界主流铁矿石供应商与其主要客户进行谈判，决定下一财政年度铁矿石价格（离岸价格），任何一家矿山与钢厂达成铁矿石买卖合同，则其他各家谈判均接受此结果。谈判分为亚洲市场和欧洲

---

① 　资料来源：联合国粮农组织数据库。

② 　芝加哥期货交易所不仅限于农产品期货交易，还为中长期美国政府债券、股票指数、市政债券指数、黄金和白银等商品提供期货交易市场，并提供农产品、金融及金属的期权交易。

③ 　转引自人民网，http：//mnc. people. com. cn/GB/8210270. html 。

④ 　参见国家发改委：《促进大豆加工业健康发展的指导意见》，http：//www. sdpc. gov. cn/zcfb/zcfbtz/2008tongzhi/W020080903348646793665. pdf。同时，据海关总署的数据（http：//www. drcnet. com. cn/DRCNet. Common. Web/DocViewSummary. aspx? docId=2119791&leafId=3063）：2009 年中国进口大豆 4 255 万吨，同比增长 13.7%，而中国 2009 年国产大豆产量在 1 600 万吨左右，中国食用油原料严重依赖外部市场。

市场。中国是全球最大的钢铁生产国和铁矿石进口国。2009 年进口铁矿石 6.3 亿吨，对外依存度从 2002 年的 44％提高到 69％。自 2003 年底起，宝钢（2009 年起为"中钢协"）作为中国钢铁业的代表，开始参与亚洲铁矿石价格谈判（2004 矿石年度），谈判格局是三对三，即供方——澳大利亚的必和必拓（BHP-Billiton）、力拓（RIO Tinto）和巴西淡水河谷（Vale），需方——宝钢（2009 年起为"中钢协"）、新日铁和欧洲钢厂。

中国参与国际铁矿石谈判的具体过程是：2003 年底宝钢开始参与国际定价谈判，但没有发挥实质性的作用，接受了新日铁公司的谈判结果，价格涨幅 18.6％；2005 年国际铁矿石供应价格暴涨 71.5％，中国钢铁企业为此多付出了 200 亿—300 亿元人民币的进口成本；2006 年的铁矿石谈判是从 2005 年 10 月 24 日开始的，历经 7 个月最终达成协议，19％的涨价幅度仍高于市场预期，这使 2006 年中国进口铁矿石成本增加了 70 亿—80 亿元人民币；2007 年的铁矿石谈判是从 2006 年 11 月开始的，由于中国钢铁企业走向联合，中国企业首度取得首发定价权，12 月 22 日，代表中国钢铁企业的宝钢集团与巴西淡水河谷公司就 2007 年国际铁矿石价格谈判达成一致，铁矿石价格上涨 9.5％；2008 年 2 月、6 月、7 月达成的谈判结果是铁矿石价格上涨 65％、79.88％不等；2009 年 8 月中钢协与澳大利亚 FMG 集团达成的谈判结果为铁矿石价格下调 35.02％；2010 年铁矿石谈判进展艰难，3 月中钢协确认巴西淡水河谷要求将铁矿石提价 90％—100％[1]；4 月中旬无论钢价还是矿价都达到年内高点，4 月 23 日矿价报 190 美元/吨—193 美元/吨，7 月进口铁矿石每吨跌 65 美元，价格"缩水"近 1/3。[2] 中国钢铁工业协会等机构 2011 年 9 月 20 日在北京宣布推出"中国铁矿石价格指数"，并从 10 月起按周公开发布，该指数将引导钢铁企业降低成本，合理发展，打破国际三大铁矿石巨头的垄断格局。[3]

6. 世界一体的商品货物市场——货物进出口总额逐年增加

国际商品货物贸易由来已久，如古代中国与欧亚各国往来的"丝绸之

---

① 参见《中钢协确认巴西淡水河谷要求将铁矿石提价 90％～100％》，http：//finance. ifeng. com/news/special/tiekuangshi/industry/20100319/1945778. shtml。

② http：//finance. ifeng. com/news/special/tiekuangshi/20100713/2400898. shtml.

③ http：//www. chinanews. com/cj/2011/09 - 20/3341091. shtml.

路"。15 世纪末至 16 世纪初的地理大发现，推动了国际贸易的发展。工业革命后，由于生产力迅速提高，商品生产规模不断扩大，国际贸易迅速发展，并开始具有世界规模，当时参与国际贸易的商品主要是一般消费品、工业原料和机器设备。19 世纪末进入帝国主义时期后，形成了统一的无所不包的全球经济体系和世界市场。二战后，国际贸易进一步扩大和发展，贸易中的制成品已超过初级产品而占据主导地位，新产品不断涌现，交易方式日趋灵活多样。当前世界主要国家和地区货物进出口总额由 1990 年的不到 7 万亿美元剧增到 2007 年的 28 万多亿美元；中国的货物进出口总额占世界的份额由 1990 年的 1.65% 增加到 2007 年的 7.71%。[①]

7. 世界一体的服务市场——金融服务、网络通讯服务、生产服务、生活服务的全球供给

如前文所述，世界主要国家和地区服务贸易进出口总额由 1990 年的 1.6 万亿美元剧增到 2007 年的 6.3 万亿美元；中国的服务贸易进出口总额占世界的份额由 1990 年的 0.61% 增加到 2007 年的 4.05%。[②] 此外，随着全球资本、金融市场的形成，金融服务已经全球化；随着通讯基础设施的全球互联互通，网络通讯服务已遍及全球；从生产协作的全球网络到分销、零售的全球网络，各类生产、生活服务的全球供给已经变成现实。

2.1.2　全球市场重构[③]

经济全球化重塑了市场结构，无论是企业规模、市场集中度还是进入壁垒等方面都在不断发生着动态调整、变化。

1. 企业规模：两极化趋势明显

经济全球化条件下的企业规模呈现两极化趋势：一方面，巨型企业不断涌现；另一方面，中小企业通过创新也不断成长。

根据《财富》杂志公布的"2009 世界企业 500 强"数据，其营业收入总额达到 251 755 亿美元的庞大规模（相比较，2008 年全球 GDP 总量为 605 870

---

①　资料来源：世界贸易组织数据库。

②　资料来源：世界贸易组织数据库。

③　此处与本章第三节的部分内容已经作为阶段性成果发表，参见杨蕙馨、吴炜峰：《经济全球化条件下的产业结构转型及对策》，《经济学动态》2010 年第 6 期，第 43—46、151 页。

亿美元①），净利润总额为 8 220 亿美元，资产总额为 1 000 400 亿美元，营业收入较上一年度增长了 6.6％，净利润下降了 48.3％，总资产下降了 4.6％；本次入围门槛为 185.7 亿美元，比上年增长 11.3％；其中能源、金融产业占据了最重要的地位。入围世界 500 强的 34 家中国内地企业的营业收入总额为 1 660.8 亿美元，利润 975.2 亿美元；营业收入在世界 500 强中所占份额为 6.6％，净利润占世界 500 强净利润总额的 11.9％。从"2009 中国企业 500 强"看，其营业收入总额折合 36 805 亿美元（按当年汇率折算，下同），净利润总额折合 1 706 亿美元，资产总额折合 104 937 亿美元。"2008 中国企业 500 强"的营业收入、净利润总额、资产总额分别相当于"2008 世界企业 500 强"的 12.67％、11.85％、7.79％，而"2009 中国企业 500 强"的营业收入、净利润总额、资产总额分别相当于"2009 世界企业 500 强"的 14.62％、20.75％、10.49％，所有比例较上年均有明显提高。②

随着巨型企业不断涌现，中小企业的活力并没有被扼制，反而在不断增强。从表 2—5 可以看到，2002—2005 年世界范围内新注册企业占企业总数比重已经由 7.9％增加到 8.6％，其中低收入国家的比重由 4.3％增加到 6.5％，中等收入国家的比重由 7.5％增加到 8.2％，中、低收入国家的比重由 6.8％增加到 7.8％，高收入国家的比重由 9.4％增加到 10.0％。从新登记注册企业数看，2002—2005 年世界范围内新注册企业数由 1 952 413 个增加到 3 657 114 个，其中低收入国家新注册企业数由 26 801 个增加到 35 830 个，中等收入国家新注册企业数由 702 430 个增加到 1 397 560 个，中、低收入国家新注册企业数由 729 231 个增加到 1 433 390 个，高收入国家新注册企业数由 1 223 182 个增加到 2 223 724 个。③

表 2—5　　　　　　　　新注册企业占企业总数比重（％）

国家和地区	新注册企业占企业总数比重			
	2002 年	2003 年	2004 年	2005 年
世界	7.9	8.0	8.6	8.6
低收入国家	4.3	5.5	5.1	6.5
中等收入国家	7.5	7.5	7.9	8.2

---

① 资料来源：世界银行数据库。

② 参见中国企业联合会、中国企业家协会课题组：《2009 中国与世界企业 500 强对比分析》，http://www.hzqlw.com/newql/xinxi.asp? id＝2946。

③ 资料来源：世界银行数据库。

续前表

国家和地区	新注册企业占企业总数比重			
	2002 年	2003 年	2004 年	2005 年
中下等收入国家	7.8	7.0	7.1	7.5
中上等收入国家	7.1	8.2	9.1	9.0
中、低收入国家	6.8	7.1	7.5	7.8
东亚和太平洋	3.0	3.1	1.9	7.6
欧洲和中亚	6.6	6.9	7.4	8.2
拉丁美洲和加勒比	7.2	8.1	8.4	8.4
中东和北非	9.8	8.2	8.7	7.9
南亚	5.0	5.9	6.6	7.7
撒哈拉以南非洲	6.1	7.0	6.6	6.6
高收入国家	9.4	9.3	10.1	10.0
非经合组织成员国	8.3	8.8	10.1	10.6
经合组织成员国	9.8	9.4	10.0	9.8

资料来源：世界银行数据库。

　　具体到某一国，由于外资企业的进入以及伴随而来的内外资企业的激烈竞争，某些产业的市场集中度不升反降或先降再升。以中国汽车产业为例，中国汽车产业的发展从 1953 年在长春兴建第一汽车制造厂开始，尽管产销量小，但整个计划经济年代产业集中度非常高，三大厂商集中度 CR_3 大都在 60％以上。[1] 改革开放以来，中国汽车产业不断发展壮大，并开始了由计划经济体制向市场经济体制的艰难转型，其间汽车产业集中度继续下降，例如 1981 年集中度 CR_3 为 62.60％，1987 年集中度 CR_3 急剧降为 32.50％。[2] 进入 20 世纪 90 年代，由于跨国公司大规模投资，中国汽车产业得到巨大发展，汽车产业集中度开始逐步回升；然而也存在波动性，CR_4 从 1994 年的 44.2％降到 2001 年的 41％后又开始上升，而 CR_8 从 1996 年的 66.2％先降到 2001 年的 63％再开始上升（见表 2—6）。汽车产业发展受产业政策影响较大，2006 年国家发改委发布《关于汽车工业结构调整意见的通知》，鼓励"汽车生产企业之间的跨地区、跨部门联合重

---

①　参见张宏：《跨国公司与东道国市场结构》，辽宁大学博士学位论文，2004。
②　参见严帅：《中国汽车产业集中度研究》，重庆大学硕士学位论文，2009。

组，培育具有国际竞争力的大型企业集团"，2009 年国务院通过《汽车产业调整和振兴规划》以扩大内需，应对国际金融危机。受这些产业政策的影响，汽车产业集中度进一步提升。据中国汽车工业协会统计，2009 年销量排名前十位的汽车生产企业共销售汽车 1 189.33 万辆，占汽车销售总量的 87%[①]。

表 2—6　　　　　　　　　　　中国汽车产业集中度（%）

年份	集中度		年份	集中度	
	CR_4	CR_8		CR_4	CR_8
1994	44.2	61.7	2001	41.0	63.0
1995	42.5	62.0	2002	56.7	75.9
1996	46.0	66.2	2003	55.9	71.8
1997	43.6	63.8	2004	58.4	79.7
1998	42.8	66.2	2005	56.6	78.4
1999	43.6	64.8	2006	55.9	78.1
2000	40.9	62.7	2007	53.2	73.6

资料来源：根据《中国汽车工业年鉴》（1995—2008）相关数据计算而得。

2. 经济全球化对进入壁垒的影响：内容多样、形式多变

总体而言，经济全球化消融了一些"生产者保护"类的进入壁垒（如传统关税、非关税贸易壁垒等），然而新的"生产者保护"类壁垒（如标准壁垒）以及"消费者保护"类壁垒（如绿色壁垒、消费者权益保护类法律壁垒）等也在不断产生、增加。

经济全球化的一个重要方面是世界一体的市场形成和发展。随着对外贸易和跨国直接投资的发展，传统的"生产者保护"类的进入壁垒不断消融。关税壁垒随着 WTO 的成立和各种双边、多边关税协议的达成，已经大幅降低。中国自 2002 年起逐年调低进口关税，关税总水平由 15.3% 调整至 2009 年、2010 年的 9.8%，农产品平均税率由 18.8% 调

---

① 参见《2009 年前十位汽车生产企业销量排名》，http://www.caam.org.cn/zhengche/20100122/1005034794.html。

整至目前的 15.2％，工业品平均税率由 14.7％调整至目前的 8.9％。[①]
而多哈回合谈判有助于促进各国削减贸易壁垒、达成市场准入和一个更公平的贸易环境。在 FDI 方面，2000 年世界范围内的 FDI 流入为 13 981.83亿美元、流出为 12 316.39 亿美元，2007 年 FDI 流入达到18 333.24亿美元、流出为 19 965.14 亿美元；2000 年中国 FDI 流入为 407.15 亿美元、流出为 9.16 亿美元，2007 年 FDI 流入达到 835.21 亿美元、流出为224.69 亿美元。[②] FDI 起到绕过关税和非关税壁垒以在全球范围内优化配置资本的作用。

然而新的进入壁垒也在不断产生、增加。如以标准壁垒为代表的新的"生产者保护"类壁垒，主要有各类技术标准、技术认证，还有以"消费者保护"为名的各类绿色、法律壁垒，如环保标准壁垒、动植物检验检疫标准壁垒、包装与标签标准壁垒以及 ISO 14000 环境管理体系标准和环境标志壁垒、企业社会责任和认证标准壁垒等。这些新的进入壁垒并非一定是有害的，特别是某些"消费者保护"绿色壁垒，然而如果手续过于复杂、遵循成本较高或具备某些特别苛刻而实质对消费者保护无益的条款，实质上已构成了对社会福利的一种损失，也就成了一种进入壁垒。

总之，分析经济全球化对进入壁垒的影响，要特别注意壁垒内容的多样性和形式的多变性，并从其对社会福利损失影响的角度进行准确界定。

2.2 经济全球化条件下的"斯密定理"

斯密对分工的著名论述，被称为"斯密定理"，认为分工是经济增长的源泉，分工取决于市场的大小，市场大小又取决于运输的条件（Adam Smith，1776）。在经济全球化条件下，市场早已突破疆域限制而形成一体化

---

① 参见《财政部：到 2010 年中国入世降税承诺将全部履行完毕》，http://news.xinhuanet.com/fortune/2009 - 12/15/content _ 12651301. htm.

② 资料来源：联合国贸易和发展会议数据库。

的全球市场，有必要在此新的背景下重新理解、阐述"斯密定理"——正是专业化经济和交易成本之间的两难冲突决定了当前全球合作的深度与广度。[①]

2.2.1　经济全球化条件下交易效率的改进

1. 交通运输条件不断改善

从公路货运客运周转量来看，近年来大部分国家的货运客运周转量都有所增加。中国的公路货运客运周转量大幅提高：其中公路货运周转量从 1998 年的 5 483.4 亿吨公里提高到 2005 年的 8 693.2 亿吨公里；公路客运周转量从 2000 年的 6 657.4 亿人公里提高到 2005 年的 9 292.1 亿人公里（见表 2—7）。

在铁路运输方面，尽管高收入国家的铁路货运周转量增长缓慢，甚至铁路客运周转量略有降低，但发展中国家的铁路运输能力增长迅速。中国的铁路货运周转量从 2000 年的 13 336.06 亿吨公里增加到 2005 年的 19 346.12 亿吨公里，铁路客运周转量则从 2000 年的 4 414.68 亿人公里增加到 2005 年的 5 833.2 亿人公里。[②]

---

　① 以配第（Petty，1683）、杜阁（Turgot，1766）、斯密等为代表的古典经济学家，重点关注了分工对经济发展的作用，马歇尔在《经济学原理》一书中将分工的网络描述成了经济组织，但基于诸如不能有效处理角点解之类技术方面的原因而被略过，转而重点讨论了新古典供求的边际分析方法和理论。直到 1928 年，杨格（Young）重新强调斯密关于分工网络的古典一般均衡观点，他认为累进的产业分工和专业化才是递增报酬实现过程中的一个关键，这就要求将整个经济的运作都视为一个相关的整体，进而提出了所谓的"杨格定理"，发展了古典经济学的分工理论。而后，罗森（Rosen，1978，1983）、贝克尔（Becker，1981）进一步强调了分工、专业化理论在现代经济分析中的重要性。对分工、专业化理论的一个巨大推进归功于杨小凯等人开创的"新兴古典经济学"。与新古典经济学关心资源配置不同，新兴古典经济学关心经济组织，使用消费者/生产者的超边际分析解释专业化程度和经济的组织方式。利用新兴古典经济学的分工、专业化的理论框架可以对企业的出现、内生国际贸易、内生经济发展、城市的出现、经济转轨、储蓄与投资、货币的出现以及商业周期等相关经济问题提供视角新颖、论证有力的解释。下文的论述基于新兴古典经济学的两个重要概念，即交易效率与交易成本。交易成本可通过设定一个决定交易的技术条件的运输函数而获得，一般包括运输费用、执行交易的费用、储存费用以及延误运输导致的费用等；交易成本的反面就是交易效率，它源于萨缪尔森的"冰山交易成本"，即一人购买 1 单位产品时，他实际得到的只有 k 单位（交易效率），$1-k$ 单位在交易过程中"融化"掉了（即交易成本）。

　② 资料来源：世界银行数据库。

表 2—7 公路货运客运周转量

国家和地区	公路货运周转量（亿吨公里）			公路客运周转量（亿人公里）		
	2000 年	2004 年	2005 年	2000 年	2004 年	2005 年
中国	5 483.4[a]	7 840.9	8 693.2	6 657.4	8 748.4	9 292.1
柬埔寨	N. A.	N. A.	N. A.	2.0	N. A.	N. A.
印度	8.71[a]	N. A.	N. A.	N. A.	N. A.	N. A.
日本	3 130.7[b]	3 276.3	N. A.	9 512.5	9 475.6	N. A.
哈萨克斯坦	46.4[a]	439.1	471.0	N. A.	852.4	916.5
韩国	N. A.	125.5	125.5	N. A.	832.2	916.7
蒙古	14.8	2.4[c]	N. A.	3.9	5.6[c]	N. A.
巴基斯坦	902.7[a]	N. A.	N. A.	1 970.1	N. A.	N. A.
斯里兰卡	N. A.	N. A.	N. A.	198.6	210.7[d]	N. A.
加拿大	766.9[a]	1 847.7[c]	N. A.	N. A.	4 938.1[d]	N. A.
墨西哥	1 790.9[a]	1 998.0	2 042.2	3 853.0	4 100.0	4 229.2
美国	15 997.5[e]	21 165.3	N. A.	N. A.	78 145.8	N. A.
奥地利	263	264.1[e]	N. A.	N. A.	690.0[e]	N. A.
白俄罗斯	96.9[a]	139.7	150.6	N. A.	93.8	92.3
比利时	325	548.6	N. A.	N. A.	1 266.8[e]	N. A.
捷克	390	466.0[c]	N. A.	733.9	900.6[d]	N. A.
法国	2 665	1 970.0	1 930.0	N. A.	7 810.0	7 710.0
德国	3 472	2 323.0	2 376.1	N. A.	10 627.0[c]	N. A.
意大利	1 848	1 927.0[d]	N. A.	N. A.	975.6[d]	N. A.
荷兰	457	771.0[c]	N. A.	1 939.0[e]	N. A.	N. A.
波兰	695.4[a]	1 104.8	1 197.4	317.4	301.2	293.1
俄罗斯联邦	233	252.0[c]	N. A.	1.7[e]	N. A.	N. A.
西班牙	1 331	1 328.7[c]	N. A.	4 031.7	3 971.2[c]	N. A.
土耳其	1 522.1[a]	1 568.5	1 668.3	1 779.5	1 743.1	1 821.5
乌克兰	182.7[a]	197.3	238.9	310.1	469.4	518.2
英国	1 658	1 630.0	1 630.0	N. A.	7 360.0	7 360.0
澳大利亚	N. A.	1 623.0	1 686.3	N. A.	2 881.6	2 902.8

说明：a 为 1998 年数据；b 为 2001 年数据；c 为 2003 年数据；d 为 2002 年数据；e 为 1999 年数据。
资料来源：世界银行数据库。

在空运方面，世界空运货物周转量从 2000 年的 11 828 121 万吨公里增长到 2006 年的 14 321 222 万吨公里，航空客运量则从 2 000 年的 167 392 万人增加到 2006 年的 207 224 万人；中国的空运货物周转量从 2000 年的 390 008 万吨公里增长到 2006 年的 769 221 万吨公里，航空客运量从 2000 年的 6 189 万人增加到 2006 年的 15 801 万人（见表 2—8）。

表 2—8   空运货物周转量和客运量

国家和地区	空运货物周转量（万吨公里）			航空客运量（万人）		
	2000 年	2005 年	2006 年	2000 年	2005 年	2006 年
世界	11 828 121	13 684 374	14 321 222	167 392	196 940	207 224
高收入国家	9 962 146	11 243 816	11 769 790	135 124	148 655	153 835
中等收入国家	1 727 898	2 292 164	2 394 494	30 118	45 630	50 577
低收入国家	138 076	148 393	156 938	2 151	2 655	2 812
中国	390 008	757 940	769 221	6 189	13 672	15 801

资料来源：世界银行数据库。

自 2000 年以来，大部分国家和地区国际海运装货量与卸货量都有较大幅度增长，中国内地国际海运装货量和卸货量从 2000 年的 122 000 万吨增加到 2006 年的 203 000 万吨（见表 2—9）。世界港口集装箱吞吐量自 2000 年的 22 476 万标准集装箱迅速增加到 2006 年的 41 409 万标准集装箱，中国占世界的份额从 2000 年的 18.24％增加到 2006 年的 20.45％（见表 2—10）。

表 2—9   国际海运装货量和卸货量   单位：万吨

国家和地区	国际海运装货量			国际海运卸货量		
	2000 年	2006 年	2007 年	2000 年	2006 年	2007 年
中国内地	122 000[a]	203 000[a]	N. A.	N. A.	N. A.	N. A.
中国香港	5 642	8 058	8 676	8 911	11 795	11 775
孟加拉国	74	65	61	1 173	1 578	1 508
文莱	8	2	N. A.	85	83	N. A.
印度尼西亚	11 794	27 589	29 042	3 753	7 110	7 643
伊朗	2 554	3 132	3 286	3 738	5 714	6 492
以色列[b]	1 156	1 321	1 479	2 433	1 700	2 872
日本	10 842	N. A.	N. A.	67 212	N. A.	N. A.
韩国	12 565	21 992	23 835	34 902	45 494	48 042
马来西亚	4 569	7 563	8 081	5 768	8 780	9 757
巴基斯坦	514	938[c]	N. A.	2 567	3 296[c]	N. A.
新加坡	27 182[a]	37 357[a]	40 301[a]	N. A.	N. A.	N. A.
斯里兰卡	766	1 096[c]	1 477	N. A.	N. A.	N. A.
埃及	N. A.	1 769[c]	N. A.	N. A.	3 534[c]	N. A.
南非	2 165	N. A.	N. A.	N. A.	N. A.	N. A.
美国	28 612	33 778[c]	N. A.	69 460	78 467[c]	N. A.
阿根廷[d]	1 292	N. A.	1 916	N. A.	N. A.	N. A.

续前表

国家和地区	国际海运装货量			国际海运卸货量		
	2000 年	2006 年	2007 年	2000 年	2006 年	2007 年
法国	5 675	8 388ᶜ	N. A.	16 894	18 925ᶜ	N. A.
德国	7 168	9 750	9 900	12 271	14 892	15 675
荷兰	8 283	N. A.	N. A.	27 089	N. A.	N. A.
波兰	2 627	3 694	2 588	1 318	1 516	2 308
俄罗斯联邦	690	638	N. A.	70	37	N. A.
西班牙	4 689	7 466	N. A.	16 119	21 006	N. A.
乌克兰	3 559	5 699	5 322	570	1 269	1 528
澳大利亚	40 625	53 599	55 898	4 515	6 325	6 661
新西兰	1 845	1 859	1 951	1 149	1 543	1 539

说明：a. 包括装货量和卸货量；b. 不包括石油；c. 2005 年数据；d. 不包括转口。

资料来源：联合国数据库。

表 2—10　　　　　　　　　　　港口集装箱吞吐量　　　　　　　单位：万标准集装箱

国家和地区	2000 年	2001 年	2002 年	2003 年	2004 年	2005 年	2006 年
世界	22 476	23 506	26 343	29 695	33 836	37 617	41 409
高收入国家	14 299	14 525	15 890	17 555	19 395	23 262	24 596
中等收入国家	7 944	8 623	10 160	11 688	13 897	13 781	16 253
中国	4 100	4 473	5 572	6 190	7 473	6 725	8 469

资料来源：世界银行数据库。

2. 信息搜寻成本降低

一个重要方面为通讯硬件设施的加强和国际互联网的普及。世界电话主线由 2000 年的 160.84 条/千人增加到 2007 年的 193.83 条/千人，移动电话由 2000 年的 121.69 部/千人增加到 2007 年的 497.87 部/千人，国际互联网用户由 2000 年的 65.20 户/千人增长到 2007 年的 227.01 户/千人，国际互联网带宽在 2004 年达到 800 兆比特/秒（人均国际互联网带宽在 2005 年达到 515.4 比特/人），个人计算机普及率在 2006 年达到 154.13 台/千人；然而高收入与中低收入国家差距明显；中国的电话主线和移动电话、国际互联网普及情况基本达到中低收入国家的水平（见表 2—11、表 2—12、表 2—13、表 2—14）。

表 2—11　　　　　　　　电话主线和移动电话普及情况

国家和地区	电话主线（条/千人）			移动电话（部/千人）		
	2000 年	2006 年	2007 年	2000 年	2006 年	2007 年
世界	160.84	200.29	193.83	121.69	422.78	497.87
高收入国家	565.41	511.92	488.26	512.53	927.44	969.86
中等收入国家	99.91	167.15	166.52	55.58	383.18	465.94
低收入国家	11.67	37.10	42.87	3.496	132.00	231.81
中国	114.70	280.37	276.86	67.52	351.47	414.62

资料来源：世界银行数据库。

表 2—12　　　　　　　　国际互联网用户　　　　　　　　单位：户/千人

国家和地区	2000 年	2003 年	2004 年	2005 年	2006 年	2007 年
世界	65.20	114.41	134.73	155.59	185.36	227.01
高收入国家	311.99	458.08	520.09	554.86	594.16	635.30
中等收入国家	19.00	57.23	73.96	93.58	127.48	177.48
低收入国家	1.59	14.13	19.76	28.84	38.82	52.14
中国	17.82	61.70	72.52	85.09	104.44	159.09

资料来源：世界银行数据库。

表 2—13　　　　　　　　国际互联网带宽情况

国家和地区	国际互联网带宽（兆比特/秒）		人均国际互联网带宽（比特/人）	
	2000 年	2006 年	2000 年	2006 年
世界	17.0	800.0[a]	101.8	515.4[b]
高收入国家	2 192.5	24 587.0[a]	586.6	4 390.5[a]
中等收入国家	29.5	686.0[a]	3.8	174.6
低收入国家	1.7	20.6[c]	0.2	5.9[b]
中国	2 799.0	256 696.0	2.2	195.7

说明：a 为 2004 年数据；b 为 2005 年数据；c 为 2003 年数据。
资料来源：世界银行数据库。

表 2—14　　　　　　　　个人计算机普及情况　　　　　　　　单位：台/千人

国家和地区	2000 年	2002 年	2003 年	2004 年	2005 年	2006 年
世界	79.89	6.81	79.58	114.76	127.41	154.13
高收入国家	376.52	36.16	397.26	557.59	605.11	675.43
中等收入国家	21.85	3.15	38.95	44.66	52.14	56.03
低收入国家	4.20	0.55	7.87	10.93	15.25	N. A.
中国	16.31	2.77	39.13	40.88	48.69	56.49

资料来源：世界银行数据库。

　　另一方面是世界信息和通讯技术投资力度加大。从信息和通讯技术支出占国内生产总值比重来看，近年来为 6%—7%；中国该项比重相对较高，甚至超过高收入国家的平均水平（见表 2—15）。此外，从人均信息和通讯技术支出来看，世界范围内由 2000 年的 451.66 美元增加到 2007 年的 608.23 美元，中国则由 2000 年的 35.13 美元增加到 2007 年的 192.69 美元，略超出中等收入国家的水平。①

表 2—15　　　　　　　　信息和通讯技术支出占国内生产总值比重（%）

国家和地区	2000 年	2003 年	2004 年	2005 年	2006 年	2007 年
世界	7.28	6.59	6.58	6.58	6.59	6.52
高收入国家	7.92	6.84	6.77	6.78	6.80	6.71
中等收入国家	4.24	5.48	5.78	5.82	5.90	5.95
中国	3.70	7.39	7.77	7.69	7.74	7.75

资料来源：世界银行数据库。

3. 法律制度环境得以改善

从企业开业成本来看，大部分国家和地区企业开业所要办理的手续数有所减少，企业办理开业手续所需时间以及企业登记注册费占人均 GNI（国民总收入）比重下降明显。中国内地除了企业开业所要办理的手续数增加 1 个外，企业办理开业手续所需时间以及企业登记注册费占人均 GNI 比重都有较大降低（见表 2—16）。

表 2—16　　　　　　　　　　　企业开业成本

国家和地区	企业开业所要办理的手续数（个）		企业办理开业手续所需时间（天）		企业登记注册费占人均 GNI 比重（%）	
	2003 年	2008 年	2003 年	2008 年	2003 年	2008 年
中国内地	13	14	48	40	17.8	8.4
中国香港	5	5	11	11	2.4	2.0
孟加拉国	8	7	50	73	63.9	25.7
文莱	N. A.	18	N. A.	116	N. A.	9.2
柬埔寨	11	9	94	85	534.8	151.7
印度	11	13	89	30	53.4	70.1
印度尼西亚	12	11	168	76	136.7	77.9
伊朗	9	8	48	47	6.5	4.6
以色列	5	5	34	34	5.5	4.4
日本	11	8	31	23	10.7	7.5
哈萨克斯坦	10	8	26	21	11.1	5.2

---

① 资料来源：世界银行数据库。

续前表

国家和地区	企业开业所要办理的手续数（个）		企业办理开业手续所需时间（天）		企业登记注册费占人均 GNI 比重（%）	
	2003 年	2008 年	2003 年	2008 年	2003 年	2008 年
韩国	10	10	17	17	18.4	16.9
老挝	9	8	198	103	20.7	14.1
马来西亚	9	9	30	13	25.9	14.7
蒙古	9	7	20	13	16.1	4.0
巴基斯坦	11	11	24	24	40.0	12.6
菲律宾	15	15	60	52	29.9	29.8
新加坡	7	4	8	4	1.0	0.7
斯里兰卡	8	4	58	38	12.3	7.1
泰国	8	8	33	33	6.6	4.9
越南	12	11	63	50	31.9	16.8
埃及	13	6	37	7	65.6	18.3
尼日利亚	10	8	44	31	89.6	90.1
南非	9	6	38	22	9.4	6.0
加拿大	2	1	3	5	0.6	0.5
墨西哥	9	9	58	28	17.6	12.5
美国	6	6	6	6	0.7	0.7
阿根廷	14	15	67	32	12.4	9.0
巴西	17	18	152	152	13.1	8.2
委内瑞拉	16	16	141	141	43.9	26.8
白俄罗斯	16	8	79	31	18.6	7.8
捷克	10	8	40	15	10.0	9.6
法国	8	5	41	7	1.3	1.0
德国	9	9	45	18	5.9	5.6
意大利	9	6	23	10	16.8	18.5
荷兰	7	6	11	10	13.3	5.9
波兰	10	10	31	31	21.2	18.8
俄罗斯联邦	13	8	43	29	12.0	2.6
西班牙	10	10	114	47	16.8	14.9
土耳其	13	6	38	6	36.8	14.9
乌克兰	15	10	40	27	25.6	5.5
英国	6	6	13	13	1.0	0.8
澳大利亚	2	2	2	2	2.0	0.8
新西兰	2	1	12	1	0.2	0.4

资料来源：世界银行：《全球营商环境报告》（2004、2009）。

世界银行《全球营商环境报告（2009）》给出了全球企业经营环境排名
（2008年），排名前十的国家和地区分别是新加坡、新西兰、美国、中国香
港、丹麦、英国、爱尔兰、加拿大、澳大利亚、挪威，它们在包含开办企
业、申请建筑许可、雇佣工人、注册财产、获得信贷、投资者保护、缴纳税
款、跨境贸易、合同执行、关闭企业等方面的营商环境相对较好。中国内地
在参加排名的181个国家和地区中仅排第83位，营商环境亟须提高。

4. 传统关税和非关税贸易壁垒逐步消融

世界贸易额在不断增长。从世界主要国家和地区货物进出口总额来看，
由1990年的不到7万亿美元剧增到2007年的28万多亿美元；中国内地的
货物进出口总额由1990年的1 000多亿元增加到2007年的2万多亿美元
（见表2—17）。同时服务贸易进出口总额大幅增长，世界主要国家和地区服
务贸易进出口总额由1990年的1.6万亿美元剧增到2007年的6.3万亿美
元。① 从货物和服务出口、进口占国内生产总值比重看，世界各国平均在
1/4—1/3，其中低收入国家的比重相对最高（见表2—18）。

表 2—17   世界主要国家和地区货物进出口总额   单位：亿美元

国家和地区	1990 年	2000 年	2005 年	2006 年	2007 年
世界	69 990	131 830	213 420	245 410	281 940
中国内地	1 154	4 743	14 219	17 604	21 737
中国香港	1 671	4 167	5 923	6 584	7 195
孟加拉国	53	153	232	278	310
文莱	32	50	77	93	98
柬埔寨	3	33	70	83	96
印度	415	939	2 425	2 961	3 619
印度尼西亚	475	1 090	1 625	1 839	2 104
伊朗	396	426	963	1 178	1 320
以色列	289	691	899	971	1 131
日本	5 229	8 588	11 116	12 261	13 339
哈萨克斯坦	N. A.	139	452	619	805
朝鲜	48	24	41	44	52

① 资料来源：世界贸易组织数据库。

续前表

国家和地区	1990 年	2000 年	2005 年	2006 年	2007 年
韩国	1 349	3 327	5 457	6 348	7 283
老挝	3	9	14	19	20
马来西亚	587	1 802	2 556	2 918	3 232
蒙古	16	12	22	30	40
缅甸	6	40	57	72	95
巴基斯坦	130	199	414	468	504
菲律宾	212	768	907	1 015	1 085
新加坡	1 135	2 723	4 297	5 105	5 624
斯里兰卡	46	126	152	171	190
泰国	561	1 310	2 283	2 595	2 939
越南	52	301	694	847	1 092
埃及	159	187	305	343	433
尼日利亚	192	297	712	805	950
南非	419	597	1 139	1 355	1 608
加拿大	2 509	5 214	6 825	7 459	8 086
墨西哥	843	3 491	4 465	5 181	5 683
美国	9 106	20 412	26 370	29 547	31 829
阿根廷	164	515	690	807	1 007
巴西	539	1 141	1 962	2 337	2 872
委内瑞拉	248	497	797	988	1 153
白俄罗斯	N. A.	160	327	421	530
捷克	N. A.	611	1 546	1 881	2 403
法国	4 510	6 666	9 676	10 378	11 686
德国	7 768	10 490	17 480	20 148	23 850
意大利	3 523	4 793	7 579	8 594	9 960
荷兰	2 579	4 514	7 702	8 805	10 428
波兰	259	808	1 911	2 378	3 015
俄罗斯联邦	N. A.	1 502	3 692	4 682	5 786
西班牙	1 434	2 714	4 814	5 424	6 136
土耳其	353	823	1 903	2 251	2 773
乌克兰	N. A.	285	704	834	1 099
英国	4 081	6 335	8 981	10 498	10 574
澳大利亚	817	1 354	2 314	2 627	3 067
新西兰	189	272	479	489	579

资料来源：世界贸易组织数据库。

表 2—18   货物和服务进出口占国内生产总值比重（%）

国家和地区	出口			进口		
	2000 年	2006 年	2007 年	2000 年	2006 年	2007 年
世界	24.6	N.A.	N.A.	24.7	N.A.	N.A.
高收入国家	23.9	N.A.	N.A.	24.3	N.A.	N.A.
中等收入国家	27.4	33.9	31.0	25.9	31.1	31.2
低收入国家	28.0	31.7	30.5	30.0	36.2	36.1
中国	23.3	39.9	N.A.	20.9	32.1	N.A.

资料来源：世界贸易组织数据库。

随着全球经济一体化进程的加快，特别是世界贸易组织（WTO）在《关税和贸易总协定》（GATT）的基础上于 1995 年 1 月 1 日成立，传统关税和非关税贸易壁垒不断降低。

WTO 成立初期，即对关税降低起到重要作用。其成员除按照已达成的关税减让表减让关税外，还有 43 个成员在 1997 年 3 月 26 日同意从 1997 年 7 月 1 日开始到 2000 年逐步取消信息技术产品的关税，涉及的贸易额约为 6 000 亿美元。七国集团和欧盟同意对 465 种药品实施零关税待遇，并就农产品、服务贸易两个关键领域进行谈判，达成 4 个重要的协议：1995 年 7 月 28 日达成《自然人流动服务协议》；1997 年 2 月 15 日 69 国达成《基础电信服务自由化谈判协议》，并于 1998 年 2 月 15 日生效；1997 年 3 月 26 日 43 个国家达成《信息技术产品协议》；1997 年 12 月 12 日 70 个国家达成一项多边金融协议，同意开放各自的金融服务业，包括 95% 以上的有关银行、保险、证券和金融信息等方面的贸易，该协议于 1999 年 3 月 1 日生效。

2001 年 11 月启动新一轮多边贸易谈判，即"多哈发展议程"。多哈回合谈判旨在促进 WTO 成员削减贸易壁垒，通过更公平的贸易环境来促进全球特别是较贫穷国家的经济发展。多哈回合谈判包括农业、非农产品市场准入、服务贸易、规则谈判、争端解决、知识产权、贸易与发展以及贸易与环境等 8 个主要议题。多年来，由于 WTO 各成员在农业和非农产品市场准入两个关键问题上分歧严重，多哈回合谈判多次受挫，结束谈判的最终期限也一再拖延，目前仍未完成。但是谈判本身及所取得的一些成果对削减各类贸易壁垒（特别是非关税贸易壁垒）起到重要作用。

5. 全球经济协调加强

经济全球化的国际协调的基础框架由 WTO、IMF 和世界银行等构成。

WTO前文已有述及。IMF于1945年12月27日成立，其职责是监察货币汇率和各国贸易情况，提供技术和资金协助，确保全球金融制度运作正常。世界银行指国际复兴开发银行（IBRD）和国际开发协会（IDA）。这些机构联合向发展中国家提供低息贷款、无息信贷和赠款。其使命是帮助在第二次世界大战中被破坏的国家重建。现在的主要任务是资助国家克服穷困，各机构在减轻贫困和提高生活水平的使命中发挥独特的作用。由于全球经济存在天生的脆弱性，特别是在本次因次贷危机引发的金融危机、经济危机的影响仍然存续的今天，金融监管的全球合作和协调十分重要。其内容应该包括对各类金融机构、金融市场、金融产品运营的监管，对信用评级机构行为和企业高管薪酬的监管，对全球资本流动的监测，对主要货币发行国货币政策的监督等（张伯里，2009）。中国已经积极加入这些国际协调组织中，并起到重要作用。中国于2001年12月成为WTO正式成员，享有一成员一票的投票权，近年来注重利用以WTO为代表的多边贸易体制反对贸易保护主义[1]；2010年世界银行发展委员会春季会议通过了发达国家向发展中国家转移投票权的改革方案，这次改革使中国在世行的投票权从目前的2.77%提高到4.42%，成为世界银行第三大股东国，仅次于美国和日本[2]；当前中国是IMF第六大投票权国家，享有的投票权为3.72%，但预计在2011年改革后，中国有可能超越日本成为IMF第二大投票国。[3]

此外，区域经济合作与协调也在不断加强。各个经济领域的区域合作与协调是全球性国际经济协调的重要组成部分。一是区域内贸易、投资合作不断深化，一些区域（如欧盟）实现了实质性融合，为区域内经济发展创造了良好条件，共同克服危机带来的困难。二是区域内的货币金融合作不断加强。除了目前已实现区域货币一体化的欧元区外，美洲、亚洲的区域货币金融合作也在不断向前推进。

总之，经济全球化条件下具体表现为"交通运输条件不断改善"、"信息搜寻成本降低"、"法律制度环境得以改善"、"传统关税和非关税贸易壁垒消融"以及"全球经济协调加强"等方面交易效率的改进，为实现全球范围内

---

① 参见 http：//news.qq.com/a/20090514/001394.htm。

② 参见 http：//www.china.com.cn/economic/txt/2010-04/26/content_19903413.htm。

③ 参见 http：//www.chinanews.com.cn/cj/cj-gjcj/news/2009/10-18/1916421.shtml。

的分工奠定了基础条件。

2.2.2　经济全球化条件下交易成本的表现形式

尽管经济全球化条件下交易效率得到极大的改进（主要表现为外生交易成本的降低），然而交易成本不可能降为零，甚至在分工深化的条件下，以内部协调为代表的内生交易成本提高了。

1. 全球经济仍面临巨大的波动性和不确定性

经济全球化使得全球经济紧密联为一体，一方面带来巨大的一体化收益，另一方面也使得全球经济一荣俱荣、一损俱损，全球经济具有巨大的波动性和不确定性。美国经济是全球经济最重要的引擎，其经济波动对全球其他国家有深刻的影响，因此可以从美国经济发展状况来看全球经济的周期波动。按照美国国民经济研究局的划分方法，从 1857 年到 2001 年美国共经历了 31 次经济周期，每次周期波动的特点都有所变化。从 GDP 增长率、通货膨胀率和失业率等指标来看，美国的经济周期变得更稳定，其波动的幅度减小（曹永福，2007）。图 2—1 是 1930—2009 年美国 GDP 年度增长率（按2005 年美元调整后）情况，大致可以看出美国经济的稳定性随着时间的推移是提高的，然而仍然存在较大的波动性和不确定性，从图 2—1 中可看到2008 年的金融危机对美国经济增长已经构成一次相对严重的冲击。

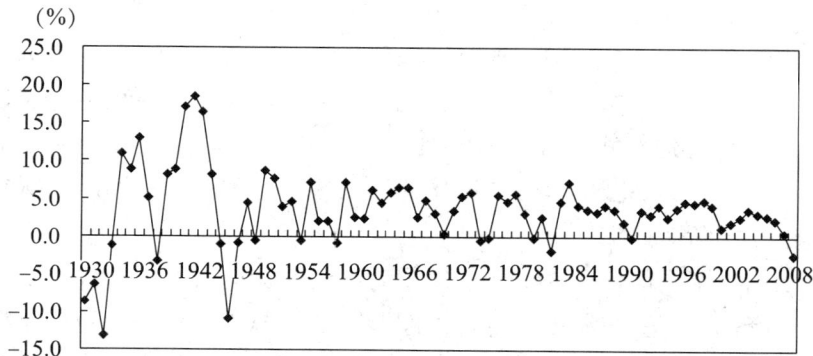

图 2—1　美国 GDP 年度增长率

资料来源：www. bea. gov。

从中国 1952—2005 年的实际 GDP 与潜在 GDP 的对数数据（见图 2—

2）来看，中国经济存在 5 次较大的经济周期波动，分别是：第一次 1977—1982 年，第二次 1983—1986 年，第三次 1987—1991 年，第四次 1992—2002 年，第五次 2003—2005 年（董进，2006）。

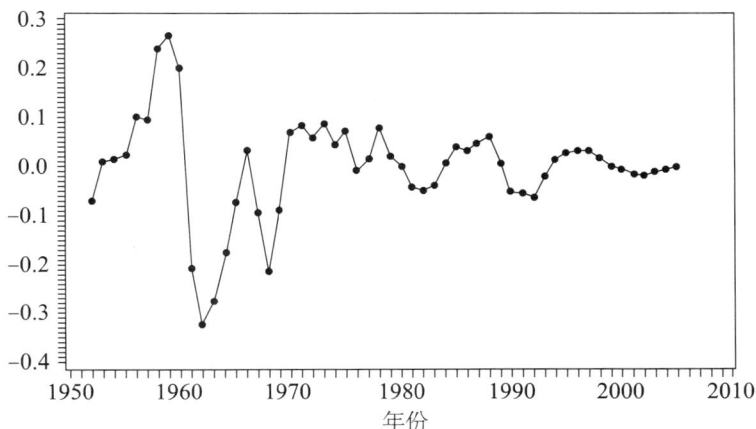

图 2—2　线性趋势法所得的 ln（实际 GDP）－ln（潜在 GDP）

资料来源：董进：《宏观经济波动周期的测度》，载《经济研究》，2006（7）。

　　经济波动（特别是各类金融危机、经济危机）带来巨大的成本：一是危机的平均成本很高，二是不同的危机成本之间有巨大的差异（F. 艾伦、D. 盖尔，2009）。博伊德等人（Boyd，Kwak，and Smith，2005）对危机造成损失的平均贴现值进行了估计。根据估计方法的不同，平均损失值介于危机前一年真实人均 GDP 的 63%—302% 之间，损失值的分布区间很宽。在加拿大、法国、德国和美国，金融危机大多是温和的非系统性危机，经济增长放缓程度与相应的成本都不算很大。但在另一端，增长停滞与产出损失则相当严重。如中国香港，金融危机造成的损失的贴现值相当于危机前一年真实产出的 10 倍。

　　2. 分工的深化和细化使得全球产业链内部协调变得更为重要

　　经济全球化带来分工的深化和细化，全球产业链因之生成。产业链是指各个产业部门之间基于一定的技术经济关联，并依据特定的逻辑关系和时空布局关系客观形成的链条式关联关系形态。全球产业链将产业部门之间的技术经济关联扩大到全球，因此，全球产业链可以基于各个国家和地区客观存在的区域差异，着眼于发挥区域比较优势，借助区域市场协调地区间专业化分工和多维需求的矛盾。

在一个全球产业链中，产品的创意可能来自美国，设计来自法国，而主要零部件来自德国，产品的最终组装可能在中国或印度，分销则遍及全球。这种全球分工的经济模式，使得协调越来越重要。分工可以带来专业化收益和报酬递增，然而组织协调的成本也将随着分工的深化和细化而剧增。专业化收益和组织协调成本这两者间的两难冲突，将直接影响全球产业链条的长度和宽度。如果把运输费用和宏观经济周期波动当作外生的交易成本，那么，分工深化条件下的内部协调成本是一种伴随分工与专业化程度的内生交易成本。

2.2.3   专业化经济和交易成本之间的两难冲突

在一个新兴古典经济学的分析框架中，专业化经济和交易成本之间的两难冲突决定了当前全球合作的深度和广度。这里引用贝克尔、墨菲的内生专业化模型（Becker and Murphy，1992）对经济全球化条件下专业化经济和表现为协调成本的内生交易成本之间的两难冲突做一说明。

考察一个由全球 n 个事前相同的国家（或企业）的协作生产活动 s（$0 \leqslant s \leqslant 1$），其生产函数（$Y$）具有列昂惕夫形式[①]，即：

$$Y = \min_{0 \leqslant s \leqslant 1} Y(s) \tag{2—1}$$

同时规定对第 s 种生产活动的生产函数（$Y(s)$）[②] 为：

$$Y(s) = A T_h^\theta(s) T_w^{1-\theta}(s) \tag{2—2}$$

式中，A 为生产力参数，反映当前的技术进步；$T_h(s)$ 为达到专业化生产活动技能（如对专业知识学习和培训）所需的时间；$T_w(s)$ 为生产活动本身所需的时间。每个成员国家都有 1 单位的时间禀赋。显然分散时间到各种不同的生产活动上将导致无效的产出，在成员国家数为 n 的条件下，每个成员国家的最优选择是从事 $1/n$ 范围大小的活动，从而时间禀赋约束为：

$$T_h(s) + T_w(s) = N \tag{2—3}$$

在式（2—3）的约束条件下，最大化式（2—2），并考虑式（2—1），可得：

$$Y^* = B(n) = A n \theta^\theta (1-\theta)^\theta \tag{2—4}$$

---

① 采用列昂惕夫形式的生产函数表明每种生产活动对于完成最终产品都是必需的。

② 该函数形式为 C-D 生产函数，θ 为 $T_h(s)$ 所得在总产量中所占的份额，$1-\theta$ 为 $T_w(s)$ 所得在总产量中所占的份额。

显然，随着分工的细化（n 变大），协作生产的收益增大；但分工过程中同时存在着巨大的协调成本（$C(n)$）[1]。此时，考察全球协作生产的最大化净产出 $B(n) - C(n)$。显然其一阶条件为 $B'(n) = C'(n)$[2]，即分工的边际收益正好等于边际协调成本。在图 2—3 中，与 $B(n)$ 平行的 $C(n)$ 的切线上的切点决定了最优分工水平。由于 $C'(n) > 0$，如果经济全球化能带来交易效率的提高以及分工的边际成本的下降，那么，在分工的边际收益不变的条件下，分工将得到延展（即 n 变大）。而从式（2—4）又可知 $B'(n) > 0$，因此随着分工的细化，分工的边际收益也将增大。这一动态调整过程只有当分工的边际收益与分工的边际成本再一次达到一致时才停止。

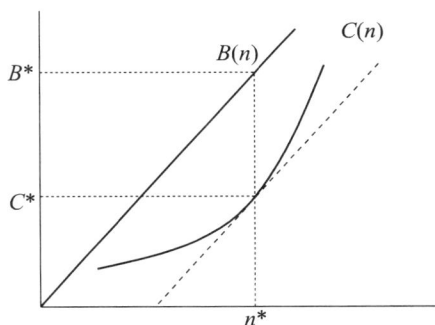

图 2—3　专业化经济和交易成本之间的两难冲突

2.3　经济全球化与全球协调

任何形式的经济体自其形成始，就不仅有"竞争"的一面，也存在"合作"的可能。对经济全球化影响的经济分析也是如此，一方面要考虑经济全球化对一国经济所带来的竞争因素；另一方面要深刻理解全球经济合作的各种可能方向，以更好地挖掘和利用经济全球化所带来的潜在经济利益。"竞合"关系的存在，使得各国政府和各类组织的协调变得日趋重要。

---

[1]　规定其一阶、二阶导数均大于零，即协调成本随着成员国家数递增而以更快的速度（如指数形式）增长。

[2]　$C(n)$ 的二阶导数大于零，保证了最优化二阶条件的成立。

2.3.1   全球化对一国经济的挑战

1. 外资进入——改变一国既有的经济格局

当前，中国是世界上外资流入最大的国家，2000 年中国 FDI 流入为 407.15 亿美元，2007 年 FDI 流入高达 835.21 亿美元。在外资进入的同时，也改变了一国既有的经济格局。从外商、港澳台商投资工业企业在各项主要经济指标的占比看，外来投资企业已经占据中国工业 1/3 左右的比重，如 2008 年外商、港澳台商投资工业企业占工业总产值的 29.52%、资产总计的 26%、主营业务收入的 29.32%、利润总额的 26.97%（见表 2—19）。

表 2—19　　　　　　　外商、港澳台商投资工业企业占比（%）

主要经济指标	外商、港澳台商投资工业企业的比重			
	2004[a]	2006[b]	2007[c]	2008[c]
企业单位数	7.72	20.16	20.03	18.27
工业总产值（当年价格）	30.20	31.61	31.50	29.52
资产总计	24.84	26.48	27.30	26.00
主营业务收入	30.28	31.55	31.40	29.32
利润总额	29.14	27.60	27.72	26.97
全部从业人员年平均人数	21.40	28.78	29.88	29.19

说明：规模以上企业为年主营业务收入在 500 万元以上的企业；a 为 2004 年经济普查数据，范围包括规模以上工业企业和规模以下工业企业；b 范围包括全部国有及规模以上非国有工业企业；c 范围为全国规模以上工业企业。

资料来源：根据相关年度《中国统计年鉴》计算。

外资的大举进入（特别是对关键产业的进入），也对一国的产业安全构成较大的挑战。一些关系国民经济命脉的产业如机器设备制造业、工业基础原材料产业、粮油业、信息产业、生物技术产业，如果外资进入过多或者对外依存度过高，将有可能危及一国产业安全。国家需要制定必要的产业政策，在大力引进外资，发挥其经济技术效益的同时，又要通过相关投资目录指南合理引导其流向，确保产业安全。目前中国外商、港澳台商投资工业企业占比（以"工业总产值"指标为例，见表 2—20）最高的三个产业分别是：通信设备、计算机及其他电子设备制造业（81.28%），仪器仪表及文化、办公用机械制造业（57.28%），文教体育用品制造业（56.81%）。

表 2—20   2008 年外商、港澳台商投资工业企业工业总产值占比（%）

产业	占比	产业	占比
通信设备、计算机及其他电子设备制造业	81.28	化学原料及化学制品制造业	26.84
仪器仪表及文化、办公用机械制造业	57.28	农副食品加工业	26.76
文教体育用品制造业	56.81	通用设备制造业	25.51
皮革、毛皮、羽毛（绒）及其制品业	47.52	废弃资源和废旧材料回收加工业	23.41
交通运输设备制造业	44.81	纺织业	22.75
纺织服装、鞋、帽制造业	42.20	水的生产和供应业	17.12
燃气生产和供应业	41.62	非金属矿物制品业	16.99
家具制造业	39.77	有色金属冶炼及压延加工业	15.89
橡胶制品业	38.76	木材加工及木、竹、藤、棕、草制品业	15.12
工艺品及其他制造业	37.16	黑色金属冶炼及压延加工业	14.44
塑料制品业	36.85	石油加工、炼焦及核燃料加工业	13.39
食品制造业	36.80	电力、热力的生产和供应业	8.31
饮料制造业	35.70	石油和天然气开采业	7.65
电气机械及器材制造业	35.31	非金属矿采选业	7.18
造纸及纸制品业	33.57	有色金属矿采选业	6.58
金属制品业	30.93	黑色金属矿采选业	2.78
化学纤维制造业	30.77	煤炭开采和洗选业	2.54
印刷业和记录媒介的复制	28.04	其他采矿业	0.68
医药制造业	27.09	烟草制品业	0.11
专用设备制造业	27.00	—	—

说明：统计范围限于年主营业务收入在 500 万元以上的规模以上企业。

资料来源：根据《中国统计年鉴（2009）》计算。

2. 跨国并购——改变一国既有的产业格局

并购一旦超出疆域限制即成为跨国并购。当前跨国并购呈现出新的特点：第一，世界并购总额不断增加，从 1990—2000 年的平均 2 570.7 亿美元增加到 2008 年的 6 732.1 亿美元（见表 2—21）；第二，发展中国家企业从被他国并购到并购他国企业，1990—2000 年发展中国家年平均"被并购"119.6 亿美元（依据"购买－出售"计算，下同），而近年来海外投资额迅速攀升，如 2007 年通过收购、兼并实现的对外投资达到 426.8 亿美元；第三，中国通过收购、兼并实现的对外投资剧增，2008 年达到 317.2 亿美元。

表 2—21			1990—2008 年跨国并购概览					单位：百万美元
国家和地区	出售（净值）				购买（净值）			
	1990—2000年（年平均）	2006 年	2007 年	2008 年	1990—2000年（年平均）	2006 年	2007 年	2008 年
世界	257 070	635 940	1 031 100	673 214	257 070	635 940	1 031 100	673 214
中国	4 899	11 307	9 274	5 144	673	12 053	—2 388	36 861
印度	282	4 410	4 406	9 519	104	6 715	29 076	11 662
美国	80 625	136 584	179 220	225 778	42 974	114 436	179 816	72 305
亚洲和大洋洲	8 970	65 130	68 538	64 730	10 488	70 714	91 250	89 006
发展中国家	25 860	89 028	96 998	100 862	13 900	114 119	139 677	99 805

资料来源：联合国贸易和发展会议数据库。

　　跨国并购的发生显著地改变了一国产业的现有面貌。当国内企业被外资并购时，有可能带来国内并购的连锁反应，深刻地改变了该产业的竞争态势；反之，当并购国外的企业时，有助于该企业开拓国外市场，壮大其竞争力，反过来又会影响国内产业的竞争态势。随着跨国并购的发生，一国产业的集中度往往随之提高，进而可能形成寡头垄断的产业格局，也将对产业绩效产生巨大作用。

　　3. 对外贸易——改变一国既有的消费格局

　　贸易的最终结果表现为消费。对外贸易的发生、国外商品的大量涌入，使得一国既有的消费格局随之变化。从前文表 2—18 可以看到，世界各国的货物和服务出口、进口占当年国民财富（国内生产总值）的比重均在 1/4—1/3。无论是吃、穿、住、用、行，还是教育、休闲、娱乐，产品和服务均已实现跨国供给，居民消费开始全球同步化。"全球同步发行"已经成为全球消费的一种现实状态，并同时使一国固有的、传统的消费观念发生巨大改变。比如中国人自古有重储蓄、倡节俭的古老传统，而经济全球化带来了消费观念的变革，部分人（特别是 80 后、90 后的年轻人）开始倡导"提前消费"、"信用消费"、"分期消费"等新消费理念。

　　4. 文化输入——改变一国既有的文化格局

　　改革开放以来，随着中国经济的持续增长，中国进入了文化消费的快速增长期，人们的精神文化需求趋向旺盛。据统计，2007 年中国文化产业增加值占 GDP 的比重为 2.6％，实现文化产业增加值约 6 412 亿元。[①] 同时，据联合国贸易和发展会议的《2008 创意经济报告》，世界创意产品的出口总额从 1996 年的 227.5 亿美元提高到 2005 年的 424.4 亿美元，保持了 8.8％的年增长率。文化的输入在满足人们的精神文化需求的同时，将对一国既有的文化格局带来挑战。由于文化表现为思想观念，更趋多元化的意识形态将对传统及当前主流的文化观念带来较大冲击。

5. 制度变迁——对整个经济模式的挑战

经济制度对经济增长与发展十分重要。正如诺斯（North）所强调，技术的革新固然为经济增长注入了活力，但人们如果没有制度创新和制度变迁的冲动，并通过一系列制度（包括产权制度、法律制度等）构建把技术创新的成果巩固下来，那么人类社会长期经济增长和社会发展是不可设想的（North，1981，1990）。经济全球化给不同国家和地区的经济制度带来了相互竞争和模仿、学习的机会。无论是"自上而下"式还是"自下而上"式的制度变迁都可能改变原有经济的组织方式，使经济利益在不同人群中重新分配，甚至改变整个经济模式。往往变革的"阵痛"或代价是巨大的。中国从中央集权制经济向市场经济体制的改革已进行了数十年，并且取得了巨大的成功，不断走向深入的改革需要从经济体制转向民主制度、宪政制度等领域，其历程将十分艰辛。

2.3.2　全球化给一国经济带来的机遇

1. 资本合作的机会

资本跨国运行可通过 FDI 或与东道国资本合作（如成立合资企业）等方式进行。从前文表 2—19 可知，外来投资企业已经占据中国工业 1/3 左右的比重。从全社会固定资产投资看，利用外资从 1981 年的 36.4 亿元增加到 2008 年的 5 311.9 亿元[②]；从构成比例看，利用外资占全社会固定资产投资的比重由 1981 年的不到 4％逐渐递增到 1995—1997 年的超过 10％，近年又回落到 3％—4％（见表 2—22）。

---

① 参见张晓明、胡惠林、章建刚：《2009 年中国文化产业发展报告》，社会科学文献出版社 2009 年版。
② 资料来源：《中国统计年鉴（2009）》。

表 2—22　　　　　　　　　　**全社会按资金来源固定资产投资（％）**

年份	投资资金来源				年份	投资资金来源			
	国家预算内资金	国内贷款	利用外资	自筹和其他资金		国家预算内资金	国内贷款	利用外资	自筹和其他资金
1981	28.1	12.7	3.8	55.4	1995	3.0	20.5	11.2	65.3
1982	22.7	14.3	4.9	58.1	1996	2.7	19.6	11.8	66.0
1983	23.8	12.3	4.7	59.2	1997	2.8	18.9	10.6	67.7
1984	23.0	14.1	3.9	59.0	1998	4.2	19.3	9.1	67.4
1985	16.0	20.1	3.6	60.3	1999	6.2	19.2	6.7	67.8
1986	14.6	21.1	4.4	59.9	2000	6.4	20.3	5.1	68.2
1987	13.1	23.0	4.8	59.1	2001	6.7	19.1	4.6	69.6
1988	9.3	21.0	5.9	63.8	2002	7.0	19.7	4.6	68.7
1989	8.3	17.3	6.6	67.8	2003	4.6	20.5	4.4	70.5
1990	8.7	19.6	6.3	65.4	2004	4.4	18.5	4.4	72.7
1991	6.8	23.5	5.7	64.0	2005	4.4	17.3	4.2	74.1
1992	4.3	27.4	5.8	62.5	2006	3.9	16.5	3.6	76.0
1993	3.7	23.5	7.3	65.5	2007	3.9	15.3	3.4	77.4
1994	3.0	22.4	9.9	64.7	2008	4.3	14.5	2.9	78.3

说明：1993 年及以后的资金来源为财务拨款数。

资料来源：《中国统计年鉴（2009）》，北京，中国统计出版社，2009。

2. 对技术的模仿

技术作为一种生产力，对一国经济增长具有重要作用。新经济增长理论认为，技术是经济增长的动力和源泉，而大部分技术进步是出于市场激励而导致的有意识行为的结果，知识商品可反复使用，无须追加成本，成本只是生产开发本身的成本。此外，对新古典增长模型中的"劳动力"的定义扩大为人力资本投资（即人力不仅包括绝对的劳动力数量和该国所处的平均技术水平，而且还包括劳动力的受教育水平、生产技能训练和相互协作能力的培养等等），进一步强调了人力资本和技术进步在经济增长中的重要性（Romer，1986，1990；Lucas，1988，1990）。

经济全球化条件下对技术的模仿，至少可以通过以下几条途径实现：第一，FDI 的技术外溢性。瓦尔兹（Walz，1997）认为，尽管具有创新能力的公司主要存在于发达国家，但通过 FDI，知识便得到间接性转移。关于中国的情况，江小涓（2002）的研究表明，20 世纪 90 年代中期以来，随着大跨国公司在华投资的增加，外商投资企业的技术水平明显提高，跨国公司在华企业使用的技术不仅普遍高于中国同类企业的水平，而且有相当比例的跨国公司提供了填补国内空白的技术。FDI 的技术外溢性可以通过产业内或产业间的形式传播，但都给东道国的技术模仿提供了重要契机。第二，"干中学"效应，即边干边学。通过设立合资企业，东道国可以在生产过程中学习国外先进的生产技术、工艺流程以及管理经验。第三，研发的全球网络。参与国际合作研发，成为发展中国家获得某一领域最前沿技术的一种新途径。在一些基础科学（如物理学）的前沿研究领域，需要投入巨额的实验设备，并需要一流科研人员的协作。通过参与研发的全球网络，参与国可以共享实验数据和前沿科研成果，对本国的科技进步能起到以点带面的作用。

3. 对制度的学习

中国自 1978 年改革开放以来，经济体制由传统的计划经济向市场经济转型，通过逐渐放开价格管制，引入非国有经济，开始采用市场竞争的机制配置稀缺资源。其中经济制度向西方发达市场化国家的学习是显而易见的。然而，在对西方经济制度的学习过程中，通过适合国情的革新，进一步形成了有中国特色的经济制度。张五常认为中国经济改革的重点是把等级界定权利转到以资产界定权利的制度，并在论述中国"层层承包"的合约安排及其扩张时写道："（该制度）没有在其他地方出现过。虽然制度中的每一部分都不是新的，但组合的方法与形式是创新而又有效能。"①

2.3.3　全球协调的博弈分析

从上文分析可知，经济全球化通过外资进入、跨国并购和对外贸易等方式对一国经济构成挑战，也存在资本合作、技术模仿和制度学习的多种机遇。放任单边行为，将可能造成"以邻为壑"的政策取向，即本国利益的部分获得以他国利益受损为代价，比如各类保护性贸易政策可能盛行。为了更好地抓住全球化所带来的多种机遇，消除单边政策的不利影响，此时全球协调就十分必要。如前文所述，当前全球协调的基础框架由 WTO、IMF 和世界银行等构成，有必要深入研究这些国际组织所采取的协调政策的经济有效性。

---

① 张五常：《中国的经济制度》，中信出版社 2009 年版，第 143 页。

1. 模型结构及主要结果[①]

考察一个"2×2"（2 国：A 和 B；2 种可贸易商品：x 和 y）的经济。其中 x 为 A 国（不妨将其看成国内）的进口商品，y 为 B 国（不妨将其看成国外）的进口商品，定义两国的相对价格分别为：$p_A \equiv p_x^A/p_y^A$、$p_B \equiv p_x^B/p_y^B$，存在进口关税（从价税）分别为：$\tau_A \equiv (1+t_x^A)$、$\tau_B \equiv (1+t_y^B)$。在新给出"世界"相对价格的定义（$p^w \equiv p_x^B/p_y^A$）后，可以将两国的相对价格重新改写成：$p_A = \tau_A p^w \equiv p_A(\tau_A, p^w)$、$p_B = p^w/\tau_B \equiv p_B(\tau_B, p^w)$。此时可进一步定义国外（或国内）贸易条件为 p^w（或 $1/p^w$）。

两国的生产按照两种商品的边际转换率等于其国内相对价格的原则进行，产出为：$Q_i^A = Q_i^A(p_A)$、$Q_i^B = Q_i^B(p_B)$，其中 $i \in \{x, y\}$。消费是相对价格和关税收入的函数，分别记为：$D_i^A = D_i^A(p_A, R_A)$、$D_i^B = D_i^B(p_B, R_B)$，其中 $i \in \{x, y\}$，$R_A = [D_x^A(p_A, R_A) - Q_x^A(p_A)][p_A - p^w] \equiv R_A(p_A, p^w)$，$R_B = [D_y^B(p_B, R_B) - Q_y^B(p_B)][1/p_B - 1/p^w] \equiv R_B(p_B, p^w)$。从而将两国消费记作：$C_i^A(p_A, p^w) \equiv D_i^A(p_A, R_A(p_A, p^w))$、$C_i^B(p_B, p^w) \equiv D_B^i(p_B, R_B(p_B, p^w))$。对 A 国，其进口 x 记作：$M_x^A(p_A, p^w) \equiv C_x^A(p_A, p^w) - Q_x^A(p_A)$；出口 y 记作：$E_y^A(p_A, p^w) \equiv Q_y^A(p_A) - C_y^A(p_A, p^w)$。类似地，对 B 国，其出口 x、进口 y 可分别记作 M_y^B、E_x^B。在平衡贸易条件下，必须要满足：

$$p^w M_x^A(p_A(\tau_A, p^w), p^w) = E_y^A(p_A(\tau_A, p^w), p^w) \qquad (2—5)$$

$$M_y^B(p_B(\tau_B, p^w), p^w) = p^w E_x^B(p_B(\tau_B, p^w), p^w) \qquad (2—6)$$

此外，还需满足市场出清条件，即存在均衡"世界"相对价格 $\tilde{p}^w$，使得：

$$E_y^A(p_A(\tau_A, \tilde{p}^w), \tilde{p}^w) = M_y^B(p_B(\tau_B, \tilde{p}^w), \tilde{p}^w) \qquad (2—7)$$

现在加入政府行为。两国政府的福利函数规定为：$W_A(p_A(\tau_A, \tilde{p}^w), \tilde{p}^w)$、$W_B(p_B(\tau_B, \tilde{p}^w), \tilde{p}^w)$，并假设其福利水平将提高，如果其贸易条

---

①　本部分内容借鉴了巴格韦尔和斯泰格（Bagwell and Staiger，1999，2002）的相关研究成果。可参见 Bagwell, K., R. W. Staiger. 1999. "An Economic Theory of GATT," *American Economic Review*，89：215—248；Bagwell, K., R. W. Staiger. 2002. "Economic Theory and the Interpretation of GATT/WTO," *The American Economist*，46：3—19.

件改善的话（保持其国内相对价格不变），即

$$\partial W_A(p_A, \tilde{p}^w)/\partial \tilde{p}^w < 0 \text{ 且 } \partial W_B(p_B, \tilde{p}^w)/\partial \tilde{p}^w > 0 \tag{2—8}$$

通过求两国政府最大化其福利的行为，可得到两国的反应函数：

$$W_{Ap_A}(\mathrm{d}p_A/\mathrm{d}\tau_A) + W_{p^w}(\partial \tilde{p}^w/\partial \tau_A) = 0 \tag{2—9}$$

$$W_{Bp_B}(\mathrm{d}p_B/\mathrm{d}\tau_B) + W_{Bp^w}(\partial \tilde{p}^w/\partial \tau_B) = 0 \tag{2—10}$$

可以证明[①]：由式（2—9）、式（2—10）导致的纳什均衡关税水平是没有效率的；同时如果引入互惠贸易协定（可由 $(\mathrm{d}\tau_A/\mathrm{d}\tau_B)|_{\mathrm{d}W_A=0} = (\mathrm{d}\tau_A/\mathrm{d}\tau_B)|_{\mathrm{d}W_B=0}$ 表示），则可获得效益改进，并要求互惠性的贸易开放。

2. 对模型的几点解释

第一，单边行动造成了一种"囚徒困境"，如上述模型中的纳什均衡关税水平是没有效率的，这是寻求国际协调的逻辑基础。在经济全球化的条件下，当前存在的一些单边行为（如温室气体排放、贸易保护政策）确实导致了效率损失。

第二，国际协调的动因是寻求合作的"正和"博弈解。全球协调的收益巨大，经济环境（包括自然生态、制度环境）的改善，将给全球所有国家带来显著的长期利益。在全球协调的博弈分析中需要用"世界成本效益分析"替代局限于一国的"社会成本效益分析"。

第三，国际协调也存在较大的协调成本/交易成本，并且协调的"联盟"具有内生的不稳定性。这时，制度的创新是必要的，比如 WTO 所采用的互惠原则、非歧视原则以及争端解决机制具有减少协调成本、稳定开放性的贸易政策的重要作用。

2.4　小结

本章在把握经济全球化特点与未来发展变化趋势的基础上，分析全球化的经济影响的作用机理，对全球化条件下产业组织变化、影响因素、变化趋势进行研究，为下面各章节的深入分析提供背景支撑和方法导向。

主要结论有：

---

① 证明过程可参见 Bagwell and Staiger（1999）。

第一，随着跨越疆域限制的世界市场的形成，经济全球化对一国市场结构带来多方面的影响，无论是企业规模、市场集中度还是进入壁垒等都在不断发生着动态调整、变化。

第二，经济全球化所带来的市场范围的扩大，极大地拓宽了专业化经济的空间，带来世界财富的迅猛增长。通过分析专业化经济和交易成本之间的两难冲突，可以因之决定当前全球合作的深度和广度。

第三，经济全球化通过外资进入、跨国并购和对外贸易等方式对一国经济构成较大的挑战，也存在资本合作、技术模仿和制度学习的多种机遇。为了更好地抓住经济全球化所带来的多种机遇，同时消除单边政策的不利影响，此时全球协调就十分必要。第三节的博弈分析表明：单边行动造成了一种"囚徒困境"，而国际协调可以带来各国福利的改善。

第 2 篇

理论篇

第 3 章

经济全球化条件下的市场结构

　　经济全球化不仅使市场超越国界，从一国扩大到全球，各国市场趋于一体化，而且还使进入壁垒大幅降低，由此某些产业的市场集中度将大幅提高，企业的规模经济可以在全球实现，导致大企业越来越大，某些企业趋于全球垄断，一改原来通过竞争提高绩效的局面，而是通过垄断提高绩效。

　　本章在经济全球化条件下讨论市场范围的变化，以及由于这种变化所导致的市场进入壁垒、企业规模和市场集中度的变化，给出经济全球化条件下的市场结构与市场竞争格局。具体内容这样安排：第一，分析经济全球化条件下市场范围包括地域范围和商品范围的变化；第二，讨论由于市场范围变化所导致的市场进入壁垒的调整和变化；第三，分析典型产业的全球企业巨头规模；第四，分析市场集中度的变化；最后，给出经济全球化条件下市场结构呈现寡头垄断的趋势判断。

3.1　市场范围的变化

3.1.1　相关市场与市场范围拓展

　　在微观经济学的视野中，市场就是一个单一的、完全同质的产品的交易场所。① 在经济实践中，这样的市场几乎是不可能存在的，很难有两个企业

---

　　①　参见杨蕙馨主编：《产业组织理论》，经济科学出版社 2007 年版，第 34 页。

生产完全同质的产品，它们之间可以无限接近，可以相互替代，但做不到完全同质。任何竞争行为均发生在一定的市场范围内，这种竞争行为不是发生在一个理想的完全同质的市场中，而是在具有或可能具有排除、限制竞争行为的相关市场之中。在《国务院反垄断委员会关于相关市场界定的指南》①中，相关市场被界定为经营者在一定时期内就特定商品或者服务（以下统称"商品"）进行竞争的商品范围和地域范围。所谓相关商品市场，是根据商品的特性、用途及价格等因素，由需求者认为具有较为紧密替代关系的一组或一类商品所构成的市场。这些商品表现出较强的竞争关系，在反垄断执法中可以作为经营者进行竞争的商品范围。所谓相关地域市场，是指需求者获取具有较为紧密替代关系的商品的地理区域。这些地域表现出较强的竞争关系，在反垄断执法中可以作为经营者进行竞争的地域范围。

20世纪90年代以来，全球技术进步尤其是信息技术进步的速度加快，高新技术的广泛应用极大提高了企业的生产效率。企业开始在全球范围谋求规模经济和范围经济，市场范围不断拓展，既包括地域范围的拓展，也包括商品范围的拓展。地域范围的拓展主要是指原来局限于一国之内的产品生产和销售延伸到该产品可以到达的世界各国，经过许多国家市场的叠加，形成全球化市场范围。地域范围的拓展可以借助国际贸易将一国产品销往其他国家，也可以借助跨国公司通过全球采购和生产直接深入各国市场。因此，分析地域范围的拓展就要考察国际贸易全球范围的拓展和跨国公司业务的全球范围拓展。

商品范围的拓展主要是市场中具有紧密替代关系商品的增多，可以表现为市场成长进程中企业进入以及在位企业不断开发所带来的大量相似产品，这导致商品市场竞争性增强，具有一般性和普遍性，不再加以详述；也可以表现为近些年由技术进步所推动的产业融合。产业融合就是通过技术革新和放宽限制来降低产业间的壁垒，加强不同产业企业间的竞争合作关系（植草益，2001）。② 产业融合导致产业内企业之间竞争合作关系发生改变，使得产业界限模糊化甚至重划产业界限（马健，2006）。③ 林民盾和杜曙光（2006）

---

① 参见 http：//www.gov.cn/zwhd/2009 - 07/07/content _ 1355288. htm。
② 参见植草益：《信息通讯业的产业融合》。
③ 参见马健：《产业融合理论研究评述》，《经济学动态》2002年第5期，第78—81页。

就将传统三次产业糅合并横向切断，划分为研发产业、制造产业和营销产业。[①] 显然，企业为了适应产业融合，不得不对自身的规模和组织结构进行调整，重新占领产业链上的制高点。产业融合是由于技术创新导致原本属于不同产业的产品具有了相互替代关系，从而使两个或多个产业或市场中的企业转为竞争关系，显然产业融合首先是拓展了商品范围，然后改变了市场竞争范围。例如，三网合一由技术创新带动，最终一个网络将实现电视、电话、互联网业务，商品范围拓展至三个领域，三网合一进而导致原来分属不同产业的企业进入竞争层面。再如，照相机、摄像机、手机的融合也由技术进步带动，手机同时实现照相、摄像功能，手机的商品范围拓展引起了市场竞争范围扩大。

　　经济全球化条件下，市场范围的拓展一改原来一国内企业竞争格局，加大了企业竞争的广度和深度，由此企业进入相关市场的难度得以改变，市场进入壁垒呈现多样化特征，企业追逐全球化规模经济的同时，市场集中度也在发生变化。总之，正是由于市场范围的拓展，改变了影响各个产业市场结构的因素，进而改变了全球各个产业的市场结构。

3.1.2　地域范围的拓展

1. 贸易范围扩大

　　国际贸易进出口额大幅增加。经济全球化的第一个表现就是国际贸易范围的不断扩大。20 世纪以来，尤其是 20 世纪 80 年代以来，各国加强了相互联系，WTO 的存在加速了国际贸易进出口的增长。截至 2001 年 7 月 31 日，WTO 成员数量为 144 个，到 2008 年 7 月 23 日达到 151 个。如表 3—1 和图 3—1 所示，1948 年全球国际贸易进口额和出口额分别为 620 亿美元和 590 亿美元，1983 年则分别达到 18 820 亿美元和 18 380 亿美元，进出口额 35 年间增长了近 30 倍；2008 年国际贸易进口额和出口额则分别达到 161 270 亿美元和 157 170 亿美元，比 1948 年增长了 260 多倍，进出口额比 1983 年增长了近 8 倍。尽管 2009 年遭遇了国际金融危机，国际贸易进口额和出口额仍然分别达到 123 850 亿美元和 121 470 亿美元。

---

①　参见林民盾、杜曙光：《产业融合：横向产业研究》，《中国工业经济》2006 年第 2 期，第 30—36 页。

表 3—1					国际贸易进出口额变化				单位：10 亿美元	
年份	1948	1953	1963	1973	1983	1993	2003	2006	2007	2008	2009
进口	62	85	164	595	1 882	3 787	7 692	12 113	13 968	16 127	12 385
出口	59	84	157	579	1 838	3 676	7 377	11 783	13 619	15 717	12 147

资料来源：*International Trade Statistics*（2007—2009），2009 年数据来自 WTO，"Trade to expand by 9.5% in 2010 after a dismal 2009," WTO reports.

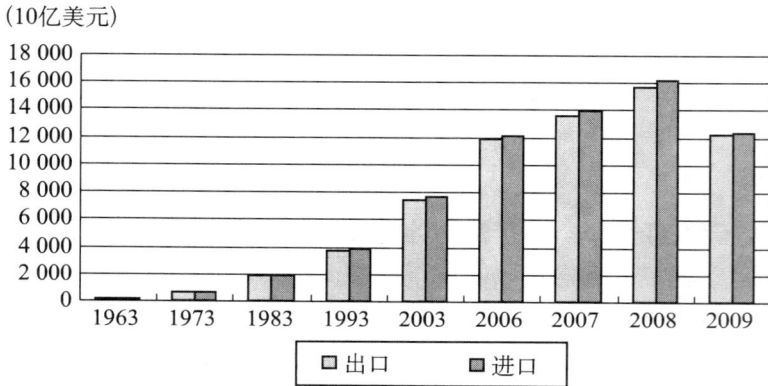

图 3—1　国际贸易进出口额变化

资料来源：*International Trade Statistics*（2007—2009），2009 年数据来自 WTO，"Trade to expand by 9.5% in 2010 after a dismal 2009," WTO reports.

全球各地区国际贸易网络联系密切。20 世纪 90 年代以来，各地区间的贸易额大幅度提升，除了个别地区间出现贸易额下降之外（如 1990—2000 年间南中美洲到独联体、非洲到独联体、中东到南中美洲、中东到独联体；2000—2008 年间南中美洲和北美之间贸易额出现下降，这与一些政治原因有关），各地区的贸易额都呈现大幅增加趋势。

从表 3—2 全球各地区贸易网络相互贸易额的绝对值来看，北美、欧洲和亚洲之间仍然是贸易最为频繁的地区，一些欠发达地区，如非洲、中东地区和中南美洲与其他地区之间的贸易占全球贸易的比例仍然比较小。从增长幅度来看（见表 3—3），2000—2008 年这些欠发达地区恰恰是贸易增长幅度最快的地区。2000—2008 年全球到非洲的出口额年均增长率为 35.09%，到中东地区的出口额年均增长率为 38.89%，由非洲和中东地区到全球的出口额年均增长幅度也分别达到了 35.69% 和 36.11%。而南中美洲 2000—2008 年与其他地区的贸易联系相对于 1990—2000 年呈现下降趋势，年均增长幅度变小。亚洲与其他地区之间不管在贸易总额上还是增长幅度上都比较大。2008 年全球出口到亚洲的产品和服务达到 39 033.9 亿美元，由亚洲出口到全球的产品和服务达到 43 530.4 亿美元，均高于北美与其他地区的进出口额。2000—2008 年亚洲与南中美、非洲和中东地区进出口额的年均增幅甚至超过 40%。

表 3—2　　　　　　　　　全球各地区贸易网络关系　　　　　　　　单位：10 亿美元

来源地＼目的地	年份	全球	北美	南中美	欧洲	独联体	非洲	中东	亚洲
全球	1990	3 388.00	619.65	129.22	1 627.67	118.93	88.24	94.29	650.59
	2000	6 186.00	1 405.90	345.85	2 437.90	228.72	120.24	150.35	1 427.47
	2008	15 717.00	2 708.31	582.70	6 735.57	516.72	457.73	618.11	3 903.39
北美	1990	521.78	178.50	56.03	125.27	5.26	9.00	12.28	132.89
	2000	1 058.10	420.56	174.06	195.32	6.36	12.00	20.37	229.11
	2008	2 035.68	1 014.49	164.88	369.06	16.03	33.62	60.18	375.51
南中美	1990	146.77	66.66	20.48	31.19	6.67	2.13	2.34	13.99
	2000	358.70	220.10	61.59	45.01	2.72	3.16	2.80	21.41
	2008	599.66	169.19	158.62	121.30	8.98	16.75	11.85	100.56
欧洲	1990	1 637.12	128.41	29.35	1 168.99	62.03	53.96	45.58	119.76
	2000	2 441.31	263.34	54.85	1 653.62	129.49	58.93	59.53	199.00
	2008	6 446.55	475.35	96.44	4 695.03	239.96	185.51	188.59	486.46
独联体	1990	105.42	2.55	3.15	58.20	25.10	2.10	2.75	11.46
	2000	270.99	11.52	6.25	146.60	72.10	2.76	6.51	20.46
	2008	702.76	36.12	10.05	405.55	134.67	10.49	24.99	76.75
非洲	1990	104.08	15.80	1.56	59.87	2.33	6.14	1.55	8.03
	2000	144.70	26.43	4.42	71.83	1.16	10.97	2.13	24.76
	2008	557.81	121.65	18.50	218.11	1.47	53.44	14.00	113.86
中东	1990	134.10	18.83	5.00	36.14	3.42	4.10	8.50	53.40
	2000	262.60	41.29	3.19	47.91	1.56	10.34	16.56	125.71
	2008	1 021.22	116.49	6.88	125.50	7.20	36.60	122.10	568.86
亚洲	1990	738.92	208.91	13.64	148.02	14.13	10.83	21.30	311.06
	2000	1 649.20	422.67	41.48	277.61	15.33	22.09	42.45	807.02
	2008	4 353.04	775.02	127.33	801.01	108.41	121.32	196.40	2 181.40

资料来源：*International Trade Statistics*（2001，2009）。

表 3—3　　　　　　　　世界各地区贸易网络关系变动情况（%）

来源地 ＼ 目的地	年份	全球	北美	南中美	欧洲	独联体	非洲	中东	亚洲
全球	1990—2000	8.26	12.69	16.76	4.98	9.23	3.63	5.95	11.94
	2000—2008	19.26	11.58	8.56	22.04	15.74	35.09	38.89	21.68
北美	1990—2000	10.28	13.56	21.07	5.59	2.09	3.33	6.59	7.24
	2000—2008	11.55	17.65	−0.66	11.12	19.01	22.52	24.43	7.99
南中美	1990—2000	14.44	23.02	20.07	4.43	−5.92	4.84	1.97	5.30
	2000—2008	8.40	−2.89	19.69	21.19	28.77	53.76	40.40	46.21
欧洲	1990—2000	4.91	10.51	8.69	4.15	10.88	0.92	3.06	6.62
	2000—2008	20.51	10.06	9.48	22.90	10.66	26.85	27.10	18.06
独联体	1990—2000	15.71	35.18	9.84	15.19	18.73	3.14	13.67	7.85
	2000—2008	19.92	26.69	7.60	22.08	10.85	35.01	35.48	34.39
非洲	1990—2000	3.90	6.73	18.33	2.00	−5.02	7.87	3.74	20.83
	2000—2008	35.69	45.03	39.82	25.46	3.34	48.39	69.66	44.98
中东	1990—2000	9.58	11.93	−3.62	3.26	−5.44	15.22	9.48	13.54
	2000—2008	36.11	22.77	14.46	20.24	45.19	31.75	79.66	44.06
亚洲	1990—2000	12.32	10.23	20.41	8.75	0.85	10.40	9.93	15.94
	2000—2008	20.49	10.42	25.87	23.57	75.90	56.15	45.33	21.29

资料来源：根据 *International Trade Statistics*（2001，2009）相关数据计算。

表 3—4 给出了部分国家与地区之间的贸易网络关系，从列出的美国、俄罗斯、日本和中国四个国家来看，2002 年美国不管是进口还是出口都远远高于其他三个国家，但是，2008 年这种局面由于中国的高速发展发生了改变，2008 年中国出口到全球的产品和服务达到 14 283.3 亿美元，超过美国的 12 874.4 亿美元；而美国仍然是最大的进口国。WTO 最新数据显示，2009 年中国出口额和进口额分别为 12 020 亿美元和 10 060 亿美元，成为世界第一大出口国和第二大进口国；而美国的出口额和进口额分别为10 570亿美元和 16 040 亿美元，全球排名分别为第三位和第一位。① 这充分显示中国

① 资料来源：http：//www.wto.org/english/news _ e/pres10 _ e/pr598 _ e.htm。

在国际贸易中的地位不断得到提升，但与之相伴的就是贸易摩擦的增多。除了中国之外，另一个需要关注的是俄罗斯国际贸易的高速增长。表 3—4 的数据还显示，虽然从进出口额上来看，俄罗斯的进出口额不如日本的高，但是从增长速度上，除了俄罗斯 2000—2008 年出口到欧盟的年均增长速度比中国低之外，俄罗斯出口到全球、美国和日本的年均增速都比中国出口到这些国家或地区的年均增速高。

表 3—4　　　　　　部分国家与地区之间的贸易网络关系　　　　　单位：10 亿美元

来源地 ＼ 目的地	年份	全球	美国	欧盟	俄罗斯	日本	中国
全球	2002	6 299.00	1 111.76	2 524.92	58.21	301.23	241.38
	2008	15 717.00	2 058.99	6 160.04	287.44	708.55	879.29
美国	2002	693.10	—	146.99	2.40	51.43	22.05
	2008	1 287.44	—	271.81	9.33	65.14	69.71
欧盟ª	2002	2 617.92	230.69	1 763.53	31.83	40.29	31.94
	2008	5 898.44	362.67	3 973.53	153.16	60.36	113.67
俄罗斯	2002	107.30	6.43	48.12	—	2.95	7.57
	2008	471.60	25.14	254.92	—	11.99	21.43
日本	2002	416.73	120.38	63.93	0.94	—	52.50
	2008	782.05	137.39	110.24	16.49	—	144.39
中国	2002	325.59	88.49	56.68	3.52	51.05	—
	2008	1 428.33	308.18	351.71	33.01	138.50	—

说明：a. 2002 年欧盟有 25 个成员国，2008 年欧盟有 27 个成员国。

资料来源：*International Trade Statistics*（2003，2009）。

受国际金融危机的影响，2009 年全球进出口贸易与 2008 年相比呈现大幅下降趋势，全球平均降幅达到 12.2%，遭遇二战以来最大的降幅，如表 3—5 所示。美国（-13.9%）、欧盟 27 国（-14.8%）和日本（-24.9%）降幅都超过了全球平均降幅；而中东（-4.9%）、非洲（-5.6%）和南中美洲（-5.7%）降幅相对较小。亚洲（-11.1%）和中国大陆（-10.5%）也呈现下降趋势，仅比全球降幅略低。货物贸易和商业服务贸易呈现不同程度的下降，2009 年全球货物贸易下降至 12.15 万亿美元，下降幅度达 23%；而商业服务贸易则下降到 3.31 万亿美元，下降幅度为 13%，这是 1983 年以来商业服务贸易第一次下降。

表 3—5　　　　　　　　　　不同区域 GDP 和进出口变动情况（%）

	GDP			出口			进口		
	2007 年	2008 年	2009 年	2007 年	2008 年	2009 年	2007 年	2008 年	2009 年
世界	3.8	1.6	−2.3	6.4	2.1	−12.2	6.1	2.2	−12.9
北美	2.2	0.5	−2.7	4.8	2.1	−14.4	2.0	−2.4	−16.3
美国	2.1	0.4	−2.4	6.7	5.8	−13.9	1.1	−3.7	−16.5
南中美洲ᵃ	6.4	5.0	−0.8	3.3	0.8	−5.7	17.6	13.3	−16.3
欧洲	2.9	0.8	4.0	4.2	0.0	−14.4	4.4	−0.6	−14.5
欧盟	2.8	0.7	−4.2	4.0	−0.1	−14.8	4.1	−0.8	−14.5
独联体	8.3	5.3	−7.1	7.5	2.2	−9.5	19.9	16.3	−20.2
非洲	5.8	4.7	1.6	4.8	0.7	−5.6	13.8	14.1	−5.6
中东	5.5	5.4	1.0	4.5	2.3	−4.9	14.6	14.6	−10.6
亚洲	6.0	2.7	0.1	11.7	5.5	−11.1	8.2	4.7	−7.9
中国大陆	13.0	9.0	8.5	19.8	8.6	−10.5	13.8	3.8	2.8
日本	2.3	−1.2	−5.0	9.4	2.3	−24.9	1.3	−1.3	−12.8
印度	9.4	7.3	5.4	14.4	14.4	−6.2	18.7	17.3	−4.4
新兴工业化国家和地区ᵇ	5.6	1.6	−0.8	9.0	4.9	−5.9	5.3	3.5	−11.4

说明：a. 包括加勒比海；b. 包括中国香港、中国台湾、韩国和新加坡。

资料来源：WTO，"Trade to expand by 9.5% in 2010 after a dismal 2009，" WTO reports.

图 3—2 和图 3—3 分别给出了 2009 年全球十大出口国出口额占全球出

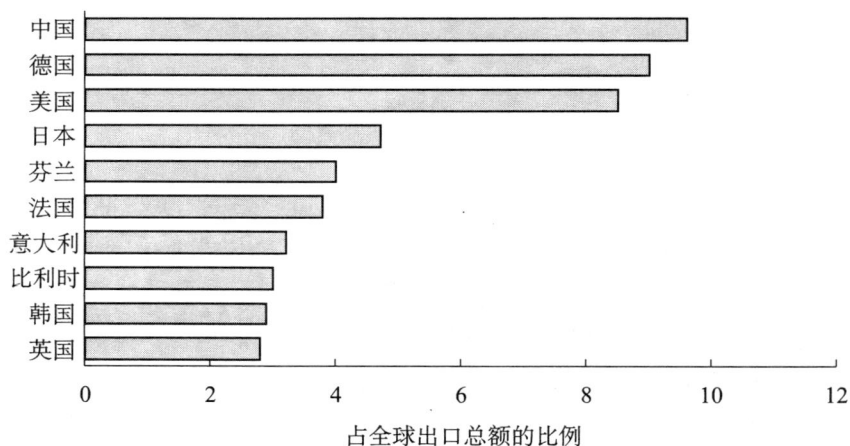

图 3—2　2009 年全球十大出口国出口额占全球出口总额的比例

资料来源：WTO，"Trade to expand by 9.5% in 2010 after a dismal 2009，" WTO reports.

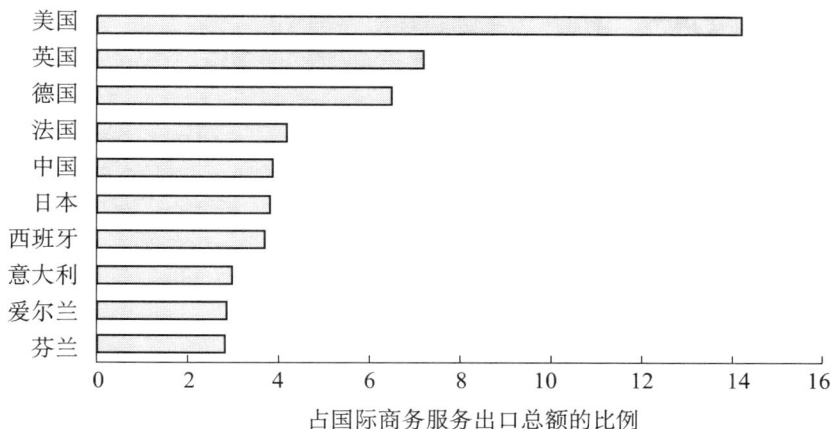

占国际商务服务出口总额的比例

图 3—3　2009 年全球十大商务服务出口国出口额占国际商务服务出口总额的比例

资料来源：WTO，"Trade to expand by 9.5％ in 2010 after a dismal 2009，"WTO reports.

口总额的比例以及全球十大商务服务出口国出口额占国际商务服务出口总额的比例。数据显示，2009 年中国出口额占全球出口总额的 9.6％，成为全球第一大出口国。排名前三位的中国、德国和美国出口额之和占全球出口总额的 27.1％，十大出口国出口之和占全球出口总额的 51.5％。从商务服务出口国出口额占国际商务服务出口总额的比例来看，美国在商务服务出口方面仍有明显优势，2009 年占国际商务服务出口总额的 14.2％，中国仅以 3.9％的比例居全球第五位。排名前三位的美国、英国和德国商务服务出口额之和占全球商务服务出口总额的 27.9％，十大商务服务出口国出口额之和占全球商务服务出口总额的 52.2％。通过这两组数据的比较可以发现，无论是全部出口还是商务服务出口在国别上都趋于相对集中。

　　通过上述分析可以看出，经济全球化条件下，全球进出口贸易额大幅提升，涉及的国家和地区范围扩大，虽然发达国家和地区仍然是进出口贸易的主要地区，但是欠发达国家和地区的进出口增长幅度大。中东地区、中南美洲和非洲地区在国际贸易中的地位越来越重要。随着这些地区进出口贸易的大幅上升，全球化市场不断得以扩张。在这样的背景下，中国进出口额大幅提升，2009 年成为全球第一大出口国和第三大进口国，长期贸易顺差也成为贸易摩擦的原因之一。中国产品市场更加依赖于全球市场，中国市场对全球各地也更加重要。

2. 跨国公司全球生产布局

跨国公司业务全球拓展是市场范围扩大的另一个表现。近年来，全球外国直接投资（FDI）增长迅速，2007 年全球 FDI 流入量达 19 788.4 亿美元，相比 1993 年的 2 225.0 亿美元增长了近 8 倍，平均每年增长速度为 56.4%；其中四分之一多流向发展中国家，发展中国家的外国直接投资净流入从整体上增加了 4 710 亿美元，增加最多的是俄罗斯（220 亿美元）和巴西（160 亿美元）。中国仍是外国直接投资在发展中国家的首选目的地，但相对于其他国家其份额继续减少。[①] 虽然受国际金融危机的影响，2008 年全球 FDI 流入量仍然达到 16 973.5 亿美元，相比 2007 年而言下降了 14%。

中国 FDI 流入量增长迅速，如表 3—6 所示。2000 年中国的 FDI 流入量为 407.15 亿美元，到 2008 年达到 923.96 亿美元，翻了一番还多。1980 年中国 FDI 流入量占全球 FDI 流入量的比重为 1.1%，2008 年该比重达到 5.4%，2003 年甚至高达 9.5%，2000—2008 年中国 FDI 流入量年均占全球 FDI 流入量的 6.4%。

表 3—6　　　　　　　　　　　1980—2008 年中国 FDI 流入量　　　　　　　　单位：10 亿美元

年份	1980	1990	2000	2001	2002	2003	2004	2005	2006	2007	2008
全球	54.08	207.28	1 398.18	824.44	625.17	561.06	717.70	958.70	1 461.07	1 978.84	1 697.35
中国	0.06	3.49	40.72	46.88	52.74	53.51	60.63	72.41	72.72	83.52	92.40

资料来源：根据各年 *World Investment Report* 整理。

跨国公司全球业务迅速增加。2006 年全球最大 100 家跨国公司国外销售和国外雇员人数分别比 2005 年增长 9% 和 7%。发展中国家最大的 100 家跨国公司的增长尤为迅速，2006 年它们的国外资产估计为 5 700 亿美元，比 2005 年高出 21%。[②] 表 3—7 列出了 2006 年按境外资产排名的非金融跨国公司世界 25 强的基本情况。显然，各跨国公司境外业务发展迅速，平均每家公司的境外资产占全部资产的 63.9%，境外销售额占总销售额的 56.1%，境外雇员数占总雇员数的 20.1%，境外子公司数目占全部子公司数目的 66.6%，境外业务量明显高于境内业务量。根据企业年报和企业网站简介，皇家荷兰/壳牌集团在全球 72 个国家布设网点 44 000 个；美国埃克森美孚石

---

① 参见世界银行：《2008 年全球发展金融报告》。

② 参见联合国贸易和发展会议：*World Investment Report*（2008）。

表3—7　2006年按境外资产排名的非金融跨国公司世界25强

资产和销售额：10亿美元；雇员人数：万人

排名	公司	母经济体	产业	资产		销售额		雇员数		子公司数目	
				境外	总计	境外	总计	境外	总计	境外	总计
1	通用电气	美国	电器和电子设备	442.3	697.2	74.3	163.4	16.4	31.9	785	1 117
2	英国石油公司	英国	石油开采、提炼、分销	170.3	217.6	215.9	270.6	8.0	9.7	337	529
3	丰田汽车公司	日本	机动车辆	164.6	273.9	78.5	205.9	11.4	29.9	169	419
4	皇家荷兰/壳牌集团	英国/荷兰	石油开采、提炼、分销	161.1	235.3	182.5	318.8	9.0	10.8	518	926
5	埃克森美孚公司	美国	石油开采、提炼、分销	155.0	219.0	252.7	365.5	5.2	8.2	278	346
6	福特汽车公司	美国	机动车辆	131.1	278.6	79.0	160.1	15.5	28.3	162	247
7	沃达丰集团	英国	电信	126.2	144.4	32.6	39.0	5.3	6.3	30	130
8	道达尔	法国	石油开采、提炼、分销	120.6	138.6	146.7	193.0	5.7	9.5	429	598
9	法国电力公司	法国	水、电、气供应	111.9	235.9	33.9	73.9	1.7	15.6	199	249
10	沃尔玛	美国	零售	110.2	151.2	77.1	345.0	54.0	1 091.0	146	163
11	西班牙电信	西班牙	电信	101.9	143.5	41.1	66.4	16.8	22.5	165	205
12	德国公用事业公司	德国	水、电、气供应	94.3	167.6	32.2	85.0	4.7	8.1	279	590
13	德意志电信	德国	电信	93.5	171.4	36.2	77.0	8.9	24.9	143	263
14	大众汽车	德国	机动车辆	91.8	179.9	95.8	131.6	15.6	32.5	178	272
15	法国电信	法国	电信	90.9	135.9	30.4	64.9	8.2	19.1	145	211
16	康菲石油	美国	石油开采、提炼、分销	89.5	164.8	55.8	183.7	1.7	3.8	118	179
17	雪佛莱	美国	石油开采、提炼、分销	85.7	132.6	111.6	204.9	3.4	6.3	97	226
18	本田汽车有限公司	日本	机动车辆	76.3	101.2	77.6	95.3	14.9	16.7	141	243
19	苏伊士	法国	水、电、气供应	75.2	96.7	42.0	55.6	7.7	14.0	586	884
20	西门子公司	德国	电器和电子设备	74.6	119.8	74.9	109.6	31.4	47.5	919	1 224

续前表

排名	公司	母经济体	产业	资产		销售额		雇员数		子公司数目	
				境外	总计	境外	总计	境外	总计	境外	总计
21	和记黄埔	中国香港	多元化经营	70.7	87.1	28.6	34.4	18.2	22.0	115	125
22	莱茵集团	德国	水、电、气供应	68.2	123.1	22.1	55.5	3.1	6.9	221	430
23	雀巢公司	瑞士	食品和饮料	66.7	83.4	57.2	78.5	25.7	26.5	467	502
24	宝马公司	德国	机动车辆	66.1	104.1	48.2	61.5	2.7	10.7	138	174
25	宝洁公司	美国	多元化经营	64.5	138.0	44.5	76.5	10.1	13.8	369	458

资料来源：根据 *World Investment Report* (2008) 相关数据整理。

油公司在全球 39 个国家设立 83 个分公司；美国惠普电脑公司在全球 170 多个国家经营；德国西门子公司在全球 190 多个国家拓展业务。[①] 中国一些公司也加强了跨国业务的拓展。中国工商银行在 2009 年《财富》杂志中排名第 92 位，截至 2008 年末工商银行拥有 385 609 名员工，16 386 家境内外机构，为 1.9 亿个人客户与 310 万公司客户提供广泛而优质的金融产品和服务。

3.1.3　商品范围的拓展

商品范围的拓展主要是指 20 世纪 80 年代以来全球出现的产业融合现象，主要发生在经济发达国家的信息产业、金融业、物流产业和能源产业等领域。近年来中国在这些领域也出现了不同程度的产业融合现象。

1. 信息产业的融合

信息产业是以电子信息技术为核心的信息产品制造业、信息传输业和信息服务业的总称。[②] 在 20 世纪 80 年代以前，世界各国的电信业、计算机业和有线电视业由于各自技术的不同分属不同的产业，产业界限清晰。传统电信业和有线电视业的技术属于模拟技术，而计算机业的技术属于数字技术。

随着数字技术的发展，特别是计算机技术和网络技术的发展，使得图像、声音、文本和数据四种彼此分割的信息形式可以统一转换为以 0/1 编码的数字形式，成为电信业、计算机业和有线电视业的共同语言，并通过同一终端和网络传递与显示，从而实现了信息通讯领域的"数字融合"。在数字融合的基础上，传统电信、广播电视和出版业等产业可以逐步实现技术融合、产品与业务融合、市场融合，最后完成产业融合的整个过程。

在美国，电话运营商开始提供无线及互联网接入服务，而一些有线及互联网服务企业则推出了宽带电话业务，甚至连电力企业也开始提供互联网无线接入服务和数字传输服务。手机通讯也在不断融合电信业务、计算机业务和有线电视业务，用户可以通过手机实现上网、看电视、通电话。正在兴起的网络电视则利用宽带有线电视网，实现电视机或者电脑终端上网、看电视等多媒体业务的交互式服务。美国、日本和英国等发达国家已经逐步实现信

---

① 相关数据来源于各公司年报或各公司网站。

② 参见于刃刚等：《产业融合论》，人民出版社 2006 年版，第 65—70 页。

息传输（包括电视、电话和网络）光纤化和数字化。

2010 年 1 月 13 日，国务院常务会议决定加快推进广播电视网、电信网和互联网三网融合进程。根据三网融合的阶段性目标，2010—2012 年重点开展广电和电信业务双向进入试点。这是国家自提出三网融合概念以来在政策方面最为明确的一次实质性进展。三网融合并非指目前用于传播语音、数据和视频信号的电信、互联网和广播电视网最终融合为物理上的一个网络，三网融合的实质是业务上的融合，即在同一个网络上可以同时开展语音、数据和视频等多种不同业务。从消费者的角度看，三网融合使得商品范围大大扩展了。在不久的将来，消费者只要拥有一部手机就可以享受到现在由广播电视网、电信网和互联网提供的全部服务。

2. 金融业的融合

20 世纪 80 年代以前，大部分国家的金融业处于产业分立状态。传统金融服务业主要包括银行业务、证券业务、保险业务，分别由商业银行、证券公司、保险公司来提供，银行业、证券业与保险业处于产业分立状态，成为金融体系的三大组成部分。[①]

近年来，随着经济全球化、一体化的发展和市场环境的变化，世界范围内金融严格分业经营的界限正逐渐被打破，金融全能化、超市化经营的趋势在西方发达国家日益明显，商业银行、证券公司、保险公司等不同类型金融机构之间的区别日益模糊，彼此之间由非竞争关系变为竞争关系。银行业、证券业与保险业之间的传统边界开始消融，金融业出现融合趋势。例如，1986 年英国率先放松金融管制，允许商业银行进入证券业；加拿大在 1987 年也取消了银行业和证券业的分立规制；美国则允许合格的银行控股公司以及国民银行（即在联邦注册的商业银行）的子公司从事证券业务、保险业务，允许银行控股公司收购证券、保险等非银行业子公司，证券以及保险控股公司也可以收购商业银行[②]；保险公司利用银行的分支机构与网络开拓新的销售渠道，由银行代理销售保险产品、代收保险费、代付保险金，在国际上早已盛行。

金融业的融合得益于信息技术的快速发展。信息技术的发展使金融机构

---

① 参见于刃刚等：《产业融合论》，第 101—103 页。

② 参见李玉红、茹长云：《国际金融业的产业融合对我国金融业的启示》，《河北科技师范学院学报》（社会科学版）2006 年 3 月第 5 卷第 1 期，第 1—6 页。

极大地降低了金融数据处理成本与金融信息成本，提高了金融机构的业务扩张能力，使金融机构可以进入原先不敢进入或无法进入的非传统业务领域，扩大了金融工具的交易范围并突破了地域的限制。信息技术的发展也使金融管理部门能够通过先进的技术手段实施严格的金融监管，加强金融业融合后的风险管理。

虽然中国业内人士承认金融业的融合是必然趋势，但是中国金融业融合的实践工作却是举步维艰，加上美国次贷危机所引发的国际金融危机，有些人认为目前中国这种分业经营的方式是避免这场危机的原因之一，从政策上加大了金融业融合的难度。

3. 物流产业的融合

传统的物流活动主要指产品离开生产线以后的包装、运输、装卸搬运、流通加工及信息传递等活动，可以说传统物流服务是由运输业、仓储业和邮政业来提供的，传统物流企业则由运输企业、仓储企业与邮政企业构成，这些企业分别提供单一、传统的物流服务。[1] 正是由于社会分工的推动，使各个产业从社会活动中独立出来，彼此间处于分立状态。

20 世纪 90 年代以来，由于信息技术的飞速发展以及在运输业、仓储业和邮政业的广泛应用，加深了与传统物流业的融合，形成了现代物流技术。现代物流技术改变了传统物流产业的技术和业务流程，使其成本结构变得十分相似，消除了产业间的技术性进入壁垒，使传统运输业、邮政业和仓储业的边界变得模糊。[2] 显然，现代物流技术为传统物流产业融合奠定了技术基础。

传统物流产业融合大大降低了物流的仓储、运输、采购、管理等成本，提高了物流的生产效率。成本的降低和利润的增加，使得物流产业获得了更大的发展空间，物流不再只包括传统的仓储和运输，还为消费者提供一体化的物流服务，包括各种方式的运输、大规模仓储、物流信息服务以及完整的供应链管理服务。同时，物流产业出现跨产业并购或跨产业成立战略联盟，出现了第三方物流企业，成为专业化、社会化、一体化的物流服务提供商。

由于中国信息技术发展水平不高，尽管物流业获得了巨大发展，但主要

---

① 参见于刃刚等：《产业融合论》，第 149—152 页。

② 参见韩德超：《分工—融合与我国物流产业发展》，《中国物流与采购》2009 年第 11 期，第 72—73 页。

还处于传统物流产业快速发展时期，产业融合现象虽然出现但尚未成为发展主流。令人欣喜的是，随着跨国物流公司的进入，中国一些物流企业尤其是民营物流企业，直接跨越传统物流产业，发展成为现代物流企业。

4. 能源产业的融合

20 世纪 80 年代以前，由于存在巨大的技术性进入壁垒，电力产业和天然气产业边界明显。电力公司与天然气公司处于非竞争关系之中。

自 20 世纪 80 年代起，天然气的勘探开发、运输、存储等环节的技术创新，降低了成本，提高了产能，大规模的运输管道建设和液化天然气成本的降低，推动了天然气的广泛使用。随着以电、热、冷三联产为主的分布式能源的发展，出现了一大批独立发电站，使得发电、输配电系统乃至电力管理和运行模式发生了变化。

分布式能源跨越了电力、天然气、供热、制冷等多个产业，不仅改变了电力的生产与供应形式，还消除了电力产业和天然气产业之间的技术性进入壁垒，促成了产业的融合。信息技术将发电、输电、配电和供电以及发电上游的燃料供应系统，供电下游的制冷供热系统进行整合优化，从根本上创造了一个全新的能源综合供应系统。[①] 例如，丹麦的电力产业和天然气产业已经出现产业融合趋势，使得丹麦成为当今世界上能源利用效率最高的国家。

5. 产业融合的启示

借助信息技术，信息产业、金融业、物流产业和能源产业等领域的产业融合已经成为一个不可阻挡的趋势。产业融合对于理解全球化条件下的市场结构变化具有如下启示：

首先，产业融合拓展了商品范围，借助信息技术实现了传统产业之间的融合和跨越，促进了竞争。显然，产业融合打破了原来的商品界限，使商品范围大大拓展。产业融合借助信息技术突破了传统产业的界限，使传统产业界限变得模糊。商品范围的拓展改变了商品之间的竞争格局，增强了企业的竞争性。例如信息技术的融合，使得凡是涉及数字技术领域的商品或服务都进入了竞争范围，企业之间的竞争愈演愈烈。

其次，产业融合催生了商品范围更广的大型企业，市场结构更趋向集

---

① 参见叶春：《产业融合背景下的能源安全战略》，《电业政策研究》2007 年第 8 期，第 18—20 页。

中。产业融合使企业的市场范围进一步扩大，企业可以在更广泛的市场上获取规模经济，因此，一些企业进一步扩张规模。企业并购是产业融合趋势下企业规模扩张的主要手段之一，借助并购，企业可以迅速将传统经营领域拓展至更为广泛的领域实现产业融合，与此同时，商品范围更为广泛的大型企业诞生，市场结构更趋向集中。

最后，产业融合是在政府不断放松管制的背景下实现的。信息技术的发展是产业融合的基础，信息技术使产业融合成为可能，企业并购是产业融合的主要手段，而政府不断放松管制是产业融合的保证。政府管制的放松为产业融合创造了制度环境，产业融合对管制政策及管制体制形成了冲击和挑战，技术融合和产业融合的内在要求促使对规制理论与规制政策进行改革，以适应变化了的技术和经济条件。[①]

3.2　市场进入壁垒的改变

进入壁垒是指当某一产业的在位企业赚取超额利润时，能够阻止新企业进入的那些因素。进入壁垒可分为三类：结构性（或经济性）的、策略性（或行为性）的和政策性的。结构性的进入壁垒产生于欲进入的产业本身的基本特性，即进入某一特定产业时遇到的经济障碍以及克服这些障碍所导致的成本的提高，包括技术、成本、消费者偏好、规模经济和市场容量等方面的障碍。策略性的进入壁垒产生于在位企业的行为，特别是在位者可以采取行动提高结构性壁垒，或者扬言一旦进入就采取报复行动。政策性的进入壁垒是指政府对某些产品的生产经营只对少数特定企业授予特许权而不允许其他企业进入，或者由于发明创造获得的专利权保护，以及其他政府管制措施等都构成进入壁垒，这种进入壁垒可以归结为法律的或政府规制壁垒。[②]

3.2.1　经济性进入壁垒非对称变化

1. 企业追求全球规模经济，规模经济壁垒加强

规模经济之所以会成为市场进入壁垒而阻止进入者进入，原因在于市场

---

①　参见于刃刚等：《产业融合论》，第 37—39 页。
②　参见杨蕙馨主编：《产业组织理论》，第 70—71 页。

过于狭小就无法使进入者获得规模经济。虽然在位者未必具有成本优势，但是，进入者只有获得较高的市场份额才能够实现规模经济。如果市场需求有限，规模经济就能够阻止进入者进入。

经济全球化条件下，市场范围的扩张改变了原先企业进入的两难选择。企业进入某一市场要在与在位者的竞争中获得竞争优势，生产必须达到最低经济规模，这样才能获取绝对成本优势。然而，这一产量水平往往会导致产品市场供给大幅增加，产品价格下降，进入者难以获利，甚至亏损。但是，如果进入者的产量不能达到最低经济规模，则在竞争中处于劣势，进入者仍然难以生存。经济全球化条件下，市场范围大幅扩张，市场容量急剧增大，单个企业产量远远不能满足全球市场需求。在较大的市场容量水平上，规模经济可诱致新企业进入，从而提高整个产业的生产能力和供给量，引起价格的下降。企业可以在全球范围内谋求规模经济，可以以更低的价格为消费者供给商品，即使这样仍然有许多企业可以获得生存空间。

例如，截至 2009 年 5 月零售业巨头沃尔玛在全球 14 个国家开设了 7 900 家商场，员工总数 210 万人，每周光临沃尔玛的顾客 1.76 亿人次，沃尔玛的年销售额相当于全美所有百货公司的总和，而且至今仍保持着强劲的发展势头。沃尔玛的规模不可谓不大，其规模的扩张正是得益于经济全球化条件下市场范围的扩张。2009 年《财富》世界 500 强企业排名中，沃尔玛以 4 056 亿美元的销售总额排名第三位，牢牢占领零售业的绝对优势地位，其销售额是零售业第二位塔吉特（Target）的 6 倍多，而塔吉特在世界 500 强企业排名中位居第 100 位。沃尔玛在 2010 年《财富》世界 500 强排名中居首位，年销售额为 4 082.14 亿美元，净利润为 143.25 亿美元。[①] 可以说，沃尔玛不论是规模上还是成本上都具有绝对优势，但是，它并不敢控制价格，不仅不为消费者提供更高价格的产品，相反却不断追求价格更低，这是因为全球市场范围的扩大为其他企业提供了生存空间，沃尔玛面临的竞争压力并不小，世界 500 强企业中零售业就有 16 家之多。

显然，当市场范围拓展至全球时，虽然市场容量急剧扩大，但是，竞争压力也就来自全球。追求全球范围的规模经济成为全球化条件下企业的

---

① 资料来源：2010 年《财富》世界 500 强排行榜。有关 2010 年世界 500 强企业排行榜的详细资料，可参见 http://www.fortunechina.com/fortune500/c/2010 - 07/09/content_38195.htm。

必走之路，只有这样才能获得绝对成本优势，而任何一家企业都无法将规模扩张至自己能够提供全球全部产品的能力，所以始终面临着一个竞争性的市场。

另外，产业融合也给企业实现更广泛的规模经济提供了基础，企业可以借助产业融合拓展至相关领域，实现所谓的范围经济。当然，企业还要面对产业融合后原来不同产业交叉竞争的压力。

总之，从全球范围看，许多产业的市场已经扩大至足以容纳多个最佳规模企业共同生存的程度。在这样的条件下，一些企业实现了全球范围的规模经济；与此同时，这些企业却不得不去面对来自不同国家和不同产业之间的竞争压力。

2. 产品差异和技术壁垒加强

产品差异壁垒产生于买者对某一产品的偏好和忠诚、在位者已占领的合适的市场位置和产品空间。广告和各种促销措施及策略会影响消费者的偏好，从而引起产品差异。大部分广告的目的是创造消费者对某个品牌的偏好，偏好一旦形成，在位企业的优势是显而易见的。[①] 随着经济全球化程度的加深，发达国家的跨国公司利用其产品差异化优势大大提高了发展中国家通过产品差异化进入市场的难度，虽然发展中国家的企业可以通过模仿和外包突破这些市场壁垒，但是这对其市场地位的提升和剩余索取都是不利的，这就像中国的"山寨"现象一样。企业虽然通过模仿进入了相关市场，但想要获得市场地位和消费者认可却很难。中国一些加工企业如富士康，虽然承接了国外许多著名品牌产品的生产，但终归由于产品差异化壁垒很难获得更大的利润空间。据分析，苹果公司 iPhone 手机的加工商仅能获取 2% 的利润，而苹果公司却能获得 200% 的利润。[②]

经济全球化条件下，技术创新日益复杂，技术创新的路径依赖程度加强，导致市场进入的技术壁垒上升。近百年来人类科学技术进步的成果斐然，技术创新的难度更大、投入更多、风险更高，技术创新的路径依赖程度加强，这都成为跨国公司的在位优势，而这些公司可以通过技术优势阻止其他企业进入，技术门槛过高导致进入壁垒加强。

---

① 参见杨蕙馨主编：《产业组织理论》，第 73 页。
② 参见李保华、廖杰华：《苹果有血泪》，《经济观察报》第 464 期第 1 版，2010 年 4 月 12 日。

3. 沉没成本下降，进入壁垒降低

根据经济合作与发展组织欧洲转型经济合作中心的定义，沉没成本是指那些一旦投入、承诺了专用用途就不能收回的成本。沉没成本产生的原因在于某些经济活动需要专用性资产，这部分专用资产几乎不能再作别的用途。[①] 德姆塞茨（Demsetz，1968）指出，沉没成本构成进入壁垒，使在位者具有了某种垄断力量。[②] 全球化条件下，产品由发达地区向欠发达地区的消费梯度转移、企业新的生产方式以及企业间合作等因素降低了沉没成本，导致市场进入壁垒不断降低。

产品由发达地区向欠发达地区的消费梯度转移降低了沉没成本。根据国际贸易的产品生命周期理论，由于产品研发初期研发费用比较高，市场必须接近收入高的发达国家才能迅速将高昂的研发费用消化。而后随着产品不断趋向成熟，成本不断下降，企业可以在满足发达国家需求的同时，通过降低价格将产品销往欠发达地区拓展其市场份额；到产品成熟期后期，由于产品已经成熟和标准化，可以将该产品的生产转移至发展中国家，以寻求生产成本的进一步降低，进一步拓展市场份额，企业同时研发新的产品满足发达国家的更多层次的需求。显然，在经济全球化条件下，由于形成了由发达地区向欠发达地区的消费梯度转移，不仅可以延长产品的生命周期，而且转移和减少了沉没成本。

企业新的生产方式降低了沉没成本。经济全球化条件下，为了适应技术的快速发展、产品生命周期缩短和多变的个性化消费需求，柔性生产与敏捷制造等新的生产方式应运而生。柔性生产通过系统结构、人员组织、运作方式和市场营销等方面的改革，使生产系统能对市场需求变化做出快速的适应，同时消除冗余无用的损耗，力求企业获得更多的盈利。敏捷制造是在具有创新精神的组织和管理结构、先进制造技术、有技术有知识的管理人员三大类资源支柱的支撑下得以实施的，也就是将柔性生产技术、有技术有知识的劳动力与能够促进企业内部和企业之间合作的灵活管理集中在一起，通过

---

① 参见杨蕙馨：《企业的进入退出与产业组织政策——以汽车制造业和耐用消费品制造业为例》，上海三联书店、上海人民出版社 2000 年版，第 61 页。

② Demsetz, H., 1968. "Why Regulate Utilities," *Journal of Law and Economics*, 11, pp. 55—65.

所建立的共同基础结构，对迅速改变的市场需求和市场进步做出快速响应。柔性生产和敏捷制造两种生产方式都必须以计算机及自动化技术作为基础，减少了物质资本和人力资本的专用性程度，降低了沉没成本。

企业间合作降低了沉没成本。企业间合作如战略联盟和业务外包（第 6.2 节与第 8.2 节将专门论述）使得企业不管是技术研发还是生产制造等方面都减少了沉没成本的投入。企业通过战略联盟进行技术研发，一方面进一步拓展了合作方各自原有技术的使用范围，另一方面降低了研发新技术的成本投入，这都会减少企业的沉没成本。业务外包的合作方式通过灵活性的企业网络契约，降低了企业专用资产的投入，也降低了沉没成本。

3.2.2　策略性进入壁垒难以实施

1. 市场容量扩大，企业各取所需

经济全球化条件下市场容量扩大，为更多企业提供了生存空间，企业很难实施策略性行为阻止进入。策略性进入壁垒是指那些在位企业利用自身的先动优势故意而为之、有意针对潜在进入者的行为结果。在位企业为了阻止潜在进入者进入，有可能主动将价格降至平均成本水平，此时企业只能获得正常利润，但是不存在超额利润。显然，由于进入者进入很难获利，就不得不放弃进入，在位企业就可以达到阻止进入的目的。其实，企业在实施这种价格行为阻止进入时，自己也会受到损失，即"伤敌一千，自损八百"。

策略性进入壁垒能够顺利实施有一个潜在的假设，就是市场容量是有限的，企业进入势必会挤占在位企业的市场份额，所以在位企业才会奋起阻止进入。在经济全球化条件下，由于市场扩容，新企业进入对于在位企业已经不会构成致命的威胁，而且在位企业很难实施策略性行为阻止其他企业进入，阻止进入成为一个不可置信的"承诺"，容忍进入才是在位企业的最优选择。在这种情况下，企业并不会通过降价的方式阻止进入，而是维持高价赚取超额利润，一旦有进入才会去降价迎合。

例如手机产业，当新产品进入市场之初，企业不会为了阻止其他企业进入而降价，相反它会定一个很高的价格提供给需求价格弹性相对较小的消费者，而后随着其他企业进入，则不断降低价格再去满足那些需求价格弹性比较大的消费者，通过歧视性价格将消费者剩余"纳入"企业。

因此，全球化条件下，一家或少数几家企业已经很难借助策略性行为阻止其他企业进入，企业往往借助产品差异化去满足不同偏好的消费者，而容忍其他企业进入。

2. 竞争与合作共存，企业追求共赢

企业竞争由对抗性竞争转向合作性竞争，企业追求合作共赢。传统企业竞争是非输即赢的零和博弈，企业之间往往打得"你死我活"。当市场范围拓展至全球时，企业之间表现为相互依存、相互制约的合作性竞争。20世纪90年代以来，战略联盟、业务外包等合作方式的兴起就是这种合作性竞争的充分体现。

战略联盟是现代企业竞争的产物。一个企业为了实现自己的战略目标，与其他企业在利益共享的基础上形成的一种优势互补、分工协作的松散式网络化联盟，就是战略联盟。战略联盟可以表现为正式的合资企业，例如索尼爱立信（Sony Ericsson）。索尼爱立信是由索尼和爱立信于 2001 年 10 月共同组建的合资公司，双方在合资公司中各占 50％的股份，分别融合了索尼在影音、产品规划及设计能力、消费电子产品营销和品牌推广方面的专长以及爱立信在移动通信技术、与运营商的关系、网络设施建设等方面的专长。借助合资公司的合作，索尼爱立信短期内就成为手机市场中不可或缺的主要企业。

战略联盟也可以表现为短期的契约性协议。例如，丰田公司通过与其供应商组成战略联盟在汽车市场上取得成本、质量、时间优势，实现精益化生产。丰田公司与供应商的网络关系是以丰田为中心，其他厂商围绕在丰田周围的一种网络结构。向丰田汽车公司供应零部件和车身的约 220 家具有实力的制造商自发成立了"协丰会"，为丰田公司采购设备等的企业自发成立了"荣丰会"，这两大协会实现了供应商之间的紧密合作。随着全球化的不断发展和深入，两个协会也和丰田一起成长，协会成员之间相互合作，不断扩大业务领域，使得丰田汽车公司的国际化业务得到实实在在的发展，丰田与供应商之间的合作取得了极大的成功。

业务外包（outsourcing）是企业把内部业务的一部分承包给外部专业化的专门机构。业务外包即把一些重要但非核心的业务或职能交给外面的专家去做。例如，耐克（Nike）是全球最大的运动鞋制造公司，却从未生产过一双鞋，在美国俄勒冈州的比弗顿市，四层楼高的耐克总部里看不见一双鞋。从 20 世纪 70 年代开始，耐克便把制造环节外包给很多亚洲国家。外包使耐克获得了廉价的劳动力，并从供应商那里拿到了大量的折扣。耐克公司之所以能够以生产外包的方式取得巨大成功，就是因为其牢牢把握住了两个价值制高点：上游的研发设计与下游的营销。在研发方面，耐克公司通过持续大规模的投入和研发流程的精细化，保持着在运动服装领域世界领先的地位。在营销方面，耐克始终注重品牌的强化与控制。耐克的主要顾客群是年青一代，对于年轻人来说，最大的价值是自我实现的价值，耐克通过强烈的心理暗示、树立意见领袖帮助消费者，尤其是年青一代，获得了张扬自我个性的机会，这为耐克带来了庞大的忠诚消费群体。[①]

总之，在经济全球化条件下，市场范围不断扩大，企业之间很少再使用传统的策略性行为阻止企业进入，企业更多采取容忍进入的行为。不仅如此，企业之间由对抗性竞争向合作性竞争转变，竞争与合作是并存的，企业通过合作竞争谋求双赢或多赢。

3.2.3　政策性进入壁垒多样化

1. 传统贸易壁垒下降，新贸易壁垒不断加强

传统贸易壁垒指关税壁垒和传统的非关税壁垒，如高关税、配额、许可证、反倾销和反补贴等。传统贸易壁垒主要是从商品数量和价格上实行限制，更多地体现在商品和商业利益上，所采取的措施也大多是边境措施。

新贸易壁垒是指以技术壁垒为核心的包括绿色壁垒和社会壁垒在内的所有阻碍国际商品自由流动的新型非关税壁垒。新贸易壁垒着眼于商品数量和价格等商业利益以外的东西，更多地考虑商品对于人类健康、安全以及环境的影响，体现的是社会利益和环境利益，采取的措施不仅有边境措施，还涉及国内政策和法规。

随着经济全球化不断深入，贸易壁垒正在发生结构性变化。传统贸易壁垒逐渐走向分化，其中的关税、配额和许可证等壁垒逐渐弱化，而反倾销等传统贸易壁垒则在相当长的时间内继续存在并有升级强化的趋势。以技术壁

---

① 参见郑雄伟：《国际外包——国际外包全球案例与商业机会》，经济管理出版社 2008 年版，第 65—80 页。

垒为核心的新贸易壁垒将长期存在并不断发展，将逐渐取代传统贸易壁垒成为国际贸易壁垒中的主体。除了技术壁垒，还有环境壁垒（如环境技术标准、多边环境协议、环境标志、环境管理体系标准、绿色补贴等）以及社会壁垒（即以劳动者劳动环境和生存权利为借口采取的贸易保护措施）。

传统贸易壁垒的下降是 WTO 的要求。WTO 的基本原则中有扩大市场准入原则，倡导成员国在权利与义务平衡的基础上，依其自身的经济状况，通过谈判不断降低关税和取消非关税壁垒，逐步开放市场，实行贸易自由化。传统贸易壁垒的下降也是经济全球化发展的需要。随着国际贸易理论日益完善，越来越多的国家意识到国际贸易对本国经济发展的重要性，在经济全球化条件下对外开放自己的市场就要不断降低传统贸易壁垒。

新贸易壁垒是国际经济、社会、科技不断发展的产物。一是社会进步及生活水平提高增强了人们的安全意识，以至国际贸易中以健康、安全和卫生为主要内容的新贸易壁垒日益增多。二是环保意识和可持续发展理念深入人心，要求国际贸易中的产品本身及其生产加工过程都不要以破坏环境或牺牲环境为代价，而应以可持续发展为前提。三是技术日渐复杂本身就提高了技术壁垒。加上主要发达国家经济增长减缓，为了保护国内产业而更多地寻求新贸易壁垒。

2. 发展中国家市场进入壁垒降低

根据第 3.1 节的分析，发展中国家或地区的贸易地位不断增强，FDI 流入量占全球流入量的四分之一，这种成绩的获得和发展中国家市场进入壁垒的降低有关。

随着经济全球化的不断深入，发展中国家与发达国家加强了合作。发展中国家为了获取发达国家的市场、资金及技术方面的支持，非常注意调整自己与发达国家的政治、经济、文化关系，把重点放在如何利用发达国家在经济发展中的"溢出效应"，借助发达国家的经济优势发展自己的经济。基于这一前提，发展中国家纷纷降低了本国市场的进入壁垒，给予国民待遇甚至优惠政策吸引跨国公司进入。

发展中国家还利用自由贸易协定发展对外贸易。例如墨西哥与美国、加拿大达成《北美自由贸易协定》，形成了北美自由贸易区，与英国及欧盟等国家和组织签署了自由贸易协定。据 WTO 统计，除欧洲国家外，墨西哥已经成为世界上签订区域贸易协定最多的国家。① 再如中国—东盟自由贸易区，老东盟六个国家（泰国、马来西亚、文莱、印尼、菲律宾和新加坡）2010 年全面实行自贸区协议，中国和老东盟成员绝大多数产品关税降为零，与新东盟成员（柬埔寨、老挝、缅甸和越南）则将在 2015 年关税降为零。②

总之，为了谋求发展，发展中国家意识到对外开放对本国经济的重要性，纷纷降低了本国市场的进入壁垒。

3. 金融危机下发达国家贸易保护抬头，市场进入壁垒加强

金融危机下贸易保护抬头。自 2008 年美国次贷危机爆发以来，危机从金融领域蔓延到实体经济领域，并在经济全球化的背景下迅速"传染"到世界各国。长期倡导自由贸易的美国在危机面前却走向贸易保护。美国总统奥巴马 2009 年 2 月 17 日签署经济刺激计划，保留"只买美国货"条款，规定所有接受刺激法案援助的公共工程都只能使用产自美国的铁、钢和制成品以增加这些产业的本国就业。2009 年 9 月 11 日美国总统奥巴马宣布，对从中国进口的乘用车轮胎实施惩罚性关税，主要目的就是保护美国的夕阳产业。印度对来自全球 15 个国家的钢铁产品进行反倾销、反补贴。另外"只购买印尼货"、"意大利人只吃意大利食品"、"英国工人应该拥有英国的工作岗位"等贸易保护主义措施就不再一一赘述。③ 由于金融危机影响促使发达国家贸易保护抬头，无疑增强了市场进入壁垒。

与此同时，中国并未跟进贸易保护，而是适应经济全球化趋势，主张自由贸易。温家宝总理在会见出席中国发展高层论坛 2010 年会境外代表时呼吁，面对金融危机和困难，世界要同舟共济、携手合作；世界上所有负责任的国家，所有有良知的企业家，都不要打贸易战和货币战；温家宝总理还表示中国主张自由贸易，绝不追求贸易顺差；努力扩大进口，保持国际收支基本平衡，是我们长期努力的方向。④

---

① 参见李云娥、郭震洪：《墨西哥多重区域贸易协定策略》，《山东社会科学》2007 年第 5 期，第 90—92 页。

② 资料来源：中国—东盟自由贸易区官方网站，http://www.cafta.org.cn/。

③ 参见陈文涛：《应对金融危机，贸易保护主义不可取》，《中国高新技术企业》2009 年第 7 期，第 70—71 页。

④ 资料来源：中国新闻网，http://www.chinanews.com.cn/gn/news/2010/03—22/2184032.shtml。

3.3　企业规模的变化

企业规模是影响市场结构的因素之一。一方面，有些企业为了追逐规模经济不断扩大企业规模，成为超大型企业。另一方面，由于生产方式和生产环节的不断变化，有些企业却只从事生产中的某一个环节，而将该生产环节不断做大，追逐另一种规模经济。经济全球化条件下，这种改变时刻都在发生。

根据国际上通行的标准，一般以企业从业人数、销售收入和资产总额作为划分企业规模的标准。选取这三个指标能够全面衡量企业规模的状况，但有时限于数据的可得性，不得不只选取其中一项或两项指标从一个侧面反映企业规模的变化状况。

另外，某一国家或地区按产业划分的全部企业的数据难以获得，只能选取部分企业作为研究对象。下面的分析采用世界500强、中国500强和美国500强的相关数据进行分析。虽然500强企业数据不能全面衡量、反映全部企业的规模变化的实际状况，但是，从另外一个角度讲，参与全球竞争的企业主要是大企业，它们才是真正影响全球竞争态势的市场主体。所以，选取500强企业作为研究对象具有一定的代表性，对相关问题具有一定的解释性。

因此，下面的分析以《财富》世界500强排行榜以及中国企业联合会、中国企业家协会的中国企业500强排行榜中的企业销售收入[①]作为衡量指标，从一定程度上可以反映企业规模的大小以及变化。

3.3.1　世界500强企业最大最小规模变化

1. 世界500强企业概况

目前美国三大商业杂志《财富》、《福布斯》和《商业周刊》以及英国的《金融时报》都对世界500强企业进行排名。《财富》号称世界500强排行榜是衡量全球大型公司的最著名、最权威的榜单，它按照企业销售收入对企业排序。《福布斯》综合考虑年销售额、利润、总资产和市值对企业进行排序，《商业周

[①]　《财富》世界500强排行榜以及中国企业联合会、中国企业家协会的中国企业500强排行榜都能获得企业销售收入数据，企业从业人数和资产总额难以获得，因此只选择销售收入作为衡量企业规模的指标。

刊》和《金融时报》则都是把市值作为主要依据。《福布斯》世界 500 强排名不包括美国本土公司。《商业周刊》的排名仅限于发达国家。像中国这样的发展中国家，《商业周刊》另有新兴市场排名。而《财富》则是将世界各国都纳入考量范围。[①] 企业销售收入是衡量企业规模的重要指标，因此，下面采用《财富》世界 500 强排行榜对企业规模进行分析，比较企业规模变化情况。[②]

近些年来，中国企业实力增强，上榜企业数量不断增加。表 3—8 显示，近几年尤其是 2008 年以来[③]，世界 500 强企业中国上榜企业数量大幅增加，1996年中国仅有中国银行和中国粮油食品（集团）有限公司两家企业上榜，分别位居 167 位和 338 位；2002 年中国也仅有 13 家企业上榜，前 100 位中仅有 3 家企业；2008 年上榜企业数量达 35 家，前 100 位中仍然仅有 3 家；2009 年上榜企业数量达 43 家，前 10 位中有 1 家，前 100 位中有 5 家；2010 年上榜企业数量达 54家，前 10 位中有 3 家中国企业，其中中国石油化工股份有限公司排名最高，位居第 7 位，中国国家电网排名第 8 位，中国石油天然气集团公司排名第 10 位，前 100 位中中国上榜企业达到 8 家。

表 3—8　　　　　　　　世界 500 强企业中国上榜企业数量变化情况　　　　　　　单位：家

分类	年份	1996	2002	2008	2009	2010
上榜企业数量	前 10 位	0	0	0	1	3
	前 100 位	0	3	3	5	5
	前 200 位	1	3	9	12	15
	前 300 位	1	7	16	20	26
	总计	2	13	35	43	54

资料来源：根据《财富》世界 500 强企业排行榜相关数据计算。

中国上榜企业规模不断扩大。从表 3—9 可以看出，中国企业最大规模和最小规模逐年增大（受金融危机影响，2010 年企业规模整体下降）。2009

---

① 资料来源：《全球 4 大商业杂志："世界 500 强"排名哪个更权威》，http://tech.sina.com.cn/it/e/2002-07-12/125669.shtml。

② 《财富》世界 500 强企业排行榜和中国企业联合会、中国企业家协会的中国企业 500 强排行榜都声称按照销售收入排名，但具体数据公布时却是按营业收入公布。这里统一采用销售收入的说法。从会计核算角度讲，销售收入也称作营业收入，包括主营业务收入和其他业务收入。但是，人们习惯上，针对工业企业时称作销售收入，针对商业企业和其他企业时称作营业收入。

③ 按照《财富》杂志和中国企业联合会、中国企业家协会相关报告，当年发布的数据就按当年的年份表述进行分析，事实上 2008 年世界 500 强企业应该是 2007 年的企业数据，下同。

年中国上榜企业最大规模是 1996 年的 10.78 倍，是 2002 年的 4.30 倍，中国企业规模扩张速度是非常快的。与全部 500 强企业规模相比，中国上榜企业最大规模与世界 500 强企业最大规模的差距逐年缩小。1996 年全球最大规模是中国最大规模的 9.56 倍，到 2010 年这个倍数缩小到 2.18 倍。

表 3—9　　　　　　　　世界 500 强企业中国上榜企业规模变化情况　　　　　　单位：亿美元

分类	年份	1996	2002	2008	2009	2010
中国	最大规模[a]	192.8(167)	483.8(60)	1 592.6(16)	2 078.2(9)	1 875.2(7)
	最小规模[a]	123.1(338)	106.6(471)	167.9(499)	185.3(499)	173.8(487)
全球	最大规模	1 843.7	2 198.1	3 788.0	4 583.6	4 082.1
	最小规模	88.6	101.0	166.9	185.7	170.5
全球最大规模/中国最大规模		9.56	4.54	2.38	2.21	2.18

说明：a. 括号中的数据是企业在世界 500 强中的排名。

资料来源：根据《财富》世界 500 强企业排行榜相关数据计算。

　　中国企业综合实力仍需加强。《福布斯》世界 500 强企业排行榜显示，2005 年中国上榜企业总共 6 家（其中台湾 3 家），前 100 位中有 2 家，最大规模 497.5 亿美元，最小规模 52.80 亿美元；2009 年上榜企业数量 22 家，其中前 100 位中有 6 家，前 200 位中有 9 家，最大规模 1 542.80 亿美元，最小规模 55.60 亿美元；2010 年上榜企业数量 36 家，其中前 100 位中有 7 家，前 200 位中有 10 家，最大规模 2 084.75 亿美元，最小规模 44.17 亿美元。显然，中国上榜企业规模不断扩大。《福布斯》排行榜是按企业综合实力衡量的，显然《福布斯》中国上榜企业比《财富》中国上榜企业数量要少，表明中国企业综合实力仍需加强。

　　2. 世界 500 强企业按产业划分的销售收入分析

　　为进一步分析按产业划分的企业规模分布及市场竞争情况，选取世界 500 强企业排行榜中涉及的 23 个产业作为研究对象，如表 3—10 所示。选取这 23 个产业的基本原则是：首先，被选取的产业具有一定的代表性；其次，被选取的产业数据具有连续性，能够进行时间序列分析；再次，被选取的产业销售收入和企业数量在世界 500 强总销售收入和企业总数量中占有一定的比重；最后，方便与中国相关数据的比较。

表 3—10 列出了世界 500 强企业按产业划分的销售收入占世界 500 强总销售收入的比重。可以看出，被选取的 23 个产业的销售收入之和占全部 500 强企业总销售收入的比重在 70% 以上，企业数量达到 360 家左右，并且选取的 4 个年份的数据相对稳定，波动幅度比较小。在全部 23 个产业中，金融业（包括商业银行和保险）无论是产业的销售收入总和还是企业数量占全部 500 强企业的比重都是最大；其次是炼油业，由于近些年石油价格高速上涨，2009 年炼油业销售收入占全部销售收入的比重高达 17.6%，接近金融业的 19.4%（商业银行的这一比重为 13.4%，保险业的这一比重为 6.0%），炼油业企业上榜数量达到 48 家；车辆与零部件业也是重要产业之一，其销售收入占全部销售收入的比重维持在 7.7%—9.6% 之间，企业上榜数量则在 30 家左右。显然，金融、炼油以及车辆与零部件等产业是各国经济发展的重要产业，也是全球经济发展的重要内容。

表 3—10　世界 500 强企业按产业划分的销售收入占世界 500 强总销售收入的比重（%）

年份 产业	1996		2002		2008		2009	
采矿及原油生产	0.5	(3)ᵃ	0.8	(6)	1.7	(12)	2.0	(13)
炼油	7.5	(29)	8.6	(26)	13.9	(39)	17.6	(48)
烟草	0.9	(3)	0.8	(3)	0.3	(3)	0.4	(4)
工程与建造	1.9	(13)	0.9	(9)	1.4	(14)	1.9	(18)
建材与玻璃	0.4	(3)	1.0	(3)	0.7	(5)	0.7	(5)
工农业设备	1.1	(8)	0.8	(5)	0.8	(7)	0.9	(6)
化学品	2.8	(18)	1.0	(6)	1.6	(11)	1.7	(11)
通讯设备	—		0.4	(6)	0.8	(5)	0.8	(6)
计算机及办公设备	1.9	(8)	2.2	(9)	1.8	(11)	1.6	(9)
电子和电气设备	7.8	(30)	4.3	(18)	3.9	(17)	3.6	(16)
车辆与零部件	9.6	(26)	9.3	(31)	8.8	(33)	7.7	(31)
金属产品	2.4	(18)	1.0	(10)	1.9	(13)	2.8	(20)
制药	1.2	(10)	2.1	(13)	1.8	(12)	1.7	(12)
电信	4.5	(22)	5.2	(24)	4.5	(22)	4.4	(21)
能源	0.2	(2)	4.9	(17)	1.5	(6)	1.9	(9)
航空运输	0.9	(8)	0.7	(7)	0.7	(7)	0.8	(7)
航天与防务	1.1	(8)	1.7	(11)	1.8	(12)	1.8	(12)
综合商业	3.4	(17)	3.5	(12)	2.6	(8)	2.4	(6)
专业零售	0.6	(5)	1.9	(14)	1.5	(10)	1.4	(9)

续前表

年份 产业	1996		2002		2008		2009	
商业银行	10.1	(64)	10.7	(62)	16.1	(67)	13.4	(58)
保险	10.8	(56)	9.7	(48)	9.0	(47)	6.0	(36)
铁路运输	1.0	(8)	0.5	(5)	0.4	(3)	0.4	(3)
邮政服务	1.5	(8)	1.5	(8)	1.2	(5)	1.9	(6)
总计	72.1	(367)	73.5	(353)	78.7	(369)	77.8	(366)

说明：a. 括号中的数据为该产业上榜企业的数量。

资料来源：根据《财富》世界 500 强企业排行榜相关数据计算。

3. 世界 500 强企业按产业划分的最大规模分析

从横向比较看，炼油、综合商业、车辆与零部件、商业银行和保险等产业的企业规模相对较大，这和按产业划分的销售收入占总销售收入比重的情况相似。如图 3—4 所示，2008 年和 2009 年两年上榜企业按产业划分的最大规模变动相对较小（邮政服务除外，2009 年日本一家邮政企业上榜，拉开了与其他企业规模的差距）。2009 年，炼油业最大销售额达 4 836 亿美元，烟草业最大规模在所有产业中最小，为 281.4 亿美元，二者相差 16 倍，显然这些产业之间的差距仍然较大。事实上，除上述几个产业之外，其他产业的差距相对较小，最大和最小相差 4 倍左右。

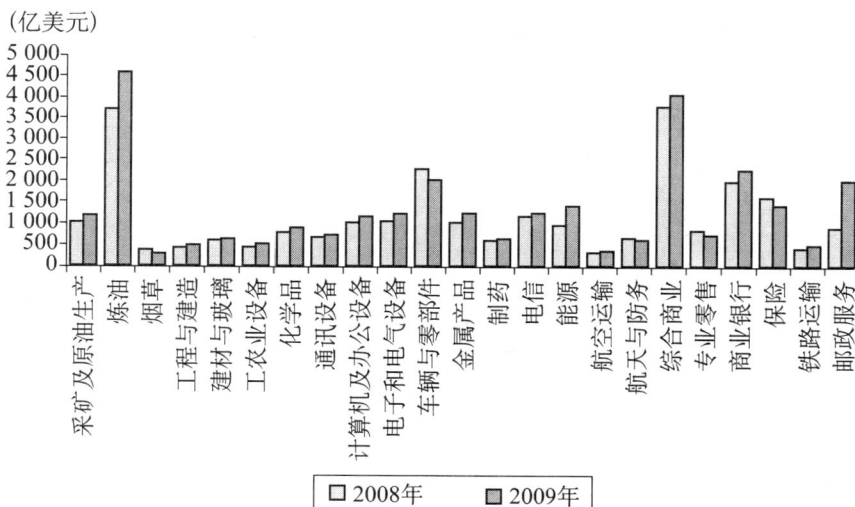

图 3—4   2008 年和 2009 年世界 500 强企业按产业划分的最大规模

从纵向比较看，23 个产业中有 12 个产业的最大规模一直呈现扩大趋势，其他 11 个产业的最大规模则呈现波动变化。表 3—11 的数据显示，采矿及原油生产、炼油、建材与玻璃、工农业设备、通讯设备、计算机及办公设备、制药、电信、航空运输、综合商业、商业银行和邮政服务等 12 个产业的最大规模处于上升趋势。

其他 11 个产业则呈现出波动变化状态。其中车辆与零部件、航天与防务、专业零售和保险等产业在 2002 年和 2008 年还呈现规模扩张趋势，到 2009 年呈现下降态势，显然受金融危机影响较大。烟草业作为一个特殊的产业，在 2003 年 5 月 21 日通过的《世界卫生组织烟草控制框架公约》的影响下，2002 年以后烟草业的最大规模呈现不断下降趋势，2009 年的销售收入仅相当于 2002 年销售收入的 38.6％。工程与建造的最大规模在 2002 年下降之后再次呈现上升势头。能源业最大规模在 2008 年变小，2009 年再次扩张。

表 3—11　　　　　世界 500 强企业按产业划分的最大规模变动情况　　　　单位：亿美元

产业 ＼ 年份	1996	2002	2008	2009
采矿及原油生产	223.3	394.0	1 039.6	1 192.3
炼油	1 100.1	1 915.8	3 728.2	4 583.6
烟草	531.4	729.4	380.5	281.4
工程与建造	326.6	183.3	419.7	489.7
建材与玻璃	140.9	272.1	594.3	641.1
工农业设备	312.5	338.0	449.6	513.2
化学品	376.1	291.0	793.2	911.9
通讯设备	—	300.0	698.9	742.2
计算机及办公设备	719.4	858.7	1 042.9	1 183.6
电子和电气设备	841.7	773.6	1 064.4	1 236.0
车辆与零部件	1 688.3	1 772.6	2 302.0	2 043.5
金属产品	306.1	228.6	1 052.2	1 249.4
制药	188.4	477.2	611.0	637.5
电信	819.4	934.2	1 189.3	1 240.3
能源	171.6	1 387.2	986.4	1 414.5
航空运输	169.1	189.6	341.3	364.0
航天与防务	228.5	582.0	663.9	633.3
综合商业	936.3	2 198.1	3 788.0	4 056.1

续前表

产业＼年份	1996	2002	2008	2009
专业零售	182.5	535.5	847.4	724.8
商业银行	384.2	668.4	2 015.2	2 265.8
保险	832.1	859.3	1 627.6	1 423.9
铁路运输	256.2	203.4	428.5	489.6
邮政服务	542.9	658.3	904.7	1 987.0

说明：1996 年，世界 500 强企业中尚未有通讯设备的统计，所以 1996 年通讯设备数据为零，下同。
资料来源：根据《财富》世界 500 强企业排行榜相关数据计算。

4. 世界 500 强企业按产业划分的最小规模分析

比较分析世界 500 强企业按产业划分的最小规模变动趋势可以看出，进入国际竞争舞台的门槛是逐年提高的。表 3—12 显示，除少数产业（如采矿及原油生产、烟草、建材与玻璃、能源和专业零售等产业）企业最小规模在个别年份出现缩小之外，其他涉及的产业中企业最小规模都是呈现逐年扩大趋势。虽然说未进入世界 500 强并不意味着企业生存成问题，但至少在全球化竞争中是处于相对劣势的。这些产业的企业最小规模逐年扩大的趋势表明，规模优势对于全球化竞争来讲仍然是重要的。

表 3—12　　　　世界 500 强企业按产业划分的最小规模变动情况　　　　单位：亿美元

产业＼年份	1996	2002	2008	2009
采矿及原油生产	136.5	121.1	178.8	219.8
炼油	96.4	103.6	173.3	193.0
烟草	205.4	163.3	200.4	199.2
工程与建造	93.0	101.0	166.9	187.9
建材与玻璃	132.5	101.0	216.6	210.4
工农业设备	102.9	132.9	196.4	201.2
化学品	89.6	126.4	170.7	191.8
通讯设备	—	185.1	246.4	248.6
计算机及办公设备	110.6	133.7	167.9	208.2
电子和电气设备	92.3	103.4	182.4	189.1
车辆与零部件	88.8	104.7	168.5	194.9
金属产品	93.9	101.6	168.7	185.8
制药	100.1	115.4	186.3	203.8
电信	88.6	111.2	172.5	196.9

续前表

年份 产业	1996	2002	2008	2009
能源	91.9	103.8	211.9	193.1
航空运输	90.8	110.8	175.7	194.2
航天与防务	90.6	121.6	168.3	217.4
综合商业	95.7	116.5	181.1	248.9
专业零售	94.3	107.1	186.5	186.3
商业银行	32.7	101.4	174.3	186.8
保险	91.3	104.8	179.2	187.4
铁路运输	89.4	109.3	236.7	268.5
邮政服务	93.9	120.4	235.2	261.3

资料来源：根据《财富》世界 500 强企业排行榜相关数据计算。

　　企业最大、最小规模的不断扩张说明全球化竞争条件下，企业能够在更广泛的范围实现规模经济，原来在一国之内企业规模扩张到一定程度就会出现规模报酬递减的现象在全球化竞争条件下被弱化了，很难说企业将在怎样的规模水平才会进入规模报酬递减阶段。

　　表 3—13 列出了世界 500 强企业按产业划分的最大规模与最小规模的比值，这些产业的比值并没有出现明显的变化规律，比值既有不断扩大的，也有不断缩小的，更有不规则变动的。从平均成本曲线来说，平均成本曲线的底部可以是大范围变化，也可能是较小范围的变化，这和不同产业特征相关联。在所有产业中，炼油、车辆与零部件、综合商业、商业银行等产业的最大规模与最小规模比值相对较大。

表 3—13　　　世界 500 强企业按产业划分的最大规模与最小规模比值　　　单位：倍

年份 产业	1996	2002	2008	2009
采矿及原油生产	1.6	3.3	5.8	5.4
炼油	11.4	18.5	21.5	23.8
烟草	2.6	4.5	1.9	1.4
工程与建造	3.5	1.8	2.5	2.6
建材与玻璃	1.1	2.7	2.7	3.0
工农业设备	3.0	2.5	2.3	2.6
化学品	4.2	2.3	4.6	4.8
通讯设备	—	1.6	2.8	3.0

续前表

产业＼年份	1996	2002	2008	2009
计算机及办公设备	6.5	6.4	6.2	5.7
电子和电气设备	9.1	7.5	5.8	6.5
车辆与零部件	19.0	16.9	13.7	10.5
金属产品	3.3	2.2	6.2	1.3
制药	1.9	4.1	3.3	3.1
电信	9.2	8.4	6.9	6.3
能源	1.9	13.4	4.7	7.3
航空运输	1.9	1.7	1.9	1.9
航天与防务	2.5	4.8	3.9	2.9
综合商业	9.8	18.9	20.9	16.3
专业零售	1.9	5.0	4.5	3.9
商业银行	11.7	6.6	11.6	12.1
保险	9.1	8.2	9.1	7.6
铁路运输	2.9	1.9	1.8	1.8
邮政服务	5.8	5.5	3.8	7.6

资料来源：根据《财富》世界 500 强企业排行榜相关数据计算。

3.3.2　中国 500 强企业最大最小规模变化

1. 中国 500 强企业概况

中国企业联合会、中国企业家协会从 2002 年开始根据企业销售收入公布中国 500 强企业排行榜，为分析中国企业最大最小规模奠定了一定基础。

受国际金融危机的影响，2009 年中国企业 500 强销售收入增长势头有所放缓，入围门槛提高幅度下降。2009 年中国企业 500 强的销售收入总额达到 26 万亿元，比 2008 年提高了 19.7%，增速比 2008 年降低 5.3 个百分点；资产总额达到 74.2 万亿元，比上年提高了 19.2%，增速比上年增加 6 个百分点。2009 年中国企业 500 强的入围门槛从上年的 93.1 亿元上升为 105.4 亿元，入围门槛首次突破百亿元大关，比上年增长 13.21%，增速比上年大降 15.69 个百分点。[1]

---

① 资料来源：中国企业联合会、中国企业家协会网站，http://cec-ceda.org.cn/。

从产业分布看，中国 500 强企业中传统产业比重较大，呈现"重化工"特征。2009 年中国 500 强企业共分布在 75 个产业中，企业数量排在前 5 位的产业是：黑色冶金及压延加工业（金属产品）的企业最多，有 65 家入围，占总数的 13.0％，排在第 2 位至第 5 位的分别是建筑业（工程与建造）33家，煤炭采掘及采选业（煤炭采掘）26 家，一般有色冶金及压延加工业（金属产品）21 家，电力、电气、输变电等机械、设备、器材、元器件和线缆制造业（电子和电气设备）18 家，这 5 个产业 500 强企业数量占总数的32.6％。从销售收入看，排在前 5 位的产业是黑色冶金及压延加工业，银行业，建筑业，石化产品、炼焦及其他燃料加工业（炼油），石油、天然气开采及生产业（原油生产），其销售收入占 500 强企业销售收入总额的 36.8％。其中，黑色冶金及压延加工业的销售收入占据 500 强企业的 11.4％，是 500强企业中销售收入最多的产业。[①]

2. 中国 500 强企业按产业划分的销售收入分析

选取 2002 年、2008 年和 2009 年中国 500 强企业销售收入数据进行分析，比较企业规模变化情况。中国产业分类和世界 500 强中产业分类有一定的差别，本着相互比较方便的原则，对中国 500 强的产业分类进行一定的调整、合并，尽量和世界 500 强的产业分类相接近，最终选择 24 个产业进行分析。这 24 个产业并没有和世界 500 强选择的产业完全对应，例如世界 500强中综合商业和专业零售业具有相当重要的地位，但是在中国 50C 强企业中并没有进行明确的区分，并且这两个产业在中国 500 强中也没有表现出较大的比重；家用电器及零部件生产、纺织、房地产等产业对中国经济来讲具有重要的地位，在中国 500 强中也有许多企业上榜并占据重要位置，但这些产业并未在世界 500 强企业中体现出来；煤炭采掘、原油生产在世界 500 强中属于同一产业，而在中国 500 强中如果合并则从企业规模上出现较大差异，所以分开统计；电力生产在世界 500 强中被划分为公共设施，中国还没有明确的划分。总之，中国 500 强选取的分析对象和世界 500 强选取的分析对象存在一定差异，无法对这些产业进行更细致的比较。

表 3—14 列出了中国 500 强企业按产业划分的销售收入占中国 500 强总

---

① 资料来源：中国企业联合会、中国企业家协会网站，http：//cec-ceda.org.cn/。括号内为调整后的产业名称。

销售收入的比重。可以看出，被选取的 24 个产业的销售收入之和占全部 500 强企业总销售收入的比重在 75% 左右，企业数量达到 370 家左右，并且选取的 3 个年份的数据相对稳定，波动幅度比较小。

表 3—14　中国 500 强企业按产业划分的销售收入占中国 500 强总销售收入的比重（%）

年份 产业	2002		2008		2009	
煤炭采掘	1.6	(21)ᵃ	2.8	(23)	2.2	(26)
原油生产	6.2	(3)	5.4	(3)	7.5	(3)
炼油	6.0	(4)	6.3	(9)	6.1	(8)
烟草	1.6	(14)	1.1	(9)	1.1	(9)
电力生产	1.4	(5)	2.2	(11)	2.4	(10)
工程与建造	4.8	(29)	6.0	(32)	6.1	(33)
建材与玻璃	0.4	(6)	0.6	(6)	0.7	(6)
工农业设备	2.3	(23)	1.7	(15)	1.7	(17)
化学品	0.9	(12)	3.1	(21)	3.0	(20)
家用电器及零部件生产	3.6	(20)	2.0	(12)	1.8	(12)
通讯设备	3.0	(14)	1.9	(10)	1.5	(7)
计算机及办公设备	1.6	(12)	1.6	(11)	1.0	(6)
电子和电气设备	3.0	(41)	2.7	(24)	1.7	(26)
车辆与零部件	4.2	(24)	5.4	(26)	4.6	(24)
金属产品	7.5	(58)	13.5	(89)	14.1	(92)
制药	1.4	(16)	0.4	(6)	0.5	(7)
纺织	1.5	(21)	1.8	(19)	1.0	(11)
电信	4.9	(3)	3.1	(3)	3.3	(3)
航空运输	0.7	(5)	0.8	(5)	0.8	(6)
航天与防务	3.2	(11)	2.5	(6)	2.6	(8)
商业银行	10.5	(13)	6.6	(10)	7.5	(14)
保险	1.6	(2)	3.5	(8)	3.4	(7)
铁路运输	1.9	(7)	2.5	(17)	2.4	(17)
房地产	0.5	(5)	0.8	(10)	0.6	(6)
总计	74.7	(371)	79.2	(389)	78.3	(378)

说明：a. 括号中的数据为该产业上榜企业的数量。

资料来源：根据中国企业联合会、中国企业家协会的中国企业 500 强排行榜相关数据计算。

　　在 24 个产业中，金属产品业占中国 500 强总销售收入的比重最大，

2009 年达 14.1％，企业数量达到 92 家，为了和世界 500 强比较，金属产品包含了黑色冶金及压延加工业和一般有色冶金及压延加工业以及其他金属产品，即使这样，金属产品业也是中国经济重要的组成部分，如前所述，不管是销售收入还是企业数量，黑色冶金及压延加工业都占有重要的经济地位。其次是原油生产、商业银行和炼油，2009 年这三个产业的销售收入分别占中国 500 强总销售收入的 7.5％、7.5％和 6.1％，车辆与零部件业的销售收入占中国 500 强总销售收入的比重在 2008 年达到 5.4％，2009 年为 4.6％，企业数量基本维持在 24—26 家。与世界 500 强企业相对应，金融、原油生产、炼油、车辆与零部件等产业也是中国经济的重要组成部分。工程与建造业在中国经济发展中起着重要的推动作用，企业数量和销售收入占中国 500 强的比重比较大。

相反，制药、房地产、纺织、计算机及办公设备等产业的企业数量和销售收入占中国 500 强的比重仍然比较小。2009 年，制药业上榜企业 7 家，销售收入仅占中国 500 强总销售收入的 0.5％；房地产业虽然一直被看做近几年快速发展的产业，但上榜企业仅有 6 家，销售收入占中国 500 强总销售收入的 0.6％；传统优势产业纺织业上榜企业虽然达到 11 家，但销售收入占中国 500 强总销售收入的比重仅为 1.0％；计算机及办公设备业上榜企业 6 家，销售收入占中国 500 强总销售收入的 1.0％。

3. 中国 500 强企业按产业划分的最大规模分析

炼油、原油生产、商业银行、电信、保险等产业企业的最大规模相对较大。如图 3—5 所示，2009 年炼油业最大销售额为 14 624.4 亿元，为所有产业中最大企业规模。制药业最大规模在所有产业中最小，为 259.4 亿元，二者相差 56 倍，2002 年不同产业最大规模的最大值和最小值也相差 56 倍，2008 年相差 53 倍，产业之间规模差距非常大。除去炼油、原油生产、商业银行、电信、保险等产业，其他产业的最大规模差距相对较小。

按时间序列分析按产业划分的最大规模变化情况（如表 3—15 所示）可以看出，24 个被选产业中除了计算机及办公设备、电子和电气设备、车辆与零部件三个产业在 2009 年最大规模出现缩小之外，其他产业企业最大规模都呈现不断扩大趋势。计算机及办公设备、电子和电气设备、车辆与零部件三个产业属于中国出口较多的产业，受金融危机影响，2009 年出现规模缩小现象。其他产业受影响较小，但 2009 年规模扩张幅度小于往年。

(亿元)

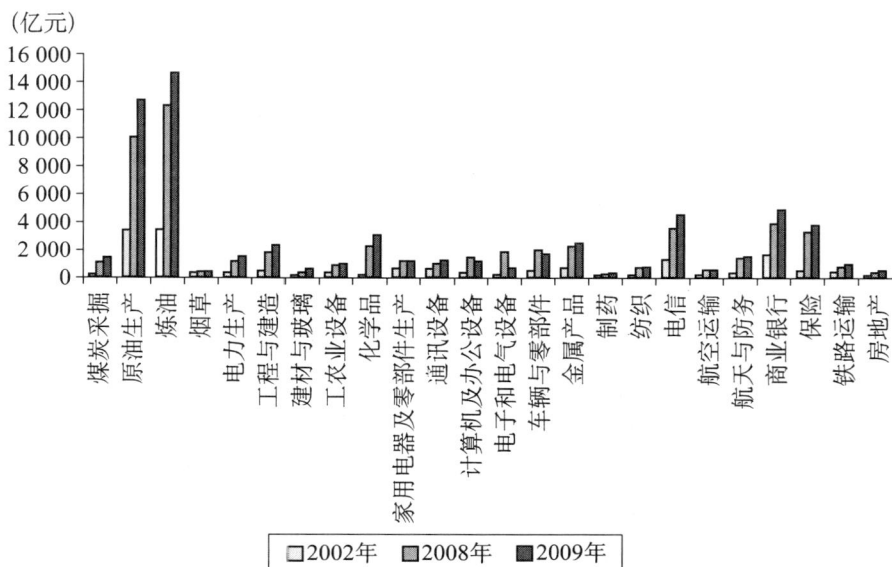

□2002年 ▨2008年 ■2009年

图 3—5   2002 年、2008 年和 2009 年中国 500 强企业按产业划分的最大规模

表 3—15   中国 500 强企业按产业划分的最大规模变动情况   单位：亿元

产业＼年份	2002	2008	2009
煤炭采掘	190.3	1 070.7	1 440.1
原油生产	3 401.0	10 006.8	12 730.0
炼油	3 436.6	12 278.6	14 624.4
烟草	342.0	406.9	476.0
电力生产	340.6	1 156.1	1 513.8
工程与建造	479.4	1 805.1	2 346.2
建材与玻璃	60.7	351.6	629.3
工农业设备	360.0	905.4	962.2
化学品	149.1	2 297.3	3 089.8
家用电器及零部件生产	602.6	1 182.3	1 189.6
通讯设备	642.5	976.2	1 227.4
计算机及办公设备	328.8	1 462.0	1 152.1
电子和电气设备	207.2	1 873.9	685.6
车辆与零部件	518.7	2 007.3	1 729.3
金属产品	710.7	2 277.2	2 468.4

续前表

产业 ＼ 年份	2002	2008	2009
制药	135.8	232.2	259.4
纺织	207.0	665.7	756.8
电信	1 346.8	3 579.1	4 518.5
航空运输	193.0	566.2	571.7
航天与防务	355.7	1 411.5	1 51C.8
商业银行	1 641.2	3 900.3	4 90C.0
保险	508.1	3 304.0	3 79C.1
铁路运输	422.7	791.3	1 002.0
房地产	86.6	355.3	409.9

资料来源：根据中国企业联合会、中国企业家协会的中国企业 500 强排行榜相关数据计算。

4. 中国 500 强企业按产业划分的最小规模分析

如前所述，中国 500 强的入围门槛是逐年提高的。家用电器及零部件生产、航天与防务、商业银行 2009 年最小规模相对 2008 年缩小，保险业 2008 年最小规模相对 2002 年缩小[①]，除了这四个产业最小规模有缩小的现象，其他产业最小规模均呈现逐年扩大趋势，见表 3—16。

表 3—16　　　　中国 500 强企业按产业划分的最小规模变动情况　　　单位：亿元

产业 ＼ 年份	2002	2008	2009
煤炭采掘	21.1	100.9	114.6
原油生产	87.3	470.8	622.2
炼油	28.9	101.0	106.3
烟草	20.2	137.8	159.1
电力生产	56.7	93.1	1C5.9
工程与建造	21.0	95.3	1C9.0
建材与玻璃	21.7	100.8	148.3
工农业设备	20.3	94.6	1C7.6
化学品	20.6	93.8	106.5
家用电器及零部件生产	20.2	125.1	115.8
通讯设备	20.9	94.7	261.8

[①]　2002 年保险业仅中国人民保险公司和中国平安保险股份有限公司入围，销售收入分别为 508.12 亿元和 465.26 亿元。近些年保险业迅速发展，其他保险公司逐渐入围中国 500 强企业。

续前表

产业＼年份	2002	2008	2009
计算机及办公设备	22.1	93.6	120.5
电子和电气设备	21.2	93.2	109.1
车辆与零部件	21.2	105.1	110.6
金属产品	20.0	101.0	106.1
制药	22.4	98.2	115.2
纺织	23.4	103.3	116.1
电信	470.5	1 015.3	1 880.5
航空运输	30.4	123.1	130.6
航天与防务	49.6	271.5	108.9
商业银行	45.6	108.1	106.8
保险	465.3	100.6	187.7
铁路运输	50.7	130.8	141.4
房地产	29.2	101.6	106.8

资料来源：根据中国企业联合会、中国企业家协会的中国企业 500 强排行榜相关数据计算。

　　表 3—17 给出了中国 500 强企业按产业划分的最大规模与最小规模比值，2009 年相对 2008 年来讲有 13 个产业的最大最小规模比值是扩大的；烟草业最大最小规模比值 2009 年相对 2008 年来讲未变；其余 10 个产业最大最小规模差距缩小。炼油业除了中国石油化工集团公司之外，其他企业规模相对较小，导致最大规模和最小规模差距高达 100 多倍。其次是商业银行最大最小规模差距也比较大，主要是近些年金融业快速发展，入围中国 500 强的中小银行较多，最大和最小规模差距变大。另外，原油生产、电力生产、工程与建造、化学品、车辆与零部件、金属产品等产业最大最小规模差距也较大，相比世界 500 强企业按产业划分的最大最小规模差距要大。

表 3—17　　　　　　中国 500 强企业按产业划分的最大规模与最小规模比值　　　　单位：倍

产业＼年份	2002	2008	2009
煤炭采掘	9.0	10.6	12.6
原油生产	38.9	21.3	20.5
炼油	118.9	121.6	137.6
烟草	16.9	3.0	3.0
电力生产	6.0	12.4	14.3

续前表

年份 产业	2002	2008	2009
工程与建造	22.8	18.9	21.5
建材与玻璃	2.8	3.5	4.2
工农业设备	17.7	9.6	8.9
化学品	7.2	24.5	29.0
家用电器及零部件生产	29.8	9.5	10.3
通讯设备	30.7	10.3	4.7
计算机及办公设备	14.9	15.6	9.6
电子和电气设备	9.8	20.1	6.3
车辆与零部件	24.5	19.1	15.6
金属产品	35.5	22.5	23.3
制药	6.1	2.4	2.3
纺织	8.8	6.4	6.5
电信	2.9	3.5	2.4
航空运输	6.3	4.6	4.4
航天与防务	7.2	5.2	13.9
商业银行	36.0	36.1	45.9
保险	1.1	32.8	20.2
铁路运输	8.3	6.0	7.1
房地产	3.0	3.5	3.8

资料来源：根据中国企业联合会、中国企业家协会的中国企业 500 强排行榜相关数据计算。

3.3.3 世界、美国和中国 500 强企业最大最小规模比较

1. 世界 500 强与中国 500 强企业最大最小规模比较

为进一步分析中国企业与全球企业之间的差距，选取 2002 年、2008 年和 2009 年世界 500 强与中国 500 强企业重叠产业的企业规模进一步比较分析。涉及的汇率换算问题，2002 年采用当年美元对人民币的平均汇率 8.277 0，2008 年和 2009 年则采用中国企业联合会、中国企业家协会关于中国 500 强企业的报告中换算的汇率，2008 年 1 美元等于 7.304 6 元人民币，2009 年 1 美元等于 7.069 6 元人民币，以下的分析都采用该汇率进行换算。

对世界 500 强和中国 500 强企业按产业划分的总体规模进行比较，用中国 500 强按产业划分的总体规模除以世界 500 强按产业划分的总体规模，得到表 3—18。数据显示，尽管中国 500 强总体规模与世界 500 强相比仍然比

较小，但是中国 500 强与世界 500 强之间的差距在不断缩小。2002 年中国 500 强总体规模相当于世界 500 强的 0.052，到 2008 年这一数值上升到 0.122，2009 年达到 0.141，中国 500 强企业的整体实力在增强。具体到这些产业，2008 年与 2002 年相比，中国 500 强按产业划分的总体规模与世界 500 强比值除了制药业之外都是增加的，2009 年与 2008 年相比，这一比值有 12 个产业是增加的，炼油、工程与建造、通讯设备、计算机及办公设备、电子和电气设备以及金属产品等 6 个产业这一比值是变小的，显然对于那些市场主要以出口为主的产业来说，受金融危机影响比较大。

表 3—18   中国 500 强按产业划分的总体规模与世界 500 强比值   单位：倍

产业＼年份	2002	2008	2009
炼油	0.036	0.056	0.050
烟草	0.111	0.399	0.422
工程与建造	0.281	0.534	0.464
建材与玻璃	0.055	0.108	0.131
工农业设备	0.148	0.258	0.286
化学品	0.047	0.252	0.255
通讯设备	0.151	0.297	0.271
计算机及办公设备	0.039	0.115	0.092
电子和电气设备	0.037	0.089	0.070
车辆与零部件	0.024	0.078	0.087
金属产品	0.387	0.882	0.743
制药	0.035	0.032	0.040
电信	0.050	0.087	0.110
航空运输	0.053	0.153	0.154
航天与防务	0.097	0.178	0.217
商业银行	0.051	0.052	0.082
保险	0.009	0.049	0.082
铁路运输	0.188	0.762	0.800
总计[a]	0.052	0.122	0.141

说明：a. 总计是全部 500 强企业的规模总和比值。

资料来源：根据世界 500 强和中国 500 强数据计算。

比较世界 500 强和中国 500 强企业按产业划分的最大最小规模，用世界

500 强按产业划分的最大最小规模除以中国 500 强按产业划分的最大最小规模，得到表 3—19 和表 3—20。不管是最大规模还是最小规模，世界 500 强和中国 500 强按产业划分的比值绝大多数是不断缩小的，也就是说，中国 500 强的企业规模相对世界 500 强来说是不断壮大的，规模优势逐渐明显。烟草业由于世界 500 强规模缩小导致中国与其差距变小。伴随着中国加入 WTO，化学品、建材与玻璃、电信、航天与防务等产业出口增加带动了中国企业规模的扩张，缩小了与世界 500 强的差距。中国制药业与全球制药业规模差距仍然较大。尤其是相对于中国 13 亿多人口大国来讲，中国制药业的市场空间很大，也亟须产生大而强的制药企业。

表 3—19　　　　　世界 500 强按产业划分的最大规模与中国 500 强比值　　　　单位：倍

产业　＼　年份	2002	2008	2009
炼油	4.6	2.2	2.2
烟草	17.7	6.8	4.2
工程与建造	3.2	1.7	1.5
建材与玻璃	37.1	12.3	7.2
工农业设备	7.8	3.6	3.8
化学品	16.2	2.5	2.1
通讯设备	3.9	5.2	4.3
计算机及办公设备	21.6	5.2	7.3
电子和电气设备	30.9	4.1	12.7
车辆与零部件	28.3	8.4	8.4
金属产品	2.7	3.4	3.6
制药	29.1	19.2	17.4
电信	5.7	2.4	1.9
航空运输	8.1	4.4	4.5
航天与防务	13.5	3.4	3.0
商业银行	3.4	3.8	3.3
保险	14.0	3.6	2.7
铁路运输	4.0	4.0	3.5

资料来源：根据世界 500 强和中国 500 强数据计算。

2008 年和 2009 年相对于 2002 年，中国 500 强按产业划分的最小规模差距缩小非常迅速，再次印证中国 500 强的整体实力不断增强。电信、保险和铁路运输则是例外。中国的电信业发展相对来讲比较稳定，2002—2009 年上榜企业一直只有三家，而且三家企业发展速度相当，所以，中国电信业上榜企业与世界电信业上榜企业最小规模差距变化不大。铁路运输尚属垄断产业，其发展变化小，与世界铁路运输业的差距变化也较小。如前所述，由于中国保险业起步较晚，该产业世界最小规模与中国最小规模出现了先增后降的变化。

表 3—20   世界 500 强按产业划分的最小规模与中国 500 强比值   单位：倍

年份 产业	2002	2008	2009
炼油	29.7	12.5	12.8
烟草	66.9	10.6	8.9
工程与建造	39.8	12.8	12.2
建材与玻璃	38.5	15.7	10.0
工农业设备	54.2	15.2	13.2
化学品	50.8	13.3	12.7
通讯设备	73.3	19.0	6.7
计算机及办公设备	50.1	13.1	12.2
电子和电气设备	40.4	14.3	12.3
车辆与零部件	40.9	11.7	12.5
金属产品	42.0	12.2	12.4
制药	42.6	13.9	12.5
电信	2.0	1.2	0.7
航空运输	30.2	10.4	10.5
航天与防务	20.3	4.5	14.1
商业银行	18.4	11.8	12.4
保险	1.9	13.0	7.1
铁路运输	17.8	13.2	13.4

资料来源：根据世界 500 强和中国 500 强数据计算。

2. 美国 500 强与中国 500 强企业最大最小规模比较

将美国 500 强企业数据与中国 500 强企业数据进行比较，得到表 3—21 和表 3—22。数据显示，中国 500 强企业规模与美国 500 强企业规模差距也在不断缩小。2008 年中国 500 强总体规模相当于美国 500 强的 0.273，到 2009 年这一数值增加至 0.333。2009 年与 2008 年相比，中国 500 强按产业划分的总体规模与美国 500 强的比值有 13 个产业是提高的，5 个产业是下降的。中国在工程与建造、建材与玻璃、电子和电气设备、金属产品、铁路运输等产业的总体规模比美国大。炼油、计算机及办公设备、制药、保险等产业中国总体规模还不到美国的 20%。

相比 2008 年，2009 年美国 500 强按产业划分的最大最小规模与中国 500 强的比值绝大多数是下降的，最大规模比值有 14 个产业下降，最小规模比值有 13 个产业下降。中国的制药业与美国相比最大规模相差仍然比较大，2008 年美国制药业最大规模是中国的 19.2 倍，2009 年仍然高达 17.4 倍。这说明中国制药业的发展中企业规模比较分散，没有形成规模较大的"龙头"企业。另外，在烟草、工农业设备、计算机及办公设备、车辆与零部件等产业，中国企业规模与美国存在较大差距。

表 3—21　　　　中国 500 强按产业划分的总体规模与美国 500 强比值　　　单位：倍

产业 \ 年份	2008	2009	产业 \ 年份	2008	2009
炼油	0.174	0.171	车辆与零部件	0.299	0.347
烟草	0.597	0.740	金属产品	4.401	4.574
工程与建造	2.871	2.420	制药	0.053	0.064
建材与玻璃	0.843	1.020	电信	0.245	0.321
工农业设备	0.281	0.326	航空运输	0.228	0.278
化学品	0.469	0.503	航天与防务	0.232	0.289
通讯设备	0.566	0.536	商业银行	0.301	0.394
计算机及办公设备	0.204	0.148	保险	0.126	0.196
电子和电气设备	1.461	1.142	铁路运输	1.462	1.557
总计[a]	0.273	0.333			

说明：a. 总计是全部 500 强企业的规模总和比值。

资料来源：根据美国 500 强和中国 500 强数据计算。

表 3—22　　　美国 500 强按产业划分的最大最小规模与中国 500 强比值　　　单位：倍

产业 \ 年份	最大规模比值		最小规模比值	
	2008	2009	2008	2009
炼油	2.2	2.1	3.5	3.3
烟草	6.8	3.8	1.0	0.9
工程与建造	0.7	0.7	3.5	3.4
建材与玻璃	1.2	0.7	1.6	0.8
工农业设备	3.6	3.8	4.0	3.2

续前表

年份 产业	最大规模比值		最小规模比值	
	2008	2009	2008	2009
化学品	1.7	1.3	4.3	3.3
通讯设备	2.7	2.3	1.5	0.5
计算机及办公设备	5.2	7.3	4.8	3.1
电子和电气设备	0.9	2.6	2.8	3.7
车辆与零部件	6.6	6.1	3.7	3.3
金属产品	1.0	0.8	3.9	3.5
制药	19.2	17.4	9.4	3.2
电信	2.4	1.9	0.3	0.2
航空运输	3.0	2.9	5.9	6.0
航天与防务	3.4	2.9	1.5	3.1
商业银行	3.0	1.6	3.6	3.8
保险	2.6	2.0	3.4	1.8
铁路运输	1.5	1.3	5.3	5.3

资料来源：根据美国 500 强和中国 500 强数据计算。

3.4 市场集中度的变化

市场集中度是衡量某一产业内厂商之间市场份额分布的指标，能够反映市场竞争的激烈程度。采用赫芬达尔—赫希曼指数（Herfindahl-Hirschman Index，HHI)[①] 对世界 500 强、中国 500 强和美国 500 强企业涉及的产业的竞争情况进行分析，并分析 500 强企业 HHI 变动趋势，揭示经济全球化条件下市场结构变动的趋势。由于数据原因，计算全球以及各国所有产业的 HHI 是很难实现的。500 强企业数据能从一个侧面反映相应国家或地区的市场竞争情况，故采用 500 强数据来计算在 500 强范围内的市场竞争激烈程度，虽然这一结果被高估，但并不影响对市场竞争趋势的判断。

---

① 赫芬达尔—赫希曼指数是用来衡量市场集中度的指标，同时反映企业数目与企业的相对规模，而且考虑了产业中所有企业的市场份额，能够灵敏反映厂商规模分布对集中度的影响，其取值范围为0—1，数值越接近于 1，表明市场越集中，具体计算方法可以参见杨蕙馨主编：《产业组织理论》。

3.4.1　世界 500 强企业按产业划分的市场集中度

以世界 500 强按产业划分的全部企业作为研究对象，计算按产业划分的 HHI，得到表 3—23。从 2009 年的数据来看，世界 500 强企业涉及的产业市场竞争激烈程度差异较大。HHI 最大值达到 0.459 4，而最小值则为 0.026 0。

表 3—23　　　　　　　　　　世界 500 强企业按产业划分的 HHI 变动情况

年份 产业	1996	2002	2008	2009
采矿及原油生产	0.346 8	0.209 3	0.122 3	0.112 5
炼油	0.061 5	0.082 2	0.054 4	0.048 3
烟草	0.400 4	0.512 8	0.362 4	0.254 3
工程与建造	0.087 4	0.115 6	0.078 9	0.061 7
建材与玻璃	0.333 6	0.404 0	0.241 6	0.204 6
工农业设备	0.148 4	0.217 8	0.154 2	0.172 1
化学品	0.070 9	0.181 0	0.117 9	0.114 4
通讯设备	—	0.170 8	0.234 8	0.239 0
计算机及办公设备	0.189 3	0.152 7	0.130 8	0.155 2
电子和电气设备	0.050 3	0.074 5	0.078 5	0.084 2
车辆与零部件	0.074 0	0.069 1	0.054 9	0.052 9
金属产品	0.063 3	0.108 6	0.113 4	0.075 1
制药	0.104 1	0.090 4	0.094 5	0.093 8
电信	0.080 7	0.058 6	0.062 9	0.064 0
能源	0.545 8	0.091 7	0.208 6	0.197 2
航空运输	0.129 6	0.147 2	0.152 0	0.151 4
航天与防务	0.140 0	0.121 5	0.100 1	0.097 5
综合商业	0.102 6	0.232 2	0.397 8	0.459 4
专业零售	0.212 1	0.099 1	0.135 4	0.138 4
商业银行	0.018 9	0.021 3	0.024 3	0.026 0
保险	0.025 1	0.030 0	0.033 0	0.039 7
铁路运输	0.144 5	0.211 3	0.352 1	0.352 7
邮政服务	0.174 6	0.174 9	0.240 9	0.250 4

资料来源：根据《财富》世界 500 强企业排行榜相关数据计算。

HHI 很难直观反映市场竞争情况，但 HHI 的倒数相当于市场中规模相等企业的数目，该倒数被称为 N 指数。[①] 如果 HHI 为 0.1，则 N 指数为 10，这就表明当 HHI 为 0.1 时，市场上相当于有 10 个规模相等的企业在竞争。计算 2009 年世界 500 强按产业划分的 N 指数，得到图 3—6。显然，全球综合商业相当于仅有 2 家企业在竞争，即除了沃尔玛之外，其他企业的总和才能和它抗衡。同样，可以分析其他产业的竞争状况。总体来看，这些产业相对集中，N 指数在 5（包含 5）以下的有 7 个产业，N 指数为 6—10 的有 7 个产业，N 指数为 11—20 的有 6 个产业，N 指数超过 20 的仅有 3 个产业。

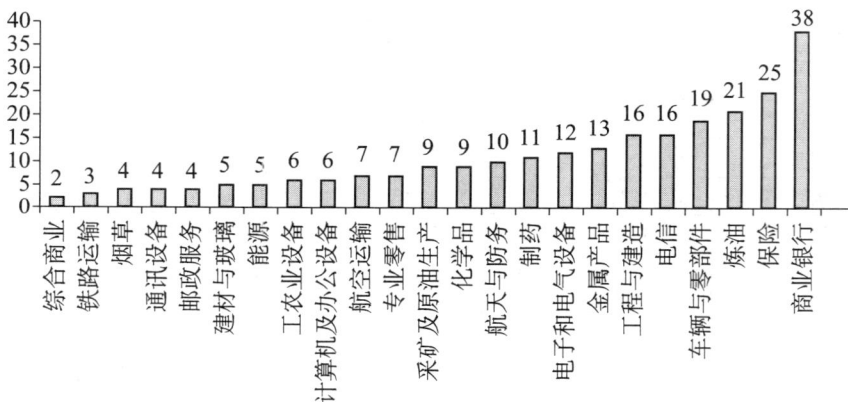

图 3—6   2009 年世界 500 强企业按产业划分的 N 指数

进一步分析按产业划分的 HHI 随时间变化的趋势，利用 1996 年、2002 年和 2008 年的 HHI 绘制图 3—7。之所以没有使用 2009 年数据，一是因为 2008 年和 2009 年的数据比较，不能明显表达趋势变化情况；二是因为受世界金融危机影响，2009 年世界 500 强企业受影响较大，不能完全反映真实变动趋势。

图 3—7 显示，按产业划分的 HHI 呈现出四种变化趋势：持续上升、持续下降、先上升后下降、先下降后上升。HHI 持续上升和先下降后上升的总体趋势是市场竞争趋于集中，HHI 持续下降和先上升后下降的市场没有呈现出集中趋势，市场竞争依然激烈。

---

① 参见王军：《产业组织演化：理论与实证》，经济科学出版社 2008 年版，第 97 页。

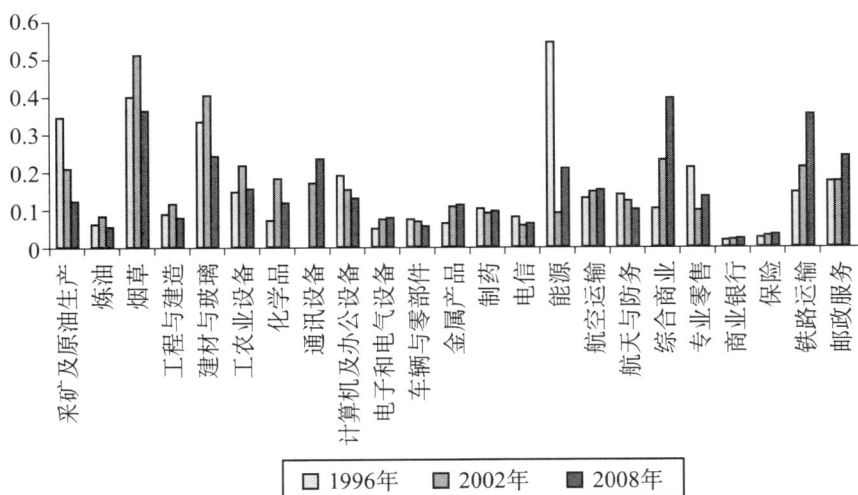

图 3—7　世界 500 强企业按产业划分的 HHI 变动趋势

　　HHI 持续上升的产业有通讯设备、电子和电气设备、金属产品、航空运输、综合商业、商业银行、保险、铁路运输、邮政服务等 9 个产业；HHI 先下降后上升的产业有制药、电信、能源、专业零售等 4 个产业。这些产业中虽然有些产业竞争相对比较激烈，如银行和保险，但整体上表现出了市场趋于集中的趋势。

　　HHI 持续下降的产业有采矿及原油生产、计算机及办公设备、车辆与零部件、航天与防务等 4 个产业；HHI 先上升后下降的产业有炼油、烟草、工程与建造、建材与玻璃、工农业设备、化学品等 6 个产业。这些产业中也有一些产业企业数量较少，如烟草业，但整体没有表现出市场集中趋势。

3.4.2　中国 500 强企业按产业划分的市场集中度

　　采用相同的方法分析中国 500 强企业按产业划分的市场集中度情况，得到 HHI 变动情况（见表 3—24），同时计算 2009 年中国 500 强按产业划分的 N 指数，得到图 3—8。

表 3—24　　　　　　　　　中国 500 强企业按产业划分的 HHI 变动情况

产业 ＼ 年份	2002	2008	2009
煤炭采掘	0.078 8	0.069 5	0.061 1
原油生产	0.822 0	0.703 6	0.710 1
炼油	0.902 1	0.842 7	0.857 3
烟草	0.168 8	0.128 0	0.130 9
电力生产	0.281 6	0.151 5	0.148 4
工程与建造	0.079 9	0.085 9	0.088 6
建材与玻璃	0.195 2	0.208 6	0.229 2
工农业设备	0.107 0	0.111 8	0.096 2
化学品	0.134 4	0.156 9	0.190 1
家用电器及零部件生产	0.115 6	0.139 7	0.132 3
通讯设备	0.192 2	0.145 9	0.203 4
计算机及办公设备	0.174 2	0.222 5	0.265 6
电子和电气设备	0.035 8	0.135 9	0.055 8
车辆与零部件	0.117 9	0.091 8	0.083 1
金属产品	0.046 8	0.023 6	0.022 9
制药	0.086 7	0.181 0	0.156 4
纺织	0.085 0	0.071 6	0.139 3
电信	0.381 6	0.406 7	0.389 1
航空运输	0.320 6	0.244 3	0.214 3
航天与防务	0.112 4	0.202 1	0.180 1
商业银行	0.178 4	0.203 3	0.175 7
保险	0.501 0	0.270 5	0.251 1
铁路运输	0.218 6	0.072 8	0.075 5
房地产	0.229 9	0.118 8	0.199 9

资料来源：根据中国企业联合会、中国企业家协会的中国企业 500 强排行榜相关数据计算。

图 3—8 显示，中国 500 强企业中炼油和原油生产两个产业市场趋于绝对集中，即除了中石化（主要是炼油）和中石油（主要是原油生产），其他企业根本无力与它们竞争。电信业的 N 指数正好反映了现实情况，即中国移动、中国联通和中国电信三家企业势均力敌的竞争格局。另外还有 15 个产业的 N 指数介于 4—10 之间，呈现明显的市场集中状态。尽管房地产、化学品、纺织等产业在许多人看来属于竞争性比较强的产业，但是在 500 强中它们仍然趋于集中，中国按产业划分的市场集中的趋势是比较明显的。

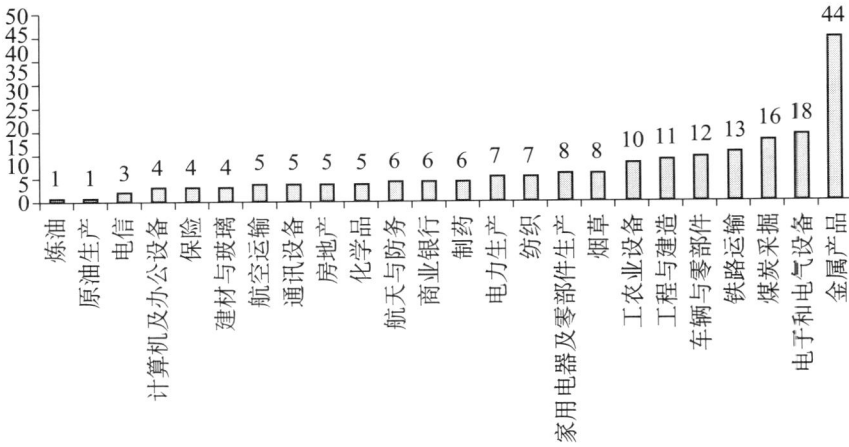

图 3—8 2009 年中国 500 强企业按产业划分的 N 指数

将 2002 年和 2008 年中国 500 强企业的 HHI 进行比较（见图 3—9），可以看出中国 500 强企业按产业划分的市场集中度变化趋势。煤炭采掘、原油生产、炼油、烟草、电力生产、通讯设备、车辆与零部件、金属产品、纺织、航空运输、保险、铁路运输、房地产等 13 个产业在 2002—2008 年间 HHI 呈现出下降的趋势，这些产业的集中程度呈现下降趋势。其他 11 个产业的市场集中度呈现上升趋势。

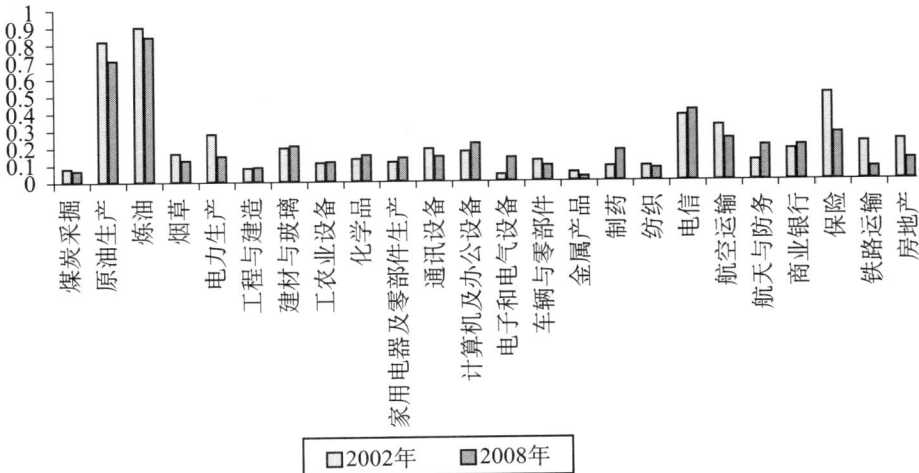

图 3—9 2002 年和 2008 年中国 500 强企业按产业划分的 HHI 变动趋势

3.4.3　世界、美国和中国500强企业按产业划分的市场集中度比较

仍然选取 2002 年、2008 年和 2009 年世界 500 强、美国 500 强与中国 500 强企业重叠产业数据做进一步比较分析，将按产业划分的 HHI 列于表 3—25。

表 3—25　　　　　中国、美国、世界 500 强企业按产业划分的 HHI 比较

年份 产业	2002		2008			2009		
	中国	世界	中国	美国	世界	中国	美国	世界
炼油	0.902 1	0.082 2	0.842 7	0.210 3	0.054 4	0.857 3	0.202 1	0.048 3
烟草	0.168 8	0.512 8	0.128 0	0.531 8	0.362 4	0.130 9	0.334 9	0.254 3
工程与建造	0.079 9	0.115 6	0.085 9	0.152 6	0.078 9	0.088 6	0.127 0	0.061 7
建材与玻璃	0.195 2	0.404 0	0.208 6	0.219 6	0.241 0	0.229 2	0.163 8	0.204 6
工农业设备	0.107 0	0.217 8	0.111 8	0.120 1	0.154 2	0.096 2	0.128 2	0.172 1
化学品	0.134 4	0.181 0	0.156 9	0.122 5	0.117 9	0.190 1	0.113 6	0.114 4
通讯设备	0.192 2	0.170 8	0.145 9	0.262 0	0.234 8	0.203 4	0.261 8	0.239 0
计算机及办公设备	0.174 2	0.152 7	0.222 5	0.290 6	0.130 0	0.265 6	0.297 8	0.155 2
电子和电气设备	0.035 6	0.074 5	0.135 9	0.304 2	0.078 5	0.055 8	0.339 1	0.084 2
车辆与零部件	0.117 9	0.069 1	0.091 8	0.225 6	0.054 9	0.083 1	0.199 2	0.052 9
金属产品	0.046 8	0.108 6	0.023 6	0.201 5	0.113 4	0.022 9	0.172 8	0.075 1
制药	0.086 7	0.090 4	0.181 0	0.145 6	0.094 5	0.156 1	0.131 3	0.093 8
电信	0.381 6	0.058 6	0.406 7	0.187 8	0.062 9	0.389 1	0.197 3	0.064 0
航空运输	0.320 6	0.147 2	0.244 3	0.154 8	0.152 0	0.214 3	0.180 2	0.151 4
航天与防务	0.112 4	0.121 5	0.202 1	0.128 9	0.100 1	0.180 1	0.120 5	0.097 5
商业银行	0.178 4	0.021 0	0.203 3	0.142 0	0.024 3	0.175 7	0.101 0	0.026 0
保险	0.501 0	0.030 0	0.270 5	0.064 0	0.033 0	0.251 1	0.065 0	0.039 7
铁路运输	0.218 6	0.211 3	0.072 8	0.265 1	0.352 2	0.075 5	0.264 8	0.352 7

资料来源：根据前面计算的各地区 HHI 和美国 500 强数据计算整理。

2009 年中国、美国和世界 500 强企业按产业划分的 HHI 如图 3—10 所示。在进行比较的这些产业中，中国在炼油、建材与玻璃、化学品、制药、电信、航空运输、航天与防务、商业银行、保险等 9 个产业的 HHI 高于美国和世界 500 强。美国在烟草、工程与建造、通讯设备、计算机及办公设备、电子和电气设备、车辆与零部件、金属产品等 7 个产业的 HHI 高于中国和世界 500 强。世界 500 强企业仅在工农业设备和铁路运输两个产业的 HHI 高于中国和美国。显而易见，在经济全球化条件下的竞争要比仅一国

市场内的竞争更为激烈，不仅是对中国，对美国也是一样。所以，在一个国家内可能表现出的市场集中趋势虽然提高了垄断利润获得的机会，但是，在经济全球化条件下，这种一国内由于集中带来的竞争优势被大大弱化，企业在全球市场上的竞争变得更为激烈。

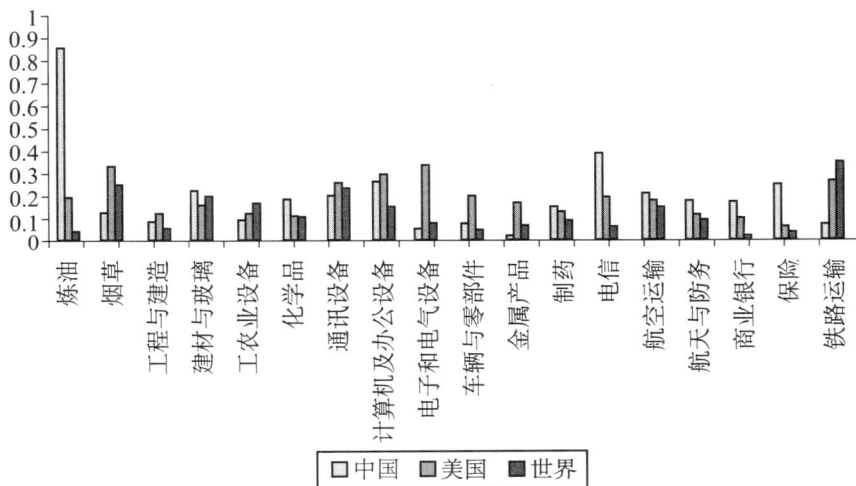

图 3—10 2009 年中国、美国和世界 500 强企业按产业划分的 HHI 比较

3.5 产业竞争绩效到垄断绩效

传统产业组织理论认为，只有竞争才能增加产量、降低价格、避免社会福利损失，所以竞争是提高市场绩效的重要途径。竞争是市场经济的本质特征，也是市场经济活力的源泉。发达国家经济发展的实践也证明，适度的符合专业化协作要求的重复建设和同业竞争是市场竞争的需要，竞争性的市场能够达到效率的优化。相反，垄断则会使产量减少，垄断企业进而控制价格，从而导致社会福利损失，因此政府需要对垄断行为进行规制，尽量减少垄断带来的效率损失。

经济全球化条件下，国家利益被摆在了第一位，究竟应该选择竞争还是垄断成了两难选择。通过前面的分析可以看出，许多企业规模不断扩大并趋于垄断的同时并没有受到反垄断的"诘难"。沃尔玛在世界 500 强中一直处于领先位置，多次位居规模最大企业的位置，而且将同产业其他企业远远抛在后面。2009 年的数据显示，世界 500 强企业中其他 5 家综合商业企业的规模加总才能和沃尔玛相抗衡。这并没有阻碍沃尔玛的进一步扩张，2010 年沃尔玛仍然摘得世界 500 强企业第一的桂冠。一向标榜反垄断的美国政府并未对沃尔玛采取任何措施，因为沃尔玛从全球为美国赢得了利益，在美国政府看来垄断绩效比竞争绩效更重要。

再如，曾经喧嚣一时的强行拆分微软公司案最终被否决，微软公司得以逃脱一劫。众所周知，当时美国司法部已认定微软有垄断之实，违反了反垄断法。显然，美国已经意识到经济全球化条件下的竞争不再是一国之内的竞争那么简单，竞争对手主要来自国际竞争舞台，保留微软公司是美国重振国际竞争地位走出的重要一步。不仅如此，早在 1996 年美国为了和欧洲的空中客车公司竞争，将当时世界上两大航空制造业巨头波音公司和麦道公司合并，合并后的波音公司，独占全球飞机市场 65% 以上的份额。

众多事实表明，经济全球化条件下各国企业追求垄断利润已成为不争的事实，全球化竞争使更多的企业通过垄断来提高企业利润，而该产业也通过垄断获得更高的绩效。通过第 3.3 节和第 3.4 节的分析可以看出，中国 500 强、美国 500 强乃至世界 500 强企业的规模不断扩张，部分产业市场集中度不断提高，寡头垄断趋势明显，这为企业在国际市场上获取更高的垄断绩效提供了前提。

显然，经济全球化条件下部分产业的市场结构正呈现出寡头垄断的趋势。这种寡头垄断抛却了许多中小企业，因为中小企业很难登上国际竞争舞台。所以，尽管可以看到某产业有众多企业，但是能够参与国际竞争的却只有那么几家。即使这样，在这仅仅几家企业中有些产业的市场集中度还在不断提高，例如通讯设备、综合商业、铁路运输、邮政服务等产业。与此同时，全球性的寡头垄断企业也在不断出现，例如前面提到的沃尔玛；信息技术服务业的 IBM（2009 年 IBM 的销售收入是该产业中第二大企业 Accenture 的 5 倍）；能源业的 Gazprom 和 E. ON（Gazprom 为俄罗斯企业，E. ON 为德国企业，2009 年两家企业的销售收入分别为第三大企业的 3 倍和 2 倍左右）；金属产品业的 ArcelorMittal 和 ThyssenKrupp（ArcelorMittal 为卢森堡企业，ThyssenKrupp 为德国企业，2009 年两家企业的销售收入分别为第三大企业的 3 倍和 2 倍左右）；计算机及办公设备业的惠普（2009 年惠普的销售收入是位居第二的戴尔的销售收入的 2 倍左右）；通讯设备业的诺基亚（2009 年诺基亚的销售收入是该产业第二位的 2 倍左右）等等。

总之，经济全球化改变了市场竞争格局，部分产业趋于寡头垄断；经济全球化改变了企业竞争模式，垄断绩效对各国企业发展越来越重要，在制定相关产业组织政策时必须准确把握这一趋势。

3.6　小结

本章讨论了经济全球化条件下市场范围的变化，以及由于这种变化所导致的市场进入壁垒、企业规模和市场集中度的变化，利用世界 500 强和中国 500 强企业数据对经济全球化条件下的市场结构和市场竞争格局进行了考察。

主要结论有：

第一，经济全球化条件下市场范围表现为地域范围和商品范围的拓展。地域范围的拓展主要是原来局限于一国之内的产品生产和销售延伸到该产品可以到达的世界各国，经过许多国家市场的叠加，形成全球化市场范围，表现为全球化贸易的扩大和跨国公司全球生产布局的扩大。商品范围的拓展主要是由技术进步所推动的产业融合，全球化条件下信息产业、金融业、物流产业、能源产业等呈现出产业融合趋势。

第二，市场范围的变化改变了市场进入壁垒。经济性的进入壁垒呈现非对称变化趋势，全球规模经济、产品差异、技术等进入壁垒增强，沉没成本降低又使进入壁垒降低；经济全球化条件下策略性进入壁垒难以实施，企业更多地在竞争中谋求合作，在合作中谋求竞争；政策性进入壁垒方面，传统贸易壁垒下降但新贸易壁垒不断增强，发展中国家市场进入壁垒呈降低趋势。

第三，企业规模不断扩张。中国、美国和世界 500 强企业按产业划分的最大最小规模均在不断扩大，尽管中国与美国和世界 500 强企业的规模相比仍然较小，但这种差距在不断缩小。经济全球化条件下，追求规模经济优势仍然是企业重要的战略目标之一。

第四，部分产业市场趋于集中，寡头垄断趋势明显。不仅仅是中国、美国和世界 500 强中的部分产业趋于市场集中，而且集中程度高，出现了全球性的寡头垄断企业。

第五，经济全球化条件下，各国由追求产业竞争绩效不断向追求垄断绩效转变。在国际市场竞争中，国家利益被摆在第一位。

第 4 章

经济全球化条件下的国际贸易与市场结构

经济全球化最显著的影响之一就是促进了国际贸易的发展，进出口商品的数量和品种以及涉及的交易主体越来越多。国际贸易的扩大，几乎会对每个产业甚至每个企业产生直接或间接的影响，从而对市场结构的方方面面都会发生作用。本章在经济全球化的背景下探讨国际贸易的发展与市场结构的关系，以及二者关系的作用机制。具体内容安排如下：首先探讨国际贸易的发展与市场范围和产品差异化的关系，其次探讨国际贸易与市场集中度和企业规模的关系，接下来讨论国际贸易与市场进入壁垒的关系，最后得出相关的结论。

4.1 国际贸易的发展与市场范围

4.1.1 国际贸易的发展与市场范围的扩大

1. 全球国际贸易的发展扩大了世界市场范围

国际贸易的发展对产业组织最直接的影响就是扩大了市场范围，使得商品能在更大的市场范围内进行流通。市场的地域范围可以分成四个层次：本地性的、区域性的、全国性的和国际性的。在封闭经济条件下，在运输成本比较大、交通不发达的情况下，商品的流通主要是在本地市场，生产者和消费者面临的市场空间都非常有限。随着经济的发展，商品流通的区域在扩大到全国范围之后，各国政府在比较优势的基础上，出于最大化本国福利的考虑，纷纷千方百计进行国际贸易，拓展市场的空间范围，使得交易可以在国与国之间甚至在全球范围内展开。

全球国际贸易量的扩大，使得各国市场上商品流通的数量大大增加，消费者面临的选择空间从本土范围扩展到了全国乃至国际范围。随着交通运输业迅速发展，互联网日益渗透到世界的各个角落，电子商务的发展使得消费者在选择商品的过程中越来越不受到产地的限制，各个国家的民族工艺品和传统食品，比如俄罗斯的套娃、韩国的泡菜、非洲的民族乐器、中国的剪纸等等，都从民族的变成了世界的。

从全球贸易量来看，20世纪以来，国际贸易有了长足的发展，世界各国的进出口增长都非常显著。仅2002—2006年，世界进口总额就从67 182亿美元增长到123 800亿美元，出口总额也从64 812亿美元增长到120 620亿美元，增长了近一倍。表4—1列举了日本、美国、法国、英国、印度、巴西和俄罗斯历年的进出口情况。可以看出，各国的进出口增长十分显著，仅从2003年到2006年，大多数国家的进出口增长都达到50%左右，印度的进口增长更是达到144.94%，巴西的进口增长也达到74.56%。传统发达国家在较大的进出口基数上仍保持了良好的增长态势，从2003年到2006年的时间里，美国的进出口增长超过40%，日本的进口增长超过50%。

发达国家对发达国家的进出口依然占贸易额的大部分，法国、英国等一些欧洲国家对发达国家的进出口均占其进出口总额的半数以上（见表4—2）。在进出口目标地的构成上，欧洲发达国家的主要合作对象仍然是欧盟国家，体现了欧洲市场较高的融合程度以及运输成本在国际贸易中的作用。同时，其对区域外的国家如美国、加拿大、日本等发达国家的进出口也保持了稳定的增长态势。

表4—1　　　　　　　　　　　主要国家历年进出口情况　　　　　　单位：亿美元

年份	日本		美国		法国		英国	
	出口	进口	出口	进口	出口	进口	出口	进口
1970	193	189	425	400	177	217	194	189
1980	1 298	1 399	2 165	2 502	1 112	1 179	1 145	1 343
1990	2 867	2 312	3 715	5 164	2 094	2 248	1 855	2 325
2000	4 167	3 372	7 811	12 024	3 317	3 463	2 802	3 293
2003	5 655	3 829	7 248	13 031	4 510	3 920	3 456	6 046
2006	6 471	5 775	10 373	19 196	4 901	5 334	4 434	6 008

年份	印度		巴西		俄罗斯	
	出口	进口	出口	进口	出口	进口
1970	20	21	27	28	128	117
1980	75	138	201	249	764	685
1990	178	238	312	225	1 042	604
2000	493	565	604	496	1 071	602
2003	725	712	965	507	1 832	2 086
2006	1 202	1 744	1 375	885	3 045	1 639

资料来源：根据国家统计局网站数据整理。

表 4—2　　　　　　　　**主要发达国家对发达国家的进出口情况**　　　　　　　单位：亿美元

国家	年份	发达国家合计		欧盟		美国和加拿大		日本	
		出口	进口	出口	进口	出口	进口	出口	进口
日本	1970	104.8	105.08	23.35	16.07	65.81	65.02	—	—
	1980	617.85	488.25	171.34	81.14	341.37	292.39	—	—
	1990	1 700.13	1 172.18	539	346.8	974.78	605.74	—	—
	2000	2 133.5	1 362.29	679.22	418.13	1 308.44	724.98	—	—
	2003	2 573.03	1 405.24	899.15	501.6	1 487.27	673.9	—	—
	2006	2 717.82	1 761.38	938.3	594.83	1 475.39	693	—	—
美国	1970	293.68	292.8	121.55	97.2	87.98	111.2	45.9	58.8
	1980	1 294.67	1 291.03	536.92	395.32	339.91	407.83	205.68	327.76
	1990	2 139.84	2 886.68	917.61	955.34	776.44	934.68	460.66	733.29
	2000	4 452.27	6 264.5	1 663.74	2 164.32	1 765.29	2 224.44	656.12	1 454.9
	2003	4 087.87	6 476.41	1 543.82	2 593.17	1 696.03	2 267.39	521.86	1 211.88
	2006	5 549.56	8 561.42	2 147.21	3 416.89	—	—	601.63	1 516.48
法国	1970	132.75	149.3	102.84	61.85	11.15	43.4	1.59	3.26
	1980	795.08	921.98	577.13	511.69	55.6	172.13	11.12	40.09
	1990	1 675.2	1 897.31	1 312.94	1 177.95	148.67	296.74	39.79	121.39
	2000	2 573.99	2 638.81	2 030	1 728.04	315.12	474.43	53.07	152.37
	2003	3 571.92	2 963.52	2 949.54	2 124.64	338.25	462.56	72.16	137.2
	2006	3 827.68	4 331.77	3 205.25	3 058.07	323.47	534.71	68.61	162.22
英国	1970	137.55	143.07	61.89	105.84	28.13	20.98	3.49	1.89
	1980	858.75	909.21	487.77	667.47	127.1	116.84	13.74	28.2
	1990	1 517.39	1 876.28	983.15	1 390.35	267.12	202.28	46.38	93
	2000	2 168.75	2 647.57	1 431.82	2 120.69	504.36	263.44	58.84	79.03
	2003	2 785.54	4 927.49	1 945.73	4 171.74	604.8	362.76	69.12	114.87
	2006	3 547.2	415.07	2 571.72	194.7	616.33	143.37	75.38	37.17

资料来源：根据国家统计局网站数据整理。

与此同时，发达国家对发展中国家的进出口增加也非常迅速，尤其是日本，在 2006 年对发展中国家的进口为 3 938.55 亿美元，比对发达国家的进口 1 761.38 亿美元多了一倍以上，而向发展中国家的出口（3 662.59 亿美元）也比向发达国家的出口（2 717.82 亿美元）多了近一千亿美元。美国作为最大的进口国，2006 年从发展中国家进口 10 385.04 亿美元，超过了从发达国家的进口 8 561.42 亿美元（见表 4—3）。

表 4—3　　　　　　　主要发达国家对发展中国家和地区的进出口情况　　　　单位：亿美元

国家	年份	发展中国家合计		美洲		西亚		其他亚洲地区	
		出口	进口	出口	进口	出口	进口	出口	进口
日本	1970	70.83	67.47	11.19	13.61	5.4	20.22	42.07	24.95
	1980	589.29	845	85.67	55.96	131.1	437.89	308.92	317.57
	1990	1 284.42	1 220.74	97.48	94.79	100.35	305.18	1 055.06	765.27
	2000	2 008.49	1 962.5	166.68	107.9	87.51	411.38	1 716.8	1 419.61
	2003	3 053.7	2 377.81	180.96	95.73	158.34	505.43	2 612.61	1 703.91
	2006	3 662.59	3 938.55	284.72	184.8	194.13	2 627.63	3 093.14	981.75
美国	1970	123.68	104.4	64.6	58.4	10.63	2.8	36.13	34
	1980	783.73	1 183.45	381.04	382.81	101.76	175.14	233.82	317.75
	1990	1 370.84	2 277.32	512.67	660.99	100.31	175.58	694.71	1 291
	2000	3 288.43	5 591.16	1 694.99	2 044.08	164.03	288.58	1 343.49	3 018.02
	2003	3 116.64	6 437.31	1 493.09	2 228.3	152.21	351.84	1 355.38	3 518.37
	2006	4 740.46	10 385.04	2 209.45	3 416.89	342.31	614.27	1 991.62	5 528.45
法国	1970	36.29	47.96	7.43	10.2	3.19	11.28	2.66	10.2
	1980	263.54	221.65	42.26	31.83	57.82	90.78	22.24	55.41
	1990	389.48	303.48	62.82	40.46	58.63	42.71	121.45	186.58
	2000	603.69	595.64	106.14	58.87	112.78	55.41	179.12	187
	2003	789.25	811.44	103.73	70.56	180.4	86.24	225.5	529.2
	2006	891.98	1 369.82	102.92	120.16	176.44	156.21	338.17	895.19
英国	1970	41.13	40.64	10.09	6.05	7.37	8.51	10.67	2.27
	1980	247.32	367.98	35.5	36.26	79.01	188.02	57.25	33.58
	1990	289.38	367.35	31.54	51.15	90.9	67.43	124.29	137.18
	2000	439.91	533.47	58.84	75.74	106.48	118.55	210.15	111.96
	2003	549.5	912.95	51.84	108.83	141.7	139.06	255.74	368.81
	2006	696.14	453.12	66.51	161.96	177.36	27.44	332.55	183.2

资料来源：根据国家统计局网站数据整理。

从发展中国家的进出口情况看，以"金砖四国"为代表的新兴经济体已经成为各个国家越来越重要的出口目的地和进口来源地，而其对经济发展程度相对较为接近的发展中国家的进出口增长尤为明显。印度 2006 年对发展中国家出口 640.67 亿美元，超过了对发达国家的出口 542.1 亿美元；巴西 2006 年对发展中国家进口 453.12 亿美元，出口 664.13 亿美元，而对发达国家的进出口分别为 415.07 亿美元和 638 亿美元（见表 4—4、表 4—5）。

表 4—4　　　　　　　　　主要发展中国家对发达国家的进出口情况　　　　　　　单位：亿美元

国家	年份	发达国家合计		欧盟		美国和加拿大		日本	
		出口	进口	出口	进口	出口	进口	出口	进口
印度	1970	10.3	13.21	3.82	3.78	3.08	7.58	2.8	0.97
	1980	37.35	56.44	16.65	25.12	9.15	19.04	7.28	6.9
	1990	101.1	129.47	49.13	67.35	27.77	28.56	16.73	17.85
	2000	286.93	265.55	116.84	151.42	121.77	48.59	26.13	32.21
	2003	377	265.58	171.1	155.22	159.5	52.69	23.2	22.78
	2006	542.1	589.47	253.62	317.41	204.34	104.64	36.06	47.09
巴西	1970	21.01	21.56	10.72	8.43	7.07	9.72	1.43	1.76
	1980	120.4	119.02	54.67	40.84	37.39	56.03	12.26	11.95
	1990	211.54	123.3	96.1	44.78	79.56	49.95	23.4	16.2
	2000	329.78	292.14	142.54	122.02	143.15	125.98	27.18	25.79
	2003	528.82	287.98	245.11	135.88	233.53	114.08	32.81	18.25
	2006	638	415.07	309.38	194.7	244.75	143.37	38.5	37.17
俄罗斯	1970	27.14	26.91	13.44	14.27	0.77	2.22	3.84	3.51
	1980	275.8	265.78	167.32	116.45	3.06	31.51	14.52	30.83
	1990	375.12	350.92	284.47	210.8	10.42	44.7	25.01	28.39
	2000	557.99	274.51	383.42	198.06	83.54	51.77	28.92	10.23
	2003	1 177.98	1 245.34	932.49	1 043	89.77	104.3	38.47	58.41
	2006	2 436	988.32	1 766.1	758.86	423.26	78.67	51.77	96.7

资料来源：根据国家统计局网站数据整理。

表 4—5　　　　　　　主要发展中国家对发展中国家和地区的进出口情况　　　单位：亿美元

国家	年份	发展中国家合计		美洲		西亚		其他亚洲地区	
		出口	进口	出口	进口	出口	进口	出口	进口
印度	1970	5.58	4.66	0.1	0.19	1.28	1.53	2	0.55
	1980	21	50.37	0.38	2.76	8.63	37.81	7.13	7.18
	1990	39.52	83.54	0.89	5	10.32	48.79	23.85	23.8
	2000	180.44	267.81	13.31	15.82	39.44	75.15	106	143.51
	2003	311.03	271.98	21.75	20.65	60.9	57.67	192.13	158.06
	2006	640.67	640.05	42.07	45.34	161.07	95.92	356.99	467.39
巴西	1970	4.62	5.88	3	3.36	0.14	1.43	0.68	0.17
	1980	64.12	124.25	36.38	31.13	8.84	80.93	6.83	2.74
	1990	86.74	97.43	39.31	39.83	9.67	43.65	26.83	8.33
	2000	229.52	188.48	155.83	105.15	16.91	10.42	44.09	49.6
	2003	395.65	212.94	184.32	96.84	36.67	14.7	131.24	68.45
	2006	664.13	453.12	360.25	161.96	45.38	27.44	184.25	183.2
俄罗斯	1970	26.88	20.01	6.53	6.2	4.22	1.29	2.43	5.03
	1980	141.34	107.55	36.67	57.54	22.16	10.96	21.39	30.83
	1990	236.53	146.17	73.98	10.87	26.05	21.74	121.91	101.47
	2000	220.63	151.1	11.78	21.07	64.26	3.61	128.52	9.63
	2003	335.26	400.51	14.66	83.44	97.1	33.38	205.18	264.92
	2006	478.07	427.78	45.68	70.48	121.8	36.06	228.38	308.13

资料来源：根据国家统计局网站数据整理。

2. 对外贸易的发展使中国市场范围得到了极大拓展

首先以钢铁产业为例。随着中国钢铁产业生产能力和出口竞争力的提高以及钢铁产品贸易的不断发展，钢铁产业各类产品的出口近年增长十分显著。2008 年，中国钢材主要出口目的地分别为韩国、美国、越南、意大利、阿联酋、印度和比利时，向这些国家和地区共出口 3 081.34 万吨，扩大了中国钢铁产业的市场范围（见表 4—6）。

表 4—6　　　　　　2008 年中国钢材出口主要目的地的出口量与出口额

出口目的地	合计	韩国	美国	越南	意大利	阿联酋	印度
出口量（万吨）	5 918.27	1 394.5	501.63	274.33	265.5	262.24	195.11
出口额（亿美元）	633.57	136.55	68.94	21.82	28.34	26.46	21.32
出口目的地	比利时	新加坡	中国香港	泰国	沙特阿拉伯	中国台湾	其他
出口量（万吨）	188.03	181.9	161.75	156.15	153.14	146.47	2 037.54
出口额（亿美元）	20.74	18.4	17.31	15.43	15.86	15.3	227.1

资料来源：转引自中国经济信息网：《2009 中国行业年度报告系列之钢铁》，根据中国钢铁协会数据整理。

其次，纺织业也是中国出口的支柱产业之一（见表 4—7）。欧洲、美国和日本这三大世界主要发达经济体是中国纺织业的传统出口市场，2008 年中国对这三个市场的纺织品服装出口额占到全产业出口总额的近 50%。从美国市场看，金融危机使美国金融机构信贷投放紧缩，失业人口迅速增加，习惯于信贷消费的美国居民在消费增长上失去支撑，使得纺织品服装的市场需求随之萎缩。2008 年以来中国纺织服装对日本的出口一直保持小幅增长，金融危机使日本经济增速放缓，市场需求也有所减少。从欧盟市场看，欧盟经济周期落后于美国，金融危机的影响不太明显，而且欧盟取消了对中国部分纺织品的进口限制，因此，对欧盟出口成为中国纺织品、服装出口增长的主要拉动力。

以东盟国家为代表的东南亚邻国是 2008 年以来中国纺织业出口市场中的新增长点。2009 年中国对东盟纺织品服装出口额比 2000 年增长了544.22%，年均增速达到 26.22%。新兴经济体的持续快速发展带动了居民收入的明显增长，衣着类消费需求普遍处于迅速扩大和不断升级的上升阶段，为中国纺织业的出口提供了新的空间。2007 年中国对俄罗斯服装出口额同比增速高达 179.7%，占到俄罗斯纺织品服装进口总额的 50% 以上；同年，对阿联酋部分服装产品出口额同比增速高达 36%。2007 年中国对沙特阿拉伯、墨西哥、非洲等国家和地区的服装出口增速都超过 50%。[1]

表 4—7　　　　　　　　　　中国纺织业历年进出口额　　　　　　单位：亿美元

	1995	2000	2001	2002	2003	2004
出口	358.78	493.79	498.36	578.49	733.46	887.671 9
进口	158.19	165.64	162.59	169.93	192.92	230.07
	2005	2006	2007	2008	2009	
出口	1 076.61	1 380.94	1 658.02	1 792.39	1 502.9	
进口	234.45	256.77	253.72	249.35	150.6	

资料来源：根据国家统计局数据整理。

最后，家电产业是中国与国际市场联系最为密切的产业之一。中国家电产品产量稳居世界前列，大家电出口量占到国际市场出口量的 30% 以上，小家电比例更高。2008 年中国共向 214 个国家和地区出口家电产品，从出口情况看，对亚洲的出口最高，出口额为 120.5 亿美元，占家电出口总额的

---

[1]　资料来源：中国经济信息网：《2009 中国行业年度报告系列之纺织》。

33.8%；对欧洲和北美洲的出口额分别为 105.2 亿美元和 81.3 亿美元，分别占家电出口总额的 29.5% 和 22.8%。从海外市场情况看，对欧盟的出口居第一位，累计出口金额为 87.9 亿美元，占全年家电出口总额的 24.6%，其中按出口金额前五名依次为德国、英国、意大利、法国和西班牙。对美国的出口居第二位，累计金额为 73.7 亿美元，占出口总额的 20.6%；对日本的出口居第三位，累计金额为 41 亿美元，占出口总额的 11.5%。对俄罗斯和澳大利亚的出口额分别为 10.2 亿美元和 7.8 亿美元。①

可见，在经济全球化不断深入的情况下，国际贸易量和涉及的范围不断扩大，极大地拓展了商品流通的市场范围。从中国钢铁、纺织、家电等产业的进出口中也可以看出，由于进出口的不断增加，尤其是中国出口导向型企业海外市场的拓展，使这些产业的出口逐渐成为其发展的重要推动力量，为这些产业的发展开拓了更加广阔的市场范围，超越了国内市场需求有限对其发展形成的阻碍。

4.1.2 产业内贸易增强了产品的替代性与差异化程度

产业组织理论对市场的定义，不仅有地域方面的含义，更重要的是产品替代弹性方面的意义，即商品范围。市场是指一组从事买卖或交易的供方和需方，这些供方和需方在同一地域范围内买卖效用可以互相替代的产品（Needham，1978）；或者是指一组买者和卖者对特定产品进行的交易，这一特定产品与其他产品的交叉需求弹性很高（Shepherd，1979）；或者是指一组厂商的集合，这组厂商生产的产品在买者看来具有很高的替代弹性（Ferguson，1994）。②

从产品替代性的角度讲，可以认为，替代弹性较高的商品越多，则其交叉需求弹性越大，商品的范围就越大。随着国际贸易的发展，尤其是产业内贸易的不断发展，市场上同类产品出现了越来越多在质量和品牌等方面有差异性、替代弹性较高的产品。根据淘宝网以化妆品、洗发水和手机为关键词的搜索结果（见图 4—1、图 4—2、图 4—3），可以看出，仅在淘宝网上可供消费者选择的化妆品品牌就有近 100 种，洗发水和手机品牌也有约 50 种，其中进口品牌不论是销售量还是品牌关注度都占了相当大的比例。这些产品

---

① 资料来源：中国经济信息网：《2009 中国行业年度报告系列之家电》。
② 参见杨蕙馨主编：《产业组织理论》，第 34 页。

在功能上差别甚微，但是不同品牌和特定功效的差异极大地丰富了市场中产品的多样性，使消费者可以选择在功能上更有针对性的商品，在挑选满足某一特定功能产品时可以选择不同的质量层次，在质量相似的情况下可以有不同的品牌偏好。这些替代弹性很高的商品很大程度上扩大了市场范围。

其他化妆品品牌	Avon/雅芳	The Face Shop	L'oreal/欧莱雅	Marubi/丸美
The body shop/美体小铺	Skin food	Mentholatum/曼秀雷敦	EsteeLauder/雅诗兰黛	
Clinique/倩碧	Marykay/玫琳凯	Shiseido/资生堂	Nivea/妮维雅	自然堂	Kose/高丝
Lancome/兰蔻	Olay/玉兰油	Laneige/兰芝	Vichy/薇姿	相宜本草	Clarins/娇韵诗
Biotherm/碧欧泉	Avene/雅漾	AUPRES/欧珀莱	欧诗漫	DHC	Bossdun/波斯顿
佰草集	PAT'S/柏氏	Pure Mild/泊美	Za/姿芮	芳草集	L'occitane/欧舒丹
Laroche Posay/理肤泉	Elizabeth Arden/雅顿	李医生	prettyrally/汇美舍	
Kiehl's/契尔氏	Neutrogena/露得清	Dior/迪奥	FANCL	卡尼尔	美即
Etude/爱丽	婵真	Missha	田缘舞沙	郑明明	昭贵	Camenae/家美乐	SANA
Nuxe	Guerlain/娇兰	Kanebo/嘉娜宝	Amore/爱茉莉	JUJU	H2O/水芝澳
Neal's Yard Remedies	Shu-uemura/植村秀	Chanel/香奈儿	DeBon/蝶妆
Borghese/贝佳斯	Chinfie/清妃	Opera/娥佩兰	美素	一朵	Sisley/希思黎	植物语
jurlique	英国AA网	Asixo/安尚秀	Albion/澳尔滨	大宝	YUE-SAI/羽西
TJOY/丁家宜	@nature	Origins/品木宣言	军献	Ceeture/法国皙泉	Oshadhi
Burt's Bees	Dove/多芬	芳香志	HR/赫莲娜	Somang/韩国所望	郁美净

图 4—1　淘宝网"护肤品"产品搜索结果（按品牌）

资料来源：http：//s8. taobao. com/search? cat＝1801&commend＝all&s＝0&sort＝coefp&pid＝mm _ 12431063 _ 2220385 _ 8721096&mode＝86&tab＝coefp.

资生堂	施华蔻	欧莱雅	Amore/爱茉莉	卡诗	博倩	欧芭	爱敬	狮王
花王	博柔国际	Kiehl's/契尔氏	丹尼诗	L'occitane/欧舒丹	发朵		
The body shop/美体小铺	施巴	美吾	高丝	花王飞逸	CO.E韩伊	雅格斯丹	
汉高	Kanebo/嘉娜宝	植雅	DHC	强生	罗马	威娜	韩露	The Face Shop
Nuskin/如新	菲灵	Somang/韩国所望	馥绿德雅	Bossdun/波斯顿	Pigeon/贝亲	
莱蒂菲	瑛派儿	Evian/依云	天然之扉	韩国新生活	海马	和光堂	
SunRider/仙妮蕾德	Elizabeth Arden/雅顿	黛维莉				

图 4—2　淘宝网"洗发水"产品搜索结果（按品牌）

资料来源：http：//s8. taobao. com/search? q＝％CF％B7％A2％CB％AE&unid＝0&mode＝63&pid＝mm _ 12431063 _ 2220385 _ 8721096&p4p _ str＝lo1％3D0％26lo2％3D0％26nt％3D1&cat＝50043928&from＝compass&navlog＝compass - 2-c-50043928.

Nokia/诺基亚	Samsung/三星	Sony Ericsson/索尼爱立信	LG	Motorola/摩托拉
Lenovo/联想	K-Touch/天语	HTC	Sharp/夏普	Philips/飞利浦	Coolpad/酷派
OPPO	BBK/步步高	Gionee/金立	Apple/苹果	Dopod/多普达	Huawei/华为
Konka/康佳	ZTE/中兴	Changhong/长虹	Daxian/大显	BlackBerry/黑莓
Newsmy/纽曼	知己	Alcatel/阿尔卡特	BIRD/波导	Capitel/首信	Hedy/七喜
OKWAP/英华OK	Haier/海尔	普莱达	港利通	Skyworth/创维	琦基	金鹏
UT Starcom/UT斯达康	Amoi/夏新	Palm/奔迈	Hisense/海信	广信	HKC/惠科
亿通	Google/谷歌	DEC/中恒	i-mate	

图4—3 淘宝网"手机"产品搜索结果（按品牌）

资料来源：http：//s8. taobao. com/search？ q＝％CA％D6％BB％FA&commend＝all&pid＝mm _ 12431063 _ 2220385 _ 8721096&p4p _ str＝lol％3D0％26lo2％3D0％26nt％3D1&cat＝1512&from＝ compass&navlog＝compass－1-c-1512.

当今的国际贸易中，一个明显的特征就是产业内贸易不断发展壮大。所谓产业内贸易，是指一国的某种产业既出口又进口该产业产品的现象，这与贸易国家的经济发展水平以及产品生产的区域特点有密切的关系。沃顿（Verdon）在1960年把产业内贸易定义为一国既出口同时又进口某种同类型制成品；在格鲁贝尔和劳埃德（Grubel and Lloyd）的《产业内贸易》（1975）一书中，将产业间贸易定义为发生在完全不同类型的生产要素禀赋的国家之间进行的贸易，而产业内贸易则是具有相同或相似生产要素的国家间进行的贸易，如美日之间的电子产品和汽车贸易。根据联合国《国际贸易商品标准分类》（Standard International Trade Classification，SITC）中的定义，同一产业是指在这个标准分类中至少前三位代码相同的产品。也有学者（陈伟，2006）将"同一产业产品"更形象地表述为：生产要素密集度相似、生产方法和生产过程大致相似、具有消费的可替代性。[①]

产业内贸易的衡量指标主要有三种：沃顿指数（P. J. Verdon，1960）、巴拉萨指数（B. Balassa，1966）与G-L指数（Grubel-Lloyd，1975）。

其中，沃顿指数为某一产业产品组的出口与相应的进口之比，即 $S_j = X_j / M_j$（其中 j 为某一特定产业，X_j 为该产业出口值，M_j 为该产业进口值）。当该指数接近1时，则表明贸易的结构属于产业内贸易；若该数值远离1，

---

① 参见钟雪梅：《产业内贸易理论研究的综述》，《现代经济信息》2008年第8期，第71—72页。

为无穷小或无穷大，则表明该贸易的结构为产业间贸易。

巴拉萨指数的计算方法是"出口的绝对值量（价格量）在多大程度上为进口所抵消"[①]，即 $A_j = | X_j - M_j | / (X_j + M_j)$（其中 j 为某一特定产业，X_j 为该产业出口值，M_j 为该产业进口值）。可见该指数将处于 $[0, 1]$ 这个区间，并且与产业内贸易成反比关系。

研究中经常使用的是格鲁贝尔—劳埃德指数，即 G-L 指数。在他们的《产业内贸易》一书中，该指数表达为：$B_j = \dfrac{(X_j + M_j) - | X_j - M_j |}{X_j + M_j} \times 100$，其中 j 为某一特定产业，X_j 为该产业出口值，M_j 为该产业进口值。该指数的变化范围为 0—100，当该指数接近 100 时，该国的进出口更接近产业内贸易。

根据中国历年按 SITC 分类的产品的产业内贸易指数（见表 4—8）可以看出，加工程度较低的初级产品，如食品及主要供食用的活动物，非食用原料，矿物燃料、润滑油及有关原料，动、植物油脂及蜡等产品，产业内贸易指数相对较低，且有逐年下降的趋势；而加工程度和技术含量较高的工业制成品，包括饮料及烟类、化学品及有关产品，轻纺产品、橡胶制品、矿冶产品及其制品，机械及运输设备，其产业内贸易指数相对较高，并且随着国际贸易的不断发展，产业内贸易程度有不断加深的趋势，市场上同类产品的品种更加丰富，产品之间的替代性更强。

表 4—8　　　　　中国按 SITC 分类主要产品的产业内贸易指数

	1996	1997	2000	2001	2002	2003	2004	2005	2006	2007	2008
初级产品	93	91	71	73	73	65	51	50	44	40	35
食品及主要供食用的活动物	71	56	56	56	53	51	65	59	56	54	60
饮料及烟类	54	48	66	64	56	65	62	80	93	100	89
非食用原料	55	52	36	32	32	26	19	19	17	14	13
矿物燃料、润滑油及有关原料	93	81	55	65	61	55	46	43	33	32	32
动、植物油脂及蜡	36	55	21	25	11	7	7	15	17	8	10

---

① 参见黄卫平、彭刚：《国际经济学教程》，中国人民大学出版社 2004 年版，第 91 页。

续前表

	1996	1997	2000	2001	2002	2003	2004	2005	2006	2007	2008
工业制成品	94	83	89	90	91	91	89	84	79	76	73
化学品及有关产品	66	69	57	59	56	57	57	63	68	72	80
轻纺产品、橡胶制品、矿冶产品及其制品	95	97	99	98	96	96	85	77	66	64	58
机械及运输设备	78	91	95	94	96	99	97	90	88	83	79

资料来源：根据国家统计局网站数据整理。

　　作为钢铁生产大国，中国钢铁产品的生产能够基本满足国内的需要，但却存在结构性供需矛盾，部分低端产品产能过剩，而高端产品不能满足需求。2009年5月13日工信部发布了《关于遏制钢铁产业产量过快增长的紧急通报》，要求坚决遏制产量过快增长，责令列入淘汰类的落后炼铁、炼钢、轧钢生产线停止生产，已经停产的严禁死灰复燃，因此这些已不能由本国生产但仍有需求的产品需要进口。同时，由于生产工艺等方面的差异，中国一些生产技术尚不成熟、未能形成大规模生产的产品，也要通过进口来满足需求。中国钢铁产业2006年和2009年的进出口以及生产销售的数据表明（见表4—9），中国钢铁产品市场上产品的销售量和生产量差距非常大，部分原因是当年生产的钢铁产品并不能即时销售出去，而是形成库存，当年购买的有相当一部分是往年的存货。部分原因是通过国际贸易，将生产的产品出口，并通过进口来满足有需求但不能生产的部分。这些进口产品和本国产品在功能与用途上差异较小，只是在产品质量、制作工艺方面有差别，因而有较强的替代性，它们之间的交叉需求弹性很大。通过进口，在产品替代性的意义上扩大了市场范围，增加了市场上产品差异化的程度。

表4—9　　　　　　　**中国钢铁产业进出口及生产和销售情况**　　　　　　单位：万吨

	2006年				2009年			
	进口	出口	产量	销售	进口	出口	产量	销售
总计	1 852	4 304	—	28 063	1 763.2	2 459.65	69 243.72	38 225.73
铁道材	16.11	23.79	334.27	247	23.44	53.15	585.99	444.27
大型型材	24.83	208.53	917.2	804	34.84	104.65	947.06	788.36
中小型型材	8.62	60.41	2 386.09	369	3.1	13.73	4 118.89	625.07
棒材	35.59	177.66	3 704.35	2 586	29.87	108.08	5 565.4	3 206.03
盘条（线材）	70.53	556.39	7 150.97	4 769	5.64	30.51	9 585.74	5 628.06

续前表

	2006 年				2009 年			
	进口	出口	产量	销售	进口	出口	产量	销售
钢筋	6.31	373.88	8 303.81	5 688	50.92	108.21	12 150.55	7 595.63
特厚板	5.89	48.36	324.71	271	5.73	19.86	474.56	429.2
厚钢板	214 071	136.69	1 310.97	1 327	31.07	79.59	1 874.86	1 757.29
中板	75.48	242.97	2 387.14	1 902	82.01	225.19	3 487.58	2 686.26
热轧薄板	6.81	98.16	557.21	337	27.12	12.04	576.86	373.62
冷轧薄板	70.49	46.38	1 314.57	378	54.07	21.96	1 641.14	307.69
中厚宽钢板	216	517.32	4 514.83	3 963	117.22	277.82	8 383.75	6 505.79
热轧薄宽带	15.52	240.67	1 748.13	1 008	295.68	86.9	3 033.63	1 466
冷轧薄宽带	376.16	151.92	1 290.41	1 139	428.86	72.4	2 187.04	2 094.79
热轧窄钢带	127.51	80.75	3 640.79	1 440	9.53	14.49	4 574.76	1 891.8
冷轧窄钢带	50.06	81.16	461.24	42	28.88	16.81	674.47	26.25
镀层板（带）	462.34	320.03	1 398.45	605	—	214.83	2 013.8	905.57
彩涂板（带）	30.36	50.84	226.52	116	328.32	131.48	504.15	109.62
电工钢板（带）	95.31	22.77	329.52	291	35.35	10.87	451.17	416.16
无缝钢管	69.4	250.52	1 484.17	705	83.54	317.32	2 178.6	818.81
焊管	—	—	2 008.86	102	34.94	253.05	3 102.99	103.76

资料来源：根据中国经济信息网产业数据库资料整理。

　　由表 4—10 中 2004—2009 年中国主要钢铁产品的产业内贸易指数可以看出，虽然各种产品之间产业内贸易指数差别较大，但是几乎所有产品都在出口的同时存在进口，冷轧薄板、冷轧窄钢带、彩涂板（带）等产品的产业内贸易水平较高。这说明中国在对这些钢产品的使用中，对工艺多样化的要求比较高，其中不能由国内钢铁企业生产的部分，就会通过产业内贸易进口同一品种但有差异的产品来满足需求，而国内生产能力较高的产品则通过出口扩大市场。

表 4—10　　　　　2004—2009 年中国主要钢铁产品产业内贸易指数

	2004	2005	2006	2008	2009		2004	2005	2006	2008	2009
总计	65	—	60	41	84	冷轧薄板	19	22	79	85	58
铁道材	64	68	81	24	61	中厚宽钢板	71	97	59	21	59
大型型材	80	76	21	17	50	热轧薄宽带	56	55	12	62	45
中小型型材	69	93	25	12	37	冷轧薄宽带	15	15	58	95	29
棒材	56	44	33	12	43	热轧窄钢带	87	53	78	55	79
盘条（线材）	52	35	23	19	31	冷轧窄钢带	28	99	76	58	74
钢筋	28	10	3	35	64	镀层板（带）	22	30	82	—	—
特厚板	74	45	22	22	45	彩涂板（带）	19	—	75	77	57

续前表

	2004	2005	2006	2008	2009		2004	2005	2006	2008	2009
厚钢板	42	72	—	24	56	电工钢板(带)	10	16	39	85	47
中板	44	99	47	29	53	无缝钢管	96	66	43	29	42
热轧薄板	94	63	13	43	61	焊管	81	39	—	25	24

资料来源：转引自中国经济信息网：《2009 中国行业年度报告系列之钢铁》，根据中国钢铁协会数据整理。

纺织业历来都是中国出口的支柱产业。从表 4—11 中的数据可以看出，2008 年中国各大纺织品服装产品虽然以出口为主，但进口也日益显著，毛及毛织品的进口额已经超过出口，麻及麻织品的进口与出口相比差距较小。产业内贸易的存在，使得国内纺织品服装市场上同种产品的种类更加丰富，增加了产品的多样性，扩大了消费者的选择空间，同时也在产品替代性意义上扩大了纺织产业的市场范围。

表 4—11   2008 年中国主要纺织产品进出口总额及增长情况

章类	进口额(亿美元)	同比增长（%）	出口额(亿美元)	同比增长（%）
十一大类	249.35	−1.74	1 792.39	8.09
丝及丝绸	1.17	5.39	14.34	2.66
毛及毛织品	26.20	−2.91	20.88	−1.75
棉及棉织品	74.45	−3.56	106.92	14.24
麻及麻织品	4.13	−17.56	5.95	−3.44
化纤长丝及织品	36.52	−2.82	87.57	12.37
化纤短纤织品	25.21	−10.21	68.82	8.09
絮、毡、无纺布	9.97	10.77	19.10	39.00
铺地织品	1.01	11.37	16.08	22.22
特种织物花边	7.38	−4.04	53.54	14.12
涂层布及工业用布	17.28	1.20	38.63	35.95
针织布	23.12	−0.74	63.61	10.92
针织服装及附件	8.53	8.13	605.83	−1.22
梭织服装及附件	12.19	19.24	524.16	10.77
其他纺织织物	2.18	26.33	166.97	23.18

资料来源：中国经济信息网：《2009 中国行业年度报告系列之纺织》。

4.2   国际贸易与市场集中度

国际贸易可以按照产品分类细化程度的不同分为产业间贸易和产业内贸易。两种形式的贸易代表着两种不同层次的分工类型，进而对市场结构的影响也有一定的区别。一般而言，产业间贸易可以促进综合性大规模企业的产生，催生大型跨国公司，提高市场集中程度；而产业内贸易可以促进企业的专业化程度，提高细分市场的集中度。

4.2.1 　产业间贸易与市场集中度

产业间贸易是国际贸易最初始的形态，各个国家发挥其比较优势，生产并出口本国具有相对成本优势的商品，进口有相对劣势的商品。随着全球经济的发展，尽管发达国家之间和发展中国家之间的比较优势不再像国际贸易诞生之初那样差距明显，但是发展中国家的劳动力成本优势、资源优势和发达国家的资金优势、研发优势等之间的差距仍然非常显著。在这种情况下，国际贸易呈现非常明显的由发展中国家向发达国家出口初级产品，由发达国家向发展中国家出口加工度较高的产成品的趋势。

产业间贸易对市场集中度的影响到底如何，要依具体情况分析。一方面，由于贸易的发展对国际直接投资和跨国并购有替代效应，从而在一定程度上削弱了大型跨国公司形成的动力，使市场集中度趋于下降；另一方面，在规模经济等条件相同的情况下，由于参与国际市场竞争等方面的需要，出口支柱产业的在位厂商之间进行并购，以增强市场控制力，从而会提高市场集中度。

1. 作为国际直接投资的替代，产业间贸易会降低市场集中度

跨国公司的存在可以使国际资本集中在少数几家大型企业手中，从而大幅提高市场集中度。跨国公司的形成取决于两个方面：一是分割生产，即生产的各个环节出于什么样的原因要在多国进行生产；二是内部化，即为什么不同地点的生产是由一家厂商而不是多家独立的厂商分别进行的。

生产在不同国家与地区的分布很多时候是由资源决定的，如初级产品加工环节会选择在资源丰富的国家或地区进行，研发环节会选择在技术较为密集的地区比如硅谷等地进行，而加工装配等劳动力密集的环节则会选择在工资成本较低的发展中国家进行。同时，生产的分布还受到运输成本的影响，如美国的汽车公司在欧洲销售汽车会选择在当地生产，因为欧洲与美国本土以及亚洲等其他目标市场适用的车型不同、所需生产设备不同，选择在当地生产，既可以使生产设备合理分配，同时也可以减少成品的运输成本。

内部化可以使生产的各个环节能够更方便地以更低的成本结合起来。跨

国公司的子公司之间总会有一些重要的往来，某家子公司的产出往往是另一家子公司的投入，一家子公司的技术成果也往往被另外的子公司使用。跨国公司内部子公司使这些往来变得更容易。在上下游环节进行交易的过程中，若上下游独立的厂商都具有垄断地位，它们之间就可能会产生冲突，因为下游厂商会试图维持低价，而上游厂商则会在利润最大化的驱动下尽量抬高价格。其次，在存在资产专用性、上游企业的产品用途单一的情况下，上游企业会面临被下游企业要挟的危险，从而产生巨大的沉没成本。这些情况在跨国公司存在的情况下就会由决策者统一管理，变成了跨国公司内部子公司之间的交易，从而避免交易成本和沉没成本的产生。

从生产分布角度讲，国际贸易的发展使位于不同地区生产环节的产品流通变得更加容易，随着运输成本的降低，在装配环节和产成品的交易中，空间因素的重要性有所减弱。

从内部化角度看，根据国际生产折中理论，企业选择国际贸易还是对外直接投资，关键在于比较通过世界市场进行贸易的费用和企业将外部市场内部化增加的管理费用。如果交易费用小于管理费用，则选择国际贸易，反之则选择对外直接投资。一个企业只有同时具备了所有权优势、内部化优势和区位优势之后才会选择对外直接投资，而在只有所有权优势和内部化优势的时候就应选择国际贸易。从这个意义上讲，国际贸易的发展会从内部化问题上使跨国公司存在的必要性受到一定程度的冲击。在国际间经济合作日益增多时，国际贸易的成本由于运输费用降低、WTO等国际经济组织使贸易的困难大大减小，跨国公司的内部化优势有所减弱，企业间的交易费用逐渐降低。在这种情况下，国际贸易对国际直接投资会产生一种替代效应，从而减小跨国公司形成与规模扩张的动力，并因此降低市场集中度。

2. 作为企业参与国际市场竞争的手段，产业间贸易会提高市场集中度

首先，参与国际贸易的企业面临着更大的市场，从而可以在更大的范围内获取规模经济和范围经济所带来的好处。进出口的增加使企业面临的市场范围从本土、本国扩展到全球，在全球经济联系日益紧密的情况下，企业有条件在更大的范围内通过扩大生产实现固定成本和销售成本的分摊，实现规模经济以及范围经济。其次，出于市场竞争的需要，企业为了在本国和国际市场上处于有利的竞争地位，会通过横向并购的方式扩大生产与销售规模，

通过兼并上下游相关企业来减少贸易过程中的交易成本，并降低交易风险。最后，具有出口比较优势的产业与国际市场联系较为紧密，厂商更关注在更大市场上的整体利益，国内厂商之间的恶性竞争会在国际视角下得到一定程度的缓解。

以钢铁业为例。从全球钢铁进出口的国家或地区情况看（见表 4—12），中国大陆在 2007 年和 2008 年都在钢铁出口方面占据绝对优势，几乎相当于处于第二、三位的日本和欧盟 27 国钢铁出口的总和，这表明中国大陆的钢铁企业在国际市场上占有较大的市场份额。

表 4—12　　　　　　2007 年和 2008 年全球 10 大钢铁进出口国家或地区　　　　单位：百万吨

出口				进口			
排名	国家或地区	2007 年	2008 年	排名	国家或地区	2007 年	2008 年
1	中国大陆	65.2	56.2	1	欧盟 27 国	48.7	39.7
2	日本	35.9	37.2	2	美国	29.5	28.4
3	欧盟 27 国	32.2	34	3	韩国	25.7	28.1
4	乌克兰	29.9	28.4	4	中国大陆	16.9	15.4
5	俄罗斯	29.2	28.2	5	阿联酋	9.1	13.5
6	韩国	18.1	19.7	6	土耳其	14	13.1
7	土耳其	16.1	18.3	7	泰国	9.6	11.5
8	美国	10.3	12.6	8	中国台湾	9.1	9.2
9	巴西	10.4	9.1	9	印度尼西亚	5.5	8
10	中国台湾	10.9	9.5	10	伊朗	12.3	7.8

资料来源：根据钢铁工业协会资料整理。

由于中国钢铁业与国际市场的高度融合，中国国内钢铁业正在不失时机地进行联合重组，这既是应对日益严峻的国际市场竞争的需要，同时也是优化资源配置、减少重复建设、抑制产能过剩、提高产业集中度和整体竞争力的需要。2008 年，在政府的推动下，中国钢铁业展开了联合重组，河北、山东钢铁集团相继成立，宝钢兼并重组韶钢和广钢，武钢联合重组柳钢获得重大突破，其他钢铁业的重大联合重组进程也明显加快，有效提升了国内钢铁产业集中度（见表 4—13），钢铁产业 CR_{10} 由 2007 年的 35.18％上升为 42.63％，一年间提升了 7.45 个百分点。[①]

———————————

[①]　资料来源：中国经济信息网：《2009 中国行业年度报告之钢铁》。

表 4—13　　　　　　　　　　　2008 年以来钢铁业主要兼并重组事件

序号	事件
1	2008 年 1 月，俄罗斯最大的钢铁生产和开发公司之一 Evraz 集团宣布收购德龙钢铁 51％股权。
2	2008 年 1 月，攀钢集团西昌新钢业有限公司挂牌，攀钢重组西昌新钢业取得成功。攀钢重组西昌新钢业后，资产总规模达到 600 亿元，钢铁产能达到 800 万吨，钒钛 2.2 万吨，销售收入将超过 450 亿元。
3	2008 年 1 月，沙钢收购江苏新瑞特钢 51％股份，这是沙钢作为中国最大的民营钢铁企业发起的第四次国内并购。
4	2008 年 3 月，山东钢铁集团揭牌，由山东省国资委以其所拥有的济钢集团、莱钢集团、山东省冶金工业总公司所属企业（单位）国有产权划转成立山东钢铁集团，注册资本 100 亿元。
5	2008 年 9 月，宝钢和广东省国资委、广州市国资委共同出资组建广东钢铁集团有限公司，注册资本为 358.6 亿元人民币。宝钢集团持股 80％；广东省国资委和广州市国资委分别以韶钢集团、广钢集团合并持股 20％。
6	2008 年 9 月，武钢重组柳钢，广西钢铁集团揭牌成立，注册资本 440 亿元，武钢以现金出资占 80％的股份，广西壮族自治区人民政府国资委以柳钢全部净资产出资占 20％股份。
7	2008 年 6 月，河北钢铁集团重组挂牌，唐钢、邯钢将成为其子公司。新组建的河北钢铁集团产能将突破 3 000 万吨。
8	2008 年 9 月，酒钢集团重大资产重组获得甘肃省人民政府批复，同意其与哈萨克斯坦国欧亚工业财团所属国际矿产资源公司（IMR）合资，成立中外合资公司，中方持股比例为 51％，涉及资金 400 亿元人民币。
9	2008 年 6 月，鞍山钢铁重组天铁集团钢板公司，重组后，鞍钢、天铁冶金集团各持增资后的天铁钢板有限公司 50％的股权。
10	2008 年 5 月起，鞍钢与攀钢系公司资产重组。5—8 月，鞍钢买入攀钢钢钒16 712万股，买入攀渝钛业 952 万股，买入长城股份 3 839 万股。
11	2008 年 6 月，复星（国际）集团入股天津钢铁集团，计划向天津钢铁集团注资 38 亿元，并获得其 47.5％的股份，成为其第二大股东。
12	2008 年 12 月，河北省唐山市成立渤海、长城两大钢铁集团。前者由唐山丰南区 12 家民营钢企出资组成，产能 1 500 万吨；后者由唐山市迁安 27 家民营钢企出资组成，产能 1 300 万吨。两大集团产能总规模达 2 800 万吨，占全市钢铁产能的 51.7％。

　　资料来源：中国经济信息网：《2009 中国行业年度报告之钢铁》，中国经济信息网根据公开资料进行整理汇总。

　　重组之后，中国的钢铁产量在世界钢铁市场上比重有所增加。2008 年中国大陆的粗钢产量达到 5 亿吨，占世界粗钢总产量近 40％的比重。由于经济危机的影响，欧盟、美国、南美、非洲、日本等多数产钢国及地区 2008

年的粗钢产量都比 2007 年有所降低，中国大陆的粗钢产量却从 2007 年的 4.94 亿吨增长到 5 亿吨（见表 4—14），这在很大程度上是受到了 2008 年中国钢铁产业大规模联合重组的影响。

表 4—14　　　　　　　2007—2008 年全球主要产钢国家及地区粗钢产量　　　　单位：百万吨

国家和地区	2007 年	2008 年	国家和地区	2007 年	2008 年
欧盟（27 国）	209.6	198.55	中东	15.84	16.04
其他欧洲国家	30.17	30.89	亚洲	739.01	749.5
独联体 6 国	123.86	113.99	其中：中国大陆	494.9	500.49
北美	132.69	125.37	日本	120.2	118.74
其中：美国	98.18	91.49	大洋洲	8.78	8.42
南美	48.25	47.59	66 国合计	1 328.09	1 305.82
非洲	18.38	17.01	扣除中国大陆	833.19	305.33

说明：表中 66 国的粗钢产量在 2007 年约占全球粗钢产量的 98%。

资料来源：根据钢铁工业协会资料整理。

　　根据中国经济信息网由国际钢铁统计局（ISSB）整理的数据（见表 4—15），2008 年世界粗钢产量前 20 名的钢铁企业中，有 6 家来自中国，这些企业的粗钢产量占前 20 位钢铁企业粗钢总产量的近四分之一。由于统计数据来源等方面的原因，中国经济信息网根据钢铁工业协会整理的中国粗钢产量排名前 15 位的企业粗钢产量与表 4—15 中的数据略有出入，但中国钢铁业的集中趋势仍非常明显，前 15 位的钢铁企业粗钢产量占全国粗钢总产量的比重超过 50%，占重点钢铁企业产量的比重超过六成（见表 4—16）。

表 4—15　　　　　　　2008 年世界粗钢产量前 20 名钢铁企业　　　　单位：百万吨

排名	企业名称	国别	产量	排名	企业名称	国别	产量
1	安赛乐米塔尔	卢森堡	116.4	11	武钢	中国	20.19
2	新日铁	日本	34.5	12	里瓦集团	意大利	17.91
3	JFE 钢铁公司	日本	33.8	13	盖尔道集团	巴西	17.9
4	浦项	韩国	32.78	14	蒂森克虏伯钢铁公司	德国	17.02
5	宝钢	中国	28.58	15	谢韦尔集团	俄罗斯	16.75
6	塔塔钢铁公司	印度	26.52	16	耶弗拉兹集团	俄罗斯	16.3
7	沙钢	中国	22.89	17	鞍钢	中国	16.17
8	唐钢	中国	22.75	18	马钢	中国	14.16
9	美国钢铁公司	美国	20.54	19	印度钢铁管理局	印度	13.87
9	纽柯公司	美国	20.54	20	住友金属公司	日本	13.5

资料来源：国际钢铁统计局（ISSB），中国经济信息网整理。

表 4—16　　　　　　　　**2008 年中国粗钢产量排名前 15 的企业**　　　　　单位：万吨

排名	单位	2007 年	2008 年
	全国合计	49 489.89	50 048.8
	重点合计	39 174.67	39 209.38
1	宝钢集团有限公司	3 580.73	3 544.3
2	河北钢铁集团	3 108.43	3 328.39
3	武汉钢铁（集团）公司	2 598.96	2 773.39
4	鞍本钢铁集团	2 358.86	2 343.93
5	江苏沙钢集团	2 289.37	2 330.46
6	山东钢铁集团有限公司	2 382.33	2 184.08
7	马钢（集团）控股有限公司	1 416.66	1 503.9
8	首钢总公司	1 540.89	1 219.28
9	湖南华菱钢铁集团有限责任公司	1 167.76	1 125.69
10	包头钢铁（集团）有限责任公司	883.87	983.9
11	太原钢铁（集团）有限公司	929.3	920.17
12	安阳钢铁集团有限责任公司	900.3	903.92
13	攀枝花钢铁（集团）公司	745.58	751.01
14	日照钢铁控股集团有限公司	617.96	747.21
15	酒泉钢铁（集团）有限责任公司	736.81	700.19

资料来源：根据钢铁工业协会资料整理。

　　由此可见，中国的钢铁企业参与国际市场很大程度上扩展了企业的发展空间，企业由于参与国际市场竞争的需要，在政府相关政策的引导下纷纷扩大产能，并展开兼并重组，这会有力促进中国钢铁产业集中度的提升。同时，由于企业规模的扩大，市场集中度的提升，也会提高中国钢铁企业在国际市场上的竞争力，从而形成中国钢铁业"国际贸易—集中度提高—国际竞争力提高—贸易量扩大"的良性循环。

4.2.2　产业内贸易与市场集中度

　　随着交通通讯技术的发展，运输方式多样化，交通通讯越来越便捷，国家之间的贸易成本大大降低，交易量越来越大，商品的品种也越来越多，产业内贸易在国际贸易中的地位也逐渐提高。产业内贸易不仅意味着市场上产品多样性的提高，消费者选择空间的扩大，从更深层的意义上讲，还意味着国际分工的细化。产业内贸易一方面是建立在产品差异化的基础上，由于同种产品在质量层次、特定功能等方面的区别，这种差异化的产品会在一国集中生产并出口；另一方面是由于不同的生产环节分割生产，然后集中装配而形成的。

1. 产品差异化基础上的产业内贸易，通过母国市场效应使非一体化企业增加

母国市场效应是克鲁格曼国际贸易新理论的核心概念，这一概念之前曾被戈登（W. M. Gorden）在 1970 年的论文中讨论过，是指选址于大市场的工业企业数比重将超过该区域的市场规模比重（吴意云、朱希伟，2008）。[1] 根据汉森和向（Hanson and Xiang，2004）的研究，母国市场效应是异质化产品产业在某一大国集中并净出口的一种趋势。这种趋势是由于固定成本使得生产差异化产品的企业定位于某一国家内部，并在距离更大市场的运输成本最恰当的位置选址。

不管是在垄断竞争的市场还是自由竞争的市场，母国市场效应都是依赖于固定成本和收益递增而存在的（Feenstra，Markusen，and Rose，2001[2]）。汉森和向（Hanson and Xiang，2004）[3] 认为运输成本更高、差异化更大（替代弹性更低）的产业中，母国市场效应更容易实现，使这些产业集中于大国生产。黑德、迈耶特和里斯（Head，Mayertt，Ries，2002）[4] 以及埃文里特和凯勒（Evenett，Keller，1998）[5] 也得出了相似的结论，认为差异化产品中收益递增会引发母国市场效应，从而提高一个细分产业的市场集中度。

由于产业内贸易的交易对象都是差异化产品，母国市场效应可以通过这

---

① 参见吴意云、朱希伟：《从无差异到差异——2008 年诺贝尔经济学奖得主理论评介》，《浙江社会科学》2008 年第 11 期，第 32—35 页。

② Feenstra, Robert C., James R. Markusen, Andrew K. Rose. 2001. "Using the Gravity Equation to Differentiate Among Alternative Theories of Trade," *The Canadian Journal of Economics*, Vol. 34, No. 2, 430—447.

③ Hanson, Gordon H., Chong Xiang. 2004. "The Home-Market Effect and Bilateral Trade Patterns," *The American Economic Review*, Vol. 94, No. 4, 1108—1129.

④ Head, Keith, Thierry Mayertt, John Ries. 2002. "On the Pervasiveness of Home-Market Effects," *Economica New Series*, Vol. 69, No. 275, 371—390.

⑤ Evenett, Simon J., Wolfgang Keller. 2002. "On Theories Explaining the Success of the Gravity Equation," *The Journal of Political Economy*, Vol. 110, No. 2, 281—316.

种贸易形式发生作用，使生产差异化产品的企业在某一国家内部集中生产并净出口，原本生产多种产品的一体化企业逐渐将不同的产品生产线剥离出去，根据差异化产品目标市场的不同重新定位，选择运输成本最优的地点进行生产，从而使市场上非一体化的企业数量增加。

2. 分割生产基础上的产业内贸易，通过市场厚度的增加提高细分市场集中度

由于产业链的可分割性，最终产品的生产过程可以划分为不同的阶段在不同的国家进行，产业内贸易则将这些位于不同国家的不同生产阶段结合起来。产业内贸易可以带来差异越来越细化的产品和越来越多的市场机会，更多的生产者有机会通过生产差异化的产品参与到市场竞争中来，从而使这种建立在分割生产基础上的中间品的交易更容易、成本更低。麦克拉伦（McLaren，2003）[①] 用市场厚度（market thickness）描述每个市场上参与者的数量。他指出，在经济全球化的影响下，每个消费者面临的供应商数量以及每个供应商所面临的消费者数量都大大增加了，由此市场的厚度也大大增加。在一个参与者较多的市场中，市场上的代理机构可以很容易地找到另外的交易伙伴，从而降低了这些交易对象的议价能力。在生产环节可以简单地分为上下游两个阶段的情况下，麦克拉伦（McLaren，2000）[②] 认为全球化可以通过增加市场厚度降低纵向一体化程度。麦克拉伦（McLaren，2003）、格罗斯曼和赫尔普曼（Grossman and Helpman，2002）[③] 都指出，下游企业面临两种选择：一是购买生产它所需要的投入产品的设备自己生产，也就是纵向一体化，但是，这会由于对大企业的管理成本的增加而造成低效率；二是外包，上游企业在生产出产品后会试图将价格定在尽可能高的位置以弥补自己的沉没成本，这种专业化的生产方式有较低的管理费用，但却在搜寻合作企业的过程中有较高的成本，而且还要面对不能及时交易的风险。第二种选择显然比第一种更

---

① McLaren, John. 2003. "Trade and Market Thickness: Effects on Organizations," *Journal of the European Economic Association*, Vol. 1, No. 2/3, *Papers and Proceedings of the Seventeenth Annual Congress of the European Economic Association*, 328—336.

② McLaren, John. 2000. "'Globalization' and Vertical Structure," *The American Economic Review*, Vol. 90, No. 5, 1239—1254.

③ Grossman, Gene M., Elhanan Helpman. 2002. "Integration versus Outsourcing in Industry Equilibrium," *Quarterly Journal of Economics*, Vol. 117, No. 1, 85—120.

有效率。在产业内贸易日益兴盛的条件下，市场厚度大大增加，使企业在市场中的搜寻成本和沉没成本降低，从而一体化经营的吸引力越来越小，部分一体化企业开始实施纵向分离，非一体化厂商数量增加。

分割生产基础上的产业内贸易可以从三个方面提高细分市场的集中度。第一，产业内分工可以更充分地发挥各个国家的比较优势。由于特定商品生产环节的可分割性，某些环节就可以集中在某个区域甚至某些国家进行专业化生产，比如一些对技术含量要求比较高的环节可以集中在发达国家进行生产，而对技术要求相对较低的环节就可以在劳动力成本较低的发展中国家集中生产以节约总生产成本。第二，某些对生产过程有相似要求（如基础设施建设等）的环节在地域上的集中，可以充分利用其他生产厂家该环节的溢出效应。如一些运输成本占总成本比例较大的环节，多个厂家在地理上的集中，可以互相分摊道路的修建和维修费用。第三，由于规模经济的作用，特定环节的集中生产可以节约生产成本。由于产业内贸易是在细化市场分工的基础上展开的，可以从一个专业化更强的角度实现规模经济。根据新经济地理学产业空间分布的相关理论，导致产业集聚的最本质力量是规模报酬递增，其核心思想是当某些偶然因素导致产业在某区域集中，由于规模报酬递增的存在，这种集中趋势将逐渐增强，最终形成产业在该区域的集聚（张明倩、臧燕阳、张琬，2007）[①]。

相对而言，国际家电市场是开放程度较高、竞争性较强，同时产业集中度也较高的一个市场。随着家用电器业的发展，逐渐形成了一批企业集团，在产业中居于寡头垄断地位，起着主导作用。著名的有：美国通用电气、沃普、RCA、胜家、怀特、北美飞利浦、杰尼斯，日本的松下电器、东芝、日立、索尼、夏普、日本电气、三洋电机、三菱电机，荷兰的飞利浦，德国的西门子、博世、德律风根，瑞典的丽都公司，意大利的扎努西公司，法国的汤姆逊公司等。家电业是中国最具国际竞争力的产业之一，是市场化程度最高的产业之一。中国已经成为世界最大的家电生产基地与最大的家用电器消费市场。由于市场开放度较高，中国家电产业发展较为成熟，主要的大家电产品在产业中的地位相对稳定，多数产品两极分化的趋势明显，某些产品的

---

① 参见张明倩、臧燕阳、张琬：《传统贸易理论、新贸易理论和新经济地理框架下的产业集聚现象》，《经济地理》第 27 卷第 6 期，2007 年 11 月，第 956—960 页。

集中度有所下降。彩电、洗衣机、空调、冰箱前十位品牌市场占有率分别为90.62%、87.1%、86.51%、83.9%（见图4—4）。在家用电器制造业中，集中度相对较低的是部分厨房电器产品，但其中细分产品如微波炉是全产业集中度最高的。一批具有国际竞争力的大型家电企业已经形成，海尔、格力、TCL、美的、海信、长虹等在国内家电市场举足轻重，并已经大举进入国际市场。家电业的龙头企业海尔在2009年中国电子信息企业100强中排名已升至第二，仅次于华为；在2010年9月15日揭晓的中国最有价值品牌100榜[①]中，海尔以855.26亿元的品牌价值连续9年蝉联榜首。根据世界著名消费市场研究机构欧瑞国际（Euromonitor）发布的数据，2009年海尔在世界白色家电品牌中排名第一。[②]

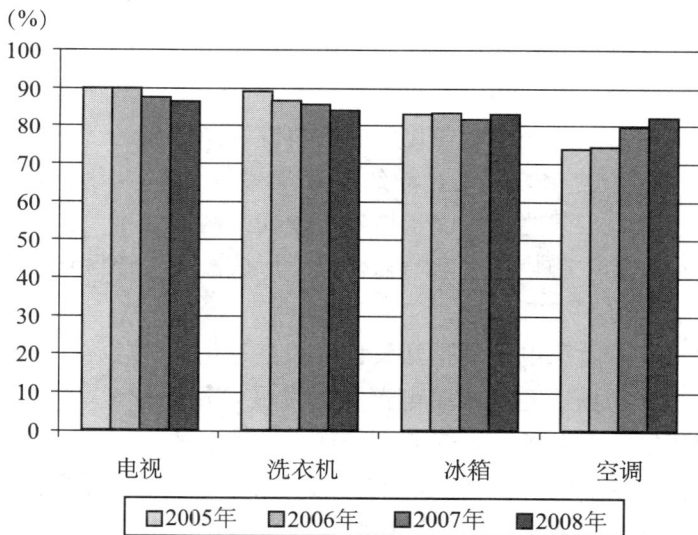

图4—4   2005—2008年中国部分家电前十大品牌市场占有率
资料来源：转引自《中国家电企业并购后的品牌整合》，由三星经济研究院根据
国家统计局、国家信息中心数据整理。

---

① 中国最有价值品牌研究由睿富全球排行榜咨询集团与北京名牌资产评估有限公司共同研究发布，根据公开数据，特别是上市公司数据，尽可能广泛地选择与消费相关的竞争产业主导品牌，为消费者、投资者、研究者等社会各界提供中国品牌竞争力状况。
② 资料来源：海尔官方网站，http：//www.haier.cn/news/newsDetailFrame.shtml? 25/n2551281.html。

由于家电业竞争激烈，不少竞争力较差的企业和产品品牌被淘汰出局，从而使集中度提高。2006 年全国重点城市空调器零售市场销售出现了历史性的拐点，从 1991 年国家信息中心建立重点城市零售市场检测系统以来首次出现年度销售负增长，并有 17 个空调品牌遭到市场淘汰。据国家信息中心调查，2007 年洗衣机市场共有 38 个品牌消失，占 2007 年全部品牌的 40.86%。[①] 在这些差异化的产品市场上，大企业的非一体化趋势非常明显，细分产品的市场集中度有所提高（见图 4—4）。

4.3　国际贸易与企业国际市场进入壁垒

4.3.1　贸易壁垒会增加企业进入国际化产业的难度

自由贸易一向都是一种理想状态，各国政府都会出于保护本国相关产业或相关市场等方面的考虑，设置各种各样的贸易壁垒。设置适当的贸易壁垒，可以在一定程度上增加进口国的收益，提高社会福利。布兰德和斯潘塞（Brander and Spencer，1981）[②] 指出，在不完全竞争条件下，价格高于边际成本，进口某种产品的国家向外国公司支付租金（rent），进口国可以运用关税来榨取外国公司的垄断租金，从而产生设置关税壁垒的激励。维纳布尔斯、史密斯、克鲁格曼和坎伯（Venables，Smith，Krugman，Kanbur，1986）[③] 认为，政府的国际贸易政策可能改变政府的财政收入、消费者在进口商品和本国商品上的花费以及本土企业的收入。即便在一国可以通过贸易获益的情况下，自由贸易也不是一国的最优政策，因为可以确定，通过一定的政府干预，一国可以获得的真实收入要比自由贸易情况下获得的收益更多。在新贸易理论的框架下，参与贸易的各国会采取如关税、政府补贴、进口保护等措施对贸易进行干预，以改善关键产业或战略性产业的

---

　　① 资料来源：《中国家电企业并购后的品牌整合》，三星经济研究院根据国家统计局、国家信息中心数据整理。

　　② Brander，James A.，Barbara J. Spencer. 1981. "Tariffs and the Extraction of Foreign Monopoly Rents under Potential Entry," *The Canadian Journal of Economics*，Vol. 14，No. 3，371—389.

　　③ Venables，Anthony J.，Alasdair Smith，Paul Krugman，Ravi Kanbur. 1986. "Trade and Industrial Policy under Imperfect Competition," *Economic Policy*，Vol. 1，No. 3，622—672.

市场结构，从而在非竞争条件下达到本国贸易福利的最大化目标（李群，2004）。①

某些贸易壁垒的设立，并非单纯出于经济利益的考虑，而是为了保护本国的相关产业或相关市场。冯德连（2002）② 比较了两种贸易政策扶持目标产业的理论，一是扶持幼稚产业，一是扶持战略性产业。两类理论都是从维护和扩大本国经济利益出发，强调对本国具有经济战略意义的进口竞争产业或新兴产业进行保护，都是具有强烈民族主义色彩的贸易政策理论，并且都会提高目标产业的进入壁垒。

1. 关税壁垒的降低会对不同目标市场的进入壁垒产生不同的影响

在经济全球化条件下，各个国家市场融合的程度不断提高，关税水平降低，享受最惠国待遇的国家增加，关税优惠的程度加大，因而在一国市场中，外国商品能以更低的成本进入，与国内市场上的商品进行竞争。以中国蔬菜、水果的关税为例，分别由 2005 年的 20％左右，降低至 2009 年的10％以下，并争取在 2012 年实现零关税。③

关税壁垒的降低，一方面会提高对出口导向型产业中新企业的吸引力，因为在这些产业中企业进行生产就是以出口为目的的，在其进行是否进入某国市场的决策时，必定要将关税考虑在内，关税的降低会降低出口导向型产业的进入壁垒。另一方面，关税的降低会提高非出口产业中企业的进入壁垒。对于生产最终产品主要在国内市场销售的企业而言，进口关税的降低会使市场中进口产品数量增加，市场竞争变得更加激烈，国内在位厂商面临着市场份额被外国厂商瓜分的可能性，因而对潜在厂商的吸引力也就更小。

加入 WTO 以来，中国很好地履行了关税减让任务。自 2002 年起逐年调低进口关税，关税总水平由 15.3％调整至 2010 年的 9.8％，工业品平均税率由 14.7％调整至 2010 年的 8.9％。其中，2002 年大幅调低了 5 300 多种商品的

---

① 参见李群：《管理贸易、新贸易理论与产业政策》，《产业经济研究》2004 年第 6 期（总第 13 期），第 40—46 页。

② 参见冯德连：《对外贸易政策扶持目标产业的理论与策略》，《中国经济问题》2002 年第 3 期，第 59—66 页。

③ 资料来源：http：//www.lhzq.com/index.jsp？pageAlias＝news＿cont&newsid＝461002。

进口关税，关税总水平由 2001 年的 15.3% 降低至 12%，是入世后降税涉及商品最多、降税幅度最大的一年；2005 年降税涉及 900 多种商品，关税总水平由 2004 年的 10.4% 降低到 9.9%，是中国履行义务的最后一次大范围降税。2006 年 7 月 1 日，中国降低了小轿车等 42 个汽车及其零部件的进口关税税率，最终完成了汽车及其零部件的降税义务，中国汽车整车及其零部件进口关税税率分别由入世前的 70%—80% 和 18%—65% 降至 25% 和 10%。经过此次调整，中国关税总水平已由入世前的 15.3% 调整至目前的 9.8%。[①]

由中国入世前后几年内农产品的关税水平、配额情况以及酒类、咖啡、茶和烟类的税率情况可以看出，就农产品而言，中国市场的进入壁垒降低的幅度非常大，2004 年农产品的平均关税水平相当于 1992 年的一半还少，而 2004 年的农产品进口配额比 2002 年大幅提高，尤其是粮食（小麦、玉米、大米），两年时间配额增长了近一倍。咖啡、茶及烟类的税率从入世起到 2004 年下降非常明显，而酒类的税率更是缩减至入世时的三分之一左右（具体见表 4—17、表 4—18、表 4—19）。

表 4—17　　　　　　　　　中国农产品平均关税水平

年份	1992	1999	2000	2002	2003	2004
税率（%）	37.7	21.2	20.6	15.6	15.3	15.0

资料来源：根据中国海关相关数据整理。

表 4—18　　　　　　　　　中国农产品关税配额税率

	配额（万吨）		配额内税率（%）	配额外税率（%）					
	2002	2004		入世时	2002	2003	2004	2005	2006
粮食（小麦、玉米、大米）	1 380	2 215	1	74.0	71.0	68.0	65.0	—	—
棉花	82	89	1	61.6	54.4	47.2	40.0	—	—
植物油（豆油、棕榈油、菜籽油）	580	800	9	63.3	52.4	41.6	30.7	19.9	9
食糖（原糖、炼糖）	168	194	20	71.6	65.9	58.0	50.0	—	—
羊毛	25	—	1—3	38	—	—	—	—	—

资料来源：根据中国海关相关数据整理。

---

① 资料来源：刊物记者：《2010 年我国将进一步调整进出口关税税则》，《中国财政》2009 年第 24 期，第 31—32 页。

表 4—19 中国酒类、咖啡、茶及烟类税率（%）

	入世时	2002	2003	2004
啤酒	42.0	28.0	14.0	0.0
葡萄酒	44.6	34.4	24.2	14.0
烈性酒	46.7	37.5	28.3	19.2
咖啡（未焙炒）	15.0	12.8	10.4	8.0
咖啡（已焙炒）	27.0	23.0	19.0	15.0
茶	24.0	21.0	18.0	15.0
烟叶	28.0	22.0	16.0	10.0
卷烟	49.0	35.0	25.0	——

资料来源：根据中国海关相关数据整理。

由于农产品整体关税税率的降低，尤其是酒类、咖啡、茶和烟类进口税率的大幅降低，他国向中国出口的该类产品数量和种类都大大增加，中国农产品需求大市场的开放，无疑可以降低世界其他国家相关企业的市场进入壁垒。但是，由于进口产品的大量涌入，国内相关企业面临的市场竞争更加激烈，对这些企业而言，进入壁垒比关税保护程度较高的情况下更高了。

就机械产品而言，到 2008 年中国共有 52 个税目机械产品实行进口暂定税率，多数暂定税率低于 2007 年最惠国税率（简称"现行税率"，下同）3—10 个百分点。主要有：沼气发动机、汽油发动机、600 马力及以上柴油发动机、100 千瓦以下轿车用柴油发动机、电控柴油喷射装置、风力发电设备及其零件、160 马力及以上联合收割机、静电感光多功能一体机、胶印机用墨量遥控装置、磨煤机用行星齿轮减速机、焊缝中频退火装置、数码相机用取像模块、镜头及其他零件、机床用数控装置、功率大于150 马力的拖拉机、带驾驶室的固井水泥车、压裂车、混砂车用底盘、起重 55 吨以上的汽车起重机、大扭矩的汽车变速箱、大客车用非驱动桥、转向器及其零件、混合动力汽车动力传动装置等。同时，中国与东盟、智利等国家执行比现行税率更低的自由贸易区协定税率。从 2006 年 9 月 1日起，中国根据《亚太贸易协定》第三轮关税减让谈判结果，对原产于韩国、印度、斯里兰卡、孟加拉国和老挝五国的 1 700 多个税目商品实行降税，包括部分机电产品和汽车及其零部件。原产于中国的部分金属制品、机械电气产品（高压开关、变压器、电动机、电线电缆、泵、阀门、摩托车、塑料机械、塑料磨具等）出口到上述五国时也享受优惠税率。^① 显然，对这些国家市场开放程度的增加，会使其企业可以以更小的（关税）成本进入中国市场，对这些国家出口机械产品的企业而言，进入壁垒降低了；然而，从中国市场来看，保护程度的降低会相应减少中国企业与外国企业竞争时的成本优势，可能一定程度上使进入壁垒有所提高。

2. 绿色壁垒的盛行会提高国际市场进入壁垒

随着各国市场的不断开放，某些国家或组织会针对某些特定产业的产品提出特别的要求，如出于环境保护的考虑，对汽车等交通运输产品进口时设定一定的排放标准，对排放物中含氟等有害气体的家电限制进口，对使用落后技术、污染程度超标的钢铁等重工业产品限制进口，出于保护消费者权益的原因限制含特定添加剂的食品进口，以及对涉及某些濒危动物的产品限制进口等，这些特别要求即为绿色壁垒。

绿色壁垒如果是出于保护生态环境或消费者安全等考虑，属于合理的壁垒，有利于敦促生产企业向可持续的方向发展，形成更具竞争性的长远发展模式。但是，绿色壁垒已经日益成为各国保护本国产业、限制进口的借口，使贸易保护主义披上了一层合法的外衣。这种情况对发展中国家相关产业中潜在厂商进入国际市场尤为不利，因为发展中国家在相关政策的制定过程中基本没有发言权，只能按照发达国家制定的游戏规则进行相应调整，既有滞后性，又由于信息不对称等因素，在国际市场竞争中处于劣势地位。

最典型的例子就是关于碳排放与碳关税问题。碳关税最早起源于欧盟，其用意是试图针对来自未履行《京都议定书》国家的进口商品征收特殊的二氧化碳排放关税，以消除欧盟国家的碳密集型产品可能遭受的不公平竞争。2009 年 6 月 26 日，美国国会众议院通过的《2009 清洁能源安全法案》提出将从 2020 年开始征收碳关税；2009 年 11 月 24 日，法国政府提出将从 2010 年 1 月 1 日开始对环保立法不及欧盟严格的发展中国家的进口品如机电产品、纺织品、金属制品等，征收碳关税，试图在哥本哈根联合国气候变化大会到来之前预先向发展中国家施加政治压力。尽管美国的提议没有最终通

---

① 资料来源：经济观察网，http：//www.eeo.com.cn/industry/energy_chem_materials/2007/05/08/60816.shtml。

过，法国的提议也遭到欧盟其他成员国的一致反对，但是哥本哈根联合国气候变化大会上欧美发达国家针对中国、印度等主要发展中国家承担约束性减排目标的强硬姿态，预示着未来应对气候变化的国际争议将更趋激烈。[①] 这种以碳排放为目标的绿色壁垒，会提高相关产业的市场进入成本，尤其是在碳关税的实施尚无定论时，还会使相关产业的潜在进入企业面临着不确定性的风险，使市场进入壁垒进一步提高。

中国的经济发展具有显著的高能耗、高排放、高投资、高出口的特点。改革开放以来，中国工业总产值年均增长 11.2%，工业资本存量年均增长9.2%，工业能耗和二氧化碳排放量年均分别增长 6%和 6.3%；工业 GDP约占全国 GDP 总量的 40.1%，但是，工业能耗却占全国总能耗的 67.9%，工业排放的二氧化碳占全国二氧化碳总排放量的 83.1%。通讯电子设备、电器机械器材、纺织业、服装皮革羽绒制品加工业以及化学工业等出口占比相对较高的几个产业，每万元产出的隐含碳排放量分别处在 2.5 吨—5.5 吨碳的水平。以平均每吨碳 30—60 美元的碳关税率计算，相当于每出口万元产值将加征 6%—14%甚至 12%—28%的关税。[②] 中国涉及碳关税的产业中，不仅在位企业要考虑出口时面临碳关税情况下的成本和需求变动情况，对潜在进入厂商而言，也是必须考虑的。可以说，即使近期碳关税付诸实施的可能性较小，决策者在计算成本收益时也不得不考虑，因为降低能耗与碳排放量是大势所趋，可见，发达国家碳关税的提出，会提高中国所有出口高能耗高排放产品的企业国际市场的进入壁垒。

根据沈可挺、李钢（2010）的动态可计算一般均衡（computable general equilibrium，CGE）模型对 30 美元和 60 美元碳关税情形下中国 15 个工业品生产部门生产、出口状态的模拟，可以看出，在 15 个工业品生产部门中，受碳关税影响产量下降比例最高的五个产业依次为仪器仪表办公机械制造业、纺织业、服装皮革羽绒制品、电器机械器材和通信电子设备制造业；其中受冲击最为严重的仪器仪表办公机械制造业在 30 美元碳关税率下产量下降 3.50%。出口下降比例最高的七个产业依次为：石油加工业、非金属矿物制品、金属冶炼加工、化学工业、金属制品、电器机械器材以及仪器仪表

---

①　资料来源：新华网，http：//news. xinhuanet. com/theory/2010 - 06/21/c _ 12242484. htm。
②　资料来源：新华网，http：//news. xinhuanet. com/theory/2010 - 06/21/c _ 12242484. htm。

办公机械制造业。①

纺织业作为传统产业，相对于采掘业等技术要求较高的制造业而言，对技术、资本实力的要求相对较低，产业整体的进入壁垒并不高。从具体数据来看，通常可以用企业数量来衡量一个产业进入壁垒的情况，即数量少、增长慢的产业通常进入壁垒较高，而企业数量众多、增长快的产业进入壁垒通常较低。

随着以功能绿色纤维为代表的高端纺织产品需求加速带来的产业升级，纺织产业对于技术、设备以及资本的要求将逐步提高，进入门槛将会越来越高。2007年6月1日，欧盟通过并发布的《关于化学品注册、评估、授权与限制的法规》（简称"REACH法规"）正式生效，该法规包括政策制度、通报制度、风险评估制度、分类和标签制度、授权制度、限制制度、供应链信息传递制度等，要求进入欧盟市场的化学物质必须按照相关规定进行注册，注册所需提交的技术卷宗和化学品安全报告包括大量的数据要求，且对数据的质量要求很严格。同时，2008年6月27日，欧盟限制使用PFOS（全氟辛烷磺酰基化合物）的指令正式实施，这将在很大范围内对中国多个产品的出口造成严重的影响。这样一系列环保指令法规的实施将对中国纺织企业产生重要的影响，作为中国第一大贸易伙伴，中国与欧盟的双边贸易额大约占中国总贸易额的16％。② 这些环保法规的实施将提高中国以低成本为主要竞争优势的中小企业的进入壁垒。由图4—5可以看出，随着中国纺织市场开放程度的不断加深，纺织企业数量增幅急剧缩减，尤其在2006年仅为10％左右，远远低于2005年30％的增长水平，并在此后的两年中保持了10％左右的增长率。这在很大程度上是由于各种绿色壁垒的实施阻碍了中国纺织品的出口，纺织企业国际市场的进入壁垒提高，使纺织企业数量的增幅降低。

2009年底，工信部公布了2009年第二批工业产业标准制定修订计划，其中涉及纺织业的有83项，这些标准的重新修订与近年来纺织业科学技术的快速发展直接相关，修订后的产业标准在各项技术指标方面均有提高。在工信部新修改的《国家高新技术产业开发区高新技术企业认定的条件和办法》中，凡

---

① 资料来源：中华人民共和国商务部网站（转载自中国社科院网站），http://www.mofcom.gov.cn/aarticle/dybg/201006/20100606982555.html.

② 资料来源：中国经济信息网：《2009中国行业年度报告系列之纺织》。

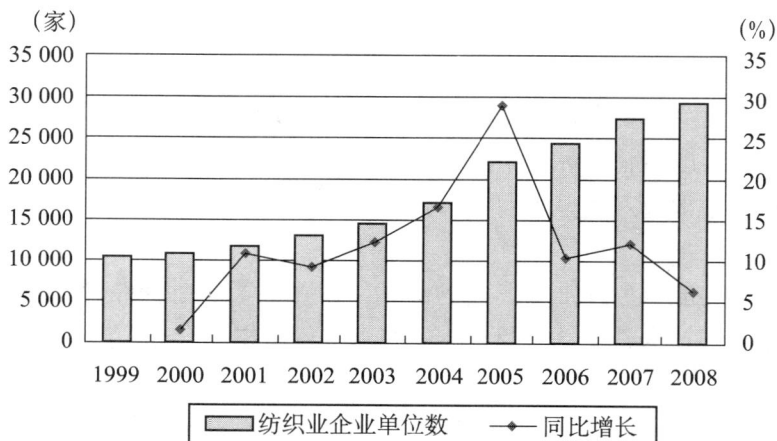

图4—5   中国1999—2008年纺织企业单位数及其变化

资料来源：转引自《2009中国行业年度报告系列之纺织》，由中国经济信息网根据国家统计局数据整理。

是国家认定的高新技术企业，必须严格按照国家规定的高新技术范围同时参照国际标准，明确规定高新技术产品在销售额中所占比例从原来的40％提高到60％，企业每年用于高新技术产品的研发经费占当年总销售额的比重也从2％提高到了5％。① 这就在技术方面提高了新的纺织企业进入的壁垒。

综上所述，种种绿色壁垒对纺织业进入壁垒有两方面的影响。一方面，由于REACH、PFOS等国际法规的出台，虽然有利于环境保护和人类健康，但是也起到了贸易壁垒的作用，导致贸易环境从而产业环境的恶化。同时，高昂的检测和注册费用以及为REACH和PFOS法规支付的成本，不仅会提高中国纺织企业的出口成本，也会提高相关设备和原材料的进口成本，这会使资金不够充裕、技术相对落后的中小企业更难进入。

另一方面，中国输欧纺织品限制已于2008年1月1日起取消，美国也在2009年取消了对中国的配额限制，因此对中国纺织品的采购将会增加。同时，由于中国2008年下半年陆续出台的包括提高出口退税率、拓宽纺织企业融资渠道、增加纺织企业资金供给等扶持政策，从国内政策环境上降低了企业的运行风险，会部分抵消上述绿色壁垒的不利影响。

① 资料来源：中国经济信息网：《中国纺织行业分析报告（2009年4季度）》。

3. 国际贸易会提高一些技术含量较高产业的进入壁垒

由于技术密集型产业通常意味着较高的资金需求，同时对人才的要求也非常高，一种高技术产品从理论研究开始到最终投入市场并盈利，期间通常会有很长的时间跨度，并且沉没成本巨大。资金充裕、教育水平普遍较高、社会保障体系健全、基础设施完善、相似企业集中从而技术的正外部性明显的发达国家，在这些产品的生产中具有绝对优势。对发展中国家的企业而言，能自主研发生产高技术产品难度非常大，通常需要国家的大力扶持，对很多高技术产品完全不具备生产能力。国际贸易使这些发展中国家的企业在不具备出口竞争力的同时，还要在国内市场面临这些高技术进口产品强有力的竞争，从而更缺乏进入的激励。对于一些引进国外先进技术从事生产的产业而言，由于专利等方面因素的限制，生产过程成为一个单纯的装配加工过程，价值增值非常有限，很难对新厂商形成足够的吸引力。

以家电产业为例。2010 年上半年，国际电工委员会（IEC）正式发布了家用电器的第五版国际安全标准——《IEC 60335-1：2010 家用和类似用途电器的安全　第一部分：通用要求》，并推荐各成员国在标准发布之日起 1—3 年内开始执行。与第四版相比，新版标准重点在绝缘要求、耐燃耐热等 6 个方面进行了改动和更新。新版标准的最大亮点是首次提及采用美国 UL60335 系列标准，这是全球家电安全标准领域由 IEC 和 ANSI/UL 两强割据向全球统一转变的标志性举措，此举将进一步减少全球技术性贸易措施，有利于家电产品的全球流通。[①]　然而对中国家电企业而言，却说不上是"利好"。

由于技术标准水平与经济发展的背离，国内标准与国际标准不对接，中国家电产品在对外贸易中常常被国外的技术性贸易壁垒所困，众多企业出口产品不符合美国、欧盟等国家和地区的标准要求，遭遇反倾销、反补贴，甚至保障措施调查。据中国家电协会的统计，2009 年中国出口各类家电产品达 308.1 亿美元，此标准的实施将对其产生广泛的影响。国际标准化组织（ISO）和国际电工委员会（IEC）发布的近 20 000 项国际标准中，中国企业参与制定的仅 20 余项；负责制定这些标准的机构全世界有 900 多个，中国参与的不足 10 个。这使中国企业难以跟踪科技发展最新动态，以致在国际贸易中处于不利地位。据统计，多达 60% 的中国家电出口企业曾遭受过国际技术壁垒，每年的业务损失约 500 亿美元。2010 年 10 月在美国西雅图举

---

① 资料来源：http://www.anbotek.com/news_view.asp?id=153。

行的第 74 届国际电工委员会年会上，中国提出 20 多个家用电器的国际标准，这在一定程度上弥补了中国在国际标准制定方面参与度的不足。[①]

医药产业也是受技术性贸易壁垒影响较大的产业之一。中国出口的主要医药产品为原料药（见表 4—20），而技术含量高、附加值高的医药产品，从研制到生产都明显不足。

表 4—20   2005 年中国医药商品进出口构成

类别	出口总额（亿美元）	比重（%）
中药材	3.84	3.34
中成药	1.24	1.08
医用敷料	8.46	7.35
医疗器械	36.79	31.96
化学原料药	53.76	46.71
化学药制剂	3.42	2.97
植物提取物	2.76	2.40
生化药原料	4.82	4.19

资料来源：根据 http：//www.39kf.com/yyjj/Import-exportation/Import-export-analysis/2006 - 09 - 03 - 256183.shtml 数据整理。

由表 4—21 可以看出，中国有很多生物合成药物研究生产规模都非常有限，原核表达类项目中有四类既不具备研究生产能力，且申请生产的企业数也为零。其他研究项目如长效胰岛素以及 CHO 表达类项目中的大多数，进口比重都相当大。在通过从外国企业进口弥补本国技术落后造成的供给不足的情况下，国际贸易一方面可以提高消费者的福利水平，另一方面会由于国外企业技术上的先发优势，对该产业本国的潜在进入企业以及在位企业形成一定程度的壁垒。

表 4—21   某生物制药企业生物所在研项目国内外进展情况

序号	项目名称	CDE 状态			合计
		生产	临床研究	临床申请	
一、原核（包括酵母）表达类项目进展情况表					
1	PEG-G-CSF	1 家	5 家	2 家	8 家
2	重组人角化细胞生长因子 KGF	0	1 家	1 家	1 家

---

① 资料来源：http：//finance.qq.com/a/20100803/004707.htm。

续前表

序号	项目名称	CDE 状态			合计
		生产	临床研究	临床申请	
3	重组人血清白蛋白/人干扰素 α2a 融合蛋白	0	3 家	0	3 家
4	FC＋TMP	0	0	0	0
5	Trail	0	0	0	3 家
6	兰尼单抗	0	0	0	0
7	HAS/GLP-1	0	0	0	0
8	重组人胸腺素 A1	0	1 家	0	1 家
9	重组人白蛋白	0	0	0	0
10	长效胰岛素-重组甘精胰岛素注射液	3 家（另有申请生产 1 家）	1 家	1 家	4 家
	长效胰岛素-其他	2 家	3 家	6 家	9 家（3 家进口，6 家国产）

二、CHO 表达类项目进展情况表

序号	项目名称	CDE 状态			合计
		生产	临床研究	临床申请	
1	曲妥珠单抗（赫赛汀）	2 家（进口国产各 1 家）	2 家（进口国产各 1 家）	2 家（进口国产各 1 家）	3 家（2 家国产，1 家进口）
2	Enbrel（依那西普）	2 家公司，5 种成药，2 种原料药	0	0	6 家（2 家进口，4 家国产，多个规格）
3	利妥昔单抗（美罗华/CD20 抗体）	1 家	1 家	1 家	3 家公司（1 家进口，2 家国产）
4	西妥昔单抗（爱必妥）	1 家	1 家	1 家	1 家公司（多个规格）
5	贝伐单抗（阿瓦斯汀）	2 家	3 家	1 家	3 家公司（均为进口，多个规格）
6	阿达木单抗（Humira）	1 家	1 家	1 家	1 家公司（多个规格）
7	Denosumab（Prolia）/狄诺塞麦	0	0	1 家（另有一家，不确定是否为进口）	不确定是否有 1 家进口公司
8	英夫利西单抗（类克）	1 家	1 家	0	2 家均为进口
9	DSPA	0	0	0	0

续前表

序号	项目名称	CDE 状态			合计
		生产	临床研究	临床申请	
1C	长效 EPO-其他	1家	1家	2家（1家进口）	5家公司（2家进口，3家国产）
三、微生物类项目进展情况表					
1	阿卡波糖	6家原料药（1家为进口公司），4家片剂（1家进口），生产申请片剂1家	2家公司，三种剂型	1家片剂	10家公司（3家为进口）
2	霉酚酸	2家公司，5种成药，2种原料药	0	0	2家公司
3	谷胱甘肽	3家（1家进口），生产申请1家	0	3家（1家进口）	7家（2家进口）
4	丁二磺酸腺苷蛋氨酸	生产补充申请1家，生产申请1家	0(另有生产复审1家)	0	3家（1家进口）
5	米卡芬净	1家	1家	0	2家公司
6	他克莫司	15家公司生产胶囊剂（1家进口），3家公司生产软膏制剂（1家进口），4家公司生产注射液，1家片剂，14家生产原料药，生产申请8家公司（片剂2个，胶囊2个，注射液2个，软膏1个，原料药4个）	14家公司（3家进口，胶囊7个，缓释片1个，片剂3个，滴眼液1个，原料药4个）	0	29个公司（分别有胶囊、软膏、注射液、原料药盒片剂）

资料来源：某企业内部资料。

从另一方面看，国际贸易也为发展中国家日益发展的技术密集型产业提供了良好的发展空间。庞大的非专利药市场就存在巨大的机遇。在未来10年内，将有一大批"重磅炸弹型"品牌药的专利期满，非专利药市场容量将会明显增长。根据2005年统计数据（见表4—22），未来5年内将有800亿美元的品牌药产品销售额受到非专利药的竞争，而2011—2015年间又有770亿美元的品牌药产品销售额将因非专利药竞争而被侵蚀，这将对全球有研发生产能力的企业形成巨大的吸引力。

表 4—22　　　　　**美国市场重磅级专利药品到期情况（2005 年数据）**

药品	厂商	类型
Ezetimibe（Zetia）	默克公司	降血脂药
氯沙坦（Llosartan，科素亚，Cozaar）	默克公司	抗高血压药
氨氯地平（Amlodipine，络活喜，Norvasc）	辉瑞公司	抗高血压药
西地那非（Sildenafil，Viagra，万艾可）	辉瑞公司	勃起功能障碍治疗药
舍曲林（Zoloft）	辉瑞公司	抗抑郁药
Glu-cophage	百时美施贵宝公司	糖尿病药
Biaxin	雅培制药公司	抗生素药
罗格列酮（Rosiglitazone，Avandia）	葛兰素史克公司	糖尿病治疗药物
左氧氟沙星（Llevofloxacin，Levaquin）	强生公司	喹诺酮类抗菌药
托吡酯（Topiramate，Topamax）	强生公司	抗癫痫药

资料来源：兴业证券研发中心。

4.3.2　非贸易壁垒提高了新企业的进入壁垒

1. 跨国公司内贸易的盛行提高了进入壁垒

一方面，产业内贸易的兴盛使交易商品的细分程度越来越高，中间产品的专用性也越来越强。由于交易费用和沉没成本的存在，上下游企业都有激励进行纵向并购，形成一体化的企业。并且，由于交通运输以及通信方式的日益便捷，可以将位于世界各个国家的生产环节方便地结合在一起，以最低的成本进行生产。当前国际贸易中有很大一部分是这种在跨国公司内部进行的公司内贸易。对上游企业来讲，由于其生产出的中间产品已在事前合约中保证由下游企业购买，从而可以减少风险，防止沉没成本的产生；对下游企业而言，通过这种贸易方式，可以得到价格、质量和数量都相对稳定的投入品，减少市场变动的风险。由于中间投入品的供应可以得到保证，更多的资金和人力物力可以投入最终产品的研发、改良和生产中。对双方企业而言，除了合作时的谈判成本和签约成本外，交易过程中的成本要比每笔交易临时谈判的成本小得多，从而不论是上游环节还是下游环节，新企业要想进入，就要克服在位厂商明显的优势，从而面临较高的进入壁垒。

另一方面，跨国公司的规模经济效应也会对潜在进入者形成较高的进入壁垒。从生产环节考虑，跨国公司可以将各个生产环节分割在具有比较优势的国家进行，比如在硅谷进行研发，在中国、印度等国家进行生产装配等，使生产的各个环节都充分发挥规模经济的作用，使各环节的成本从而总成本达到较低的水平。从销售环节考虑，跨国公司往往在多个国家设有分支机构，比较熟悉当地的法律法规和风俗习惯，并且在发展壮大的过程中，已经有了较为固定和可靠的经销商，形成了稳定的销售网络，使其产品可以及时在多国市场销售出去。这种优势在市场波动较大的情况下尤为明显，表现出良好的市场应变能力。可见，跨国公司在生产环节和销售环节两方面的规模经济效应，使新企业的进入更加困难。

2. 国际著名品牌的高认知度会提高新品牌的进入壁垒

在消费者眼中，品牌往往意味着质量和功能上的保障。当今市场上商品的品种和数量剧增，消费者在挑选商品的时候往往会优先考虑品牌的因素。品牌认知度的获得，除了取决于产品本身的质量外，很大程度上取决于企业在广告上的投入以及促销活动等因素。此时，大型企业就会显示出优势。大型跨国企业更有资金实力在目标市场打广告，有能力在多国市场了解当地的风俗文化，从而使广告效应最大化。消费者受到广告的影响，由于品牌信赖或者相互之间攀比的心理，会优先选择有能力在广告上投入巨大的知名品牌的产品，从而大型企业就容易在市场上获得市场势力。

品牌的市场占有情况一定程度上可以由消费者关注程度反映。根据百度数据研究中心提供的 2007—2010 年饮料行业报告，网民最关注的碳酸饮料中，可口可乐和百事可乐分别占据了第一、二名的位置，关注度达到 24.40％和 21.49％（见图 4—6）。消费者在选择有一定品牌认知度的产品时，往往会优先确定品牌，然后在该品牌内挑选适当功能和价位的产品。

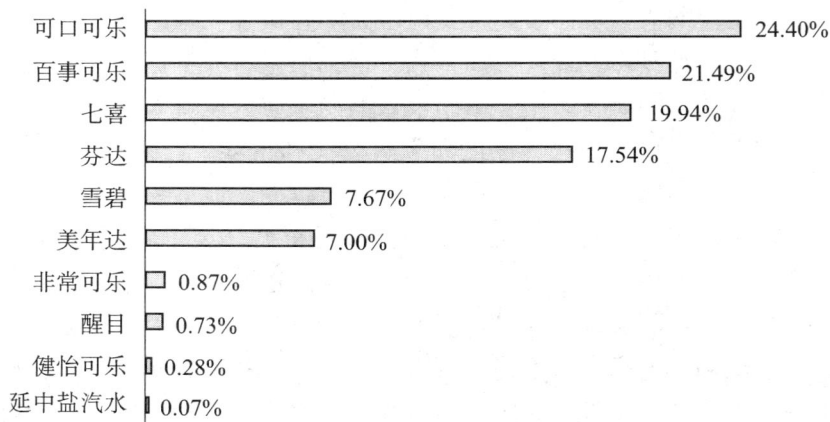

品牌	关注度
可口可乐	24.40%
百事可乐	21.49%
七喜	19.94%
芬达	17.54%
雪碧	7.67%
美年达	7.00%
非常可乐	0.87%
醒目	0.73%
健怡可乐	0.28%
延中盐汽水	0.07%

图 4—6　中国 2007—2010 年碳酸饮料品牌关注度

资料来源：百度数据研究中心：《2010 年饮料行业报告》。

表 4—23 列举了 2010 年 10 月 7 日的手机品牌搜索量和 2010 年 10 月 10 日的汽车品牌搜索量以及选定日期前一周的品牌搜索情况。可以看出，在手机与汽车这两种产品市场上，国外品牌占据了绝对优势。手机市场上关注度前 10 位的品牌中，仅有魅族是国有品牌；汽车市场中最受消费者关注的前十大品牌中，只有比亚迪是一家在香港上市的内地公司。这一方面说明中国该类产品的自主品牌发展尚有欠缺，更重要的是，这些国际知名品牌已经牢牢地占据了市场的主导地位，新企业想要在市场上与这些企业抗衡，难度相当大。

表 4—23　　　　　　　　　中国手机及汽车品牌市场关注度

排序	手机品牌	2010 年 10 月 7 日搜索量	2010 年 10 月 1—7 日搜索量	汽车品牌	2010 年 10 月 10 日搜索量	2010 年 10 月 3—10 日搜索量
1	诺基亚	1 075 077	8 174 104	大众	153 069	1 114 529
2	三星	209 175	1 443 040	丰田	67 543	474 179
3	苹果	169 427	1 212 144	奥迪	59 674	424 656
4	索尼爱立信	130 744	984 856	现代	54 138	389 550
5	摩托罗拉	87 620	621 933	本田	53 409	385 986
6	HTC	76 008	523 139	日产	53 113	386 205
7	LG	65 087	501 148	宝马	51 407	365 957
8	Oppo	59 971	493 117	雪佛兰	50 007	342 099
9	魅族	55 208	374 068	别克	44 541	326 852
10	黑莓	50 941	337 882	比亚迪	42 056	296 016

资料来源：http：//www. isoji. org/articles/%E7%99%BE%E5%BA%A6%E6%9C%9C%E7%B4%A2%E9%A3%8E%E4%BA%91%E6%A6%9C2010%E5%B9%B410%E6%9C%881C%E6%97%A5%E4%BB%8A%E6%97%A5%E6%B1%BD%E8%BD%A6%E5%93%81%E7%89%8C%E6%8E%92%E8%A1%8C%E6%A6%9C - 71527 - 1. html；http：//www. isoji. org/articles/%E7%99%BE%E5%BA%A6%E6%90%9C%E7%B4%A2%E9%A3%8E%E4%BA%91%E6%A6%9C2010%E5%B9%B410%E6%9C%8807%E6%97%A5%E4%BB%8A%E6%97%A5%E6%89%8B%E6%9C%BA%E5%93%81%E7%89%8C%E6%8E%92%E8%A1%8C%E6%A6%9C - 65868 - 1. html.

4.4　小结

本章分析了经济全球化条件下国际贸易对市场结构的影响。国际贸易对任何一个产业甚至任何一家企业都会有直接或间接的影响，对市场结构的影响是不容小觑的。在当今全球经济迅猛发展、国际分工不断细化的情况下，产业间贸易和产业内贸易会对市场结构产生不同的影响。

主要结论有：

第一，国际贸易的发展扩大了市场范围，使商品流通区域从本土扩展到了世界范围。新兴经济体的兴起及其参与国际贸易拓展了发达国家和发展中国家的市场范围。产业内贸易的发展丰富了一国市场中流通的产品种类，扩大了消费者的选择空间，增强了产品差异化程度，使市场中交易的产品之间替代性大大增强。

第二，产业间贸易对市场集中度的影响并不确定。作为国际直接投资的替代，产业间贸易的发展会使分散在不同国家的生产环节的产品流通变得更加容易，从而产生降低市场集中度的作用。但是，从企业参与国际市场竞争的角度讲，产业间贸易又会通过规模经济、范围经济的作用和减少交易成本的作用促进大企业的形成与企业间的合并，从而会提高市场集中度。产业内贸易意味着更细化层次上的分工。产业内贸易的发展会通过母国市场效应促进非一体化企业形成，同时通过市场厚度的增加使细分市场上的差异化企业越来越集中，促进专业化企业规模的扩大。

第三，国际贸易中贸易壁垒的存在总体来说会提高企业的进入壁垒。尽管经济全球化条件下，各国以及国际经济组织都提倡自由贸易，但是贸易保护主义仍然存在，绿色壁垒和技术壁垒对新企业进入仍是重要的阻碍。关税壁垒的变化会对进口国与出口国的企业产生不同的影响：对进口国企业而言，关税壁垒的降低会使进口产品竞争力提高，从而提高本国企业的进入壁垒；对出口国企业而言，会由于产品价格的降低增强竞争力，从而降低进入他国市场的壁垒。

第四，国际贸易中非贸易壁垒的存在，如跨国公司内贸易的盛行和国际知名品牌的高认知度等，也会增加新企业进入国际市场的难度。

第 5 章

经济全球化条件下的 FDI 与国际产业分工

经济全球化条件下的外国直接投资（FDI）表现出了新的趋势和特点，跨国并购取代绿地投资成为 FDI 的主要方式，发展中国家的对外投资及相互投资增加。同时，全球范围内大规模的 FDI 与跨国并购对市场结构、投资国与接受国的产业分工及产业结构都产生了深远的影响。本章将就以下问题进行探讨：首先分析经济全球化条件下 FDI 及跨国并购的新趋势及特点，其次分析经济全球化条件下 FDI 与市场结构的关系，最后分析经济全球化条件下国际产业分工的特点和变化，并提出促进全球价值链重构的措施。

5.1　外国直接投资与跨国并购

根据世界投资报告的统计，随着全球经济一体化、全球化步伐的加快，FDI 已成为资本跨国流动的主导方式，其流量与存量正在迅速增长，并对各国的经济产生了重要的影响。1987—2008 年间，发达国家 FDI 流入速度平均每年增长 10.15%，到 2008 年已达 9 622.59 亿美元。到 2008 年发展中国家 FDI 流入达到 6 207.33 亿美元，年均增速达 16.46%。[①]

经济全球化条件下，发达国家仍然是 FDI 的主体，它们之间的相互投资占到了全球 FDI 的大部分，但比重有所下降，1987—1990 年间发达国家 FDI 流入量占全球 FDI 流入总量的比重在 80% 以上，进入 20 世纪 90 年代以

---

① 资料来源：http：//www.unctad.org/Templates/Page.asp? intItemID＝3277&lang＝1，FDI 统计。

后比重有所下降，特别是 2003 年以后下降趋势明显，占比下滑到 55％—65％之间，2008 年占比降到 57％，总体上发达国家 FDI 流入量占全球 FDI 流入总量的比重在 60％—75％之间。发达国家向发展中国家的投资保持了较快的增长势头，其中美国、英国是对外直接投资最多的两个国家。20 世纪 90 年代中后期以来，FDI 出现了一些新的趋势，发展中国家向发达国家的投资及发展中国家之间的相互投资增加，特别是 2005 年以后发展中国家的 FDI 流出量迅速增加。2005 年发展中国家的 FDI 流出量为 1 227.07 亿美元，2008 年达到 2 927.1 亿美元。[①]

跨国并购日益成为经济全球化条件下 FDI 流动的主要方式，绿地投资比例大幅减少。在 1987—2008 年间，全球跨国并购净出售额占 FDI 流入量的比重虽时有波动但总体呈现上升趋势，2000 年这一比重达到 66％。[②]

5.1.1 外国直接投资的变化趋势

1. 全球分地区 FDI 流入量与流出量

由图 5—1 可以看出，全球 FDI 流入量总体呈现出上升的趋势，但也随全球经济形势的发展呈现出明显的波动。1990 年以来全球 FDI 流入量出现过两次高峰，分别是在 2000 年和 2007 年。2000 年全世界 FDI 流入量达 13 816.75 亿美元，其中发达国家 FDI 流入量为 11 178.03 亿美元，占全世界 FDI 流入量的 80.9％。发展中国家 FDI 流入量为 2 568.75 亿美元，占全世界 FDI 流入量的比重为 18.6％。2007 年全世界 FDI 流入量达 19 788.38 亿美元，其中发达国家 FDI 流入量为 13 586.28 亿美元，占全世界 FDI 流入量的比重为 68.7％。发展中国家 FDI 流入量为 5 293.44 亿美元，占全世界 FDI 流入量的比重为 26.8％。2008 年受金融危机的影响，全球 FDI 迅速下滑，下降为 16 973.53 亿美元，发达国家 FDI 流入量下降为 9 622.59 亿美元，占全世界 FDI 流入量的比重已降到 56.7％。但发展中国家的 FDI 仍然保持了上升的趋势，增加到 6 207.33 亿美元，占全世界 FDI 流入量的比重上升为 36.6％。

可见，全球 FDI 在 1987—2000 年之间保持了较快的增速，2001—2003

---

①　资料来源：http：//www. unctad. org/Templates/Page. asp? intItemID＝3277&lang＝1，FDI 统计。

②　资料来源：http：//www. unctad. org/Templates/Page. asp? intItemID＝3277&lang＝1，M&A 统计。

年受全球经济增速放缓等因素的影响，出现了大幅下降，但自 2004 年以来
又出现了明显的回升，2008 年受金融危机的影响，全球 FDI 又出现了下降
的趋势。1987 年以来，发达国家之间的相互投资仍然是 FDI 流动的主流，
在 FDI 中占大多数，其 FDI 流入趋势与全球 FDI 流入趋势高度一致。同时，
发达国家 FDI 受全球经济形势变化影响较大，且占全世界 FDI 的比重近些
年出现了下降的趋势。

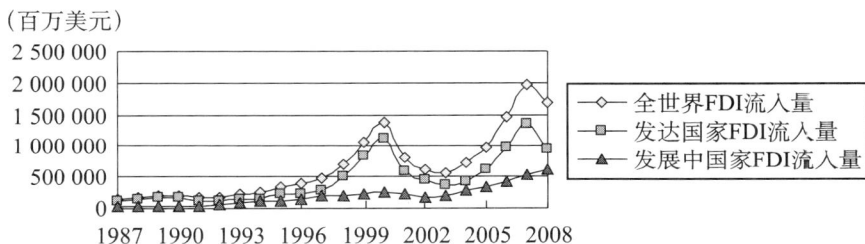

图 5—1　1987—2008 年分地区 FDI 流入量

资料来源：UNCTAD，http：//www. unctad. org/Templates/Page. asp? intItemID＝3277&lang＝1，
FDI 统计。

　　相比而言，发展中国家的 FDI 流入受全球经济形势的影响较小，未出现
较大的波动，FDI 流入总体呈现出缓慢的增长趋势。特别是 1993 年以来发
展中国家的 FDI 流入呈现明显的上升趋势，这主要归因于国际产业结构的调
整和转移，发达国家为了利用发展中国家廉价的劳动力和资源，转移生产技
术水平较低、污染严重的产业，对发展中国家投资的步伐不断加快，领域进
一步拓宽，规模持续扩大。同时，一些发展中国家（如中国、东南亚国家
等）为了发展本国经济，培育自己的优势产业，发展自己的劣势产业，推出
一些优惠政策吸引外资流入。2003 年以来，发展中国家的 FDI 流入增长迅
猛，与发达国家间 FDI 流量差距日益缩减，发展中国家和地区成为国际直接
投资的重要区域。

　　在 FDI 流出方面，由图 5—2 可以看出，发达国家 FDI 流出量占全球
FDI 流出量的比重在 2000 年以前一直在 90％以上，但自 2000 年以后出现了
下降，特别是 2005 年以来下降明显，占全球 FDI 流出量的比重已降到 85％
左右。发展中国家自 20 世纪 90 年代中后期以来，向发达国家的投资及发展
中国家之间的投资就已显现，特别是 2005 年以后发展中国家的 FDI 流出量

迅速增加。在 2007 年全球 FDI 急剧下降的情况下，发展中国家的对外投资仍然保持增长，这是近年全球 FDI 流动的一个新趋势。2005 年发展中国家的 FDI 流出量为 1 227.07 亿美元，占全球 FDI 流出量的 14%，2006 年为 15.4%，2007 年为 13.3%，2008 年发展中国家的 FDI 流出量在金融危机的背景下逆势增加，达到 2 927.1 亿美元，占全球 FDI 流出量的比重上升为 15.8%。

来自发展中国家的 FDI 继续增加，2008 年中国香港位居发展中国家和地区 FDI 流出量的首位，为 599.2 亿美元。在亚洲，除中国香港、中国内地、印度之外，新加坡和韩国也是该区域中主要的 FDI 输出方。

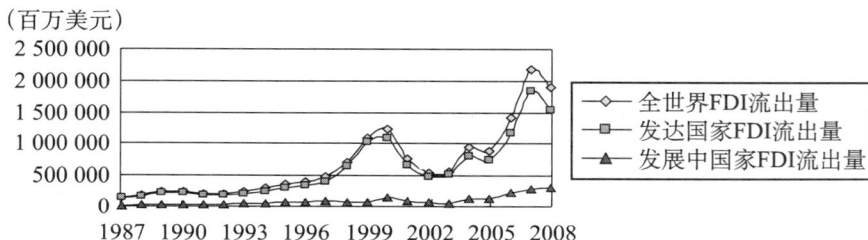

图 5—2　1987—2008 年分地区 FDI 流出量

资料来源：UNCTAD，http：//www. unctad. org/Templates/Page. asp? intItemID＝3277&lang＝1，FDI 统计。

2. FDI 流入量占东道国总固定资本及国内生产总值的比重

为了更深入地分析 FDI 在东道国资本形成及经济发展中的作用，接下来对 FDI 流入量占东道国国内总固定资本的比重及 FDI 流入存量占东道国国内生产总值的比重进行分析。

由图 5—3 可以看出，自 1987 年以来，FDI 流入量占东道国国内总固定资本的比重在 2000 年以前整体上呈现上升的趋势，2000 年以后随全球经济形势的变化出现较大的波动，发达国家及发展中国家 FDI 流入量占国内总固定资本的比重变化趋势与 FDI 流入量占东道国国内总固定资本比重的变化趋势基本一致，但发展中国家 FDI 流入量占国内总固定资本的比重变化更为平稳。

2000 年和 2007 年 FDI 流入量占东道国国内总固定资本的比重分别出现两次高峰，2000 年 FDI 流入量占东道国国内总固定资本的比重达到 20%，发达国家、发展中国家的这一比重分别达到 21.4% 和 16%。2007 年 FDI 流入量占东道国国内总固定资本的比重达到 16%，发达国家、发展中国家这一比重分别达到 17.1％和 13.1％。

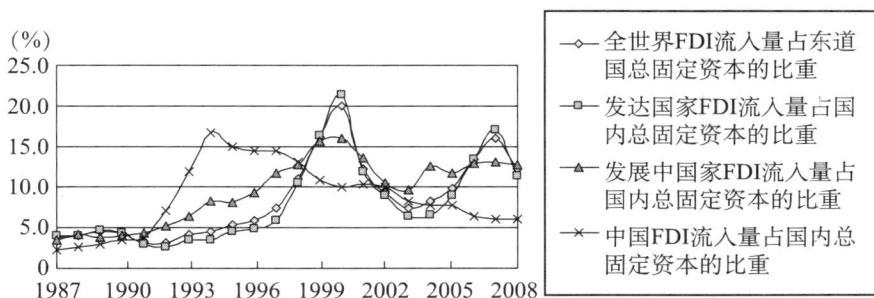

图 5—3　1987—2008 年分地区 FDI 流入量占东道国国内总固定资本的比重

资料来源：UNCTAD，http：//www. unctad. org/Templates/Page. asp? intItemID＝3277&lang＝1，FDI 统计。

中国的 FDI 流入量占国内总固定资本比重的变化趋势表现出了自己的特点，与 FDI 流入量占东道国国内总固定资本的比重、发达国家及发展中国家这一比重的变化趋势存在差异性。中国的 FDI 流入量占国内总固定资本的比重在 1993—2002 年都保持在 10％以上，这段时期中国对外资流入不加区分地实施了许多优惠政策，如简化手续、扩大开放以及各种财政的、金融的优惠措施，比如减免企业所得税、土地使用费减免、贷款优惠等。这段时期也是国内经济快速增长的时期。2002 年以后随着其他发展中国家引资优惠政策的完善，更为低廉的劳动力及资源成本吸引了大量来自西方国家及中国台湾、中国香港、韩国、日本的外资流入这些国家。同时，中国引资政策的调整对外资引入产生了一定冲击，主要是根据产业结构调整升级及经济平稳发展的需要，限制引入一些能耗高、污染高的投资项目，收紧土地资源，鼓励引入一些高附加值、高技术含量、对国内产业结构升级有促进作用的外资。① 同时，由于基础设施投资的迅速增加及国内经济的快速发展，国内固定资本总额快速积累。在这个过程中，中国的 FDI 流入量占国内总固定资本的比重出现大幅度的下降。

就 FDI 流入存量占东道国国内生产总值的比重而言，由图 5—4 可以看

---

①　2006 年 11 月中国国家发改委公布《中国利用外资"十一五"规划》，明确进一步推动利用外资从"量"到"质"转变，使利用外资的重点转移到引进先进技术、管理经验和高素质人才上来，更加注重生态建设、环境保护、资源能源节约及综合利用。

出，全世界、发达国家、发展中国家呈现明显的上升趋势，1987—1996 年上升幅度不大，增长较为平稳，1996 年以来 FDI 流入存量占东道国国内生产总值的比重上升速度加快，到 2007 年上升为 28.4%，发达国家及发展中国家这一比重分别上升为 27.5% 和 29.7%。中国 FDI 流入存量占国内生产总值的比重变化趋势呈现出先上升后下降的趋势，在 1997—2002 年增速较快，出现了一个高峰，FDI 流入存量占国内生产总值的比重保持在 15% 以上，1999 年达到 16.9%，2002 年以后出现下滑趋势，到 2008 年这一比重已降到 8.7%。这与中国引资政策的调整及国内经济的快速发展密切相关。

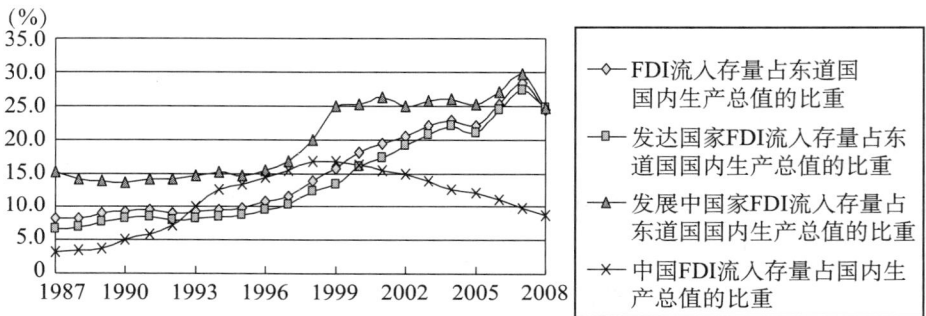

图 5—4　1987—2008 年 FDI 流入存量占东道国国内生产总值的比重

资料来源：UNCTAD，http：//www.unctad.org/Templates/Page.asp? intItemID=3277&lang=1，FDI 统计。

3. 中国 FDI 流入量及流出量

中国的 FDI 流入量及流出量如图 5—5 所示，在 1987—1993 年间变化不大，基本上都少于 3 亿美元，说明这段时期中国的对外开放水平相对较低，在市场环境、引资政策等各方面限制较多。1993 年以来随着开放水平的提升，中国的 FDI 流入量出现较大幅度的增长，1998 年中国 FDI 流入量达到 454.63 亿美元，2008 年 FDI 流入量达到 1 083.21 亿美元。虽然 2002 年以来其他一些发展中国家实施更为优惠的引资政策且中国引资政策进行了调整，但是，中国 FDI 流入量保持了增长的趋势。

2002 年十六大确立了"走出去"战略，鼓励有比较优势的各种所有制企业对外投资，以带动商品和劳务出口，形成一批有实力的跨国企业和著名品牌，从此中国企业加快了"走出去"的步伐。2004 年 FDI 流出量为 54.98

亿美元，2005 年 FDI 流出量大幅增加，达到 122.61 亿美元，2007 年为 224.69 亿美元，2008 年达 521.50 亿美元，其中中国企业的大规模跨国并购起到了重要的作用。

（百万美元）

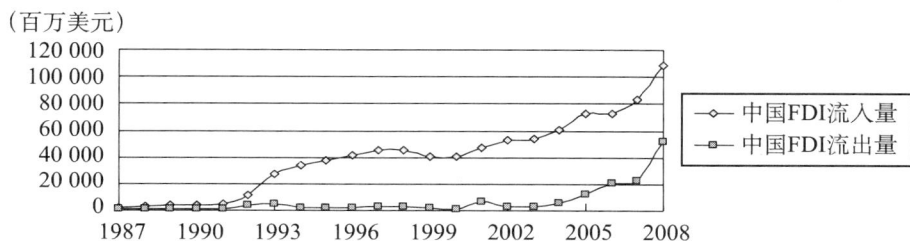

图 5—5　1987—2008 中国 FDI 流入与流出量

资料来源：UNCTAD, http：//www.unctad.org/Templates/Page.asp? intItemID＝3277&lang＝1, FDI 统计。

5.1.2　跨国并购趋势

经济全球化条件下信息技术的发展及交易成本的降低使得国际竞争日益激烈，跨国公司要取得竞争优势就要直接面向全球市场，而跨国并购成为企业的理性选择。跨国公司通过并购重组将大量传统产业转移到劳动力成本低廉、自然资源丰富、环境保护标准低的发展中国家，同时，又通过与发达国家的强强联合，将大量的高新技术产业集中于少数发达国家。跨国并购成为推动新一轮世界性产业结构调整的重要杠杆。发展中国家为了发展本国经济，吸引国际投资，政府放松了管制，开放了一些新的投资领域，采取了一些鼓励国际投资的措施，刺激了跨国并购的发生。与此同时，一些资本充裕的发展中国家也积极制定政策促进企业对外跨国并购，加快企业国际化步伐，通过跨国并购获得新技术，实现产业结构升级。

自上世纪 90 年代以来的第五次企业并购浪潮开始，跨国公司主导下的跨国并购取代绿地投资成为经济全球化条件下 FDI 的主要方式，2000 年跨国并购高峰时，全世界跨国并购净出售额占 FDI 流入量的比重达到 66%①，且经济全球化条件下的跨国并购相比前几次跨国并购表现出了一些新的趋势。

---

① 资料来源：UNCTAD，http：//www.unctad.org/Templates/Page.asp? intItemID＝3277&lang＝1，FDI、M&A 统计。

1. 分地区及国家跨国并购净出售额占 FDI 流入量的比重

全世界跨国并购净出售额[①]占 FDI 流入量的比重在 1987—2008 年间一般维持在 40％—70％，由图 5—6 可以看出，2000 年并购高峰期全世界跨国并购净出售额占 FDI 流入量的比重达到 66％。发达国家跨国并购出售额占 FDI 流入量的比重维持在 50％以上，2000 年发达国家跨国并购净出售额占 FDI 流入量的比重达到 77％。发展中国家的比重较低，1997 年以来大部分年份在 20％左右，明显低于发达国家跨国并购出售额占 FDI 流入量的比重。1999 年发展中国家跨国并购净出售额占 FDI 流入量的比重最高，也只有30％。这说明跨国并购占 FDI 的比重较高主要是由于发达国家之间跨国并购的大幅增加。

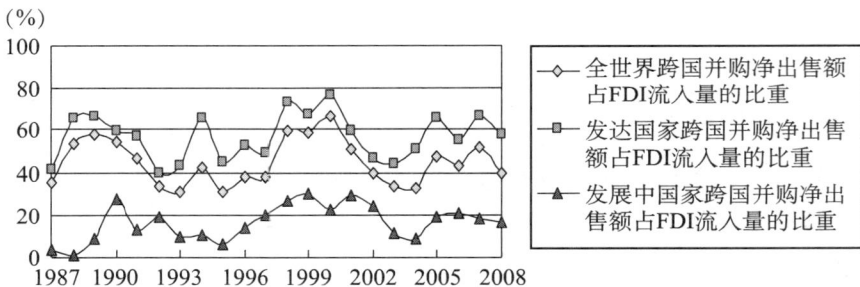

图 5—6　分地区跨国并购净出售额占 FDI 流入量的比重

资料来源：UNCTAD，http：//www.unctad.org/Templates/Page.asp?intItemID=3277&lang=1，FDI、M&A 统计。

中国跨国并购净出售额占 FDI 流入量的比重较低，明显低于美国和英国的比重，由图 5—7 可以看出，1998 年以前中国这一比重都在 10％以下，说明流入中国的 FDI 以绿地投资为主。1999 年以后这一比重有所上升，2000 年并购高峰期这一比重达到 92％，说明流入中国的 FDI 中跨国并购的比重上升。美国和英国跨国并购净出售额占 FDI 流入量的比重较高，基本都维持在 50％以上，有的年份超过了 100％[②]，如美国 1991 年达

①　某一国家跨国并购净出售额＝该公司出售给国外跨国公司的金额－在该国的国外子公司的出售额。全世界跨国并购净出售额为各国跨国并购净出售额的加总。

②　跨国并购净出售额占 FDI 流入量的比重超过 100％，主要是因为相当一部分跨国并购是通过换股方式进行的，在两国的国际收支平衡表上可以相互冲销，不涉及巨额现金的国际流动。

到 104%，英国 1991 年达到 117%，2003 年达 148%，1999 年与 2008 年达到 130%，1990 年、1995 年、2001 年、2002 年也都超过了 100%，说明英、美两国的资本流动以跨国并购为主，其中英国的跨国并购在 FDI 中占有更为重要的地位。

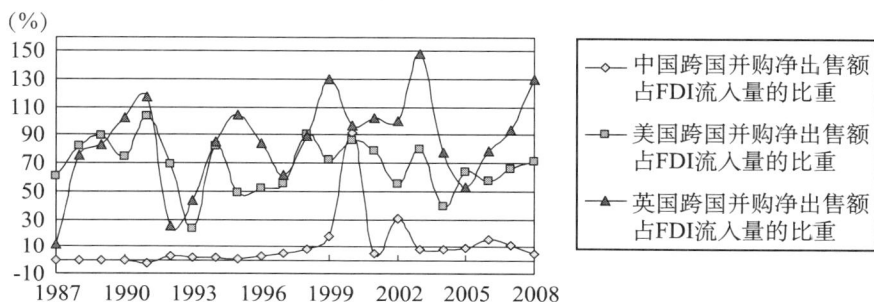

图 5—7 中、美、英三国跨国并购净出售额占 FDI 流入量的比重比较

资料来源：UNCTAD，http：//www. unctad. org/Templates/Page. asp? intItemID＝3277&lang＝1，FDI、M&A 统计。

2. 分地区、国家及产业跨国并购净购买额[①]

从绝对量上看，如图 5—8 所示，自 1987 年以来并购国跨国并购净购买额出现了较大幅度的增长，但随着经济发展情况也有明显的波动，发达国家是跨国并购的主体，占到跨国并购的绝大部分。2005 年以来发展中国家的跨国并购净购买额出现较大幅度的增长。跨国并购净购买额分别在 2000 年和 2007 年出现了两个高峰，2000 年全世界并购国跨国并购净购买额为 9 153.2 亿美元，发达国家、发展中国家跨国并购净购买额分别为 8 376.93 亿美元和 586.03 亿美元。2007 年全世界并购国跨国并购净购买额为 10 311 亿美元，发达国家跨国并购净购买额为 8 419.99 亿美元。由于国内产业结构调整和为了应对外国企业的竞争，发展中国家加快了国内企业的并购和资产重组，同时积极拓展海外市场进行跨国并购，如 2004 年巴西 Ambev 啤酒公司收购加拿大 John Labatt 公司，金额为 78 亿美元，2006 年巴西铁矿石企业 Cia Vale do Rio Doce SA 收购加拿大 Inco 公司，金额为 172 亿美元。阿

---

① 并购仅包括并购股份超过 10%的并购案。并购国跨国并购净购买额＝并购国跨国公司的国外购买额－并购国跨国公司国外子公司的出售额。

根廷 Tenaris SA 公司收购美国 Maverick Tube 公司，金额为 31 亿美元。巴西 Gerdau Ameristeel 公司收购美国 Chaparral Steel 公司，金额为 41 亿美元，以及中国的一系列跨国并购案。[①] 发展中国家的跨国并购额自 2004 年以来出现了较大幅度的增长，2007 年发展中国家跨国并购净购买额达 1 396.77 亿美元。2008 年金融危机的影响显现，全球跨国并购净购买额大幅下降。

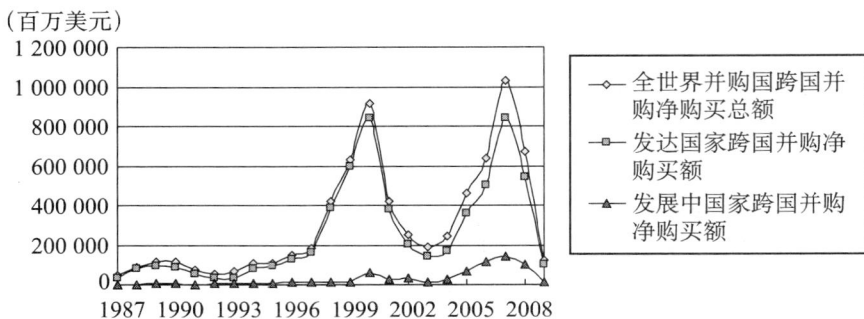

图 5—8   1987—2009 年分地区并购国跨国并购净购买额

说明：2009 年为上半年数据。

资料来源：UNCTAD，http：//www.unctad.org/Templates/Page.asp? intItemID＝3277&lang＝1，FDI，M&A 统计。

从并购涉及的产业看，如图 5—9 所示，第二产业和第三产业一直为跨国并购的主体，发生在第一产业的跨国并购一直很少，相对稳定。自 1998 年以来第三产业跨国并购净购买额大幅增加，在分产业跨国并购中的比重迅速上升，成为跨国并购的首要产业。

从表 5—1 可以看出，1987—2008 年全球并购案件数量和并购额呈现出上升的趋势，但受经济形势影响也存在较大波动。1987 年全球并购数量为 1 158 件，并购交易额为 972.4 亿美元；2007 年全球并购数量达到历史的顶峰 10 135 件，交易额 1.636 39 万亿美元。在金融危机的冲击下，2008 年上半年全球并购量下降到 4 363 件。同时，发生在第三产业的并购数量和并购额已远超过制造业占据了主导地位，2007 年发生在第三产业的并购案有 6 752 起，而发生在第二产业的并购案为 2 768 起，发生在第三产业的并购额为 11 352.4 亿美元，发生在第二产业的并购额为 3 703.1 亿美元。

---

① 　资料来源：UNCTAD 发布的 2005—2009 年《世界投资报告》。

(百万美元)

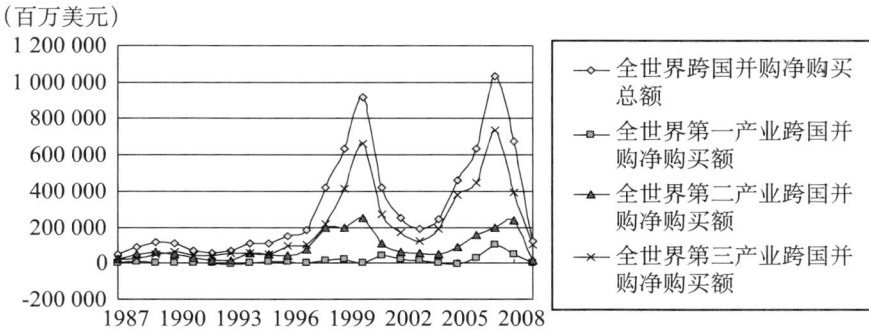

图 5—9 1987—2009 年按产业分跨国并购净购买额

说明：2009 年为上半年数据。

资料来源：UNCTAD，http：//www.unctad.org/Templates/Page.asp? intItemID=3277&lang=1，
M&A 统计。

表 5—1 1987—2008 年全球并购产业分布

	全球并购数量（件）			全球并购额（亿美元）		
	第一产业	第二产业	第三产业	第一产业	第二产业	第三产业
1987	58	572	528	139.8	399.6	433.0
1988	83	956	795	131.7	654.8	586.5
1989	125	1 404	1 139	117.4	893.5	655.2
1990	167	1 481	1 600	74.3	882.4	1 041.4
1991	156	1 658	1 918	84.0	461.4	616.1
1992	209	1 504	1 884	42.8	401.6	681.0
1993	218	1 527	2 077	43.5	357.0	830.4
1994	240	1 759	2 434	96.1	741.3	862.7
1995	278	2 256	2 869	140.8	971.5	1 199.4
1996	380	2 383	2 982	232.9	839.3	1 566.6
1997	344	2 587	3 654	200.4	1 283.9	2 216.7
1998	325	2 939	4 534	256.0	2 798.1	3 860.5
1999	283	3 113	5 463	333.2	2 879.8	5 816.2
2000	294	3 132	6 456	217.4	3 259.5	10 012.8
2001	310	2 572	5 082	540.3	1 990.4	4 769.7
2002	279	1 994	4 161	363.6	1 106.4	3 359.4
2003	335	1 999	4 094	285.3	1 100.6	2 721.4
2004	427	2 071	4 766	281.8	1 290.8	4 085.0
2005	433	2 375	5 743	1 296.7	1 834.3	6 162.1

续前表

	全球并购数量（件）			全球并购额（亿美元）		
	第一产业	第二产业	第三产业	第一产业	第二产业	第三产业
2006	532	2 494	6 041	942.5	2 410.7	7 826.3
2007	615	2 768	6 752	1 308.4	3 703.1	11 352.4
2008	258	1 304	2 801	260.7	1 521.8	4 430.1

　　说明：2008 年为上半年数据。

　　资料来源：UNCTAD cross-border M&A database；Thompson Finance. 转引自魏磊：《全球跨国并购形势分析及中国对策》（对外经济贸易大学 WTO 研究院），http：//www. acs. gov. cn/sites/aqzn/jptjnr. jsp? contentId＝2527526881648。

　　从表 5—2 可以看出，金融业是发生并购额最多的产业，2007 年金融业并购额达到 8 421.7 亿美元，并购量达到 3 115 件。其次是矿业和石油业，并购额为 1 299 亿美元，并购量为 468 件，化工业并购额也较大，居第三位。紧随其后的就是食品、饮料、烟草，电气和电子设备产业。可见，产业内并购占据主导地位，第三产业为跨国并购的首要产业，制造业所占的比重下降。

表 5—2　　　　　　　　　　　1987—2008 年全球并购额产业分布单　　　　　　　单位：亿美元

产业 年份	矿业和石油业	化工业	电气和电子设备	食品、饮料、烟草	机械设备	非金属矿	金融业	商业
1987	139.8	157.4	56.5	49.1	27.1	24.0	240.1	71.6
1988	125.0	43.8	82.5	239.8	28.1	22.8	246.3	110.5
1989	115.3	199.5	165.0	172.1	27.6	39.4	426.0	46.9
1990	73.6	163.3	76.5	164.8	21.7	87.8	706.0	81.8
1991	83.7	47.8	195.7	67.9	11.2	13.4	431.9	49.5
1992	41.1	52.1	53.1	85.3	7.4	39.9	530.0	38.0
1993	42.8	48.8	44.8	80.1	10.4	55.7	606.6	67.8
1994	93.2	322.1	44.9	93.7	46.9	52.5	513.1	61.7
1995	139.9	308.9	80.3	220.4	44.6	23.5	730.8	60.4
1996	211.1	200.4	63.4	111.6	34.2	60.1	764.7	147.5
1997	183.7	399.7	86.9	236.6	93.5	61.4	1 225.4	164.3
1998	241.6	893.0	307.2	242.7	135.6	122.7	1 962.1	312.2
1999	330.1	837.7	355.8	370.7	265.8	131.6	2 289.4	373.1
2000	203.1	609.9	665.4	653.1	192.6	188.2	2 832.6	216.9
2001	528.1	250.4	359.2	372.5	195.4	94.2	2 228.7	163.2
2002	359.9	226.4	118.7	270.6	46.7	41.7	1 544.7	221.7
2003	283.1	240.4	107.1	263.2	25.9	31.5	1 950.9	123.6
2004	255.1	323.9	215.6	305.1	51.8	59.4	2 794.2	191.6

续前表

产业 年份	矿业和 石油业	化工业	电气和电 子设备	食品、饮 料、烟草	机械 设备	非金 属矿	金融业	商业
2005	1 281.9	344.2	188.4	288.5	91.6	193.8	3 928.2	183.5
2006	911.3	413.3	385.3	228.6	210.5	106.3	5 155.8	173.4
2007	1 299.0	1 154.7	439.6	481.9	129.2	218.6	8 421.7	258.6
2008	233.2	476.1	165.4	100.6	32.0	215.1	3 248.5	89.2

说明：2008 年为上半年数据。

资料来源：UNCTAD cross-border M&A database；Thompson Finance. 转引自魏磊：《全球跨国并购形势分析及中国对策》（对外经济贸易大学 WTO 研究院），http://www.acs.gov.cn/sites/aqzn/jptjnr.jsp? contentId=2527526881648。

从并购交易发生的主要国家和地区看，如表 5—3 所示，美、英、日一直是跨国并购的主要国家，上世纪 90 年代以来，美国在大多数年份都是最大的并购者。英国在并购交易额方面仅次于美国，2007 年净购买额达到 2 219 亿美元，超过美国，成为第一大跨国并购国。而日本的跨国并购额与英、美国家相比虽有差距，但也占据了重要的地位。尽管发达国家和地区在跨国并购中仍据主导地位，发展中国家近些年跨国并购增加，与发达国家的差距缩小。作为发达国家和地区代表的欧盟与作为发展中国家和地区代表的东亚也表现出了相同的趋势。

表 5—3 　　　　1990—2008 年各国/地区跨国并购概览　　　　单位：百万美元

国家和 地区	净出售额				净购买额			
	1990—2000 （平均值）	2006	2007	2008	1990—2000 （平均值）	2006	2007	2008
中国	4 899	11 307	9 274	5 144	673	12 053	−2 388	36 861
美国	80 625	136 584	179 220	225 778	42 974	114 436	179 816	72 305
英国	38 527	123 498	170 992	125 576	59 159	18 900	221 900	51 758
日本	4 245	−11 683	16 116	9 250	4 495	16 980	30 376	54 058
印度	282	4 410	4 406	9 519	104	6 715	29 076	11 662
欧盟	122 206	335 738	526 486	224 575	148 284	265 714	538 536	302 826
东亚	5 461	25 371	22 950	16 369	7 374	21 156	−814	38 611
发达国家	230 080	538 415	903 430	551 847	227 010	498 387	841 999	539 598
发展中国家	25 860	89 028	96 998	100 862	13 900	114 119	139 677	99 805
世界	257 070	635 940	1 031 100	673 214	257 070	635 940	1 031 100	673 214

说明：并购仅包括并购股份超过 10% 的并购案，中国数据仅包含中国大陆地区。

资料来源：UNCTAD, *World Investment Report* 2009；www.unctad.org/wir 或 www.unctad.org/fdistatistics。

中国的跨国并购净出售额长期高于净购买额。自 2000 年以来，由于国内企业的实力不断增强及国家鼓励"走出去"的政策，中国企业跨国并购增加，跨国并购净购买额也出现了较大增长，如 2006 年中国石化收购俄罗斯 OAO Udmurtneft 公司，金额为 35 亿美元；中海油收购尼日利亚 NNPC-OML130 公司，金额为 27 亿美元；中国中信集团收购加拿大 Nations Energy 公司，金额为 20 亿美元；2008 年中国工商银行收购南非 Standard Bank Group Ltd，金额为 56 亿美元。[①] 2008 年中国的跨国并购净购买额达到 368.61 亿美元，高于同年净出售额 51.44 亿美元。

发展中国家的另一代表印度，在 2000 年以前跨国并购额相当低，近几年也出现了较大幅度的增长，发生的大的海外并购案如 2007 年印度 Tata Steel UK 公司收购英国 Corus Group PLC，金额为 118 亿美元；印度 AV Aluminum 公司收购美国 Novelis Inc. 公司，金额为 58 亿美元。2008 年跨国并购净出售额达 95.19 亿美元，净购买额达 116.62 亿美元。[②] 这与印度促进外商直接投资及鼓励对外投资的政策有关。如印度对国内大多数产业如航空运输、私人银行、电力、电信、建设开发项目、批发及出口贸易等的外商投资都实行自动审批制度，对经济特区、优先产业、工业弱势区域等实行税收减让政策。根据印度《2005 年经济特区法案》，为促进出口，印度对经济特区建设及特区内的企业实行第一个五年免交全部所得税、第二个五年减免 50% 所得税、第三个五年免除再投资收益税收等优惠政策。[③] 同时，印度利用自己在信息服务、软件业的比较优势鼓励企业到海外投资，不断提高竞争力。如印度一些有实力的软件企业通过在中国等国建立大批合资企业，在西欧、北美、东南亚等地区设立分支机构，进行国际扩张（高巍，2006）。印度钢铁业巨头米塔尔也通过在全球并购扩张业务。

中国历年跨国并购净购买额和净出售额都远远低于美、英两国，如图 5—10 与图 5—11 所示，1990 年以前净出售额为零，1991 年为 -1.24 亿美元，其他年份都为正值。2000 年并购高峰期净出售额达 373.16 亿美元。中

① 资料来源：UNCTAD 发布的 2007—2009 年《世界投资报告》。
② 资料来源：UNCTAD 发布的 2008—2009 年《世界投资报告》。
③ 资料来源：中国驻孟买总领馆经济商务室网站，http://bombay.mofcom.gov.cn/index.shtml。

国净购买额在 2002 年以前很低，且多年都为负值①，1987 年为 −37 亿美元，
1995 年为 −0.26 亿美元，1999 年为 −2.21 亿美元，2000 年为 −1.38 亿美元。
2000 年以后出现了较大幅度的增长，受全球经济形势的影响也存在波动，
2005 年净购买额为 34.94 亿美元，2007 年净购买额降为 −23.88 亿美元，而
2008 年净购买额达到 368.61 亿美元。主要原因是中国的跨国公司在国家实施
"走出去"战略的推动下，抓住金融危机带来的机遇，积极进行跨国并购。

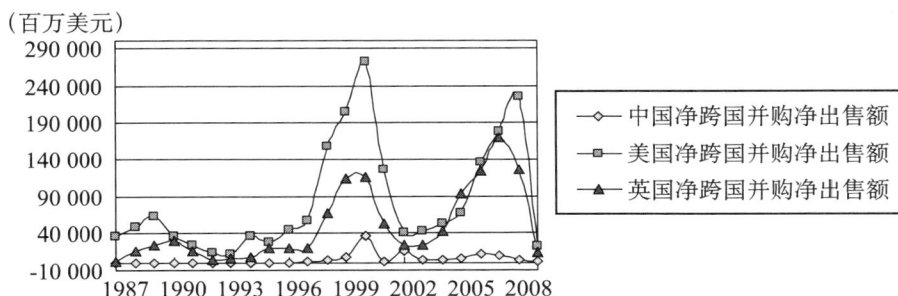

图 5—10　中、美、英三国跨国并购净出售额

说明：中国数据仅包含中国大陆。

资料来源：UNCTAD，http：//www. unctad. org/Templates/Page. asp? intItemID＝3277&lang＝1，
M&A 统计。

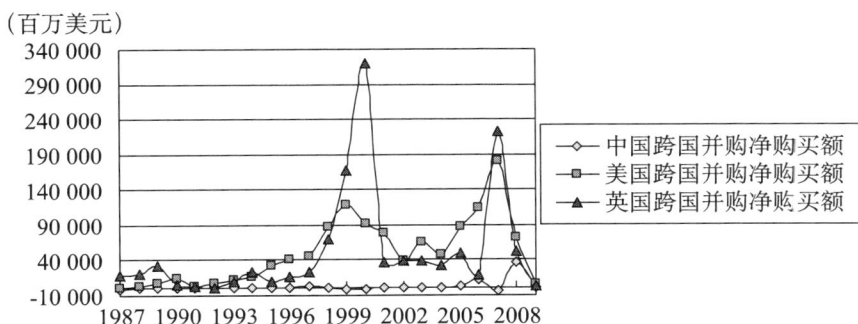

图 5—11　中、美、英三国跨国并购净购买额

说明：中国数据仅包含中国大陆。

资料来源：UNCTAD，http：//www. unctad. org/Templates/Page. asp? intItemID＝3277&lang＝
1，M&A 统计。

---

①　净购买额为负值意味着国外子公司的出售额大于国外购买额。

3. 跨国并购的形式日趋多样化

经济全球化条件下跨国并购的形式日趋多样化，不仅有"象吞蛇"、"象吞象"，甚至有"蛇吞象"，且通过换股进行跨国并购的交易增加。如 1998年英国 British Petroleum Co PLC 收购美国 Amoco Corp 公司，金额为 482亿美元，是以全部换股的方式进行的，原 Amoco Corp 公司和 British Petroleum Co PLC 公司分别占有新公司 40％和 60％的股份。①

（1）"象吞象"。经济全球化条件下强强之间联合成为跨国并购的主流。20世纪 90 年代以来的所有跨国并购交易几乎都带有合作目的，大型跨国公司之间的并购不再过分强调对抗和竞争，而是把目光越来越多地转向与竞争对手的联合与合作，许多跨国合并不是出于无奈和被迫，而是为了增强自身的核心能力。因此，以寻求增加战略性资产，实现"共赢"、"共荣"的强强并购成为跨国并购的主流趋势。这种强强之间的并购，明显具有从对方获得自己不具备之优势的战略动机，从而达到削减成本、创新技术、保持市场份额、进入新市场、构筑全球一体化生产网络等目的。这使得跨国并购特大交易大幅增加，如1998 年德国的戴姆勒汽车公司以 383.3 亿美元的价格收购美国克莱斯勒汽车公司，1999 年英国沃达丰以 560 亿美元收购美国空中通讯公司，2000 年与德国曼内斯曼达成合并协议涉及金额近 2 000 亿美元。2007 年英国金矿企业 Rio Tinto PLC 以 376 亿美元收购加拿大 Alcan Inc.，2008 年比利时啤酒企业 InBev NV 以 522 亿美元收购美国 Anheuser-Busch Cos 公司。②

1998 年戴姆勒汽车公司收购克莱斯勒汽车公司，主要是为了实现互补性战略目标。前者是为了迅速拓展其在北美的高档轿车市场，而后者主要是为了在欧洲拓展轻型车市场。合并后戴姆勒—克莱斯勒汽车公司一跃成为全球第三大汽车公司，1999 年销售额达 1 546.7 亿美元，盈利 56.56 亿美元，比上年增长 22％。2006 年由于国际油价上涨及人们消费观念的转变，使占克莱斯勒公司一半产量的产品皮卡车和大排量 SUV 汽车销售业绩下滑，戴姆勒—克莱斯勒汽车公司在美国的销售额比前一年下滑了 7％，损失达 14.6亿美元。2007 年 7 月戴姆勒—克莱斯勒公司以 74 亿美元的价格把自己在克

---

① 资料来源：UNCTAD：2000 年《世界投资报告》。
② 资料来源：UNCTAD：1999—2001、2007、2008 年《世界投资报告》。

莱斯勒公司中 80.1％的股份出售给瑟伯勒斯资本管理公司。① 2007 年 10 月 4 日，戴姆勒—克莱斯勒正式完成分拆程序，通过与克莱斯勒公司脱钩，戴姆勒公司集中精力发展旗下利润较高的梅塞德斯—奔驰品牌和重型卡车业务。②

2009 年 6 月 10 日克莱斯勒与菲亚特汽车结成全球性战略联盟，菲亚特完成对克莱斯勒大部分资产的收购。战略联盟的达成使得菲亚特公司拥有了在全球竞争中所必需的资源、技术和分销网络。作为联盟的一部分，菲亚特将为克莱斯勒提供生产中小型车的技术、平台和动力系统，令克莱斯勒顺利进军"环保车"；同时，菲亚特成熟的国际分销网络特别是拉丁美洲和俄罗斯市场的分销网络，也将促进克莱斯勒产品的销售。

（2）"象吞蛇"。国际上大型跨国公司绝大部分是通过对中小企业的并购成长壮大起来的，如汽车业的福特汽车公司、通用汽车公司、丰田汽车公司，银行业的汇丰、花旗、德意志银行等都是通过在全球范围内的并购扩张不断壮大起来的。汇丰银行从 20 世纪 50 年代开始了在世界各大洲的并购扩张，1959 年在亚洲并购印度商贸银行及中东的英国银行，1965 年收购香港恒生银行 51％的股权，1999 年收购韩国汉城银行 70％的股权，2000 年收购泰国京华银行 75.02％的股份，2004 年购入印度 UTI 银行 14.62％的股份，2005 年收购伊拉克 Banca Nazionale del Lavoro70.1％的股份，同年又收购越南科技商业银行 10％的股份。2000 年汇丰收购中国上海银行 8％的股份，2002 年购买了平安保险 10％的股权，2003 年汇丰与平安集团联合收购中国福建亚洲银行 27％的股权，2004 年更名为平安银行；2005 年收购交通银行 19.9％的股权，2006 年收购深圳市商业银行 89.24％的股权。20 世纪 70 年代汇丰在欧洲开展了一系列的并购，1978 年汇丰银行创立沙地英国银行，占 40％股权，并接收中东英格兰银行在沙特阿拉伯的分行，1987 年收购英国 Midland 银行 14.9％的股份，2000 年收购法国第七大银行法国商业信贷银行（CCF）98.6％的股份，2001 年收购 Demirbank TAS，2003 年收购波兰 Polski Kredyt Bank SA，2004 年收购英国的 Marks and Spencer Money。20 世纪 80 年代汇丰进入美洲市场，1980 年汇丰收购 Marine Midland 进入美国市场，随后收购海丰银行 51％的股权，1997 年收购墨西哥瑞丰金融集团 19.9％的股份，1999 年汇丰以 97.36 亿美元收购

---

① 资料来源：http://economy.enorth.com.cn/system/2007/02/25/001556858.shtml。

② 资料来源：《北京青年报》2007 年 7 月 5 日。

利宝集团旗下 Republic National Bank of New York 银行及其全资子公司 Safra Republic Holdings，2000 年汇丰收购美国大通曼哈顿银行在巴拿马的 11 家分行，2002 年汇丰控股收购 Grupo Financiero Bital，SA de CV，2003 年收购美国 Household International Inc.，改组成为 HSBC 金融公司，2006 年收购巴拿马 Grupo Banistmo 和阿根廷 Banca Nazionale del lavoro。可见，汇丰银行正是通过不断的并购扩张成长壮大的（徐文彬，2010）。

（3）"蛇吞象"。随着金融工具创新及大型跨国公司对非核心业务的剥离，"蛇吞象"的跨国并购案例增加。涉及中国企业的最典型的案例就是联想收购 IBM 的 PC 业务及吉利收购沃尔沃轿车公司。

2004 年中国 PC 机"航母"联想以 12.5 亿美元（8 亿美元现金，4.5 亿美元联想股票）高价收购了 IBM 的 PC 机业务。这一收购使联想在 PC 机领域迅速由全球第九跃升至第三，仅次于戴尔和惠普，使联想快速走上了国际化道路。[①] IBM 公司出售其 PC 业务是基于常年亏损且占 IBM 总业务的份额不到 3%。IBM 已将精力集中在为企业提供 IT 相关的服务，帮助企业改进商业流程，外包非核心业务甚至核心业务。如 IBM 仅从为美国运通银行提供信息技术服务中就获得 40 亿美元业务收入，同样，JP 摩根银行和德意志银行也分别支付 50 亿美元和 25 亿美元以换取 IBM 的技术服务。再如，IBM 与 ING（荷兰国际集团）美国金融服务公司签订了为期 7 年、价值 6 亿美元的 IT 外包合同。按照合同条款，IBM 公司将简化和合并 ING 公司的 IT 基础设施，新的 IT 基础设施将基于 IBM 公司的"统一管理基础设施"（UMI），使 ING 能够根据需求实时地增加或减少运算能力，减少软件的数量，降低支持成本，提高员工的劳动生产率，将 IT 系统改造为一个"随需应变"的环境。IBM 的咨询与外包业务也在迅速成长，增强了其核心竞争力。[②]

吉利在 2006 年就开始了国际化的尝试。2006 年与英国出租车制造商锰铜控股公司进行合资[③]，2009 年收购澳大利亚汽车自动变速器公司 DSI，在进行合资与并购过程中获取了相关技术。[④] 2010 年 3 月 28 日吉利汽车以 18 亿美

---

① 资料来源：http：//www.chinanews.com.cn/news/2004/2004 - 12 - 08/26/514452.shtml。
② 资料来源：http：//finance.sina.com.cn/review/20050511/09231577390.shtml。
③ 资料来源：http：//auto.sina.com.cn/news/2006 - 10 - 25/0712224426.shtml。
④ 资料来源：http：//auto.sina.com.cn/news/2009 - 06 - 16/1142500073.shtml。

元的价格收购沃尔沃轿车公司 100％的股权及相关资产，这是中国汽车业迄今为止最重大的海外收购。收购沃尔沃轿车后，吉利可以利用中国在采购与研发方面所蕴涵的成本优势，借助沃尔沃汽车的领先技术，将增强未来沃尔沃轿车的全球竞争力，尽快进入中高端轿车市场，从而加快吉利汽车"走出去"的步伐。

5.2　跨国并购与市场结构

5.2.1　跨国并购与市场集中度

经济全球化条件下跨国并购对市场集中度的影响非常复杂，需视东道国市场结构的状况、政府的政策取向和具体的产业类型而定，不同产业的跨国并购对集中度及企业规模的影响会有不同，但在规模经济显著和进入壁垒高的产业中，跨国并购容易导致世界范围的市场集中，使跨国寡头厂商的市场份额大大提高。下面结合发生在银行业、制药业、通讯业及汽车制造业的跨国并购分析这些关系国民经济命脉的重要产业的市场集中度变化情况。

1.跨国并购与全球银行业、制药业、通讯业及汽车制造业的市场集中度变化

第一，银行业跨国并购与集中度变化。银行业在维持一国经济平稳较快发展中起着举足轻重的作用，经济全球化条件下银行为优化资本结构、壮大规模、扩展业务范围不断进行跨国并购。表 5—4 列出了 1998—2008 年间银行业发生的大型跨国/地区并购交易，这些交易涉及金额都非常大，总金额达 1 251亿美元，其中 2005 年意大利 Unicredito Italiano SpA 并购德国 Bay-erische Hypo-und Vereins 金额达到 183 亿美元。银行业跨国并购的增加使其集中度大幅提升，1996 年以资产衡量的世界最大 25 家银行的资产额占世界前 1 000 家银行资产总额的比重为 28％，1999 年此比例提高到 33％。到 2009 年以资产衡量的世界最大 25 家银行总资产达 449 123.91 亿美元，占世界前 1 000 家银行资产总额的比重达到 47％[①]，银行业集中度的提升使全球主要银行的市场支配地位更加明显，对经济发展的影响更加显著。

----

① 资料来源：UNCTAD 发布的 2000 年《世界投资报告》，2009 年数据根据英国《银行家》杂志公布的数据计算。

表 5—4   **1998—2008 年银行业大型跨国/地区并购交易**

年份	并购方	被并购方	金额（亿美元）
1998	德国 Deutsche Bank AG	美国 Bankers Trust New York Corp	91
1998	荷兰 ABN-AMRO Holding NV	巴西 Banco Real SA	21
1999	英国 HSBC Holdings PLC	美国 Republic New York Corp, NY	77
1999	英国 HSBC Holdings PLC	卢森堡 Safra Republic Holdings SA	26
2000	英国 HSBC Holdings PLC	法国 Crédit Commercial de France	111
2000	芬兰 MeritaNordbanken	丹麦 Unidanmark A/S	44
2000	芬兰 MeritaNordbanken	挪威 Christiania Bank	28
2001	美国 Citigroup Inc.	墨西哥 Banacci	125
2001	新加坡 DBS Group Holdings Ltd	中国香港 Dao Heng Bank Group (Guoco)	57
2003	新西兰 ANZ Banking Group（NZ）Ltd	National Bank of New Zealand	38
2004	西班牙 Santander Central Hispano SA	英国 Abbey National PLC	158
2004	英国 HSBC Holdings PLC	中国交行 BoCOMM	17
2005	意大利 Unicredito Italiano SpA	德国 Bayerische Hypo-und Vereins	183
2006	法国 BNP Paribas SA	意大利 Banca Nazionale del Lavoro SpA	59
2007	丹麦 Danske Bank A/S	芬兰 Sampo Bank Oyj	52
2008	加拿大 Toronto-Dominion Bank	美国 Commerce Bancorp Inc.	86
2008	日本 Mitsubishi UFJ Financial Group Inc.	美国 Morgan Stanley	78

资料来源：历年《世界投资报告》。

第二，制药业跨国并购与集中度变化。由于制药业很高的研发成本和追求协同效应，多数大制药企业都是通过并购成长起来的。表 5—5 为 1997—2008 年间制药业大型跨国并购交易情况，总金额达 1 779 亿美元。1999 年英国 ZENECA Group PLC 公司收购瑞典 Astra AB 公司，金额达 346 亿美元。一系列的大型并购交易，使医药业的集中度得以大幅提升，1996 年世界前 5 及前 10 大跨国制药公司医药产品销量占世界销量的比重分别为 19% 和 33%，1999

年这一比例上升到 28% 和 46%。2009 年世界前 5 家最大制药厂商营业收入 2 431.44百万美元，占进入世界前 500 强制药企业营业收入的 59.3%，前 10 大制药公司营业收入 3 899.31 亿美元，占进入世界前 500 强制药企业营业收入的 95%①，制药业集中度的提升更容易产生协同效应，利于研发的进行。

表 5—5　　　　　　　　　　1997—2008 年制药业大型跨国并购交易

年份	并购方	被并购方	金额（亿美元）
1997	瑞士 Roche Holding AG	百慕大 Corange Ltd	102
	瑞士 Roche Holding AG	美国 Tastemaker 公司	11
1998	英国 ZENECA Group PLC	瑞典 Astra AB	318
	瑞典 Astra AB	美国 Astra Merck Inc.（Merck & Co）	61
	德国 Bayer AG	美国 Chiron Diagnostics Corp	11
1999	英国 ZENECA Group PLC	瑞典 Astra AB	346
	瑞士 Roche Holding AG	美国 Genentech Inc.	48
	英国 Reckitt & Colman PLC	荷兰 Benckiser NV	31
2001	美国 Abbott Laboratories	德国 Knoll AG（BASF AG）	69
	英国 Shire Pharmaceuticals Group	加拿大 BioChem Pharma Inc.	57
2003	荷兰 DSM NV	瑞士 Roche Holding AG-Vitamins	19
2004	以色列 Teva Pharma Inds Ltd	美国 SICOR Inc.	34
2005	瑞士 Novartis AG	德国 Hexal AG	57
2006	以色列 Teva Pharma Inds Ltd	美国 IVAX Corp	74
	丹麦 Nycomed A/S	德国 Altana Pharma AG	58
2007	英国 AstraZeneca PLC	美国 MedImmune Inc.	146
	美国 Schering-Plough Corp	荷兰 Organon Biosciences	144
2008	瑞士 Novartis AG	美国 Alcon Inc.	105
	以色列 Teva Pharmaceutical Industries Ltd	美国 Barr Pharmaceuticals Inc.	88

资料来源：历年《世界投资报告》。

第三，通讯业跨国并购与集中度变化。通讯业也是规模经济显著的产业，大型通讯公司的跨国并购使其更容易发挥规模经济优势。表 5—6 为

---

① 资料来源：UNCTAD 发布的 2000 年《世界投资报告》，2009 年数据根据《财富》杂志发布的世界 500 强数据计算。

1997—2008 年通讯业大型跨国并购交易情况，此间通讯业总并购交易额达 5 084亿美元，2000 年英国 Vodafone Air Touch PLC 公司以 2 028 亿美元收购德国 Mannesmann AG，是目前为止全球涉案金额最大的一起跨国并购。经过一系列的大型跨国并购，2009 年前五大通讯厂商营业收入为 5 001.41 亿美元，前十大通讯厂商营业收入为 7 948.68 亿美元，占进入世界 500 强通讯厂商营业收入的比重分别为 45％和 71.5％[①]，大型通讯厂商的市场支配地位与规模经济优势进一步提升。

表 5—6　　　　　　　　1997—2008 年通讯业大型跨国并购交易

年份	并购方	被并购方	金额（亿美元）
1997	美国 Ameritech Corp	丹麦 TeleDanmark A/S（Denmark）	32
1998	加拿大 Bankers Trust New York Corp	美国 Bay Networks Inc.	90
	加拿大 Teleglobe Inc.	美国 Excel Communications Inc.	69
	法国 Alcatel Alsthom CGE	美国 DSC Communications Corp	51
	英国 British Telecomm-Worldwide Ast	美国 AT&T-Worldwide Assets, Ops	50
1999	英国 Vodafone Group PLC	美国 Air Touch Communications	603
	德国 Deutsche Telekom AG	英国 One 2 One	136
	百慕大 Global Crossing Ltd	美国 Frontier Corp	101
2000	英国 Vodafone Air Touch PLC	德国 Mannesmann AG	2 028
	法国 France Telecom SA	英国 Orange PLC(Mannesmann AG)	460
	西班牙 Telefónica SA	巴西 Telecommunicacoes de Sao Paulo	102
	荷兰 BellSouth GmbH（KPN，BellSouth）	德国 E-Plus Mobilfunk GmbH（Otelo）	94
	日本 NTT Communications Corp	美国 Verio Inc.	57
	英国 British Telecommurications	美国 AT&T-Worldwide Assets, Ops	50
2001	德国 Deutsche Telekom AG	美国 VoiceStream Wireless Corp	294
	英国 British Telecommunications PLC	德国 Viag Interkom GmbH & Co	138
2002	瑞典 Telia AB	芬兰 Sonera Corp（Finland）	65
2003	澳大利亚 News Corp Ltd	美国 Hughes Electronics Corp	69
2005	法国 Orange SA	西班牙 Auna	77

---

① 资料来源：根据《财富》杂志 2009 年发布的世界 500 强数据计算。

续前表

年份	并购方	被并购方	金额（亿美元）
2006	西班牙 Telefónica SA	英国 O2 PLC	317
	美国 Nordic Telephone Co ApS	丹麦 TDC A/S	106
2007	瑞典 Swisscom AG	意大利 FASTWEB SpA	55
2008	德国 Deutsche Telekom AG	希腊 Hellenic Telecommunications Organization SA	40

资料来源：历年《世界投资报告》。

第四，汽车业跨国并购与集中度变化。近些年，世界绝大多数汽车制造商通过并购或战略联盟进行全球扩张，以达到增强垄断势力和收益率、优势互补、降低产品研发设计成本及实现在采购、制造、营销、分销和售后服务领域的规模经济。图 5—12 为 1998 年主要跨国汽车制造厂商的联系图，1998 年戴姆勒—奔驰以 405 亿美元收购美国克莱斯勒汽车公司，通用出资收购沃克斯豪尔、欧宝、五十铃股份等，一系列的跨国并购、合并和战略联盟使得汽车厂商的联系更加紧密。

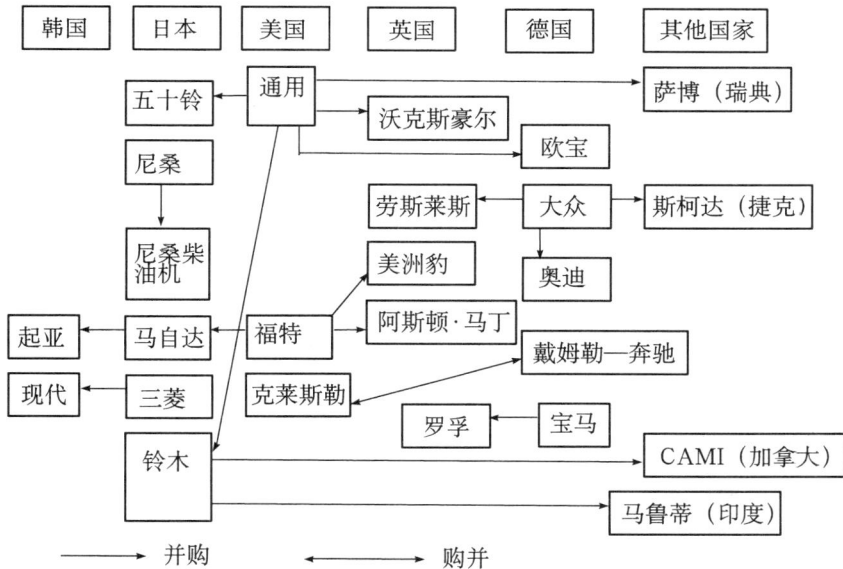

图 5—12　1998 年主要跨国汽车生产厂商的国际联系

资料来源：《世界投资报告》(1998)，第 22 页。根据研究机构 Gendai Advanced Studies Research Organization (Tokyo)（网址：http://www.gendai.co.jp/english/index.html）提供的信息整理，研究仅列出了包含资本联系（未包含达成技术协议）的跨国公司关系。

图 5—13 与图 5—14 是截至 2009 年 3 月 31 日，日本主要汽车厂商同美国、欧洲主要汽车厂商的资本、业务关系。这些汽车厂商之间通过出资并购及业务合作建立了广泛的联系，使得汽车厂商可以实现规模经济，充分发挥自己的比较优势，实现优势互补，同时汽车业的集中度也大幅提升。1996年全球前五大跨国汽车厂商产量占世界市场的份额为 49%，前十大跨国汽车厂商产量占世界市场的份额为 69%。1999 年前五大汽车厂商这一比例变为 54%，前十大汽车厂商为 80%。2009 年前五大汽车厂商营业收入 8 065.15亿美元，占进入全球 500 强汽车生产厂商总营业收入的比例为 53.9%，前十大汽车厂商营业收入 12 344.87 亿美元，占进入全球 500 强汽车生产厂商总营业收入的比例为 82.5%。[①]

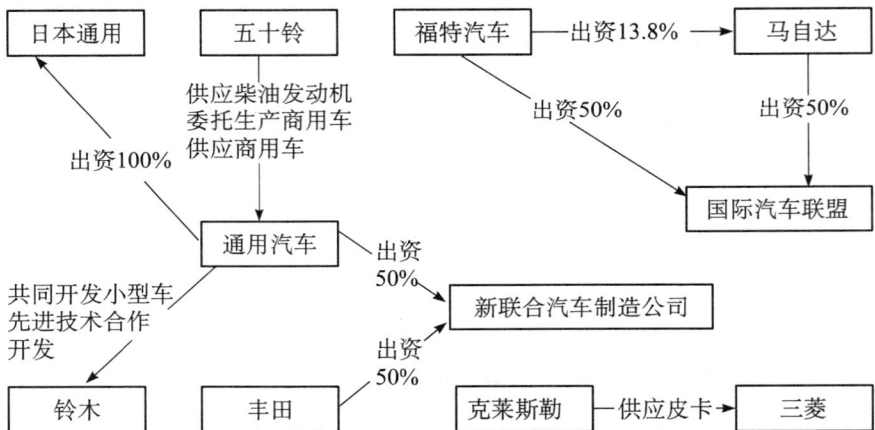

图 5—13　日本主要汽车厂商同美国主要汽车厂商之间的资本及业务关系

说明：合作双方的业务内容包括技术提供、共同开发、整车提供以及合资等生产领域的合作，不包括销售及零部件供应方面的合作。所述内容截止到 2009 年 3 月 31 日。

资料来源：《中国汽车工业年鉴》(2009)，633 页，转引自《2009 年日本自动车工业》。

2. 跨国并购对中国汽车业市场集中度的影响

根据中国汽车工业协会统计，2008 年中国汽车整车生产企业 117 家（改装汽车 467 家），其中大型企业 72 家，中型企业 38 家，小型企业 7 家；

---

① 资料来源：UNCTAD 发布的 2000 年《世界投资报告》，2009 年数据根据《财富》杂志发布的世界 500 强数据计算。

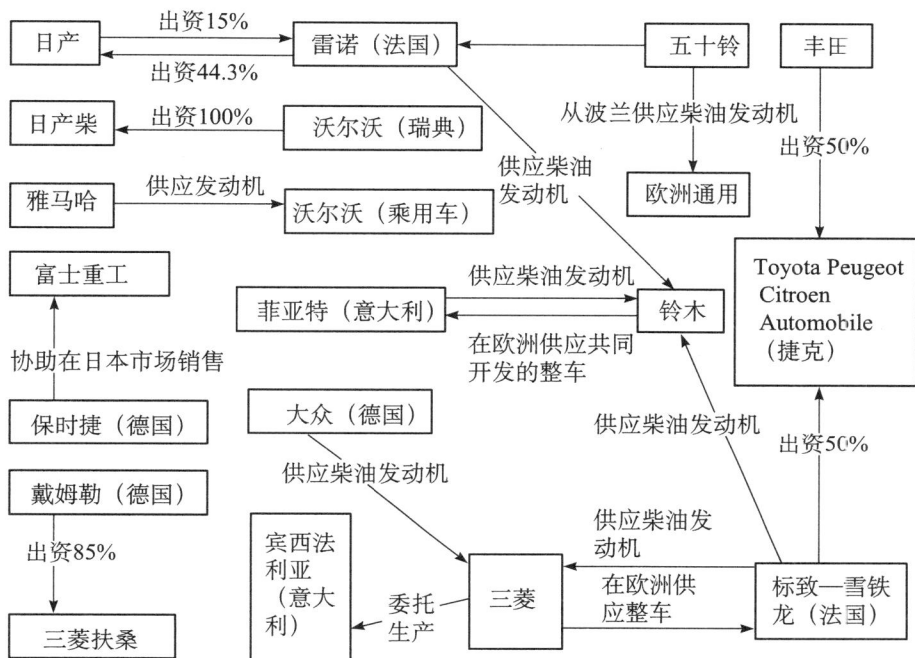

图 5—14　日本主要汽车厂商同欧洲主要汽车厂商之间的资本及业务关系

说明：合作双方的业务内容包括技术提供、共同开发、整车提供以及合资等生产领域的合作，不包括销售及零部件供应方面的合作。所述内容截止到 2009 年 3 月 31 日。

资料来源：《中国汽车工业年鉴》（2009），633 页，转引自《2009 年日本自动车工业》。

亏损企业 18 家，其中大型 4 家、中型 11 家、小型 3 家，汽车总产量为 9 345 101 辆，总产量不及丰田一家的产量。可见，中国的汽车生产企业数量多、规模小，生产分散造成了较低的集中度，不利于规模经济的实现。

从上世纪 90 年代以来，随着国有企业改革的进行、市场竞争机制的完善，一大批劣势企业被淘汰或兼并，中国汽车业市场集中度稳步提高。随着中国加入 WTO，对汽车业的管制放松，中国汽车企业为增强自身竞争力，与世界大的汽车厂商合资合作，同时为应对国外汽车生产厂商的挑战，中国汽车企业进行了大量的兼并和重组，以扩大自身规模，目前逐步形成了上汽、一汽、东风和长安四大汽车集团，中国汽车业的市场集中度明显提高。

从表 5—7 可以看出，2002 年以来中国汽车业 CR4 都在 57% 左右，2003 年达到 59.6%，比上世纪 90 年代 40% 左右的集中度上升了 15% 以上，中国汽车业市场竞争下的寡占市场结构初步形成。

表 5—7　　　　1981—2009 年中国汽车工业前四大厂商生产集中度（CR$_4$）

	第一位厂商		第二位厂商		第三位厂商		第四位厂商	
	占比	CR$_1$	占比	CR$_2$	占比	CR$_3$	占比	CR$_4$
1981	34.16	34.16	33.61	67.77	8.54	76.31	6.83	83.14
1982	30.82	30.82	27.31	58.13	8.56	66.69	5.67	72.36
1983	28.01	28.01	26.74	54.75	7.44	62.19	5.29	67.48
1984	24.79	24.79	24.09	49.88	5.25	55.13	4.61	59.74
1985	20.60	20.60	19.17	39.77	5.02	44.79	4.79	49.58
1986	25.53	25.53	16.53	42.06	6.05	48.11	6.04	54.15
1987	24.07	24.07	13.13	37.20	5.42	42.62	4.53	47.15
1988	19.52	19.52	12.50	32.02	5.41	37.43	4.50	43.93
1989	23.01	23.01	13.03	36.04	5.91	41.95	5.62	47.57
1990	23.31	23.31	12.83	36.14	8.21	44.35	7.34	51.69
1991	17.28	17.28	11.64	28.92	6.80	35.72	6.67	42.39
1992	13.59	13.59	11.60	25.19	6.21	31.40	6.15	37.55
1993	13.68	13.68	12.62	26.30	7.71	34.01	5.20	39.21
1994	13.47	13.47	13.17	26.64	9.05	35.69	8.52	44.21
1995	12.55	12.55	11.02	23.57	9.72	33.29	9.22	42.51
1996	13.88	13.88	13.58	27.46	10.35	37.81	8.23	46.04
1997	14.56	14.56	11.01	25.57	10.00	35.57	7.99	43.56
1998	14.44	14.44	10.34	24.78	9.54	34.32	8.43	42.75
1999	12.61	12.61	11.22	23.83	10.46	34.29	9.34	43.63
2000	10.71	10.71	10.19	20.20	10.16	30.36	9.82	40.18
2001	11.23	11.23	10.97	22.2	9.83	32.03	8.94	40.97
2002	17.27	17.27	16.64	22.91	12.89	46.89	10.11	57.00
2003	20.20	20.20	19.50	39.70	10.70	50.40	9.20	59.60
2004	19.60	19.60	16.72	36.31	11.49	47.80	10.45	58.25
2005	17.23	17.23	15.97	33.2	12.87	46.07	10.89	56.96
2006	17.22	17.22	16.17	33.69	12.86	46.25	9.80	56.05
2007	17.58	17.58	16.49	34.07	13.00	47.07	9.88	56.95
2008	18.42	18.42	16.09	34.51	14.13	48.95	9.15	57.79
2009	19.76	19.76	14.09	33.85	13.79	47.64	10.06	57.70

資料来源：《中国汽车工业年鉴》（1990、1994、2006），《中国汽车工业发展年度报告》（2007、2008、2009），2009 年数据来自中国汽车工业协会 2010 年 1 月 11 日发布的 2009 年国产汽车产销统计、各公司网站及董事会公告。

与世界汽车生产强国相比，中国汽车业集中度仍然偏低，如表 5—8 所示，德国 2007 年前四家汽车企业的生产集中度达 72.1%，前六家汽车企业的生产集中度达 97.2%，中国汽车企业的集中度与汽车生产强国的差距仍然较大。

表 5—8　　　　　2007 年德国前 6 位汽车生产企业产量（国内产量）及份额

	产量（万辆）	份额（%）
全国总计	621.3	100
大众	140.9	22.7
戴姆勒—克莱斯勒	125.6	20.2
宝马	98.3	15.8
奥迪	83.2	13.4
福特	80.3	12.9
欧宝	75.4	12.1
六厂商合计	603.6	97.2

说明：戴姆勒—克莱斯勒公司已于 2007 年 10 月完成拆分程序，此处按合并计算。

资料来源：中国汽车技术研究中心、中国汽车工业协会：《中国汽车工业年鉴》（2008），北京，人民交通出版社，2008。

5.2.2　跨国并购与规模经济

经济全球化条件下跨国公司的跨国并购有利于实现资源的优化配置，扩大生产规模，提升市场控制能力，从而降低成本，获得规模经济效应。跨国公司在进入发展中东道国后，凭借其庞大的自有资本优势和多渠道的融资在发展中东道国进行大规模的投资，提高了产业的平均必要资本规模，这对发展中东道国的企业来说，形成了更高的进入壁垒。下面以汽车业为例分析跨国并购对规模经济的影响。

汽车产业是规模经济十分显著的产业，在汽车企业规模经济性方面，德国走在前列。按国际汽车业内标准，汽车企业的最小经济规模为 200 万辆，轿车企业的经济规模为 25 万—30 万辆，轻型载货汽车企业为 10 万—12 万辆，中型载货汽车企业为 6 万—8 万辆。按此标准，2007 年德国轿车企业、轻型载货汽车企业、中型载货汽车企业的 D 值[①]分别为 98.5、99.5 和 89.5，整个汽车产业的 D 值高达 98.2，各厂商的汽车产量远远高出最低经济规模的下限，这与德国汽车企业的跨国并购及积极参与汽车战略联盟是分不开

---

① D 值为达到最低经济规模下限企业的总产量占该类型汽车全国总产量的百分比。

的。如 1998 年德国戴姆勒—奔驰以 405 亿美元收购美国克莱斯勒汽车公司，2000 年德国 Daimler Chrysler AG 公司 19 亿美元收购日本 Mitsubishi Motors Corp，2006 年德国 MAN AG 公司 15 亿美元收购瑞典 Scania AB，2008 年德国 Volkswagen AG 公司 44 亿美元收购瑞典 Scania AB①，德国汽车厂商还与其他世界主要汽车厂商达成了一系列战略联盟，这些举措使得德国汽车业的集中度较高，产业规模经济性显著。

就中国汽车产业的规模经济性来说，2001 年以来中国汽车业的兼并重组增多，市场集中度及规模经济性都有了一定提升，如表 5—9 所示，为应对国际汽车厂商的挑战及提高自身竞争力，中国汽车业自 2001 年以来共发生 28 起兼并重组，有效扩大了企业规模，为规模经济的实现创造了条件。

表 5—9　　　　　　　　　2001 年以来中国国内汽车企业重组情况

2001 年 1 月	安徽奇瑞无偿划拨 20％的股权（价值 3.5 亿元）加盟上汽集团，改名为上汽奇瑞。
2002 年 6 月	柳州五菱与上海汽车、美国通用合作，重组成立上汽通用五菱汽车股份有限公司。
2002 年 6 月	一汽集团公司和天津汽车工业（集团）有限公司签订联合重组协议书，重组采取股权转让方式，一汽对天津夏利和华利实行控股，并承担其巨额债务。
2002 年 12 月	上汽集团与通用汽车中国公司携手兼并重组烟台车身有限公司，成立上海通用东岳汽车公司。
2004 年	浙江青年集团与贵州航天集团达成重组贵航云雀协议，两者共同投资 32 亿元建设生产轿车的合作项目，曾为"三小"之一的贵航云雀改名为贵州青年云雀。浙江青年拥有 69％的股权，并获得轿车生产资格。
2004 年 2 月	上汽集团、通用汽车中国公司和上海通用汽车在沈阳签订重组备忘录。在重组后的沈阳金杯通用汽车中，上汽集团、通用汽车中国公司各拥有 25％的股权，上海通用汽车持有 50％的股权。
2004 年 10 月	江铃集团与长安汽车各出资 5 000 万元成立江铃控股有限公司。
2005 年 6 月	上汽通用五菱正式与颐中（青岛）运输车辆制造有限公司签署协议，全资收购青岛颐中汽车，青岛颐中改名为上海通用五菱青岛分公司，新公司成为五菱的新生产基地。
2005 年 8 月	潍柴动力出资 10.23 亿元收购湘火炬成为第一大股东，拥有股份占总股本的 28.12％，并间接控制陕西重汽。2007 年潍柴动力吸收合并湘火炬。

---

　　①　资料来源：UNCTAD 发布的 1999 年、2001 年、2009 年《世界投资报告》。

2005 年 12 月	上汽股份与依维柯、重庆重汽三方在重庆签署战略合作框架协议。根据协议，三方将合作重组重庆红岩公司，共同发展重型车整车和发动机。
2007 年 7 月	广汽集团、日野汽车股份有限公司成立合资企业，并重组广州羊城汽车有限公司及沈阳沈飞日野汽车制造有限公司。
2007 年 12 月	上汽和南汽在北京签署合作协议，开始了中国汽车业规模最大、涉及面最广的资产重组兼并。上汽集团以 3.2 亿股上海汽车股权换得南汽跃进汽车集团汽车资产。
2008 年 1 月	中国一航、一航南京金城出资 1.56 亿元对安徽开乐专用车辆股份有限公司增资扩股，着力将开乐打造成一航专用车辆发展平台。
2008 年 2 月	北京四维集团与江苏太仓港出口加工区签约，太仓四维—约翰逊特种车项目落户太仓港出口加工区，该项目投资 3 亿元。
2008 年 2 月	由中国南方工业汽车股份有限公司、重庆迪马实业股份有限公司及大江集团联合组建的重庆南方迪马专用汽车股份有限公司成立。
2008 年 3 月	内蒙古国有资产经营公司、中国中信集团、重庆力帆集团与呼和浩特市政府签署协议，建设国内首家工业化量产电动汽车项目。
2008 年 5 月	中国重汽集团柳州运力专用汽车有限公司成立，中国重汽集团正式向柳州运力专用汽车有限公司注资 5 000 万元，认购柳州运力 60％的股份。
2008 年 6 月	东风汽车有限公司东风客车公司在湖北十堰基地正式成立。
2008 年 10 月	四川德阳市人民政府与北汽福田汽车股份有限公司正式签署战略合作框架协议，建立新工厂，投资规模约 8 亿元。
2008 年 10 月	河北中兴汽车制造有限公司与长安汽车股份有限公司正式签署合作协议，长安将借助中兴汽车在技术和海外市场的优势为其生产皮卡产品，对长安汽车在海外的经销商提供商用车的销售，此次合作的基础是产品层面。
2008 年 10 月	中大汽车集团股份有限公司与东风云南汽车有限公司签署战略合作框架协议，双方组建合资公司，并以 10 米以上的公路、旅游客车为主打产品，开拓国内西南地区市场及东南亚市场。
2008 年 10 月	中国重型汽车集团有限公司与湖北省随州市政府就中国重汽湖北华威专用汽车项目签约。
2008 年 11 月	北京汽车工业控股有限公司与青海省经委就汽车合作项目签署协议，在青海建立专用汽车生产基地。青海洁神集团与北汽福田股份有限公司共同投资成立青海福田洁神专用汽车有限公司，发展的重点是利用福田汽车下属的欧曼重卡底盘等产品，规划生产半挂牵引车、普通平板车、自卸汽车、环卫车和油田用车等。以专用汽车项目为切入点，择机在青海建立整车生产厂，形成年产 5 000 辆规模的专用汽车生产能力。

2009 年 5 月	长丰集团将其持有的 29％的股权转让给广汽集团，从而广汽集团成为该公司第一大股东。
2009 年 5 月	潍柴动力、山推股份及山东巨力三家上市公司同时发布公告，宣告成立以汽车零部件为主业的山东重工集团。重组后形成的山东重工与所属三家企业之间，将建立母子公司管理体制。此举标志着山东省汽车产业整合拉开序幕，新诞生的山东重工集团将肩负起山东打造千亿级汽车零部件集团的重任。
2009 年 11 月	兵装集团与中航工业联手组建中国长安汽车集团有限公司，为中国汽车产业由做大到做强开辟新的道路。整合后的新长安规模超过东风汽车，仅次于上汽和一汽，跻身国内汽车产业前三甲。
2009 年 12 月	北汽控股正式对外宣布耗资 2 亿美元成功收购萨博汽车的相关知识产权。在获得完整的研、产、销、质量控制体系核心资料后，北汽控股计划投资 330 亿元快速推进自主品牌乘用车的产业化进程。
2010 年 3 月	浙江吉利控股集团有限公司与美国福特汽车公司正式签署收购沃尔沃汽车公司的协议，获得沃尔沃轿车公司 100％的股权及相关资产。收购价 18 亿美元，创下中国收购海外整车资产的最高金额纪录。

资料来源：2007 年以前数据来自 http：//auto. sohu. com/20090403/n263179718. shtml，2008 年数据来自《中国汽车工业年鉴》（2009），394 页，2009 年数据来自 http：//news. 9ask. cn/gsbg/bgdt/201002/359938. html。

由表 5—10 可以看出，通过企业自身发展及兼并重组，中国已形成以上海、长春、武汉为首的十几个汽车产业集群分布区。由表 5—11 可以看出，与整车布局相匹配，中国目前形成了上海、京津、广州、长春、武汉、重庆六大汽车零部件产业圈，2007 年这六大汽车零部件产业圈的零部件产值占全国的 81.2％、企业数量占全国的 50.6％、就业人数占全国的 55.3％。在 2007 年统计的近 200 个主要汽车零部件中，占总产量 100％的电喷系统、发动机管理系统、中央控制器，90％以上的正时齿轮、调温器、ABS 系统，80％以上的半袖套管、电动玻璃升降器，70％以上的汽缸垫、差速器总成、空调装置以及 60％以上的传感器、空压机总成、发电机等主要汽车零部件均为三资企业生产。[①] 内资企业在关键技术方面仍明显落后于外资企业，汽车零部件业缺少核心技术，开发进程明显落后于汽车制造技术。2007 年占

---

① 资料来源：《2009 年中国汽车产业发展报告》，社会科学文献出版社 2009 年版，第 223 页。

汽车零部件企业数 17％的外资企业总产值和营业收入分别占全部零部件企业的 41％和 42％，如表 5—12 所示。国内零部件企业的盈利能力也远低于外资零部件企业，特别是国有零部件企业的盈利水平偏低，仅相当于外资零部件企业盈利水平的 43.7％。

表 5—10   中国部分汽车产业集群分布情况

名称	主要的整车龙头企业	主要生产集聚地
长春	一汽大众、一汽解放、一汽轿车	长春经济开发区、高新区、汽车产业开发区
北京	北京现代、北京奔驰、北汽福田	顺义、昌平、大兴
天津	天津一汽夏利、天津一汽丰田	西青、河东、河北、天津经济技术开发区
上海	上海大众、上海通用、上汽股份乘用车	嘉定、浦东新区
武汉	神龙公司、东风本田、东风有限	武汉经济技术开发区
重庆	长安福特、长安铃木、长安汽车	江北、沙坪坝、九龙坡、渝北
广州	东风日产乘用车、广州本田、广州丰田	南沙、花都、白云、增城、番禺、黄浦、广州经济技术开发区
芜湖	奇瑞汽车	芜湖市经济技术开发区
合肥	江淮汽车	合肥市区
柳州	上汽通用五菱、东风柳汽、五菱专用汽车公司、一汽柳特	河西区
哈尔滨	哈飞、哈尔滨建成集团北方专业车厂	汽车制造特色产业基地
沈阳	上通北盛、华晨金杯、华晨宝马	大东区
济南	中国重汽、青年汽车、华泰汽车	济南东部地区
南京	南汽、长安福特马自达南京公司、南京依维柯	江宁开发区

资料来源：根据《中国汽车工业年鉴》（2007）数据及相关资料整理。

表 5—11   2007 年中国六大汽车零部件产业圈基本情况（％）

零部件产业圈	长春	京津	上海	武汉	广州	重庆	合计
产值比重	9	10.8	37.2	6.4	12.1	5.7	81.2
企业数量比重	7.8	8.6	9.1	9.1	8.6	7.4	50.6
就业人数	8.9	8.7	8.8	8.8	11.2	8.9	55.3

资料来源：国家信息中心：《2009 年中国汽车零部件产业调查研究》，转引自《2009 中国汽车产业发展报告》，142 页，北京，社会科学文献出版社，2009。

表 5—12　　　　　　　　2007 年不同所有制汽车零部件企业比较（％）

企业所有制类别	数量比重	工业总产值比重	营业收入比重	利润率	资产收益率
外资	17	41	42	8.7	10.6
国有	8	8	8	3.8	3.8
混合	20	24	23	6.0	6.9
民营	49	21	20	6.4	8.8
港澳台	6	6	7	6.8	6.8

　　资料来源：国家信息中心：《2009 年中国汽车零部件产业调查研究》，转引自《2009 中国汽车产业发展报告》，社会科学文献出版社 2009 年版，第 213 页。

　　今后中国应采取政策鼓励国内一批科技含量高、效益好、规模大的汽车零部件企业逐步成长起来，加大关键零部件与技术的自主研发，使自主品牌零部件拥有更大的市场份额，提高国内零部件企业的核心竞争力。

　　虽然中国汽车业自 2000 年以来发展很快，市场集中度及规模经济都有了很大改善，但是，中国只有少数几家汽车企业能达到最小经济规模水平。由表 5—13 可以看出，中国汽车企业的产量规模较小，2007 年前三大汽车企业基本乘用车的年产量在 50 万辆左右，而世界最大汽车生产厂商丰田的年产量接近 950 万辆。中国三大汽车生产商与全球三大汽车生产商相比还有很大差距，中国汽车业的典型特征仍然是企业数量过多、产量规模过小。

　　为解决中国汽车业存在的数量多、规模小、规模经济性不明显及竞争力不强的问题，2009 年发布的中国《汽车产业调整和振兴规划》提出，要形成 2—3 家产销规模超过 200 万辆的大型汽车企业集团，4—5 家产销规模超过 100 万辆的汽车企业集团，产销规模占市场份额 90％以上的汽车企业集团数量由目前的 14 家减少到 10 家以内。随着国家相关政策的贯彻和企业竞争格局的变化，中国汽车业市场集中度会逐步提升，更多的企业将向规模经济产量迈进。如吉利汽车公司从 1997 年进入轿车生产领域以来，取得了快速的发展，2009 年销售汽车 33 万辆，同比增长 59％[①]，2010 年 3 月吉利收购沃尔沃汽车，2009 年沃尔沃汽车销售 33.48 万辆[②]，按照吉利集团的规划，

　　① 资料来源：吉利公司网站，http：//www.geely.com/news/newscenter/qyxw/29865.html。
　　② 资料来源：http：//auto.163.com/10/0205/16/5UP886MA0008360V.html。

收购沃尔沃后将在中国建立年产 30 万辆的新工厂，使沃尔沃汽车的全球年产量提高近一倍。[①] 可以预见，通过并购沃尔沃，吉利不久将进入年产 100 万辆汽车企业集团的行列。

表 5—13　　　　　**2006—2007 年全球及中国主要汽车厂商产销量**　　　单位：辆

厂商名称	生产			销售		
	2006 年	2007 年	增长（%）	2006 年	2007 年	增长（%）
丰田（Toyota）	9 018 000	9 498 000	5.3	8 808 000	9 366 000	6.3
通用（GM）	8 766 261	8 818 409	0.6	8 680 995	8 902 252	2.6
福特（Ford）	6 563 092	6 365 456	−3	6 008 000	5 964 000	−0.7
大众（Volkswagen）	5 659 578	6 213 332	9.8	5 720 096	6 191 618	8.2
现代—起亚（Hyundai-Kia）	3 778 166	3 987 267	5.5	3 756 545	3 961 629	5.5
本田（Honda）	3 633 813	3 911 813	7.7	3 596 000	3 831 000	6.5
日产（Nissan）	3 288 346	3 431 398	4.4	3 477 837	3 675 574	5.7
标致—雪铁龙（PSA）	3 115 000	3 233 000	3.8	3 365 900	3 428 400	1.9
菲亚特（Fiat）	2 363 968	2 813 870	19	2 288 284	2 620 864	14.5
雷诺（Renault）	2 346 319	2 635 753	12.3	2 433 610	2 487 453	2.2
上海汽车（集团）有限公司（SAIC）	422 346	610 028	44.4	406 226	605 372	49
长安汽车（集团）有限责任公司	462 917	546 253	18	461 069	533 143	15.6
中国第一汽车集团（FAW）	411 618	509 449	23.8	539 960	521 701	−3.4
东风汽车公司（DFM）	478 129	503 869	5.4	464 116	531 043	14.4
北京汽车工业控股有限责任公司	374 593	454 321	21.3	389 543	456 055	17.1
奇瑞汽车有限公司	307 232	387 880	26.3	302 478	380 817	25.9
金杯汽车股份有限公司	216 185	293 588	35.8	210 214	300 518	43
哈飞汽车股份有限责任公司	265 019	231 488	−12.7	266 835	243 079	−8.9
吉利汽车	207 149	216 774	4.7	204 431	219 512	7.4
江淮汽车	175 421	209 880	19.6	175 434	208 261	18.7

资料来源：中国经济信息网产业数据库。

[①]　资料来源：http://news.sohu.com/20100328/n271157578.shtml。

5.2.3　全球主导厂商的出现

经济全球化条件下强强联合的跨国并购成为主导趋势。在一些产业中，由于跨国并购实现了产业的重组，形成了许多超大型企业，少数几家巨型跨国公司控制了大半市场，在制药业、汽车业等产业前5家厂商的营业收入已占到整个产业营业收入的50%以上，如2009年世界前5大制药厂商营业收入243 143.5百万美元，占进入世界500强制药企业营业收入的59.3%。2009年前五大汽车厂商营业收入806 515百万美元，占进入世界500强汽车生产企业总营业收入的53.9%。①

2008年以海外资产衡量的世界前100家非金融类跨国公司中，电信巨头沃达丰集团（Vodafone Group PLC）排在第2位，海外资产2 049.2亿美元，总资产2 225.93亿美元，海外销售额519.75亿美元，总销售额597.92亿美元，海外雇员68 747人，总雇员79 097人，国际化指数88.6%。沃达丰集团规模扩张正是伴随其在全球范围内的大规模并购实现的，涉及金额较大的并购主要有：1999年出资603亿美元成功并购美国空中通讯公司；2000年与德国曼内斯曼公司合并，涉及金额2 028亿美元；2003年以23亿美元收购法国CEGETEL公司；2006年以46亿美元收购土耳其TELSIM Mobil Telekomunikasyon公司，以29亿美元收购南非VenFin Ltd公司。②通过在全球范围内的并购，沃达丰已成为电信领域的主导厂商。

全球规模最大的钢铁制造企业安赛乐米塔尔集团（Arcelormittal）2008年海外资产1 271.27亿美元，总资产1 330.88亿美元，总销售额1 249.36亿美元，海外雇员248 704人，总雇员315 867人，国际化指数91.4%，在全球60多个国家开展经营。2009年安赛乐米塔尔净销售额达651亿美元，粗钢产量7 320万吨，占全球钢产量的8%。③米塔尔集团在2006年以250亿欧元并购安赛乐集团之后，其生产规模已超过全球第2名的新日本制铁（Nippon

---

①　根据2009年《财富》杂志发布的世界500强数据计算。

②　资料来源：UNCTAD发布的2000年、2001年、2004年、2007年、2009年《世界投资报告》。2008年前100家非金融类跨国公司数据实为2007年全球前100大跨国公司2008年的初步数据，国际化指数（TNI）为海外资产占总资产的比重、海外销售量占总销售量的比重和海外雇员占总雇员的比重的平均值，海外雇员数据由前一年海外雇员占总雇员的比重乘以2008年的总雇员数所得。

③　资料来源：UNCTAD发布的2009年《世界投资报告》，2009年数据来自公司网站，http://www.arcelormittal.com/。

Steel Corporation)、第 3 名的韩国浦项钢铁（Posco）之总和。之后该集团又在全球范围内大规模并购扩张，使其成为钢铁业的超大型企业。

鉴于汽车业在国民经济中的重要作用及其在全球产业链条分工中的代表性，下面以汽车业中的最大生产厂商丰田汽车及中国最大汽车生产厂商上汽集团为例分析其全球生产布局、经营策略等行为选择问题。

截至 2009 年 3 月，丰田汽车公司拥有员工 71 116 人，母子公司合计员工 320 808 人，2008 财年汽车销售 799.6 万辆。由表 5—14 可以看出，2008 财年营业收入 20 兆 5 295 亿日元，纯利润 4 369 亿日元，公司不仅保持了很大的销售量，还维持了良好的经营状况。2009 年由于受金融危机影响及产品质量问题，其销售量、销售额有所下降。据 2010 年 5 月 11 日丰田发布的 2009 年度联合财务报表，丰田集团 2009 财年销售额为 18 兆 9 509 亿日元（约合人民币 13 957 亿元），比去年同期减少 15 786 亿日元（约合人民币 1 163 亿元），同比下降 7.7%。汽车销售量为 723.7 万辆，同比减少 4.4%。[①]

表 5—14　　　　　　　　　2008 财年丰田汽车公司经营状况

营业收入	20 兆 5 295 亿日元	纯利润	4 369 亿日元
营业收益	4 610 亿日元	设备投资	1 兆 4 802 亿日元
研发费	9 588 亿日元		

　说明：联合结算子公司共 529 家（日本国内 283 家、国外 246 家），控股相关公司共 56 家（日本国内 36 家、国外 20 家）。
　资料来源：丰田公司官方网站。

如图 5—15 所示，1990 年以前丰田海外生产量较少，绝大部分生产集中在日本国内，随着全球化进程的加快，1990 年以后海外扩张步伐加快，海外生产量持续攀升，特别是 2000 年以来海外生产量已接近国内生产量，2008 年海外汽车生产量达到 419.8 万辆，国内生产量 401.2 万辆。

从图 5—16 可以看出，由于日本国内市场的狭小及丰田公司的全球生产布局，1980 年以来海外销售量一直高于国内销售量，特别是 2000 年以来海外销售量大幅超过国内销售量，到 2008 年丰田汽车海外销售量达到 652.6 万辆，而国内销售量仅为 147 万辆。可见，丰田汽车公司的全球生产及销售扩张使其生产经营规模迅速扩大，成为全球汽车主导厂商之一。

---

　① 数据来源：丰田汽车公司网站，http://www.toyota.com.cn/。汇率按 2010 年 5 月 11 日当日汇率中间价折算，100 日元＝7.392 元人民币。

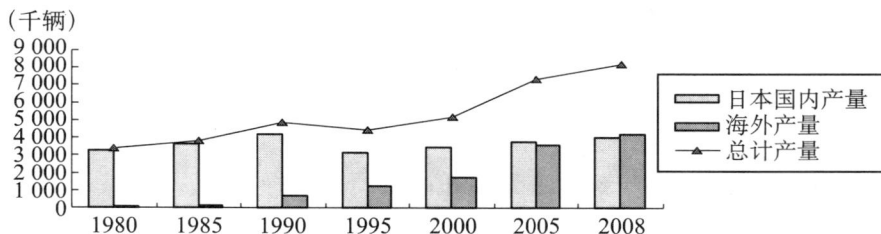

图5—15   丰田汽车公司历年海内外生产情况

资料来源：丰田汽车公司官方网站。

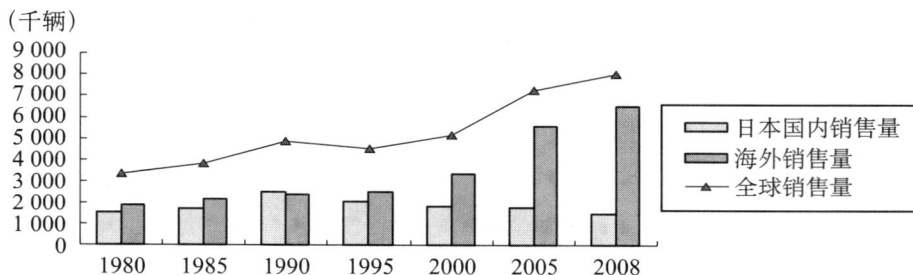

图5—16   丰田汽车公司历年海内外销售情况

资料来源：丰田汽车公司官方网站。

目前丰田公司国内下辖10家汽车及零部件公司，整车及零部件生产工厂有12家，截至2008年初，丰田公司已在世界27个国家和地区设有53家生产工厂，生产网络已遍布全球各大洲。

从表5—15看，丰田1959年就出资在巴西建立汽车零部件生产厂，上世纪60年代以来逐步在全球进行生产布局。60年代在澳大利亚、泰国、南非、葡萄牙、美国通过直接投资设厂进行汽车或发动机生产，70—80年代在加拿大、美国等发达国家拓展市场，建立全资或合资汽车及零部件企业，在委内瑞拉、中国台湾、菲律宾、泰国等利用低廉的劳动力建立零部件及汽车生产厂。90年代至今在经济全球化背景下其海外扩张步伐进一步加快，在美国、欧洲等发达国家合资或全资建立汽车生产企业，在阿根廷、印度、印度尼西亚、马来西亚、菲律宾等发展中国家主要建立技术含量较低的零部件生产企业。在中国大陆的投资增长迅猛，截至2007年已合资或全资建立10家汽车及零部件生产企业，90年代末主要在中国建立零部件生产企业，进入新世纪在大力发展零部件生产企业的同时，加快了整车的合资生产步伐，这与中国引资政策的变化及汽车需求的迅速扩张是分不开的。

从丰田在全球的生产布局可以看出，在发达国家丰田主要以抢占市场、利用当地技术优势为目标，通过建立合资、独资企业进行汽车生产，在海外的 16 家全资生产工厂有 12 家设在发达国家，而在发展中国家主要目标是利用廉价的劳动力及资源，主要是建立汽车零部件生产企业。在中国、印度等汽车业发展相对滞后而国内市场需求又迅速扩张的国家，采取合资、合作的方式进行整车生产，丰田在海外的 30 家合资生产企业中有 26 家设在发展中国家。丰田的全球生产反映了经济全球化条件下国际产业分工的趋势，跨国公司或大型厂商在全球进行生产布局，价值链的增值环节分布于不同国家，目的是充分利用当地的比较优势，以最大化利润。

表 5—15　　　　　丰田汽车公司海外生产基地、海外生产工厂一览

国家/地区	公司名称	出资形态	投产年度	主要产品
加拿大	Canadian Autoparts Toyota Inc.	全资	1985	铝制车轮
	Toyota Motor Manufacturing Canada，Inc.	全资	1988	Corolla、Matrix、RX、发动机
美国	TABC，Inc.	全资	1974	催化转换器、铸造件、Steering Column、Truckdeck
	New United Motor Manufacturing，Inc.	合资	1984	Corolla、Tacoma
	Toyota Motor Manufacturing, Kentucky，Inc.	全资	1988	Avalon、Camry、Solara、发动机
	Catalytic Component Products，Inc.	合资	1991	催化转换器
	Bodine Aluminum，Inc.	全资	1960	铝铸造件
	Toyota Motor Manufacturing, West Virginia，Inc.	全资	1998	发动机、变速箱
	Toyota Motor Manufacturing, Indiana，Inc.	全资	1999	Tundra、Sequoia、Sienna
	Toyota Motor Manufacturing, Alabama，Inc.	全资	2003	发动机
	Toyota Motor Manufacturing, Texas，Inc.	全资	2006	Tundra
	Subaru of Indiana Automotive，Inc.	当地资本	2007	Camry

续前表

国家/地区	公司名称	出资形态	投产年度	主要产品
阿根廷	Toyota Argentina S. A.	全资	1997	Hilux、Fortuner
巴西	Toyota doBrasil Ltda.	全资	1959	Corolla、Hilux、主动轴部件
墨西哥	Toyota Motor Manufacturing de Baja California S. de R. L. de C. V.	全资	2004	Tacoma、Tacoma 用车厢
委内瑞拉	Toyota de Venezuela，Compania Anonima	合资	1981	Corolla、Dyna、Land Cruiser、Fortuner、Hilux
捷克	Toyota Peugeot Citroen Automobiles Czech，s. r. o.	合资	2005	Aygo
法国	Toyota Motor Manufacturing France S. A. S.	全资	2001	Yaris、发动机
波兰	Toyota Motor Industries Poland Sp. zo. o.	全资	2002	变速箱、发动机
波兰	Toyota Motor Industries Poland Sp. zo. o.	全资	2005	发动机
葡萄牙	Toyota Caetano Portugal，S. A.	合资	1968	Dyna、Hiace、Optimo
土耳其	Toyota Motor Manufacturing Turkey Inc.	合资	1994	Corolla Verso、Auris
英国	Toyota Motor Manufacturing (UK) Ltd.	全资	1992	Avensis、Auris、发动机
俄罗斯	Toyota Motor Manufacturing Russia	合资	2007	Camry
肯尼亚	Associated Vehicle Assemblers Ltd.	当地资本	1977	Hiace、Land Cruiser
南非	Toyota South Africa Motors (Pty) Ltd.	合资	1962	Corolla、Dyna、Hiace、Hilux、Fortuner、发动机
中国	天津津丰汽车底盘部件有限公司	合资	1997	转向装置、传动轴
中国	天津丰津汽车传动部件有限公司	合资	1998	等速万向节、差速器
中国	天津一汽丰田发动机有限公司	合资	1998	发动机
中国	天津丰田汽车锻造部件有限公司	独资	1999	锻造毛坯
中国	四川一汽丰田汽车有限公司	合资	2000	Coaster、Land Cruiser、Land Cruiser Prado、Prius
中国	天津一汽丰田汽车有限公司	合资	2002	Vios、Corolla、Corolla EX、Crown、Reiz
中国	一汽丰田（长春）发动机有限公司	合资	2004	发动机
中国	丰田一汽（天津）模具有限公司	合资	2004	模具
中国	广汽丰田发动机有限公司	合资	2005	发动机、凸轮轴、曲轴
中国	广州丰田汽车有限公司	合资	2006	Camry
中国	国瑞汽车股份有限公司（台湾）	合资	1984	Camry、Corolla、Vios、Wish、Zace、Hiace、Yaris、发动机、铸造件

续前表

国家/ 地区	公司名称	出资 形态	投产 年度	主要产品
印度	Toyota Kirloskar Motor Private Ltd.	合资	1999	Corolla、Innova
	P. T. Astra Daihatsu Motor	合资	2002	变速箱、加速器、传动轴
印度 尼西 亚	P. T. Toyota Motor Manufacturing Indonesia	合资	1973	Dyna、 Fortuner、 Innova、 Ki-jang、发动机
	P. T. Astra Daihatsu Motor	合资	2004	Avanza
马来 西亚	Assembly Services Sdn. Bhd.	独资	1968	Camry、Corolla、 Vios、 Hiace、Hilux、 Innova、 Fortuner、 发动机
	Perodua Manufacturing Sdn. Bhd.	合资	2005	Avanza
巴基 斯坦	Indus Motor Company Ltd.	合资	1993	Corolla、Hilux
菲律宾	Toyota Motor Philippines Corp	合资	1989	Camry、Corolla、Innova
	Toyota Autoparts Philippines Inc.	合资	1992	变速箱、等速万向节
泰国	Toyota Motor Thailand Co., Ltd.	合资	1964	Camry、 Corolla、 Vios、 Wish、Hilux Vigo、Yaris
	Toyota Auto Body Thailand Co., Ltd.	合资	1979	锻压件
	Thai Auto Work Co., Ltd.	合资	1988	Fortuner、Hilux Vigo
	Siam Toyota Manufacturing Co., Ltd.	合资	1989	发动机、传动轴、铸造件
越南	Toyota Motor Vietnam Co., Ltd.	合资	1996	Camry、 Corolla、 Vios、 Hiace、Innova、Land Cruiser
澳大 利亚	Toyota Motor Corporation Australia Ltd.	全资	1963	Camry、发动机
孟加 拉国	Aftab Automobiles Ltd.	当地 资本	1982	Land Cruiser

资料来源：丰田公司网站，http://www.toyota.com.cn/。

图 5—17 与图 5—18 列出了丰田汽车公司与日本、美国、欧盟及中国主要汽车公司的资本、业务关系，丰田汽车公司通过出资并购及业务合作建立联盟，在全球范围内与主要的汽车生产厂商建立了复杂的资本与业务联系，且这种趋势呈现逐步深化之势，联盟关系的建立使丰田公司能更好地利用全球资源，发挥规模经济及比较优势，提高国际竞争力。

丰田公司全球范围的扩张主要是为了降低成本、扩大销量、寻求与海外

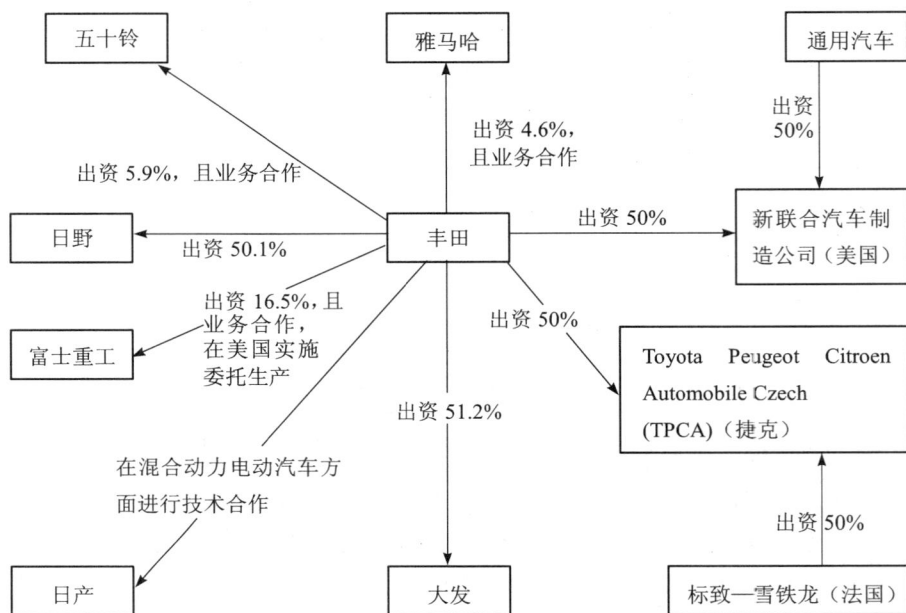

图 5—17　丰田汽车公司与日本、美国及欧盟主要汽车公司的资本、业务关系

说明：合作双方的业务内容包括技术提供、共同开发、整车提供以及合资等生产领域的合作，不包括销售及零部件供应方面的合作，所述内容截止到 2009 年 3 月 31 日。

资料来源：《中国汽车工业年鉴》（2009），632—633 页，转引自《2009 年日本自动车工业》。

零部件厂商进行合作，在质量控制体系不够完善的情况下，也会出现一些问题。最为明显的是 2009 年丰田因刹车系统问题进行了大规模的召回，使公司形象受损，全球销量大幅下降。为提高产品质量，2010 年丰田汽车成立了新的质量管理中心"全球质量特别委员会"，以求通过全球共享质量信息保证产品质量。

目前，中国汽车业的主导厂商为上汽、一汽、东风，其中上海汽车工业（集团）总公司是国内汽车产量最多的厂商，主要从事乘用车、商用车和汽车零部件的生产、销售、开发、投资及相关的汽车服务贸易和金融业务。2009 年上汽集团整车销售量超过 272 万辆，其中乘用车销售量 160 万辆，商用车销售量 112 万辆。①

---

①　资料来源：上汽集团网站，http：//www.saicgroup.com/chinese/xwzx/12114.shtml。

```
中国第一汽车集团公司          广州丰田汽车有限公司   ←出资50%   广州汽车集团公司

  出资20%        生产威姿                    出资50%              出资30%
              （提供技
  天津          术）                          出资70%
  一汽        ─────────      丰田    ──────────→    广汽丰田发动机
  夏利
  有限        出资45%，生产柯斯达、兰德酷路泽、普锐斯
  公司        出资40%，生产威驰、卡罗拉、皇冠等汽车

         出资
         30%                                          四川一汽丰田汽车有
              天津一汽丰田汽车有限公司                  限公司
```

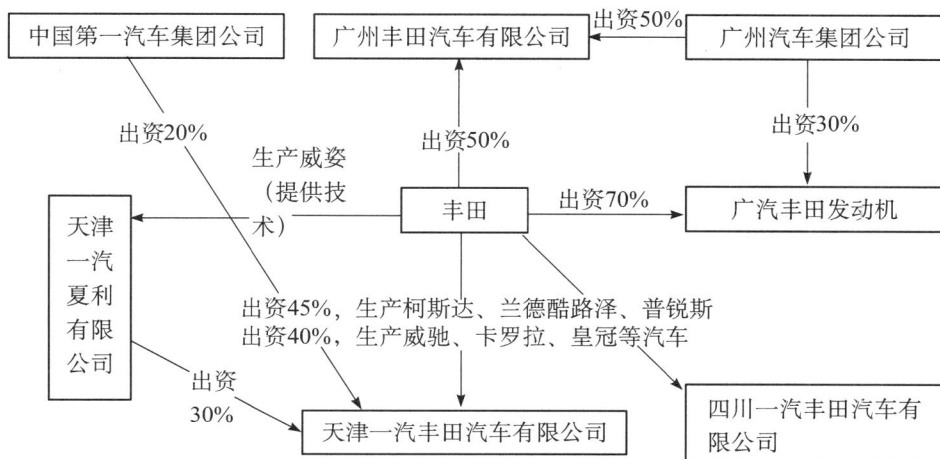

图 5—18　丰田汽车公司同中国主要汽车公司的资本、业务关系

说明：合作双方的业务内容包括技术提供、共同开发、整车提供以及合资等生产领域的合作，不包括销售及零部件供应方面的合作，所述内容截止到 2009 年 3 月 31 日。

资料来源：《中国汽车工业年鉴》（2009），634 页，转引自《2009 年日本自动车工业》。

上汽集团在自主研发的同时积极进行对外合作，整合全球研发资源，构建协同研发平台，通过加强与德国大众、美国通用等著名汽车公司的战略合作，不断推动上海通用、上海大众、上汽通用五菱、上汽依维柯、上海申沃等系列产品的后续发展，取得了卓越成效。同时，上汽通过集成全球资源，加快技术创新，全力推进自主品牌轿车的研发、生产和销售，形成了合资品牌和自主品牌共同发展的格局。上汽集团不断在国内及全球进行扩张，除上海外，还在国内柳州、重庆、烟台、沈阳、青岛、仪征、南京以及英国长桥等地建立了自己的生产基地，拥有韩国通用大宇 10% 的股份，在美国、欧洲、中国香港、日本和韩国设有海外公司。[①]

图 5—19 是上汽集团的合资合作及其持股情况。在国内通过并购或与国内汽车企业合资，上汽不断扩展产品线，扩大生产规模。通过与通用、大众、依维柯、菲亚特等汽车厂商建立合资合作关系，进行共同生产，上汽集团正在迈向国际化经营之路。但是，与世界著名汽车公司相比，上汽集团的

---

① 　资料来源：上汽集团网站，http：//www．saicgroup．com/。

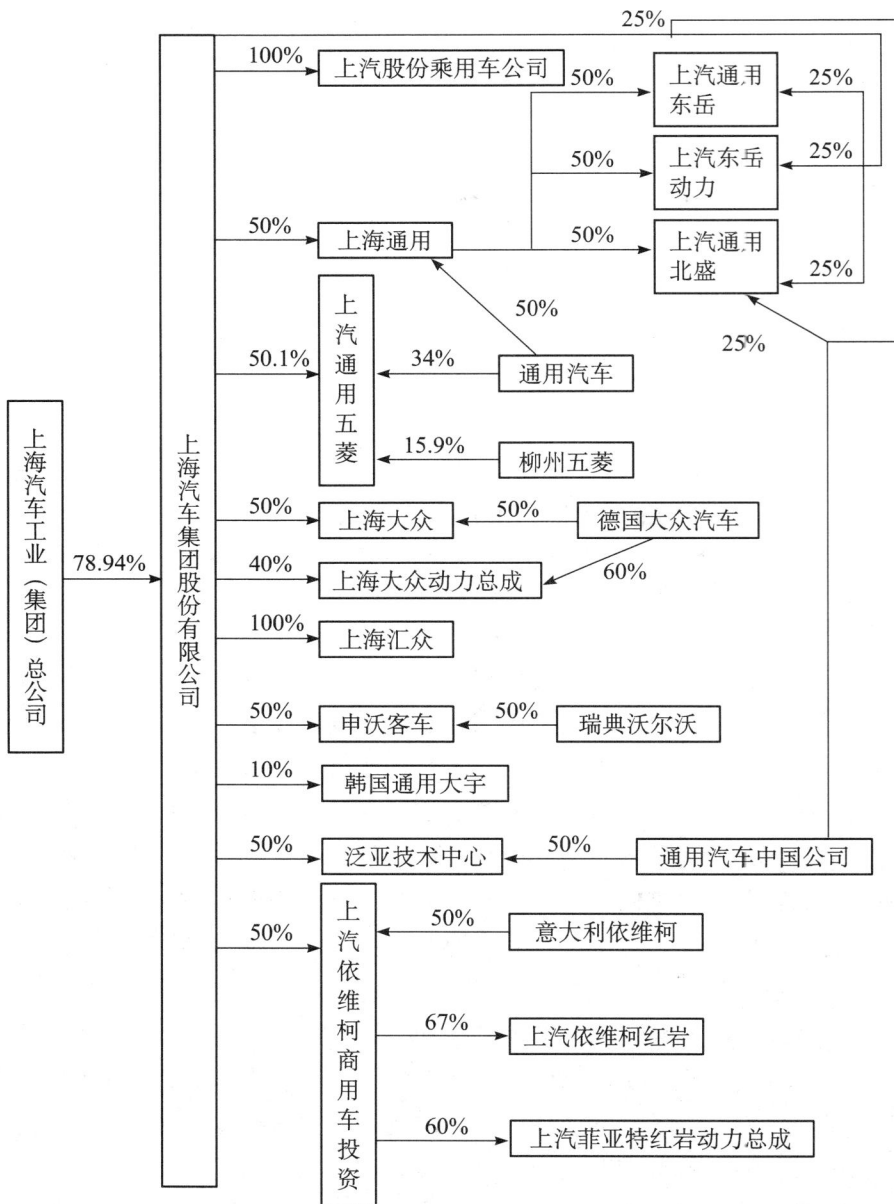

图 5—19　上汽集团下属主要整车、发动机企业及研发机构持股情况

资料来源：中国汽车技术研究中心、中国汽车工业协会：《中国汽车工业年鉴》（2009），106 页，北京，人民交通出版社，2009。

国际化经营只是刚刚起步，而跨国并购还有待"破冰"。

经济全球化条件下，一些产业的大规模跨国并购使全球主导厂商出现，全球范围内的寡头垄断格局初步形成，这些超大型的跨国公司规模大、资金雄厚、盈利能力强，在技术、管理、市场等方面拥有较强的竞争力。具体表现在全球主导厂商可以更好地细化内部分工，改进专业设备，进行差异化产品的生产，实现规模经济效应，在全球范围内建立广泛而高效的经销网络，减少销售成本；规模经济的实现、企业实力的增强，可以更多地增加研发投入，实现技术进步，掌握核心技术；有利于形成品牌效应，在消费者中形成较高的信任度和忠诚度（夏华强，2007）。

经济全球化条件下全球主导厂商的出现是国际竞争的结果。要想在激烈的国际竞争中取胜，占据产业主导地位，抢占市场，获取更多的利润，就需要培育一批在国际市场上占有较大市场份额的主导厂商。发达国家的一些跨国公司利用资金实力、技术优势、品牌优势、管理经验大规模在发展中国家进行并购，掌握产业控制权，低成本建立销售渠道，扩大自身品牌知名度，抢占销售市场，获取了更多的垄断利润（赵宝华、綦建红，2001）。发展中国家面临的市场环境日益恶化，要与跨国公司进行竞争，实现市场结构的优化，就必须培育自己的主导厂商。可以尝试与国外跨国公司或国内在某方面有竞争优势的企业建立战略联盟，在技术研发、产品营销等方面开展合作，形成以核心企业和大集团为主体的科研开发和技术创新体系，以增强企业的竞争优势。[①] 政府根据产业和企业的特点，引导和鼓励有竞争优势的大型企业重组并购效益差的中小企业，整合资源，开展集约化经营，扩大企业规模。政府应适时制定鼓励企业研发、重组的一系列政策，如对企业的技术研发进行财政补贴，免征高新技术企业的所得税，对有利于主导厂商成长的重组并购提供优惠贷款等金融政策支持，加强知识产权保护。调整外资政策，对落后产业及不利于关系国民经济命脉产业主导厂商成长的外资逐步取消税收、金融等优惠政策，按照《反垄断法》的规定规范市场秩序，防止某些跨国公司利用资本和技术优势在某些产业形成垄断，或滥用其支配地位来操纵市场和价格，恶意挤垮民族企业。发展中国家全球主导厂商还应积极"走出

---

① 资料来源：http://www.hainan.gov.cn/data/news/2006/07/16259/。

去"进行跨国并购,建立国际生产网络与营销网络,增强对全球价值链的控制力,降低生产成本和交易成本,培育自有品牌,这样才能真正成为有国际竞争力的全球主导厂商。

5.3   国际生产网络与国际产业分工

5.3.1   国际生产网络的形成及其作用机制

1. 国际生产网络的形成

伴随着经济全球化进程的深入,国际产业分工出现了新的趋势,产品生产过程包含的不同工序和区段,被拆散分布到不同国家进行,形成以工序、区段、环节为对象的分工体系,即产品内分工,在这一分工体系中产品生产过程中的研发、制造、分销等环节都表现出了国际化的趋势。

首先,跨国公司的研发活动以往大都在母公司基地进行,但是,随着经济全球化的深入,研发活动出现了全球化的趋势,一些企业全球性的研发网络已经形成。例如,IBM 在全球拥有 80 多个研发中心[1],松下电器在美国(新泽西、加利福尼亚、普林斯顿、马萨诸塞等)、欧洲的德国朗根和英国爱丁堡、亚洲的中国(北京、苏州、杭州)、新加坡、马来西亚、越南等地建立了几十所海外研究机构。[2] 研发全球化的推动力主要源自:一是顺应产品制造阶段向海外转移和全球市场开发的需要,研发需与全球生产、营销紧密结合,促使企业在世界各地设置研发据点;二是产品生命周期越来越短,产品更新换代越来越快,生产技术需迅速应用到产品生产中,以快速占领全球市场,研发与制造分隔两地,不利于技术转移和提升企业的全球竞争力,这就客观上要求研发的全球化;三是为了搜寻产品销地需求信息,开发出符合当地需求的产品,为客户提供技术服务,企业也会在海外设置研发基地;四是在某些产品生产有比较优势的发展中国家设立研发机构,可以低成本雇用当地的优秀研发人才,降低研发成本;五是在全球产业集聚地设立研发机构,便于获取技术外溢的好处,吸收当地竞争对手的先进技术和知识,提高

---

①   资料来源:http://www.itxinwen.com/view/new/html/2008 - 10/2008 - 10 - 16 - 149921.html。

②   资料来源:http://news.sohu.com/20080928/n259807600.shtml。

自身的研发能力和技术水平。发展中国家的跨国企业多是采用这种方式接触前沿技术，如中国华为公司的海外研发机构遍及硅谷、达拉斯、班加罗尔、斯德哥尔摩和哥德堡等地区，这些地区都是高科技公司集聚和技术研发最前沿的地方，华为在硅谷设立研发机构加强了与硅谷厂商间的技术交流和合作，能够掌握最新技术发展趋势。2009 年华为在哥德堡临近竞争对手爱立信开设了一家新的研发中心，专注于微波、基站和基于 IP 的网络研发，目的主要是利用当地雄厚的研发实力，同时获取技术外溢的好处，以提高自己的研发水平。[①]

其次，随着经济全球化的发展和供应链管理的普遍实施，跨国公司在全球范围内按比较优势原则在发展中国家设厂或寻找代工厂商生产零部件，以降低成本，然后通过全球采购完成产品的组装生产。全球采购是采购商通过在世界范围内寻找最佳供应商，获得质量最好、价格最优的产品的交易过程，是对全球生产要素与资源的最充分利用，数量大、范围广和持续性是全球采购的重要特征。正是基于全球采购的这些特征，跨国公司与供应商之间已经不再是一种单纯的买卖关系，而是建立起了紧密的战略合作关系，大大提高了跨国公司应对市场变化的能力，并能保持较高的盈利水平。在某些零部件供应紧张的情况下，这种紧密的战略合作关系可以使跨国公司及时得到零部件的供应，保证产品的生产，如在 2004 年全球原材料资源供应紧张的情况下，由于海尔与全球供应商已经建立了紧密的战略联盟，这些供应商优先保证了海尔的供应，实现了海尔集团的高增长。[②]

最后，跨国公司在注重研发和生产的同时，还高度注重品牌培育、分销渠道建设和服务，以树立形象、提高销量。跨国公司在全球范围内开展品牌经营，在销售产品的同时，通过全球市场策划和各种宣传手段，强化产品质量和经营服务的理念，不断提升企业形象，以此提高客户的忠诚度，带来价值增值和商业优先机会。跨国公司在全球范围内根据产品和地区特点，选择经济、合理的分销渠道，把商品送到目标市场。多数商品采用间接分销，在全球范围内选择中间商，掌握分销渠道，使产品在世界范围内尽可能广泛地

---

①　资料来源：http://tech.sina.com.cn/t/2009-10-23/09513532022.shtml。

②　参见褚方鸿、刘敬：《全球采购构筑海尔核心竞争力》，《物流技术与应用》2005 年第 3 期，第 66—68 页。

分销，扩大市场。而某些大型设备、专用工具及技术复杂需要提供专门服务的产品采用直接分销，同时建立与全球销售相匹配的完善的售后服务体系，以提高顾客满意度和忠诚度，增加产品的营销附加值。

经济全球化条件下以跨国公司为主导的产品内分工占据了重要的地位，跨国公司在世界范围内组织生产经营活动，在世界范围内实行高度专业化的分工生产，建立起跨国公司内部及企业间精密细致的专业化分工合作关系，产品的研发设计、零部件生产、产品组装制造、分销以及售后服务发生在不同的国家和地区。跨国公司协调这些发生在不同国家和地区的复杂多样的经营活动形成一体化的国际生产，即国际生产网络（international production network，或者 cross-national production network）。作为一种新的国际分工形式，它使国际分工从产业层次过渡到产品层次，一个产品的价值增值过程在不同的国家和地区完成，全球资源得到了更有效的配置和整合，实现了更高层次的专业化生产与分工协作。

经济全球化条件下产品内分工的盛行与国际生产网络的形成，究其原因主要在于：首先，生产技术与信息技术的进步。生产技术的进步使得产品生产在空间上可以分离，产品内国际分工成为现实，而信息技术的发展为企业更方便快捷地获取各种信息、大幅降低交易费用提供了可能（Hummels，2001）。其次，跨国公司的推动。跨国公司为了在全球范围内寻求最佳的投资地点开展经营，不受地理上分割的劳动力流动和市场的限制，通过向发展中国家外包非核心业务，最大化自己的利润，促进了产品内分工的发展。再次，贸易及投资自由化。经济全球化条件下关税水平的降低，投资领域的进一步开放，使得产品贸易成本大幅缩减，也促进了产品内分工的发展（林季红，2008）。最后，发展中国家出口导向型政策的促进。许多发展中国家对于引进外资和产品出口都实行优惠的政策，如中国对加工贸易实行免税，这些政策措施极大地促进了产品内分工的发展和国际生产网络的形成。

2. 国际生产网络中价值链分工的层级关系

在产品内分工条件下，同一产品不同环节或工序在全球范围内的分散生产使产品生产的价值链发生了重大的变化，全球价值链形成。按照联合国工业发展组织的定义，全球价值链是为实现商品或服务价值而连接生产、销售、回收处理等过程的全球性跨企业网络组织，涉及从原材料采购和运输、

半成品和成品的生产与分销，直至最终消费和回收处理的整个过程。包括所有
参与者和生产销售等活动的组织及其价值、利润分配，散布于全球的处于价值
链上的企业进行着从设计、产品开发、生产制造、营销、交货、消费、售后服
务到最后循环利用等各种增值活动。价值链分工使得一国的竞争优势不仅体现
在某个特定产业或产品上，而是更多地体现在同一产品生产的不同环节或工序
上，从而广大的发展中国家可以利用自己的资源禀赋优势加入生产网络中来，
在产品的某一价值增值环节从事生产，进而获取分工的利益（卢锋，2004）。

　　虽然全球价值链把越来越多不同经济发展水平的国家纳入其中，但是，
在全球价值链中，参与价值创造的国家和地区在价值创造过程中的地位差别
很大，存在明显的层级关系。施振荣于 1992 年提出了"微笑曲线"理论，
很好地说明了价值链分工的层级关系。如图 5—20 所示，微笑曲线中间是附
加值低的组装和制造环节，左边的研发与右边的品牌、分销和服务是附加值
较高的环节。从研发产品到组装制造产品再到最终产品的销售，价值链上各
环节创造的价值随要素密集度的变化而变化。发展中国家的企业由于缺少核
心技术，主要从事制造加工环节，然而，无论加工贸易还是贴牌生产，制造
加工环节付出的只是土地、厂房、设备、水、电等物化要素成本和简单活劳
动成本，虽然投入很大但附加值低，在不同国家间具有可替代性，企业为了
争取订单，常常压低价格。而发达国家的跨国公司依靠在信息、技术、管
理、人才等要素方面的优势控制了研发环节和品牌、分销、服务等价值增值

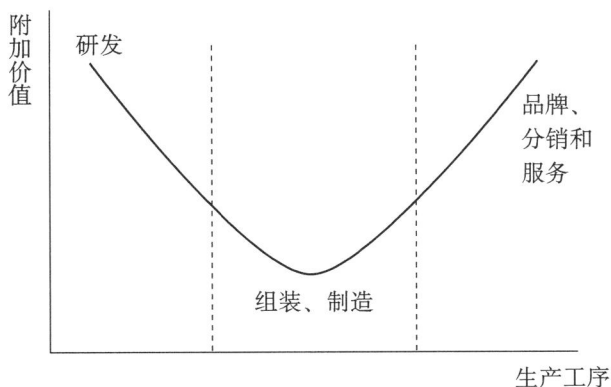

图 5—20　产品生产的微笑曲线

资料来源：施振荣：《再造宏碁》，238 页，上海，上海远东出版社，1996。

较多的环节，成为价值链分工的最大受益者。

例如，丰田汽车公司作为全球汽车业主导厂商，将高附加值的技术研发等活动控制在公司总部所在地日本国内，将价值链的低端放在发展中国家，在全球范围内特别是中国、东南亚等发展中国家寻找整车及零部件生产企业以降低成本、提高效率。耐克公司则将精力集中在产品设计和市场营销两个环节上，在发展中国家寻找代工厂（OEM）对生产过程进行外包，以降低成本，增强竞争力。

美国苹果公司 iPod 产品在世界不同国家或地区的生产及其价值链构成也说明了价值链分工中的层级关系。iPod 的知识产权为苹果公司所有，但该产品的部件生产却不是在苹果公司的工厂里完成的，参与产品生产的企业分布于世界不同的国家和地区。苹果第五代 iPod 产品总价值 299 美元，共有 451 个部件，其主要分工网络和价值分割体系包括硬盘制造、显示器模块、芯片、存储器、组装、资源整合和销售等众多区段。图 5—21 是苹果公司 iPod 产品的全球价值链分布。在苹果公司的零部件供应上，关键零部件主要是美、日、韩等发达国家提供，实际生产地大多分布于发展中国家，一般零部件由中国台湾、中国大陆及东南亚的一些国家和地区提供，产品在中

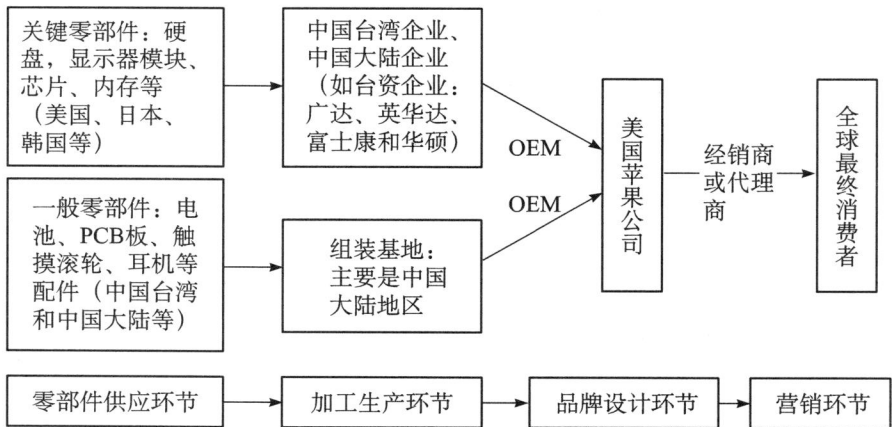

图 5—21　苹果公司 iPod 产品的全球价值链

资料来源：根据 Dedrick, Jason, et al. 2008. "Who Profits from Innovation in Global Value Chains? A Study of the iPod and notebook PCs," Working Paper 整理，http://web.mit.edu/is08/pdf/Dedrick_Kraemer_Linden.pdf.

国大陆完成组装，最后苹果公司负责产品设计和资源整合，由经销商和代理商将产品销售给最终消费者（江静、刘志彪，2007）。在产品生产投入构成上，如表 5—16 所示，日本东芝公司提供的硬盘价格 73.39 美元占到了生产总投入的 51%，价值增值也最多，为 19.45 美元，而硬盘实际是外包给中国的企业进行生产。显示器模块、芯片等附加值较高的零部件生产也由日、美等发达国家的公司控制，并将一部分产品的生产外包给中国台湾、新加坡等地的企业，电池、耳机等附加值低的配件主要在东亚及东南亚发展中国家生产。最终产品在中国大陆完成组装，得到 3.86 美元的收入。可见，日、美等发达国家的公司作为关键零部件的生产商将一部分零部件的生产转包给发展中国家的企业，发展中国家生产商得到的价值增值非常有限。除产品制造成本外，价值链上其余部分价值的分配如表 5—17 所示，渠道商得到 30 美元，零售商获取 45 美元，虽然苹果公司不进行产品的生产，但通过对产品设计和品牌营销环节的控制，得到了 80 美元，毛利润率达 36%，远超过其他环节的利润率（Dedrick et al.，2008）。

表 5—16　　2005 年苹果公司 30GB 第五代 iPod 产品主要投入构成

零部件投入	供应商	所在国	投入价格（美元）	投入价格占工厂生产总投入的比重（%）	供应商毛利润率（%）	价值增值①（美元）
硬盘	东芝	日本	73.39	51	26.5	19.45
显示器模块	东芝 Matsushita	日本	23.27	16	28.7	6.68
视频、多媒体处理芯片	Broadcom	美国	8.36	6	52.5	4.39
控制器芯片	Portalplayer	美国	4.94	3	44.8	2.21
电池	—	—	2.89	2	30	0.87
Mobile SDRAM memory-32MB	三星	韩国	2.37	2	28.2	0.67
Mobile RAM-8MBytes	Elpida	日本	1.85	1	24	0.46
NOR Flash Memory-1MB	Spansion	美国	0.84	1	10	0.08

①　价值增值因工人工资数据不可得，用公司毛利润代替，毛利润不等于价值增值，因为毛利润不包括工人工资。

续前表

零部件投入	供应商	所在国	投入价格 （美元）	投入价格占工厂 生产总投入的比重 （%）	供应商 毛利润率 （%）	价值增值 （美元）
上述总计			177.91	82	—	—
其他零部件投入价格			22.79	16	—	—
组装成本			3.86	3	—	3.86
工厂生产总投入			144.56	100	—	38.66

资料来源：Portelligent, Inc., 2006 和 Jason Dedrick et al.（2008）的计算，转引自 Dedrick, Jason, et al. 2008. "Who Profits from Innovation in Global Value Chains? A Study of the iPod and Notebook PCs," Working Paper, http://web.mit.edu/is08/pdf/Dedrick_Kraemer_Linden.pdf.

表 5—17　　　苹果公司 30GB 第五代 iPod 产品价值链构成

零售价	299 美元	工厂成本	144 美元
渠道商（10%）	30 美元	苹果公司毛利润	80 美元
零售商（15%）	45 美元	苹果公司毛利润率（80/224）	36%
批发价格	224 美元		

资料来源：Dedrick, Jason, et al. 2008. "Who Profits from Innovation in Global Value Chains? A Study of the iPod and Notebook PCs," Working Paper, http://web.mit.edu/is08/pdf/Dedrick_Kraemer_Linden.pdf.

　　全球生产网络的形成，产品内国际分工的发展，国际分工的不断深化，使以前无法从事高技术含量产品生产的广大发展中国家也加入复杂的高技术含量的产品生产中来，从事某一特定环节的生产，一定程度上利用了比较优势，获取了规模经济带来的好处和分工的利益。但产品内国际分工的发展也给发展中国家带来了一些负面影响。在产品内国际分工体系中，发达国家在价值链上占据主导地位，广大的发展中国家处于价值链的低端，从事产品的代工生产，生产的标准由发达国家制定，发展中国家没有自己的生产技术和分销渠道，对这种分工体系和跨国公司的流程式订单有很大的依附性，长此以往越来越多的企业将缺乏市场"弹性"，一定程度上失去了自我适应市场需求的应变能力，一旦发达国家取消订单或遇到经济萧条，发展中国家的企业往往处于破产境地。如 2007 年由美国次贷危机引发的国际金融危机，逐步波及世界各国，由于美国消费需求锐减，中国的出口大幅下滑的同时，中国新的《劳动合同法》的实施，使以往不规范用工带来的劳动力成本"节约"不复存在，而且还遇上电力、原材料成本的大幅上升。这些因素使得中国"珠三角"和"长三角"等沿海地区的大量加工贸易企业不得不关门歇业或倒闭，大批工人失业。据广东省中小企业局统计，2008 年 1—9 月广东企业关闭总数为 7 148 家，主要集中在珠三角地区，其中东莞市 1 464 家、中山市 956 家、珠海市 709 家、深圳市 704 家、汕尾市 587 家、佛山市 526 家以及潮州市 432 家。从产业分布看，主要集中在纺织服装、五金塑料、电子产品等传统型、低技术、高耗能产业。① 另据浙江省工商局的统计，2009 年上半年浙江省逾 1 200 家企业关门歇业。中小企业聚集的温州市中小企业精减人员约占企业总人数的 20%。② 这些倒闭企业也多是低技术、高耗能的低附加值加工生产企业。低端的订单式生产模式、落后的生产技术设备、自主品牌和分销渠道的缺乏、极差的市场适应能力，导致企业在外部不利环境的冲击下不堪一击，很容易陷入破产境地。

因此，处在国际生产网络中的发展中国家和地区不应满足目前的状况，应积极主动进行技术研发和创新，培育自主品牌，构建自己的分销渠道，提升在价值链中的地位，重构价值链以获取更多的分工利益，最终促进国内产业结构调整和升级。

5.3.2　发展中国家价值链的重构与产业升级

1. 发展中国家企业应积极向价值链的两端延伸

由前面的分析可知，一国或地区参与国际分工的地位及收益主要取决于在价值链上所处的位置。按照微笑曲线理论，在价值链中，附加值更多体现在两端的研发设计环节与品牌、分销和服务环节，处于中间的加工制造环节附加值最低。一般情况下，发展中国家在国际分工中处在价值链的中间环节，从事低附加值加工生产制造环节，不仅价值增值小，且很大程度上依附于发达国家跨国公司的订单需求，缺乏适应市场需求的能力。

为了获取更多的国际分工利益，实现国内产业升级和经济的持续健康发展，发展中国家应采取措施改变在价值链上的位置，向价值链高端延伸升级。价值链各环节的要素结构处在不断变化中，全球价值链也呈现动态的组合与创新，各国企业在微笑曲线上的位置也不是一成不变的，发展中国家应采取措施提高在价值链分工中的地位。

首先，加大研发创新力度，提高技术水平。如果只专注于制造环节，就只能受制于技术或标准拥有者，应积极提高研发水平，改变这种状况。一是

---

① 资料来源：http://www.zz91.com/cn/trade47120.html。
② 资料来源：http://www.dzwww.com/rollnews/finance/200912/t20091221_5314259.htm。

在发达国家技术转移过程中，结合自身需要积极模仿并创新；二是通过与科研实力强的企业合作或并购相关企业来获取技术；三是与拥有相关知识或能力的产业上下游企业、大学研发机构等外部知识源建立合作关系，积极进行自主研发，提高技术水平；四是到发达国家产业聚集地区设立研发机构，充分利用当地大量的研发人才和雄厚的研发基础，动态及时地获取国际最新的科技信息以及技术溢出的好处。如 2009 年中国三大电信运营商在终端、系统平台及业务应用领域的开发创新呈现出合作态势。中国电信联合微软开发即时通信软件"天翼 Live"，中国移动与沃达丰、软银合作构建跨手机终端平台，中国联通宣布加入谷歌组建的开放手机联盟，这些都是合作研发的典范。① 在通过跨国并购获取技术方面，2009 年 12 月北汽控股 1.97 亿美元收购瑞典萨博汽车公司相关知识产权，包括萨博 9—5、9—3 等三个整车平台和两个系列的涡轮增压发动机、变速箱的技术所有权以及部分生产制造模具。同时，萨博还支持北汽运用萨博技术研发制造自主品牌车型。北汽借助这次收购，可以弥补技术研发上的劣势，实现自主品牌乘用车产品研发与国际同步，达到国内领先水平。②

其次，积极采取措施向品牌、分销和服务等高附加值环节扩展和转移。在价值链中，品牌、分销和服务占据重要位置，单纯的代工生产只能获取较少的价值增值且不利于企业的长远发展。只有掌握了品牌和分销渠道，才能提升企业在价值链中的地位。从事低附加值产品生产的加工贸易企业应重视向品牌、分销和服务环节延伸价值链，加大产品研究设计力度，拓展分销、服务等高附加值环节。安踏体育用品有限公司 1993 年开始为跨国公司贴牌生产运动鞋，在此期间与众多贴牌制鞋企业不同的是，安踏公司不单单承接海外订单，还时时关注国内市场，致力于开拓国内市场分销渠道，创建自主品牌，因为安踏坚信市场终端网络是一个企业的生存之本。1997 年安踏开始企业视觉（Visual Identity）系统建设，逐步规范商标识别的使用，踏上品牌战略之路。1999 年与中国国家乒乓球队签订协议，聘请世界冠军孔令辉出任安踏品牌形象代言人，推出品牌口号"我选择，我喜欢"，品牌市场认知度迅速提高。2001 年北京安踏东方体育用品公司成立，开始实施产品

---

① 资料来源：http：//www.cww.net.cn/news/html/2009/8/24/2009824145156533.htm。
② 资料来源：http：//auto.163.com/special/000840DB/beiqisaab.html。

多元化与品牌国际化的新发展战略，跨向运动服装、配件等服饰系列产品领域，从单一运动鞋向综合体育用品生产与销售过渡。同年，第一家安踏体育用品专卖店在北京利生体育用品商店开业，安踏专卖体系开始全面启动。2004 年安踏公司全面实施海外推广战略，相继在新加坡、希腊、匈牙利等国家或地区开设安踏专卖店；在捷克、乌克兰结交合作伙伴，并以此为窗口全面拓展欧洲市场。[①] 安踏品牌及分销渠道的建立使公司得到了迅速发展，在金融危机的不利影响下，2009 年公司营业额仍达 58.7 亿元人民币，净利12.5 亿元人民币。[②] 上海三菱电梯有限公司从单纯生产、销售电梯向电梯的设计、安装、维修、保养、旧梯改造、应急抢险等服务领域延伸，由价值链的低端向中高端发展，1999 年以来安装、维修、保养服务的销售收入逐年提高，2007 年达到了 9.2 亿元，占公司总销售收入的 15%。[③] IBM 原来的业务集中在计算机的制造上，现在这一部分业务已经剥离，个人电脑业务出售给了联想，将更多的精力和资源集中在了提供系统服务上，实现了向高附加值价值链环节的转移。

2. 在融入全球价值链的基础上构建新的全球价值链

在融入全球价值链的基础上，处于价值链低端的企业有可能随着知识密集要素的培育、竞争优势的发挥跃升到价值链高端，依靠领先的技术以及对终端市场的控制把其他国家的企业纳入自己主导的国际分工体系中，从而形成新的价值链。而原来处于价值链高端的企业也有可能丧失原有的优势，下滑到价值链低端，成为别国企业的"生产车间"。

发展中国家应依托国内成熟的产业集群积极构建新的全球价值链，从根本上突破发达国家对价值链的控制，掌握价值链的主导权，获取更多的分工利益。在构建价值链的初期，由于国内企业在技术上没有绝对优势，可以从生产技术较为成熟、国内产业基础良好及国内市场需求较大的产品生产入手。在产业集群中存在着主导企业和大量专业化配套协作企业的生产网络，更利于产品的生产和技术创新。在国内市场需求量大的条件下，以产业集群

---

① 资料来源：http://hi.baidu.com/sunnyquan/blog/item/6d02f3d9cf74ac2a10df9be6.html。

② 资料来源：http://cn.reuters.com/article/companyNews/idCNnCH006355820100224?feedType＝RSS&feedName＝companyNews。

③ 资料来源：http://www.chinajx.com.cn/nianhui/2009/2008/web/2_3.htm。

为依托进行产品的生产和创新，对国际市场的依赖较小，这样企业可以比较容易地控制产品的销售渠道，更好地应对跨国公司的竞争，更容易成功构建价值链，掌握整条价值链的主导权。如2008年以来中国国内山寨手机日益兴起，正是依托深圳华强北市场而成功构建了新的价值链。华强北市场处于珠三角电子信息产业集群内，电子信息产业发展较为成熟，集群内存在大量上下游配套协作企业，规模经济优势明显，交易效率高，利于产品研发与创新，为价值链的构建提供了良好的产业基础。终端手机制造商在山寨手机价值链中居于核心地位，手机模具制造商、工业设计与手机设计企业、相关软硬件配套生产厂商都是围绕其从事经营。山寨手机全部使用台湾联发科公司提供的MTK手机基带芯片①，但联发科在全球芯片市场中处于相对弱势，联发科并不试图对山寨手机终端制造商的核心地位施加明显的影响。山寨手机的制造商多为终端集成能力强的中小企业，利用上游企业之间的激烈竞争，获取定价权来压缩成本。同时，它们还采用完全柔性生产体系，提高产品生产速度，降低存货成本，从而产品制造商在产品制造环节获取了大量利润。山寨手机不提供售后服务，节约了大量成本，满足了低收入消费者对廉价低端手机的需求。在产品营销上，建立了以代理为主的销售渠道，采用电视购物、网络销售平台和批发等形式，降低了销售成本，提高了发货速度，迅速占领了低端手机消费市场，从而使国内山寨手机制造商牢牢占据了价值链的主导地位（巫强、刘志彪，2010）。山寨手机生产厂商充分了解国内市场需求，它们对产品的性能进行创新，对产品准确定价，迅速占领市场，这种能力是企业做品牌、产品研发和积极构建新的价值链所必须学习、培养和加强的。

发展中国家依托产业集群初步构建的价值链也存在进一步发展的制约因素。一是主导企业的规模偏小，大、中、小型及家庭作坊生产企业并存，缺乏有核心竞争力的主导企业。二是价值链不完整，如中国的山寨手机缺少售

---

①   MTK手机基带芯片由台湾联发科公司于2004年研发而成，能高度集成通话和多媒体功能。2005年为了解决下游厂商研发能力不足导致研发周期过长的问题，联发科又推出了交钥匙解决方案。该方案将芯片、软件平台和第三方应用程序捆绑，将手机所有流行功能，如摄像头、MP3等全部集成于芯片之中，从而提供一站式解决方案，其实质是将手机的核心技术在芯片上打包出售，为终端手机制造商提供了现成的技术平台，降低了后者进入手机制造领域的技术门槛。

后服务环节，不利于价值链的健康持续发展。三是市场竞争秩序不够规范，过多生产制造厂商的存在容易形成恶性竞争。四是政府相关部门对产品质量、知识产权保护等问题没有明确的规定，不利于市场规范化发展。

因此，在初步建立价值链的基础上，发展中国家应积极培育有技术与品牌优势的主导企业，扩大企业规模，提高市场支配地位，鼓励主导企业进行核心技术创新，以期在关键技术上取得突破，从而构建起附加值更高的全球价值链，从根本上使产品竞争力得到提升，占据高端产品的生产领域。当构建起全球价值链后，主导厂商可以在全球范围内外包低附加值生产环节，自己则掌握研发、品牌、营销等高附加值环节，不断完善价值链，在全球范围内优化资源配置，建立分工网络，获取更多的分工利益。

3. 在价值链重构的基础上促进产业结构调整和产业升级

在价值链重构的基础上，发展中国家的企业和政府应采取措施促进产业结构调整和产业升级。首先，以加工贸易为主的国家应根据国际经济形势和国际产业转移的新趋势，适时调整国内产业政策，促进加工贸易产业升级，进而促进国内产业结构调整升级。在资源约束和环境问题越来越严重的形势下，逐步取消低附加值加工贸易的优惠政策，转而通过税收优惠等政策鼓励企业从事高附加值加工贸易。仅靠从事简单的加工装配不能促进产业结构的调整升级，企业应加大科技创新投入，积极与科研院所和高校开展合作研发，逐步掌握核心技术和自主知识产权，进而加大产品的营销力度和品牌建设，逐步拥有自主品牌，实现从贴牌生产（OEM）到原始设计商（ODM）、自有品牌生产商（OBM）的转换。大型企业实力雄厚，可以建立自己的研发机构和分销渠道，加强售后服务，创建自主品牌。而信息技术的发展使实力薄弱的中小企业也可以通过电子商务快速发展自己的品牌，如淘宝网上的化妆品品牌"植物语"以前就是为国内外众多知名化妆品品牌做 OEM 代工，通过电子商务渠道，"植物语"成功转变为自主品牌。[①]

其次，应重视产业集群的形成发展对产业结构调整和升级的作用。在产业集群中，大量相关企业集中在一个特定的地域范围内，企业共同利用各种基础设施、服务设施、信息资源和市场销售网络等区域公共产品，有利于降

---

① 资料来源：http://www.seabs.cn/article/20718.html。

低成本，产生范围经济效应（符正平，2002）。集群内完善的产业配套体系和大量集群企业的同质化需求，形成了规模化的专业生产和服务，企业专业化于特定产品或零部件的生产，使分工得以深化，获得规模经济。集群内企业地理位置上接近，可以加强交流，增进互信，极大地减少信息搜寻和交易成本。集群内企业存在密切的合作关系，同时又有着激烈的竞争，集群内企业在生产、销售、服务方面的分工关系使它们必须加强合作，而大量同类企业存在于集群内，竞争就不可避免，企业要在激烈的竞争中保持竞争优势，也要不断地进行创新，积极研发新产品，提高研发和创新能力。集群内企业的这种竞争合作关系，使企业可以在联合开发新产品、开拓新市场、市场营销以及培训、金融、技术交流等方面实现高效的互动和合作，有利于各种新思想、新观念、新知识和新技术的传播，促进一些隐性知识和技术的转移与扩散，获取知识和技术的溢出效应，技术相对落后的生产协作企业可以利用领导厂商的知识外溢，学习先进技术和管理经验，通过模仿创新到自主创新的转变，提升企业的竞争力（陆辉，2008）。产业集群内企业间的合作与竞争以及群体协同效应带来的规模经济、范围经济等方面的优势，促进了知识的扩散和研发，提升了整个产业集群的创新和竞争力，进而促进了一国产业结构的优化和升级。

4. 中国进行价值链重构和产业升级的措施

经济全球化条件下，中国既有发展中国家的一般性，也有其特殊性。中国自身的特殊性主要表现在两个方面：一方面，由于中国较早实行了对外开放政策，加工贸易发展迅速，在国际贸易中占据了主导地位，一些企业在长时间的代工生产中积累了比较丰富的经验，获取了相关的技术和分销渠道，具备了自主研发和创建自主品牌的条件。同时，国内加工贸易所面临的资源约束和环境问题也越来越严重，面临印度、越南等自然资源、劳动力资源更为丰富的国家的竞争，在国际代工体系中的地位越来越被动，这促使中国企业必须进行价值链重构。另一方面，中国国内市场巨大，文化底蕴深厚，从品牌营销切入提升价值链有先天优势，再加之中国正处在经济转型升级的关键时期，国内消费结构的升级为企业实施品牌战略带来了发展机遇。

正是自身的特殊性决定了中国进行价值链重构的重点应在加快加工贸易企业转型升级，加强企业的自主研发能力，注重品牌和分销渠道的建设，搞好售后服务，向价值链的两端延伸，在某些基础良好的产业，鼓励企业积极构建新的全球价值链。当前，中国加工贸易企业进行价值链重构首先应积极采取措施向产品的研发设计环节转移，注重产品专利的申请与保护，促进研发成果的转化，其次应注重品牌和分销渠道的建设，搞好售后服务，由贴牌生产向委托设计和创建自有品牌转型，努力打造一批世界级的知名品牌。

在价值链重构过程中，政府应进一步规范市场秩序，严厉打击以次充好和假冒伪劣行为。各级地方政府可以通过办展会或论坛等形式加强优势企业的推介和宣传，改变人们心目中中国是低质量产品和假冒伪劣产品生产国的国际形象，积极培育民族文化认同感和自信心，加大宣传国内的流行文化，纠正对国外流行文化的过度崇拜心理（刘志彪，2005）。同处于福建晋江的国内体育用品生产厂商安踏、德尔惠、美克等之所以都能从最初的贴牌生产厂商成功转型，建立了自己的研发中心、品牌和分销渠道，就是通过严把产品质量关，把握国内流行文化元素及内涵，采用让体育明星或影视明星代言的方式迅速建立了自己的品牌。安踏让世界乒乓球冠军王皓、孔令辉等人担当产品代言人，激发了人们的民族自豪感，"永不止步"的广告标语又标明了主流的体育精神。德尔惠则选择周杰伦作为产品形象代言人，吻合了作为运动产品最大消费群体——青少年的流行文化。当地政府对这些企业品牌的建立也起到了极大的推动作用，如政府加强对企业品牌和分销渠道建设的资金支持，设立专项资金支持企业设立采购中心、分销中心、物流中心、售后服务、生产性服务、信息资讯等服务业项目，为企业发展构建良好的环境。

5.4　小结

本章对经济全球化条件下 FDI 及跨国并购的新趋势和特点、FDI 对市场结构的影响以及经济全球化条件下国际产业分工的特点和变化进行分析，提出了促进全球价值链重构的措施。

主要结论有：

第一，跨国并购日益成为经济全球化条件下 FDI 流动的主要方式，发展中国家向发达国家的投资及发展中国家之间的相互投资增加，第三产业成为跨国并购的首要产业，跨国并购的形式日趋多样化，"蛇吞象"式并购增加。

第二，经济全球化条件下银行业、制药业、通讯业及汽车制造业这些关系国民经济命脉的重要产业的跨国并购使得市场集中度大幅提升，全球主导厂商出现。大型跨国公司可以更好地细化内部分工，进行差异化产品的生产，实现规模经济效应；在全球范围内建立广泛而高效的分销网络，降低成本；企业实力的增强可以使研发投入增加，处于技术前沿；大型跨国公司雄厚的实力和品牌效应更易赢得消费者的信任与忠诚。

第三，经济全球化条件下与跨国公司相联系的产品内国际分工日益盛行，国际生产网络形成，发达国家在国际生产网络中占据主导地位，控制着研发、销售渠道和品牌等高附加值环节，发展中国家处于低附加值零部件生产及加工组装等价值链的低端环节，获得的分工利益十分有限。随着发展中国家资源约束及环境问题越来越突出，发展中国家在国际生产网络中的地位越来越被动。

第四，发展中国家应在融入全球价值链的基础上，依托国内成熟的产业集群积极构建新的全球价值链，从根本上突破发达国家对价值链的控制，掌握价值链的主导权。在价值链重构的基础上，发展中国家应积极进行产业结构调整和产业升级，保持国民经济持续健康发展。

第五，中国应根据自身的特殊性，加快加工贸易企业转型升级，依托一批代工企业迅速成长、国内市场巨大、文化底蕴深厚和消费结构升级的有利条件，鼓励有实力的企业加强自主研发，注重品牌和分销渠道的建设，搞好售后服务，向价值链的两端延伸。

第 6 章

经济全球化条件下的企业研发创新

在经济全球化条件下，企业的研发创新行为发生了较大变化，并对既有的市场结构和产业组织产生了巨大影响，有些研发行为具有鲜明的熊彼特式的"创造性毁灭"的色彩。本章具体内容这样安排：首先，分析企业研发创新对市场结构的影响；其次，对企业研发创新中重要的标准竞争问题进行深入剖析；最后，从产业生态系统角度研究企业研发创新对既有产业生态的破坏及新产业生态系统的形成。

6.1　企业研发创新与市场结构

6.1.1　传统产业组织理论对企业研发创新的研究

传统产业组织理论的 SCP 分析框架强调市场结构决定企业行为。企业的研发创新活动是企业行为的重要组成部分，与市场结构关系密切，一直是产业组织理论研究的重点之一，相关研究集中在市场结构对企业研发创新行为的影响方面。

不同的市场条件下，企业规模大小对于企业研发创新具有不同的影响。熊彼特（Schumpeter，1934）指出，小企业是创新的主体。"相反，新组合通常来说是体现在新企业中的，这些新企业一般也不是脱胎于旧企业，而是在旧企业旁边开始生产的。"[①] 但是，熊彼特在 1943 年又认为大企业是承担

---

① 　Schumpeter, Joseph A. , 1934. *The Theory of Economic Development*. Cambridge, MA：Harvard University Press，66.

技术进步的主体。"一旦我们深入到具体细节并探究每个进步最令人瞩目的项目时，我们所追寻的足迹并没有把我们引领到处于比较自由竞争条件下的企业门前，而是把我们带到了大企业的门前。"① 阿克斯和奥德里奇（Acs，Audretsch，1987）对熊彼特的假说作了检验，他们发现对于高度创新的产业，产业的资本密度越大，产业越集中以及产业平均广告—销售比率越大，则大企业相对来说就更具有创新性。他们认为，"在不完全竞争为特征的市场上，大企业具有创新的优势，但是，在更近似于竞争模型的市场上，小企业则拥有创新优势"②。他们指出，市场力量与大的企业规模促进了合意的动态市场绩效，而竞争和小企业有时也会促进合意的动态市场绩效，他们将企业规模与创新的关系置于市场结构下考虑，验证、丰富和发展了熊彼特的创新理论。

　　企业研发创新活动需要大量的资金投入，并且研发创新成功率很低，所以更有理由相信企业研发创新活动要由大厂商承担。首先，大厂商具有较强的风险承受能力。小厂商受自身拥有资源的约束，资产规模小，筹资渠道有限，如果把所有的资源都投入一个创新项目之中，将承担很大的风险，一旦失败，就意味着退出市场。与小厂商相比，大厂商则具有较强的风险承受能力。即使在一个研发项目上投资失败，大厂商也能通过从其他项目上的获利继续生存下去。其次，大厂商具有资金优势。技术创新需要投入大量资金，只有大厂商才有资金保证，即使没有自有资金，也可以利用其良好的筹资渠道筹集资金。小厂商则不具备这种优势，不仅自有资金有限，筹资渠道也受限。再次，大厂商具有规模经济优势。大厂商能从事小厂商所难以从事的专业化工作，大厂商能使用小厂商难以得到的专业化设备，而且，大厂商具有的丰富资金与资源，使其能在技术创新收益上经受更长的时滞。最后，大厂商往往是多元化经营，具有多元化优势。研发投资具有较高的风险性，企业多元化经营可以在很大程度上减少企业经营中的风险。

　　随着全球化竞争的不断深入，合作竞争成为企业间竞争态势的主流取

　　① Schumpeter, Joseph A. , 1943. *Capitalism*, *Socialism and Democracy*. London：Allen & Unwin；New York：Harper & Row, Colophon Edition, 1975, 66.

　　② Acs, Zoltan J. , and David B. Audretsch. 1987. "Innovation, Market Structure, and Firm Size," *Review of Economics*, 69（4）, 567—574.

向，企业合作展开研发创新也成为企业的重要选择。拉杜（Lado，1997）认为，合作性竞争行为比单纯的竞争或合作更有利于知识创新、技术进步以及经济与市场的增长。现代企业通过合作研发创新，至少可以得到以下收获：一是可以进一步分散创新风险。随着各种技术相对成熟，研发创新的难度变得更大，投入变得也更多，所以企业研发创新的风险相比以前提高了很多，通过合作研发创新可以适当分散企业的创新风险。二是可以加快技术的融合与创新，发挥合作企业各自的优势。索尼和爱立信的合作就充分利用了索尼出色的工业设计和爱立信卓越的通讯技术，索尼爱立信手机一经推出，就迅速成长为排名前几位的国际品牌。三是可以促进技术标准的形成。企业合作研发创新更有利于形成技术标准，而技术标准一旦形成并被市场所接纳，将会给企业带来源源不断的创新收益。关于合作竞争与企业研发创新，将会在第 7 章中展开详细论述。

企业研发创新一方面构筑了更高的市场进入壁垒，另一方面也成了突破进入壁垒的方式。首先，在位厂商处于绝对成本优势地位，可以通过"干中学"和研发得到优越的生产技术，使其在竞争中占据有利地位。进入者进入则可以通过购买专利或者自主研发的方式进行创新，降低在位者的绝对成本优势。其次，在位企业持续的研发活动，使得创新成果不断融入新产品中，形成先动优势和差异化壁垒。进入者也可以通过技术创新，开发性能更好、更先进的新产品，突破产品差异化壁垒。最后，随着资本市场日益发达，风险投资公司和风险投资基金大量增加，进入者通过研发创新可以获得风险投资的支持，突破必要资本量壁垒。

6.1.2　研发创新对市场结构的影响

1. 创新方式对市场结构的影响

在全球化竞争条件下，企业竞争日益激烈，一些企业的研发创新活动将会改变市场结构。从逻辑上讲，研发创新行为可以使企业增强竞争优势，如果能够借助研发创新进入某一市场或者扩大所在市场的市场份额，那么就可以改变市场结构，有些企业甚至有可能成为寡头厂商。

企业创新可以分为渐进式创新和革命性创新，不同的创新方式对市场结构的影响是不同的。渐进式创新由渐进和连续的小创新构成，每一次创新的技术变化不大，以技术的缓慢改进和提高为主，一般由工程师、操作人员和用户完成。这种创新的技术含量低，具有成本低、灵活和广泛性等特征，产生的效益对生产和消费的影响很大。但是，需要明白的是，企业渐进式创新势必会引起其他企业的警惕，进而其他企业会采取措施维护其市场地位，有时甚至会采取必要的手段阻碍创新企业的成长。例如，索尼爱立信手机凭借其创新设计和优秀的通讯技术迅速进入手机市场，并快速扩大其市场份额，索尼爱立信手机占全球手机市场份额一度达到 6％以上。但是，索尼爱立信的快速成长受到来自诺基亚、三星、HTC、LG 等公司的激烈竞争，索尼爱立信的成长之路受阻，其市场份额也没有更大的扩大。

与渐进式创新不同，革命性创新会对市场结构产生明显影响。革命性创新也被称为激进式创新，表现为技术变迁路径上的非连续性和跳跃性，通常由企业研发部门或者专门的研究机构完成，创新结果将会改变市场结构。例如，苹果公司凭借 iPhone 手机，一跃成为智能手机领域的寡头厂商之一，其 iPhone 手机的市场占有率在智能手机中已经跃居第一位。而且，由于苹果的智能手机操作系统 iOS 和谷歌（Google）的智能手机操作系统安卓（Android）的发行，智能手机领域的市场结构发生了巨大的变化。在苹果手机推出以前，诺基亚以及其智能操作系统塞班（Symbian）曾经稳居智能手机第一把交椅位置，微软的智能操作系统 Windows Mobile 操作系统和黑莓手机的 Blackberry 操作系统都占有一定的市场份额。然而，苹果和谷歌的研发创新却深刻地改变了这一局面。谷歌的安卓系统凭借其开源性在智能手机操作系统稳居第一位，苹果的 iOS 智能手机操作系统紧随其后。迫于压力，诺基亚试图通过与微软公司的合作重振其市场地位。

2. 网络外部性需要革命性创新

网络外部性的概念最早是由罗尔夫斯（Rohlfs，1974）[①] 提出的，他指出，网络外部性是需求方规模经济的源泉。当一种产品对消费者的价值随着其他使用者数量增加而增加时，我们就说这种产品具有网络外部性。卡茨和夏皮罗（Katz and Shapiro）在 1985 年对网络外部性给出了较为正式的定义：随着使用同一产品或服务的用户数量变化，每个用户从消费此产品或服

---

① Rohlfs, Jeffrey, 1974. "A Theory of Interdependent Demand for a Communications Service," *Bell Journal of Economics*, vol. 5 (1), 16—37, Spring.

务中所获得的效用的变化。[①]

网络外部性构建了强大的市场壁垒,也是企业垄断性的重要来源。由于网络外部性存在着较高的、用于置换产品的转换成本,所以,一旦一个产品已经成型,消费者可能会发现要把旧产品转换为包含更高技术的新产品,需要更高的成本。产品的选择存在路径依赖性,故最先发展的技术会抢占先机,从而比后来发展的、即使更为完善的技术具有优势。这样,网络的外部性就为企业构建了强大的市场壁垒,成了企业形成垄断性的重要来源。

典型的例子就是计算机操作系统的发展。计算机产业发展之初,计算机操作系统在各路领军人物的带领下展开竞争。1984 年苹果公司就发布了具有现代操作系统特点的 Macintosh,后来演化为 Mac 系统;1985 年微软公司推出 Windows version 1.0,逐渐发展出 Windows 98、Windows XP、Windows 7 等不同版本系统;后来 UNIX 系统和 Linux 系统也纷纷加入竞争大战。[②] 但是,众所周知,最终市场选择了 Windows 操作系统。截至 2011 年 4 月份 Windows 操作系统的市场份额仍然高达 91.46%,Mac 操作系统仅占 5.32%,其他多种操作系统共同分享剩余的 3.22%。[③]

分析 Windows 系统成功的原因,可以说是网络的外部性成就了 Windows 系统。微软携 Windows 系统和苹果携 Mac 系统,一直以来就是两个最大的竞争对手,起初市场份额相差不大。但是,两家公司却采取了两种截然不同的发展方式。苹果公司的 Mac 系统定位于专业用户,并且靠独家硬件支撑软件,也就是说,苹果自己销售的苹果电脑上才会安装 Mac 系统,Mac 系统是无法被安装到其他品牌电脑上的。Windows 系统定位于大众用户,靠通用硬件平台支撑,诸如英特尔(Intel)、AMD、内存、显卡等一系列硬件厂家在支撑着 Windows 发展,确切地说是各大厂商相互支撑市场拓展。从用户的操作习惯和对用户基础知识需求高低角度来讲,Windows 肯定更胜一筹。因为 Windows 尤其是最新的 Windows 7 的各种改进措施都是基于

---

① Katz, Michael and Carl Shapiro. 1985. "Network Externalities, Competition and Compatibility," *American Economic Review*, vol. 75 (3), 424—440.

② 资料来源:《电脑操作系统 GUI 38 年进化史》,http://www.cnbeta.com/articles/112732.htm。

③ 资料来源:《四月操作系统市场占有率统计》,http://blog.itful.com/articles/2010/1545_os-market.html。

大众化的考虑的。而 Mac 不可能在短期内如此贴近普通用户。Mac 一直以来的定位都是以用户体验为中心，通俗一点来说就是用起来比较爽，但凡用过 Mac 系统一段时间，都会对 Mac 的那种风格感到厌烦，但是，不管怎样都比 Windows 要漂亮得多，然而，这一切都是拿牺牲系统的性能换来的。这样，在系统的发展过程中，使用 Mac 系统的用户发现了一个致命的问题：该系统不管是硬件还是软件在兼容性上表现不好，尤其是一些用户用 Mac 系统创建的文件与其他用户不兼容。而 Windows 的兼容性一开始就吸引了大量的使用者，使用的人越多，大家在共享文件上更方便，也就有更多的软件厂商愿意为 Windows 系统开发支撑软件，网络的外部性显现出来了。时间一长，网络外部性构建了强大的市场壁垒，Windows 系统的市场份额也就一直居高不下。

　　网络外部性广泛存在于电信、航空等领域，是传统经济学中的外部性在网络系统中的表现。如果产品或服务具有网络性特征，那么，网络外部性就会成为形成企业垄断的重要因素。例如，淘宝购物的成功，正是因为越来越多的人选择了淘宝，那么在淘宝上开的店就越多，反过来又给消费者带来更多的方便，这就使得淘宝购物在网络购物中占据的市场份额越来越大。权威数据调研机构艾瑞咨询发布的最新调查报告称，2011 年第 1 季度中国网络购物市场整体交易规模达到 1 700 亿元，其中淘宝商城的市场规模占据整个市场的46.9%。淘宝网在 C2C 交易中占据的市场份额更是高达 90.5%。[①] 在这样的条件下，网络外部性成了市场竞争优势的重要来源，为企业形成垄断创造了条件。

　　革命性创新可以突破网络外部性壁垒。一旦网络外部性形成，其他企业与之竞争的难度大幅提升，是不是就任由其处于垄断地位呢？事实并非如此，在变化如此之快的时代，只要能够给消费者带来全新的体验，谁最先抓住消费者，谁能让消费者从消费商品中获得更多的增值服务，谁就越有可能构建新的网络外部性壁垒。但是，这需要革命性创新而不是渐进性创新，从而更加考验企业的创造性。下面分析的手机市场变化的例子充分证明了这一点。

---

　　① 资料来源：艾瑞咨询：《2011Q1 中国网络购物市场交易规模达 1 700 亿元》，http：//ec. ire-search. cn/17/20110419/137608. shtml。

3. 企业研发创新与手机市场结构的演变

通过全球手机市场演变的例子可以进一步说明企业研发创新与市场结构之间的关系。从 1983 年摩托罗拉公司研发团队推出世界第一部移动电话开始，至今已有近 30 年的历史。在这 30 年的历史中，手机市场的深刻变化都是伴随着革命性创新演变的。

摩托罗拉和诺基亚凭借新技术最先奠定了手机领域两大寡头厂商的地位。尽管世界上首部移动电话诞生于 1983 年，但直到 1992 年 11 月 10 日，全球首款量产的 GSM 制式手机——诺基亚 1011 正式上市，才意味着我们至今仍在使用的 GSM 制式网络终于来临。

塞班的革命性创新成就了诺基亚，改变了原有两大寡头厂商的市场结构，手机市场开始不断分化。1996 年，Palm Pilot 1000 携手 Palm OS 正式登场亮相，智能手机开始进入人们的视野。1997 年，微软公司推出 Windows CE 1.0 系统，并在 1998 年升级至 Windows CE 2.0 系统。1998 年，塞班系统完成了源代码开发，首款塞班 OS S60 智能手机于 2001 年正式登场。不过从此以后，塞班系统智能手机成为全球智能手机市场的中坚力量，诺基亚推出的每一款产品都堪称经典。可以说塞班系统成就了诺基亚智能手机，也成就了诺基亚。塞班系统的出现在手机领域是革命性的创新，使智能手机进入了一个新的时代。几年后，诺基亚成长为全球第一大手机厂商。虽然摩托罗拉另辟蹊径试图通过 Linux 挽回失去的地位，但其颓势已现，难以改变。另外，善于模仿创新的三星抓住这次市场结构调整的契机，市场份额不断扩大。与此同时，微软公司的 Windows Mobile 不断更新版本，并且确立了具备触摸屏的 Pocket PC Phone 和键盘操作的 Smartphone 两大平台。类似 Windows 桌面系统的界面和操作方式，让 Windows Mobile 确立了在智能手机操作系统领域的地位，而和微软紧密的合作，也成就了如今的 HTC 公司。到 2006 年，世界手机行业市场份额的分布如图 6—1 所示。当时摩托罗拉与诺基亚的差距不断拉大，三星成长迅速，而索爱凭借其出色的工业设计赢得了市场份额的快速提升。

苹果公司的革命性创新彻底改变了智能手机市场，也在改变着整个手机市场。在 2006 年的市场环境下，撼动诺基亚的寡头地位是非常困难的，但

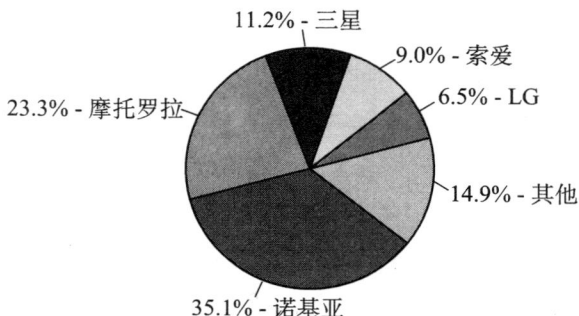

11.2% - 三星

9.0% - 索爱

6.5% - LG

23.3% - 摩托罗拉

14.9% - 其他

35.1% - 诺基亚

图6—1 2006年4季度全球手机市场份额

资料来源:《2006年手机巨头年报解读》, http://digi.it.sohu.com/s2007/2006q4-mobile/。

也绝非完全没有可能。2007年苹果公司iPhone手机的登场改变了一切,至少是让智能手机领域发生了翻天覆地的变化。这款用户体验前所未有的手机,让智能手机操作系统格局发生了巨变,也让手机制造的市场结构发生了巨大变化。微软率先对iPhone作出回应,于2007年正式发布了Windows Mobile 6.0系统。而塞班的反应却是迟钝的,这为诺基亚智能手机走下神坛埋下了伏笔。但是,智能手机市场中苹果iPhone、塞班系统智能手机以及Windows Mobile系统智能手机三足鼎立的局面并未形成稳定格局。2008年底,搭载谷歌公司安卓操作系统的T-Mobile G1(HTC Dream)正式发布,这款产品带来了最接近iPhone的用户体验,而这也为日后智能手机操作系统的格局改变埋下了伏笔。

市场调研公司Gartner在对全球手机市场的调研报告中指出(见图6—2),2010年诺基亚仍然是全球最大的手机制造商,该公司的手机出货总量为4.61亿部,高于上年的4.41亿部,但市场份额下滑至28.9%;三星电子排名第二,手机出货总量为2.81亿部,市场份额为17.6%;LG电子排名第三,出货总量为1.14亿部,市场份额为7.1%;苹果手机出货总量为4 660万部,市场份额已达2.9%,可以说,苹果公司凭借革命性创新产品iPhone已经成功进入手机市场,其市场地位不断增强。

2010年智能手机占手机销售总量的比例不断增大。2010年第一季度全球智能手机占手机总销量的比重为17.3%,高于上年同期的13.6%,出货量达到5 400万部,相比2009年同期的3 590万部增长达到50%。

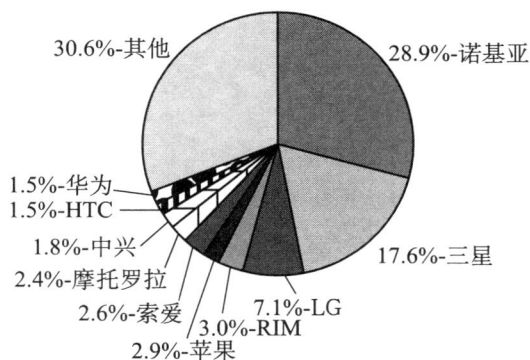

图 6—2　2010 年全球手机市场份额

资料来源：《2010 年全球手机出货达 16 亿部，智能手机增 72%》，http：//www. iimedia. cn/15070. html。

2010 年第二季度，全球智能手机销量约占整个手机出货量的 19%，第三季度全球智能手机出货量达到 8 090 万部，同比增长了 95%，这种趋势使得专注于智能手机的手机制造商获得了更大的市场份额，并且获得了更高的利润，而 2010 年全球智能手机出货量超过 3.3 亿部，预计 2012 年全年智能手机出货量将超过 8 亿部。图 6—3 给出了 2010 年全球智能手机季度市场份额分布情况。2010 年，在几大手机商巨头各季度的财务报表中，智能手机被放在了重要位置，诺基亚强调自己的智能手机终端仍然处于出货量领先的位置；三星一款旗舰智能手机 GalaxyS 一年的销量高达 1 000 万部。作为因智能手机而成功"翻身"的典范，摩托罗拉将财报的表现归功于安卓智能手机的飞速发展。苹果公司 2007 年才进入手机市场，但是凭借着其革命性创新的 iPhone 手机，给消费者带来全新的产品体验，在改变消费者生活模式的同时，成功突破原有厂商构建的市场进入壁垒。苹果 2010 年共计出售 4 660 万部智能手机，同比增长 87.2%。到 2010 年底一跃成为世界第二大智能手机商。2011 年苹果公司仍然保持高速发展势头，2011 年 2 月，苹果公司打破诺基亚连续 15 年销售量第一的地位，成为全球第一大手机生产商。2011 年 8 月 10 日苹果公司市值超过埃克森美孚，成为全球市值最高的上市公司。[1]

---

① 资料来源：《2010 年全球智能手机品牌市场份额占有状况》，http：//www. iimedia. cr/15318。

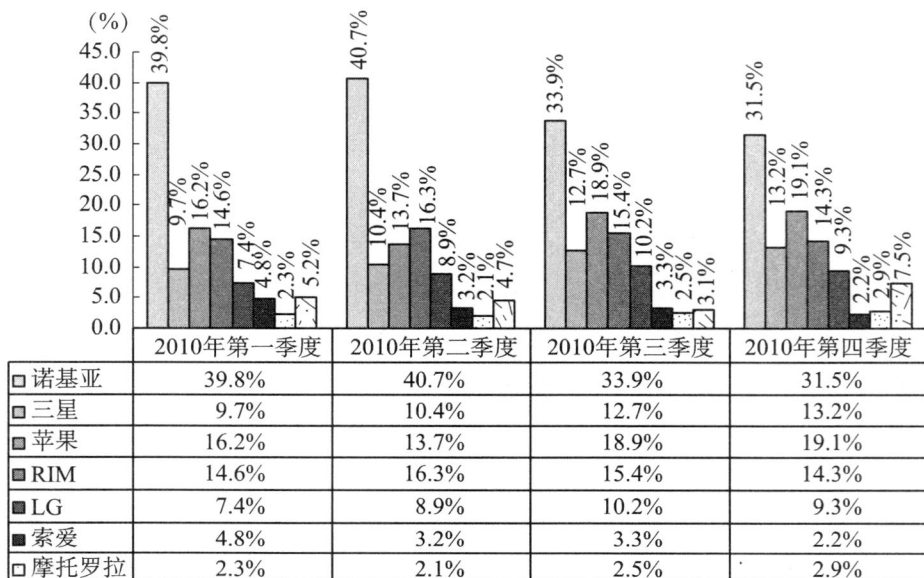

	2010年第一季度	2010年第二季度	2010年第三季度	2010年第四季度
□ 诺基亚	39.8%	40.7%	33.9%	31.5%
■ 三星	9.7%	10.4%	12.7%	13.2%
■ 苹果	16.2%	13.7%	18.9%	19.1%
■ RIM	14.6%	16.3%	15.4%	14.3%
■ LG	7.4%	8.9%	10.2%	9.3%
■ 索爱	4.8%	3.2%	3.3%	2.2%
□ 摩托罗拉	2.3%	2.1%	2.5%	2.9%

图6—3　2010年全球智能手机季度市场份额分布情况

资料来源：《2010年全球智能手机品牌市场份额占有状况》，http：//www. iimedia. cn/15318。

按照智能手机操作系统计算（见图6—4），塞班手机2010年的出货总量为1.12亿部，市场份额为37.6%；安卓操作系统手机的出货总量为6 723万部，市场份额为22.7%；RIM的出货总量为4 745万部，市场份额为16.0%；iOS的出货总量为4 660万部，市场份额为15.7%；微软操作系统的出货总量为1 238万部，市场份额为4.2%；其他操作系统的出货总量为1 142万部，市场份额为3.8%。根据Gartner公司的预测，塞班系统的市场份额会逐年下滑，安卓系统将凭借其开源性和众多公司的共同支撑最终占据最大的市场份额。由于系统的封闭性，加上自己开发、自己使用的原因，苹果公司的iOS市场份额增长或许有限。市场对微软公司的Windows Phone系统存有很大期望，据预测，微软正在研发的Windows 8一旦能够在个人电脑、平板电脑和手机上无缝移植的话，其市场份额将会大幅提升，毕竟Windows积累了习惯其系统的消费者资源。[1]

---

① 资料来源：《2011—2015年移动各大操作系统市场份额预测》，http：//blog. csdn. net/chenqiuge1984/article/details/6545402。

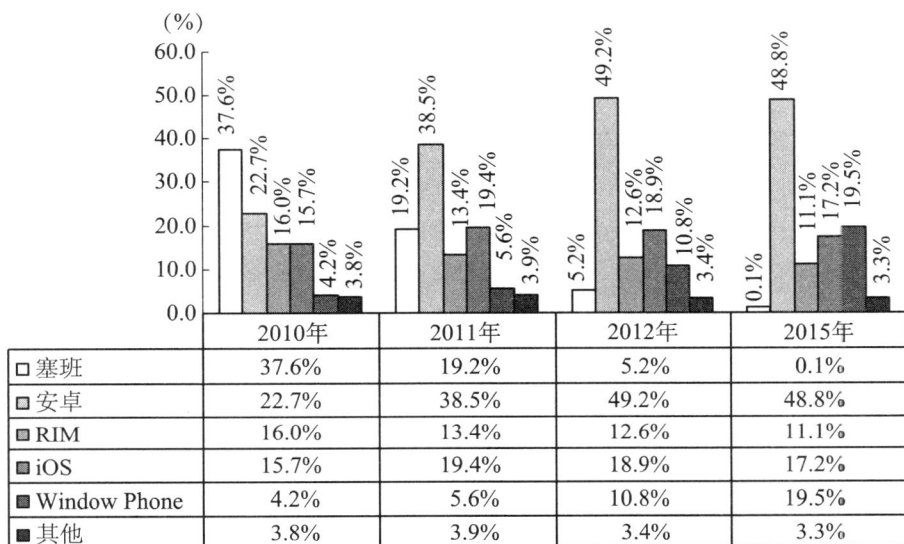

	2010年	2011年	2012年	2015年
□ 塞班	37.6%	19.2%	5.2%	0.1%
□ 安卓	22.7%	38.5%	49.2%	48.8%
▨ RIM	16.0%	13.4%	12.6%	11.1%
▧ iOS	15.7%	19.4%	18.9%	17.2%
■ Window Phone	4.2%	5.6%	10.8%	19.5%
■ 其他	3.8%	3.9%	3.4%	3.3%

图 6—4　2010 年全球智能手机操作系统季度市场份额分布及未来预测

资料来源:《2011—2015 年移动各大操作系统市场份额预测》, http://blog.csdn.net/chenqi-uge1984/article/details/6545402。

手机市场结构仍在不断变化之中, 虽然最终谁将成为最大赢家是不确定的, 但是, 至少苹果公司凭借革命性创新摘得了全球第一大智能手机生产商的桂冠。然而, 只要企业在这个市场进行的革命性创新不停歇, 那么, 市场结构就会不断发生深刻的变化。手机市场结构的演变过程给我们的启示就是: 当前真正能够改变市场结构的仍然是革命性创新。尽管有时候兼并重组可能换来市场份额的扩张, 但未必能够长久, 中国企业仍需将目光聚焦在研发创新上, 尤其是革命性创新。革命性创新更能突破市场壁垒, 给企业带来更多的发展机会。

6.1.3　破坏性创新对市场的影响

一些革命性创新会推动技术创新产业扩张并走向繁荣和替代产业的衰退, 产生“竞争性毁灭”效应, 这就是破坏性创新, 破坏性创新是革命性创新的顶峰。

随着技术不断进步和企业竞争加剧, 许多领域出现破坏性创新。U 盘的出现使软盘成为过去，MP3 播放器的出现使录音机威风不再，数字成像技术的发展使胶卷成像逐步退出历史舞台，亚马逊电子书的发展正在挑战传统出版业的地位。这些创新对原有技术和原有产业都是具有破坏性的，破坏性创新使某些产业衰退，原有市场结构发生巨大变化，它也使得某些产业最终消失。

U 盘的出现改变了传统计算机移动存储方式，使软盘市场不断萎缩。U 盘（USB flash disk），又称优盘，用于存储照片、资料、影像，面积只有 1 厘米见方，实现了便携式移动存储，大大提高了办公效率，使人类生活更便捷。2002 年 7 月，中国朗科公司"用于数据处理系统的快闪电子式外存储方法及其装置"获得国家知识产权局正式授权，U 盘才正式进入人们的日常工作和生活。[①] 在这之前，移动存储设备主要使用软盘、MO 或者是光盘。1967 年 IBM 公司推出世界上第一张"软盘"，直径 32 英寸；1979 年索尼公司推出 3.5 英寸的双面软盘，容量 875KB，到 1983 年已达 1MB；20 世纪 90 年代推出的 3.5 英寸、容量为 1.44MB 的软盘一直是 PC 的标准的数据传输方式之一。MO 实际上就是存储量更大的软磁盘，由于成本较高，一般电脑并不配备标准读取设备，阻碍了 MO 的使用。[②] U 盘推出之始，由于其高昂的价格和较小的存储容量，并没有引起人们的重视。但是随着人们的使用，其研发成本不断被分摊，容量也不断提升，人们更多使用 U 盘作为移动存储设备。个人电脑也逐渐不再配备软盘读取设备，操作系统支持 U 盘引导，原来需要软盘完成的工作完全可以由 U 盘代替，软盘逐渐淡出人们的视野，2009 年 3 月索尼公司软盘业务彻底停产，除了一些特殊领域仍需软盘支持，软盘逐渐成为历史。[③] U 盘不仅取代了软盘，对光盘也具有一定的替代性，原来许多需要光盘的领域也逐渐可以被 U 盘代替，例如系统引导、视频和音频的存储等，光盘的应用逐渐减少。

MP3 播放器的出现改变了人们接受音频信号的方式，传统磁带录音机逐步退出历史舞台，CD 播放器的市场份额也逐渐被 MP3 播放器挤占。MP3

---

① 资料来源：朗科科技官方网站，http：//www. netac. com. cn/index. asp。

② 资料来源：《存储设备的历史发展》，http：//article. pchome. net/content-650539-2. html。

③ 资料来源：《索尼宣布停产 3.5 寸软驱，彻底退出软盘市场》，http：//stock. sohu. com/20090911/n266656084. shtml。

是一种音频压缩技术，MP3 播放器就是可播放 MP3 格式的音乐播放工具。1998 年世界上第一台 MP3 播放器横空出世，一种新的娱乐工具呈现在人们面前。随着 MP3 播放技术不断成熟，其具有体积小、功耗低、下载歌曲方便等优点，逐渐赢得了人们的喜爱。[①] 传统磁带录音机由于 MP3 播放器的快速发展而逐渐淡出。MP3 音质不断提高的同时，对传统 CD 播放器造成了一定的冲击，也使 CD 音乐光碟的市场份额降低，网络成为人们获取音频资料的重要渠道。MP3 还发展成 MP4、MP5，加入了视频功能，正不断蚕食 DVD 视频光碟的市场。MP3 改变了人们的娱乐方式，也改变了媒体播放、传播的方式，传统磁带录音机、磁带、CD 播放器、CD 音乐出版、DVD 播放器、DVD 视频发行等厂商的市场份额不断萎缩甚至被迫退出市场。

数字成像技术的发展对胶卷成像技术也是具有破坏性的。除了在医学等特殊领域之外，胶卷成像技术的阵地逐渐丧失。数字成像技术的基本工作原理是：光线通过镜头或者镜头组进入成像设备，通过成像元件转化为数字信号，数字信号通过影像运算芯片储存在存储设备中。这一技术的发展是伴随着数码相机和数码摄像机出现的。1991 年世界第一台数码相机研制成功，经过 20 多年的发展已经大大提高了数码相机的便携性、相片的清晰度，原有的胶卷相机正在逐步退出市场。[②] 柯达和富士是原来胶卷相机的寡头厂商，也是胶卷的提供厂商，而今在数字成像技术领域已经由索尼、佳能、尼康等厂商占据重要位置，原有胶卷生产只为特殊领域提供，中国曾经的乐凯胶卷生产商也最终被收购而退出市场。实际上，数字成像技术也正在被广泛应用于医疗、军事等特殊领域，数字化 X 射线成像技术正被商业化，胶卷成像技术会否最终退出人类历史不得而知。

亚马逊的成功对零售商形成威胁，而其创新性的电子书则极大地挑战了传统出版业。全球最大的在线网络零售商亚马逊公司从 1995 年 7 月份起开始运作其图书销售网站，目前业务范围已经扩展到电器、玩具和游戏、DVD 光盘和其他多种商品，还提供拍卖及问候卡片等服务。互联网技术的发展成就了亚马逊，而亚马逊的不懈追求与创新成就了网络零售的霸业。亚马逊从未停止前进的脚步，亚马逊的飞速成长摧毁了无数小书店，其剑锋直

① 资料来源：《MP3 十年发展史回顾》，http：//tech. sina. com. cn/digi/2008 - 12 - 12/0001910686. shtml。

② 资料来源：《数码相机》，http：//baike. baidu. com/view/13650. htm。

指传统出版商。亚马逊推出的 Kindle 电纸书阅读器受到市场的欢迎，而亚马逊并非只单独依靠 Kindle 来刺激电子阅读器的销售额，亚马逊已在电纸书阅读器之外创造了一个固定的"生态系统"，让消费者购买并且阅读 Kindle 电子书。并且，从 2011 年秋季开始，亚马逊将出版各种题材的书籍 122 种，包括印刷版和电子版两个版本。借助亚马逊书店和亚马逊电纸书阅览器两大创新，亚马逊将消费者与图书作者之间的距离缩短至只有亚马逊，这给图书作者和消费者带来了巨大的收益。亚马逊的强项是技术创新，除了提供传统出版服务，还开发了一个 Nielsen BookScan 销售数据库，每一位签约作家都被授予访问权限，以便作家及时知道自己的书到底卖掉了多少本，在每个地区分别卖掉了多少本。亚马逊还将运用网络增进作家和读者的直接交流，但并非以签售会和书评形式。亚马逊的创新行为已经使大量的零售书店退出市场，可以预见，亚马逊将在出版领域掀起更大的变革，亚马逊的创新对传统图书零售业和出版业是破坏性的。[①]

透过上面几个例子可以看出，破坏性创新对市场的影响是巨大的，它可以直接导致一些产业扩张走向繁荣，但也会替代、淘汰一些产业，对传统产业构成威胁。但是，对消费者来讲，创新始终是好事，破坏性创新改变了人们的生活模式和选择空间，消费者的效用大大提高了。

6.2　企业研发创新与标准竞争

6.2.1　从产品竞争到标准竞争

企业研发创新的最终目的是提升企业的市场竞争力。信息技术革命发生之前，产品革新是企业研发创新的着眼点。不论是为了追求成本优势而进行的技术、方法创新，还是为了追求差异化而进行的研发创新，都是围绕产品竞争而展开的企业行为。不同的是，前者引发的是基于规模化生产的成本竞争，后者则是基于某种独特性的质量竞争和品牌竞争。不论哪种方式，企业要做的就是提供一种能够在市场上获得竞争优势的产品。在企业研发创新行

---

① 资料来源：《亚马逊公司的发展历程》，http：//hi. baidu. com/starpingping/blog/item/dbef85f200b439c00b46e009. html

为中产品创新居于核心地位，产品创新向零部件、工艺生产过程提出具体要求，生产环节尽量调整，以满足产品创新的要求。

信息技术革命带来了社会、经济、文化全方位的变革，尤其是网络经济的出现，彻底改变了企业研发创新的出发点。现代企业对于创新的追求已经不在于研发一两件新产品，而是创立一项新标准。[①] 在当今世界，只要掌握了标准，就等于掌握了市场的主动权，标准赋予了企业制定市场规则的权力，谁掌握了这一权力，谁就拥有了市场主导地位。标准不仅约束了怎么做事，约束了什么人做事，更重要的是，在竞争对手之间确立了规范化的竞争规则。一旦一项标准为市场所接纳，就代表这种标准的产品成为一系列产品的规范，会带来源源不断的利润。计算机产业的芯片厂商竞争就是极好的例证。英特尔公司创造了芯片的行业标准，它每推出一个新的芯片，就能够在几个月内覆盖整个世界计算机市场，谁不能跟随新的芯片推出新的配套零部件和组织相应的营销队伍，谁就会被淘汰出局。一个世界级的创新企业通过标准的推出节奏控制着市场竞争的节奏和竞争规则。在经济全球化不断深化的今天，企业研发创新正经历着由产品竞争、品牌竞争向标准竞争的转变。

事实上，标准竞争时代已经到来。标准竞争不只是某个产业、某个国家的独特现象，在经济全球化的条件下，没有哪个产业、哪个国家可以规避标准竞争，标准竞争是市场竞争发展至今的最高阶段，是科技主导经济发展这一时代特征在市场竞争领域的体现。标准竞争普遍存在于各个产业，国际标准化组织（ISO）、国际电工委员会（IEC）以及国际电讯联盟（ITU）这三大国际标准机构几乎囊括了所有制造业和服务业的国际技术标准认证与发布。目前，ISO 已经发布了近 14 000 项国际标准、技术报告及相关指南，而且尚在不断增加之中。卷入标准竞争的国家也越来越多，遍布欧、亚、美、非、澳各大洲。在 20 世纪 80 年代，ISO 的参与国家只有正式成员 69 个、通讯成员 21 个，共 90 个。而到 2011 年 10 月，ISO 的参与国家已增加到正式成员 97 个、通讯成员 36 个、注册成员 15 个，共计 148 个。IEC 的成员规模则由 1979 年的 43 个正式成员，发展为正式成员 53 个、协作成员 9 个，

[①]　GB/T 20000.1—2002《标准化工作指南第一部分：标准化和相关活动的通用词汇》中对标准的定义是：标准是为了在一定范围内获得最佳秩序，经协商一致制定并由公认机构批准，共同使用和重复使用的一种规范性文件。资料来源：中国标准网，www.standardcn.com。

另外还有 65 个成员参与了密切关系计划，总计 128 个。①

6.2.2　研发创新对标准竞争的影响

1. 网络化创新利于标准形成

标准的形成首先取决于技术。新标准推出的前提往往是新技术的形成与产业化，因而，企业研发创新行为是决定标准竞争的首要因素。但是，传统的研发创新是封闭式线性创新模式，其目的是保证技术保密性与独享性，获得垄断利益。不论是技术推动型创新还是市场拉动型创新都属于线性创新，线性创新模式下，企业将分散在企业内部各部门的创新资源集中到一个方向或项目上，在各职能部门密切合作的基础上实现创新。线性创新的结果是为顾客提供单一性选择，众多具有个性化需求的用户，要么接受不太令人满意的产品或服务，要么支付昂贵的价格。与线性创新相反，经济全球化条件下的网络化创新是一个开放的、合作的创新模式。网络化创新模式下，企业将分散于各个企业的优势创新资源进行重新整合，在企业间密切合作的基础上实现创新。创新的结果是为顾客提供多样化的选择，形成一种开放的设计规则或开放的接口程序。而开放性的设计则是标准形成的基础。IBM 采用开放式设计于 20 世纪 80 年代涉足 PC 机市场，这一设计使得软件设计者愿意为 IBM PC 撰写应用程序，消费者也满怀信心购买 IBM PC。因其强大的兼容性，至 1984 年仅用了三年时间，非 IBM 兼容机就销声匿迹了，IBM 制定了产业标准。因此，与线性创新模式相比，网络化创新更容易创造标准。

TD-SCDMA 就是大唐电信、西门子公司等多家企业以网络化创新模式进行研发创新创造的移动通信 3G 技术标准（见表 6—1）。1998 年以开发和推进 TD-SCDMA 标准为目的，由中国的电信研究院（改制后为大唐电信）牵头 TD-SCDMA 标准的研究、起草与产业化工作。后来在了解到欧洲西门子公司在 ETSL 的 3G 统一标准决策中落选后，与西门子签订谅解备忘录，使西门子参与到 TD-SCDMA 标准的制定与推动中。最后，进一步游说利益相关者，尤其是国内外的通信设备制造商（爱立信、诺基亚等电信设备制造厂商）加入 TD-SCDMA 阵营，参与到标准的产业化与商用，最终使 TD-

---

① 数据来源：中国标准网，www. standardcn. com。

SCDMA 标准获得成功。[①]

表 6—1　　　　　　　　　　　**TD-SCDMA 标准的网络化创新**

参与企业	参与时间	网络化创新内容
大唐上海贝尔—阿尔卡特	2004 年 11 月	OEM TD-SCDMA 相关产品
普天	2004 年 6 月	开发并销售相关产品及解决方案； 参与预商用网实验
北电网络	2005 年 1 月	开发并销售相关产品及解决方案； 参与预商用网实验
华为西门子	2005 年 3 月	开发并销售无线接入产品（基站子系统）； 开发欧洲市场
中兴爱立信	2005 年 5 月	将中兴的 TD-SCDMA node B 产品集成到诺基亚的无线接入网络中； 参与预商用网实验
普天诺基亚	2006 年 10 月	开发并销售无线接入产品（基站子系统）和终端产品

资料来源：根据相关资料整理，主要资料来源：Zhan，A.，X. Yu. 2007. "Innovation Standardization in China's Telecommunications Industry：The Actor-network Perspective," Proceedings of the 4th International Conference on Innovation and Management，Yamaguchi，Japan，Wuhan：Wuhan University of Science and Technology Press，1766—1772.

　　无独有偶，下一代 DVD 标准的制定也是通过网络化创新模式生成的。索尼公司牵头开发了蓝光制式，蓝光制式得到松下、日立、先锋、夏普、三星、LG 和飞利浦等大企业的支持。东芝公司则主导开发了高清制式，这一制式得到了日本电气、三洋等电子厂商以及电脑业界巨头英特尔和微软的支持。两种制式都比目前使用的 DVD 技术要优越，但它们之间却互不兼容。相比之下，蓝光制式的优势在于容量，单片光盘容量最大可达 50G，远远超出高清制式光盘，但后者价格更为低廉，对生产厂家和消费者也具有相当的吸引力。两种标准之间的竞争直到 2008 年才尘埃落定，2008 年日本东芝公司正式宣布全面退出高清 DVD（HD-DVD）业务，这标志着日本索尼公司的蓝光制式获得了事实上的胜利。[②]

---

　①　TD-SCDMA 标准形成过程根据相关资料整理得到。主要资料来源：TD-SCDMA，http：//baike. baidu. com/view/9800. htm？subLemmaId＝9800&fromenter＝td％A3％ADscdma。

　②　DVD 标准形成及标准竞争过程根据相关资料整理得到。主要资料来源：《东芝宣布全面退出高清 DVD 业务》，http：//www. sj63. com/html/200802/20080220000000001056994435_1. html。

2. 联盟加速了标准扩散

技术没人跟随，至多只能成为企业的内部标准，标准的拥有者根本无法获得市场游戏规则制定者的地位。技术有多方跟随，就容易制定并形成行业标准。当一种产品对一名用户的价值取决于该产品的用户数量时，这种产品就显示出网络外部性，或称网络效应。受强烈的网络效应影响的技术一般会有一个较长的引入期，紧接着是爆炸性增长。每多一名用户，就使技术向成为产业标准更近了一步，随着用户数量的增加，越来越多的用户认识到使用该产品是值得的，最后，产品达到了临界容量，占领了市场，成为标准。在标准扩散的进程中，联盟为扩大和巩固用户数量起到了不可忽视的重要作用。佳能战胜施乐确立小型复印机行业标准就得益于佳能与理光、东芝、美能达等企业构建的联盟。联盟使企业能够以较小代价做大市场，以较小的成本吸引并留住客户，最终加速标准的扩散。

IBM 于 1981 年推出的 PC 拉开了 Wintel 联盟主宰 PC 的时代序幕。1980 年，IBM 准备生产自己品牌的 PC，它把处理器采购订单给了英特尔。当时，做微处理器的还有摩托罗拉，其整体实力远在英特尔之上。在处理器选择英特尔的同时，在操作系统上，IBM 选择了微软。当时 Windows 操作系统尚未开发，微软提供的是 DOS 操作系统，而当时最好的操作系统是 DRI 公司的产品。事实证明，从 IBM PC 赶超产业先驱苹果公司开始，Wintel 联盟的行业标准就得以确立并快速扩散。

通过联盟，英特尔确立了行业标准。除苹果以外的每家公司都采用英特尔芯片，所有的新机型的技术规范都必须围绕英特尔的标准来设计。最终，英特尔开始大量生产以 8086 为基础的一系列微处理器，其 X86 系列芯片成为竞争者竞相仿制的主流芯片。由于英特尔控制了标准，包括先进微设备公司、Cyrix 等芯片制造厂商最终未能赶上英特尔。[①] 联盟同样给微软公司创造了确立并扩散行业标准的机会。微软在 IBM 兼容机上获得最初的战果后，依靠实现用户向升级版本的平稳过渡而保持了自己在操作系统上的霸权，很快 MS-DOS 成为业界的标准，IBM 兼容机的每个用户均不得不使用它。随后，在 20 世纪 80 年代后期，IBM 决定生产一种新的个人电脑，微软抓住时

---

① 根据相关资料整理。主要参考文献：刘曙光、郭刚：《从企业标准到全球标准：技术创新及标准化问题研究》，《经济问题探索》2006 年第 7 期，第 89—92 页。

机，对 DOS 进行巨大改进，开发了 Windows 图形用户界面，并再次成为业界标准。

Wintel 联盟击败 PowerPC 联盟使得英特尔和微软在标准竞争中再次胜出。20 世纪 90 年代初，苹果、IBM 与摩托罗拉结成联盟，共推 PowerPC 微处理器。其构想是：苹果公司发挥其 Mac 操作系统软件的优势，摩托罗拉结合 IBM 在处理器方面的优势，为苹果公司提供 PowerPC 芯片，并向联盟以外的公司销售。Wintel 联盟展开了最强烈的反击，英特尔推出了具有划时代意义的奔腾芯片系列，而微软则"珠联璧合"地推出了 Windows 95。最终，PowerPC 联盟无疾而终，Wintel 联盟在标准竞争中获胜。2010 年，全球大约销售了 3.75 亿台 PC，其中大部分 PC 都采用了英特尔的 X86 处理器，而微软的 Windows 是主流的操作系统。[1]

3. 快速的研发创新缩短了标准演进周期

随着技术的发展，新的技术将不断取代旧的技术，新的技术标准也将会不断产生，并取代旧的技术标准。以中国国家标准之中的家用电器、日用机具标准（国标一级目录分类号为 Y60/69）为例，仅 2009 年就有包括家用电冰箱、蒸发器在内的 51 项标准替代了原有的国家标准。[2] 从技术发展的生命周期来看，现代技术的生命周期越来越短，现代技术的发展对技术标准的要求也越来越高，过去的技术标准制定时间较长，通常情况下，在技术发展比较成熟的时候，一项官方的正式技术标准出台大约需要 10 年的时间。但是，如今的技术标准演进周期被大幅缩短了，移动通信技术标准的演进恰恰证明了这一点。

移动通信技术先后经历了 20 世纪 80 年代的第一代模拟移动通信（1G）技术、90 年代的第二代数字移动通信（2G）技术和 21 世纪之初以支持移动多媒体业务为特征的第三代移动通信（3G）的发展历程。1G 时代具有影响力的标准包括 1983 年投入商用的美国的高级移动电话系统（Advanced Mobile Phone System，AMPS）、欧洲的北欧移动电话（Nordic Mobile Telephone，NMT）、英国的全向接入通信系统（Total Access Communications System，TACS）以及日本的 NTT 系统。2G 标准主要包括基于 TDMA 技术的欧洲的 GSM 系统、美国的 DAMPS 系统和日本的 PDC 系统，以及基于

---

① 资料与数据来源：《Wintel：爱、背叛与利益同盟》，http://hb.qq.com/a/20110818/000059.htm。

② 数据来源：根据 2009 中国标准更新表计算得到。中国标准网，www.standardcn.com。

CDMA 技术的美国的 CDMA1 系统。3G 标准是在国际电联（International Telecommunications Union，ITU）的支持与规划下发展起来的。根据 ITU 的规划，所有的 3G 标准都属于国际移动通信 2000（International Mobile Telecommunications-2000，IMT-2000）的家族成员。最终，ITU 确认了 5 种 3G 移动通信无线传输技术，其中的 3 个主流技术为：欧洲的 UMTS 和日本的宽带码分多址（Wideband Code Division Multiple Access，WCDMA）技术方案融合后的 WCDMA、美国的 CDMA2000 和中国的 TD-SCDMA。[①] 从表 6—2 全球移动通信标准的演进可以发现，从 1G 系统升级到 2G 系统，技术标准更替花了 7—14 年的时间，而从 2G 系统升级到 3G 系统，技术标准更替仅花了 5—8 年的时间。在 3G 尚未大规模成功商用的今天，各国 4G 标准研究的枪声早在 21 世纪初就已经打响。

表 6—2   全球移动通信技术标准的演进

地区	1G 标准	2G 标准	3G 标准
欧洲	NMT（1981）、TACS（1985）C450（1986）、RTMS（1986）	GSM（1992）、DECT（1993）	WCDMA（2000）
日本	NTT（1979）	PDC（1993）、PHS（1993）	WCDMA（2000）
美国	AMPS（1983）	CDMA1（1995）、 DAMPS（1993）	CDMA2000（2000）
中国			TD-SCDMA（2000）

资料来源：根据相关资料整理。

快速的研发创新不仅使技术标准演进周期大幅缩短，更出现了技术标准与技术发展速度相一致的趋势。过去技术标准的产生是先有成熟技术再有技术标准，而现今技术开发者都尝试直接获得适时的标准草案或者形成事实标准，不再是先有市场需求的发展再标准化，这些发展在技术之前的标准就是所谓的预期标准（anticipatory standards）。预期标准不仅对技术发展起到导向性作用，而且还规定了技术创新的路径。目前，针对预期标准为争夺话语权而进行的标准竞争愈演愈烈。据有关资料显示[②]，自 2003 年围绕移动通信 4G 技术的预期标准竞争就拉开了帷幕，截至 2009 年共有来自中国、日本、

---

① 资料来源：根据相关资料整理。主要参考资料为《移动通信技术的发展历程》，http：//wenku. baidu. com/view/e93084a8d1f34693daef3ee5. html。

② 资料来源：根据相关资料整理。主要资料来自中国电信网，http：//www. c114. net。

韩国、欧洲标准化组织（3GPP）和北美标准化组织（IEEE）的 6 项 4G 候选技术提案参与预期标准竞争。2009 年 10 月国际电信联盟最终确定 LTE-Advanced（中国）和 802.16m（IEEE）为 4G 国际标准候选技术，至此包含了 TDD 和 FDD 两种制式的 LTE-Advanced 与 802.16m 预期标准在标准竞争中胜出。移动通信产业是预期标准竞争较为激烈的领域，在中国，移动电子商务的发展随着 3G 的正式启用被提上了日程，以此为依托的是"物联网"和"三网合一"，以及轰轰烈烈的"超级网银"的上线。但是，移动电子商务的实际发展速度却远未如想象的快，究其原因，预期标准竞争为首要原因，针对支付标准、终端硬件及操作系统标准、接入标准、诚信标准以及交易主体标准的竞争正如火如荼，移动电子商务的发展最终取决于各方力量在标准竞争中的博弈结果。

6.2.3　市场因素对研发创新与标准竞争的制约作用

1. 顾客预期的制约作用

标准的形成与扩散最终取决于市场。在技术获得临界容量并成为标准的过程中，顾客预期是关键。事实上，被预期成为标准的产品将会成为标准。微软正是通过创造顾客预期最终使 Windows 操作系统成为行业标准。20 世纪 80 年代，世界上最强的微机应用软件公司 VisiCorp 创造了一种名为 VisiOn 的产品，它是今天普遍使用的 Windows 与 Office 系列产品的前身。盖茨在 1982 年参加 Comdex 计算机行业大会时首次接触到 VisiOn，在看完 VisiOn 三个完整的系列展示之后，盖茨明白 VisiOn 正是 MS-DOS 的克星，微软建立 MS-DOS 标准的努力正处于危险之中。随后，微软发起了一场战役应对 VisiOn 的挑战，微软大力向用户宣传还未面世的 Windows 操作系统，实际上它不仅还未面世，而且几乎还没开始设计。这场战役力求从心理上和精神上赢得客户，目的在于瓦解竞争对手而不是促进销售。盖茨的战略生效了，当 VisiOn 在 Comdex 大会之后开始销售时，已经无法逃脱 Windows 的幽灵。结果，VisiOn 产品卖不出去，因为整个世界都在等待着 Windows。[①] VisiOn 的失败并不是技术上的失败，而是输在顾客预期对

---

① 资料来源：《微软：创建行业标准的企业设计》，http://wenku.baidu.com/view/ace79a0016fc700abb68fce5.html。

标准竞争的制约上，VisiOn 的失败表明了顾客预期可以成就一项标准，也可以拒绝一项标准。

2. 消费者选择的制约作用

仅仅建立标准并不能保证可以从中获取价值，标准能否带来市场价值还有赖于市场中的消费者选择，消费者选择对于标准竞争的作用可谓"成也萧何败也萧何"，而转换成本则是影响消费者选择的关键要素。在移动电子商务支付标准竞争中，索尼、飞利浦等手机厂商多年来一直力推 NFC 支付标准方案，但是，NFC 支付标准的转换成本过高，用户必须更换具备 NFC 芯片的手机和 SIM 卡才能使用，这一致命缺陷导致 NFC 方案推出多年来，一直未能在全球得到大范围的应用。同样是因为转换成本过高的问题，中国电信推出的手机支付业务"翼支付"也未能成为行业标准。"翼支付"是将钱包账户置入天翼手机的 RF-UIM 卡中，但是，中国电信的手机支付方案必须采用定制手机，并把原有 SIM 卡更换成 SWP-SIM 卡，如此支持"翼支付"的天翼手机才可以在超市、便利店、商场等特约商户购物。[①]

消费者选择同时制约着标准竞争下企业的研发创新速度。以软件业为例[②]，软件厂商总是致力于开发功能更强大、内容更丰富的新软件，但是，消费者往往并不买账，仍然沿用老软件的用户大有人在。这是因为，一方面，消费者对老版软件具有依赖性，因为学习新软件需要花费更多的时间，而老软件完全可以处理他们的日常问题；另一方面，新软件往往不是成熟软件，其操作性和稳定性未必优于老软件。在消费者选择的作用下，企业出于理性选择可以适时降低研发创新的速度，以避免大量研发经费的浪费。

3. 利益相关者的制约作用

在标准竞争中，利益相关者既可以推动一项标准的胜出，也可以阻碍一项标准的形成。Heejin Lee 和 Sangjo Oh（2006）利用行动者网络理论解释了中国在无线局域网安全标准之争中落败的原因在于，WAPI 阵营未能在自己与各种利益相关者之间建立起有效的合作机制。WAPI 是我国提出的无线局域网安全技术标准，IEEE802.11i 则是 IEEE 提出的无线局域网安全技术标准，两种标

[①]   资料来源：《移动电子商务的标准化之争》，http：//tech.qq.com/a/20100921/000269.htm.

[②]   参见李新波、韩伯棠、王宗赐：《标准化与技术创新规模和速度的关系研究》，《科学学与科学技术管理》2010 年第 11 期，第 40—44 页。

准的区别在于认证保密方面，WAPI 比 IEEE802.1li 更安全。2003 年中国市场宣布强制实施 WAPI 标准，却遭到美国的强烈反对，因为限制基于 IEEE802.1li 标准的产品在中国地区销售使得众多美国无线网络产品供应商受到重创。而在中国市场上销售的无线网络产品大多数品牌都来自美国，如 3COM、思科、趋势、Avaya 等。由于 WAPI 的密码算法仅由包括联想、华为在内的几家中国国内企业持有，外国的网络设备供货商只能通过与中国政府指定的这几家企业生产合作才能获得 WAPI 协议许可。2004 年，迫于压力，中国政府宣布 WAPI 的强制实施无限期推迟，此后 WAPI 虽然获得包括英特尔、索尼在内的利益相关者的支持，但是由于 WAPI 与 IEEE802.1li 安装基础的力量差异太过悬殊，最终 WAPI 未通过国际标准认证。[①]

　　而获得利益相关者支持的索尼公司却成功地将蓝光制式确立为下一代 DVD 标准制式。索尼公司牵头开发的蓝光制式与东芝公司主导开发的高清制式两种标准并不兼容，二者之间的标准竞争一度非常激烈，一些企业试图兼用两种制式，如 LG 公司、华纳兄弟公司和惠普公司都曾推出可同时使用蓝光和高清两种制式的产品，但这一做法成本高昂，并未能打破下一代 DVD 制式之争的僵局。进入 2008 年，蓝光制式逐渐显出胜势，这源于两大利益相关者的支持。其一是美国华纳兄弟公司宣布今后发行的影碟将只使用蓝光制式，从而使好莱坞的电影公司支持蓝光和高清制式的比例变为 5∶2；其二是全球最大零售商美国沃尔玛公司宣布将仅支持蓝光制式产品。这构成对高清制式的最后一击，最终东芝公司不得不宣布全面退出高清 DVD 业务。[②]

6.3　企业研发创新与产业生态

6.3.1　从产业到产业生态系统

　　产业是具有替代性竞争关系的企业集合，在市场上体现为某一种特定的商品或服务。不同产业间通过各自的产出相互作为中间投入而建立起紧密的

---

① 资料来源：WAPI，http：//baike. baidu. com/view/63613. htm。

② 资料来源：《东芝宣布全面退出高清 DVD 业务》，http：//www. sj63. com/html/200802/200802200000001056994435_1. html。

技术经济联结关系，如里昂惕夫所发展出来的投入产出分析技术。[①] 其中有些产业具有明显的上下游单向联结关系，它们因之形成一条相对完整的产业链。与基本是单向的产业链不同，产业生态系统[②]可以是环形的或"闭合"的。本质上，产业系统可以模仿自然生态系统的运作规律，在产业和企业之间实现"资源—产品—再生资源—再生产品"的循环过程，从而向产业生态系统演化，最大限度降低经济活动的环境影响（郭莉等，2005）。[③]

从组织形态来看，产业生态系统存在不同的组织形式：下游产业与上游产业形成的产业链有闭链（某一产业是其下游产业的下游产业）和开链（非闭）；有单链（每个产业只有一个直接下游产业）和多链（至少存在一个产业有多个直接下游产业）（罗仁会，2006）。[④] 产业链只是产业生态系统的一个特例，即单开链结构（见图6—5）。

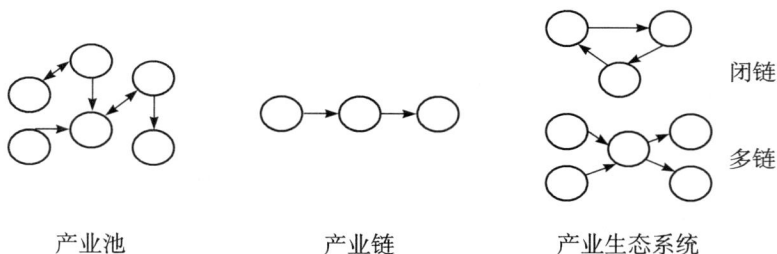

产业池　　　　　　　　产业链　　　　　　　　产业生态系统

图6—5　产业与产业生态系统

与自然生态系统相似，产业生态系统具有显著的自我生长、自我适应、自我复制等自组织特征。产业生态系统的自我生长特征是指在没有外界特定

---

① 参见刘起运等：《投入产出分析》，中国人民大学出版社2006年版，第6页。

② 1989年，《科学美国》杂志发表了弗罗施和盖洛普洛斯（Frosch and Galloopoulos, 1989）的《制造业的战略》一文。文中指出，"传统的产业活动模式……应当转型为一个更为完整的模式——产业生态系统，在这个系统中，能源和物质消耗被优化，废物排放最小化，而且，一个生产流程的废液变为另一个生产过程的原材料。"该论文深化了产业生态系统概念，并认为应把自然界的物质循环、能量层递消耗、可持续的太阳能等生态系统原理应用到产业系统中，从而使产业系统更具可持续性（邓伟根，2010）。

③ 参见郭莉等：《基于哈肯模型的产业生态系统演化机制研究》，《中国软科学》2005年第11期，第156—160页。

④ 参见罗仁会：《开的产业生态系统最优产业单链的搜寻》，《数学的实践与认识》2006年第2期，第108—114页。

干预的情况下，一种趋向自然生态系统的产业结构、模式和功能从无到有的自我产生过程。自我适应特征强调在一定的外界环境下，产业系统通过自组织过程适应绿色消费的市场需求、先进技术、环保政策法规、环境恶化和资源短缺等外界环境，进而出现新的结构、状态或功能。产业生态系统的自我复制则体现为生态工业项目的示范带动作用。

　　上述是基本成型于上世纪 80—90 年代的产业生态学和产业生态系统理论的基本观点，然而，目前产业生态系统概念有了全新的含义，它进一步指以最经济有效的方式满足人们某种特定需求而形成的产业和企业生态群落。不同的企业、产业为了一个共同的经济目的（即满足人们某种特定需求）而紧密团聚在一起，形成一种最佳的相互支持、相互依赖的经济模式，以类似自然生态系统的方式同另外一种产业生态系统相竞争（系统内相互开放、系统间相互竞争）。与单一的企业竞争相比，这是一种系统和平台间的竞争。与产业集群的特定产业相比，产业生态系统包括更多的上下游产业，不同的企业、产业间具有最强的纽带连接关系。如当前几大智能手机平台（苹果 iOS、谷歌安卓、微软 WP、黑莓 OS 等）之间的竞争，涉及智能手机的硬件制造商、操作系统平台提供商、应用程序或内容的提供商、渠道销售商等由不同的企业、产业所组成的一个完整的产业生态系统。这种目前仍处于不断发展中的产业生态系统与以往的产业生态系统概念最大的不同在于：具有更多的可控性。在整个产业生态系统中，存在主导性厂商（即平台开发者），它们在最大程度上决定了整个产业生态系统的组成及其竞争力。从组织形态上看，与传统的产业生态系统相比，新一代产业生态系统更具备网络化的组织形态，并存在着一个主导平台对更多的上下游产业进行强力整合（见图 6—6）。

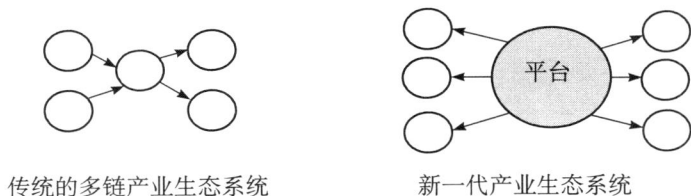

传统的多链产业生态系统　　　　新一代产业生态系统

图 6—6　新、老产业生态系统

6.3.2　企业研发创新对产业生态的作用机制

如前所述，在新一代产业生态系统中，存在主导性的平台开发者，因此，其研发创新行为深刻地改变了或改造着该产业生态系统。

1. 企业研发创新提供了崭新的平台

企业研发创新是培育和扩张产业生态系统中的平台的主要方式。首先，通过研发创新产生的突破性的概念确定了平台设计的基础性原理和相关准则。如图形界面（Graphical User Interface，GUI）概念的出现导致了施乐的 Alto、苹果的 Macintosh OS、微软的 Windows 等全新操作系统于上世纪 70—80 年代相继推出。通过图形界面方式，人们可以用鼠标点击按钮来进行操作，十分直观，而 DOS 系统只能输入命令。图形界面进一步形成了所谓的"GUI 准则"：减少用户的认知负担，保持界面的一致性，满足不同目标用户的创意需求，用户界面友好性，图标识别平衡性，图标功能的一致性，建立界面与用户的互动交流等。图形界面的基础性原理和相关准则是设计任何图形界面操作系统平台的基本支撑。其次，建立在基础平台之上的进一步研发创新最终导致了产业生态系统的形成和扩张。如在 Windows 操作系统推出后，通过开放策略，促生大量第三方应用软件和程序的开发，形成了一个基于 Windows 操作系统的全新计算机软件产业生态链。产业生态链一旦形成之后，就具有显著的收益递增效应，即使用该平台的用户越多，为之编写应用软件的开发人员就会越多，这反过来又会吸引更多的用户，如此反复循环。

2. 平台级产品的存在促进新工艺或新流程的采用，最终形成了全新的产业

上面提及计算机操作系统的开放促生了大量第三方应用软件和程序的开发，促进了计算机软件业的形成与发展；而在目前炙手可热的智能手机产业，几大主流操作系统通过开放应用开发包（SDK），建立第三方 APP 开发的新模式，催生了手机应用开发产业。我们还能在更多产业中找到例子。例如，汽车制造业在上世纪 80 年代产生了一种称为"汽车平台"的概念。"汽车平台"是汽车制造厂商设计的、几个车型共用的产品平台。汽车平台与车辆的基本结构相关，出自同一平台的不同车辆具有相同的结构要素，如车门立柱、翼子板、车顶轮廓等。同一平台的车型的轴距一般情况下是相同的，

同时一些配件是通用的。"汽车平台"具有提供产品的基础架构、创新孵化和成本节约的重要作用。此外，基础平台的存在，进一步催生了"模块化"生产方式。如德尔福系统公司相继推出了座舱、接口盘制动、车门、前端、集成空气/燃油等模块，而汽车厂商方面则以全球范围作为空间，进行汽车模块的选择和匹配设计，优化汽车设计方案，将汽车装配生产线上的部分装配劳动转移到装配生产线以外的地方去进行。

3. 企业研发创新产生了新的分销方式

企业研发创新还产生了新的分销方式。著名的戴尔模式（Dell Model）利用现有的价值链，并且去除不必要的、成本昂贵的中间环节，从消费者的角度看，这种新价值链更有意义。本质上，这种直销商业模式源自企业研发创新行为，通讯技术和互联网的应用普及使得企业可以绕过中间环节直接与消费者建立一对一的关系。在产业生态系统中，主导性平台开发者的研发创新使得分销方式得到更为深刻和巨大的改变。如建立在苹果公司 iPod/iTunes 平台基础上的 iTunes Store 彻底改变了人们购买和消费音乐、视频产品以及图书的方式。从硬件 iPod 的制造，到 iTunes 软件研发，再到 iTunes Store 对上游影音娱乐公司、出版社的整合，显然，围绕苹果公司的 iPod/iTunes 平台形成了一个完整的产业生态系统，其中就包括了新的分销方式。

总之，企业研发创新首先提供了崭新的平台，然后围绕着这一新平台的后续创新催生或重组了上下游关联产业，最终形成了一个完整的产业生态系统，本质性地将产业竞争推向产业生态系统竞争这一更高级、更剧烈的竞争形态（见图 6—7）。

图6—7　研发创新对产业生态系统的作用

6.3.3　产业生态系统竞争

产业生态系统竞争需要面对的一个主要问题是如何设法创造出对用户、

消费者具有最高价值或最佳服务体验的最终产品。成功的关键最终取决于消费者的选择。与生态学中的种群竞争模型类似，获得更多消费者数量的产业生态系统将胜出。可以在引入消费者体验因素之后，建立一个不同产业生态系统进行竞争的模型。在这个模型里，最终目标是达成消费者最佳的服务体验。每个产业生态系统（如苹果 iOS 平台以及谷歌安卓平台）向消费者提供的是由硬件＋软件构成的一个最终产品（比如一部智能手机）。现在这里的问题转化为：是更为一体化的苹果（iOS 平台仅供苹果自己使用）胜出，还是更为开放（安卓平台免费提供给 HTC、三星等手机硬件开发商使用）的谷歌胜出？

首先来考察消费者，其效用为其消费体验的函数，即 U（E），其中 E 为消费者体验。假定消费者体验 E 是由软硬件一体化的程度（C）、应用程序的数量（N）和质量（Q）、消费者数量（P）等变量构成的一个函数，即 $E=f$（C，N，Q，P）。其中对 C 的偏导为正，即软硬件一体性越高，消费者体验越佳，软硬件一体性主要由硬件开发商的数量（H）所决定，硬件开发商的数量越多，硬件和软件系统趋向复杂，消费者体验越差；对 N 的偏导为正，即应用程序的数量越多，消费者的选择越多，因此消费者体验更佳，而应用程序的数量主要由消费者的数量所决定，消费者数量越多，应用程序越多；对 Q 的偏导为正，即应用程序的质量越好，消费者的体验更佳，由于可知的技术原因，为软硬件一体化的产品所专门开发的应用程序质量更佳；对 P 的偏导为正，即该产品存在使用上的网络效应，需求定理是成立的，即消费者数量是价格（p）的减函数，并有理由认为追求软硬件一体化会导致较高成本（特别是研发成本），从而最终产品的价格也较高。在此基础上，可以将 E 进一步改写成 $E=f$（C（H），N（P（p）），Q（C（H）），P（p））$=g$（H，p（H）），从而消费者体验是硬件开发商的数量 H 的增函数，是价格 p 的减函数。因此，效用函数最终可以写成 $U=U$（H，p（H））。消费者通过比较不同产业生态系统带给自己的效用大小，决定购买哪种系统的手机。

现在来考察平台提供者的行为。从上面对消费者行为的分析可知，平台提供者存在着一个两难选择，即如果选择更多的硬件开发商，能降低产品价格，从而使得消费者效用更大；但是，更多的硬件开发商会使硬件和软件系统趋向复杂，消费者体验降低，从而使得消费者效用降低。这是一个在产品开发中如何权衡产品性价比的老问题。从两个平台的实际竞争状况来看，由于更多的手机硬件开发商加入安卓平台开发，目前安卓平台的用户数已经超过 iOS 平台的用户数①，此时，从 $E=f$ （C，N，Q，P）中可看到，安卓平台中的消费者数量 P 和应用程序数量 N②都增加了，因此该平台的消费者体验也增加了，但是也正由于更多的手机硬件开发商加入，降低了软硬件一体化程度 C 以及应用程序的质量 Q。③ 目前，这两个产业生态系统的竞争还没有分出最终胜负（但是诺基亚的塞班系统由于平台自身的问题以及产业生态系统的不完善性等原因，已经基本退出移动操作系统的竞争），并且其中一个可能结果是两者同时存在——iOS 占据高端市场，安卓占据中低端市场。让我们拭目以待！

6.4　小结

本章从市场结构、标准竞争与产业生态系统三个不同的侧面考察了经济全球化条件下企业的研发创新行为。

主要结论有：

第一，企业的研发创新行为通过增强企业竞争优势并借助研发创新进入某一市场或者扩大所在市场的市场份额，改变市场结构，有些企业甚至有可能成为寡头垄断厂商。此外，一些革命性的创新会推动技术创新产业扩张并走向繁荣和替代产业的衰退，产生竞争性毁灭效应，破坏性创新是革命性创新的顶峰。

第二，企业的研发创新行为对标准形成、标准扩散以及标准演进产生了

---

① comScore 的数据显示，2010 年 11 月，美国安卓手机用户数首次超过了 iPhone。据 ccmScore 估计，2010 年 11 月美国智能手机用户为 6 150 万人，其中 26% 拥有安卓手机，25% 拥有 iPhone。参见 http：//news. itxinwen. com/communication/foreign/2011/0107/212226. html。

② Research2Guidance 发布报告称：谷歌 Android Market 应用商店中的应用数量正快速增长。截止到 2011 年第三季度，Android Market 应用程序约 50 万个，而 App Store 约有 60 万个。该研究公司认为，Android Market 的用户数将于 2011 年年底超过苹果 App Store。参见 http：//www. cnii. com. cn/3g/content/2011 - 10/26/content _ 928786. htm。

③ 据 WDS 的一项研究发现，安卓系统的终端设备硬件问题为 14%，Windows 手机为 11%，苹果的 iOS 为 7%，而黑莓操作系统只有 6%。参见 http：//tech. hexun. com/2011 - 11 - 07/134952366. html。

重要作用，而顾客预期、消费者选择、利益相关者等市场相关因素对研发创新与标准竞争起到制约作用。

第三，在新一代产业生态系统中，存在主导性的平台开发者，因此，其研发创新行为深刻地改变了或改造着该产业的生态系统。主要表现在：企业研发创新提供了崭新的平台；平台级产品的存在促进新工艺或新流程的采用，最终形成了全新的产业；企业研发创新产生了新的分销方式。基于企业研发创新的产业生态系统竞争则导致对既有产业生态的破坏及新产业生态系统的形成。

第 7 章

经济全球化条件下的企业竞争态势

经济全球化条件下合作与竞争的关系不再是单纯的对立关系，合作与竞争正在走向融合，越来越多的企业从一味地与竞争者对抗转变为与竞争者合作，合作性竞争已成为企业间竞争态势的主流取向。企业合作性竞争行为的选择不仅会影响到企业自身的经营绩效和优势持续，也会对其他参与方的行为和绩效以及所处的市场产生深层次的影响。本章按照合作性竞争认知、合作性竞争与市场结构、合作性竞争与绩效的思路展开论证。首先，揭示合作性竞争的本质，阐释合作性竞争行为发生的内在机理；然后，分析合作性竞争对市场结构产生的动态影响，回答合作性竞争是否必然导致市场垄断程度提高的问题；最后，探讨合作性竞争对市场绩效产生的影响，回答合作性竞争是否必然导致"双赢"结果的问题。目的是指导中国企业正确认识合作性竞争，在竞争日趋激烈的经济全球化时代，真正运用好合作性竞争策略，实现企业持续成长，提高企业国际竞争力。

7.1　企业竞争态势

7.1.1　企业基本竞争态势

长期以来对企业竞争态势的争论一直存在竞争与合作两种不同的范式。竞争范式的支持者认为，竞争是最有效率的一种范式。竞争可以从三个方面产生经济效率，即竞争可以使企业合理地分配稀缺资源；竞争推动了企业创新；竞争可以避免合作产生的交易费用。但是，合作范式的支持者却认为，在越来越复杂、越来越动荡的市场环境中，合作可以带来风险规避，同时也可以带来更高的生存机会。合作与竞争之间的矛盾根源可以追溯到工业时代，那时，亚当·斯密提出了市场"看不见的手"的理论。斯密在《国富论》中指出，"竞争使人丝毫不敢自满，因而刺激生产效率，而竞争者永远有共谋的动机，'不管是娱乐或消遣，同一个生意场上的人们很少聚在一起。可是在对抗公众或密谋抬高价格时，情况就不一样了'"①。可以发现，在斯密那里，当涉及共同利益时，合作就会替代竞争成为个体的最优选择。米歇尔·鲍曼解释说："任何有组织的合作……都具有以下特点，即参与者必须承担一定的义务和任务，能否承担关系到合作目标的实现。但恰恰因为集体行为的结果是共同努力所致并非个人可以单独实现，对个体而言可能存在逃避义务的激励，目的是尽可能只作为消费者享受合作带来的共同收益，却将成本转嫁到其他伙伴身上。"② 由此可见，即便是建立在共同利益基础之上的合作也是不稳定的，只要追求个体利益最大化的前提依然存在，无论个体行为中合作的比重有多大，都不会消除竞争。

虽然合作与竞争之间存在矛盾，但是一项经典试验的结论却证明："竞争和合作之间似乎是矛盾的，但是与没有任何社会相互作用时的情况相比，两者都显然提高了绩效，也就是说优于个体孤立工作时的绩效。我们一定会问，竞争和合作哪一个对任务绩效的贡献更大呢？试验以及现场研究发现，竞争集体的绩效低于合作集体的绩效。……这种差异并不是表明竞争从本质上来说抑制了绩效，而是竞争的一些副产品降低了绩效，尤其是缺乏社会支持以及在竞争特别激烈的集体中无法追求共同目标。"③ 这就意味着，合作与竞争均能创造出比垄断更高的绩效，并且在某种特殊情景下合作是优于竞争的一种策略选择。事实上，博弈理论已经证明了竞争与合作显著优于个体孤立行事的事实，同时也验证了合作均衡存在的合理性。

---

① 转引自威廉·G.·谢波德、乔安娜·M·谢波德：《产业组织经济学》，张志奇等译，中国人民大学出版社 2009 年版，第 17 页。

② 米歇尔·鲍曼：《道德的市场》，肖军译，中国社会科学出版社 2003 年版，第 367 页。

③ 彼得·M·布劳、W·理查德·斯科特：《正规组织：一种比较方法》，夏明忠译，东方出版社 2006 年版，第 138 页。

随着市场规模的扩大以及Internet等先进通讯技术的飞速发展，越来越多的企业意识到同竞争者合作能给自己带来战略利益，从而同竞争者采取一种合作的姿态。布利克和厄恩斯特[①]（1998）在《协作型竞争》一书中指出，对于多数全球性企业来说，完全损人利己的竞争时代已经结束，驱动企业不遗余力地与同一产业的其他企业、经销商和供应商进行竞争的传统思维，已经难以确保企业持续获得持久性的高利润。希尔（Hill，1995）[②] 考察了众多企业后发现，企业要想在市场上获得成功，就必须同时实施竞争与合作两种行为，一方面，企业为实现竞争力提升而与其他企业合作；另一方面，企业又要为了保持独立与合作伙伴不断竞争。拉杜（Lado，1997）[③] 通过对寻租行为[④]的分析，解释了企业如何获得经济租，并如何从合作性竞争中获得长久的高绩效。拉杜依据企业的竞争倾向与合作倾向两个维度给出了企业竞争态势的描述性模型，如图7—1所示。该模型表明，企业可供选择的竞争态势共四种，分别是合作、竞争、垄断以及合作性竞争。

合作倾向	竞争倾向：低	竞争倾向：高
高	合作性寻租行为	混合性寻租行为
低	垄断性寻租行为	竞争性寻租行为

图7—1 寻租行为的混合模型

资料来源：Lado，Augustine A.，Nancy G. Boyd，Susan C. Hanlon. 1997. “Competition，Cooperation，and the Search for Economic Rents：A Syncretic Model，” *Academy of Management Review*，22（1）：110—141.

---

① 参见乔尔·布利克、戴维·厄恩斯特：《协作型竞争》，林燕等译，中国大百科全书出版社1998年版。

② Hill，C. W. L.，1995. “The Toyota Corporation in 1994，” In：C. W. L. Hill & G. R. Jones (Eds.)，*Strategic Management：An integrated approach*. Boston：Houghton Mifflin，249—263.

③ Lado，Augustine A.，Nancy G. Boyd，Susan C. Hanlon. 1997. “Competition，Cooperation，and the Search for Economic Rents：A Syncretic Model，” *Academy of Management Review*，22（1）：110—141.

④ 寻租行为是指寻找能够给企业产生价值增值从而带来高价值回报的资源与能力的行为。

合作性竞争是有别于竞争、合作与垄断的一种企业间的博弈关系。拉杜认为，合作性竞争行为（拉杜称之为混合性寻租行为）比单纯的竞争或合作更有利于知识创新、技术进步以及经济与市场的增长。与其他三种寻租行为相比，合作性竞争行为更有利于企业取得高绩效、实现重组以及避免冲突，更能使企业在关系、市场等资源的投资上达到平衡。洛根与斯托克司也认为，在经济全球化时代，任何企业都必须通过竞争去合作，同时也必须通过合作去竞争，合作竞争的优势之一就是既能够实现企业间的资源互补，又避免了合并所带来的混乱状态，"合作竞争将会超越竞争与对抗，而成为可持续性商业发展的主要手段……经理们应该扩大机遇，以加强同商业伙伴之间的跨企业合作"①。在模型中，拉杜同时指出，当维持合作性竞争所花费的成本超出企业能够从合作性竞争中获得的收益时，合作性竞争对企业竞争地位的改变就成为空谈。此外，当联盟中的企业目标与预期不一致，或一方从联盟中获取知识的速度显著低于另一方，或一方有意识地实施保守秘密、阻止信息流动的行为时，合作性竞争就难以产生经济租，合作性竞争就宣告失败。

传统经济理论是研究竞争的学说，一般认为竞争的手段包括价格竞争与非价格竞争两类。价格竞争的基础是规模经济，竞争的目的在于控制与消除竞争，表现为厂商的规模竞赛。非价格竞争的基础是差异化，竞争的目的在于建立和强化自己的竞争优势，表现为厂商品牌、服务的竞争。

合作性竞争与传统竞争相比，不仅容忍竞争对手的存在，更认识到竞争对手存在的价值，并能够加以有效的利用。合作性竞争强调为了竞争而学会必要的妥协与合作，建立互利互惠的合作竞争关系，在竞争中寻找一切合作机会，通过联合赋予自己更大的市场竞争能力，进而起到在合作过程中强化竞争的作用。合作性竞争的目的是扩张企业的生存空间，表现为标准的竞争。现代企业对创新的追求已经不在于研发一两件新产品，而是创立一个新标准，一旦这个标准为市场所接纳，这种产品就会成为一系列产品的规范，从而为企业带来源源不断的利润。标准竞争不同于以往的品牌竞争、服务竞争，标准竞争使得厂商之间摆脱了以往原子式的竞争模式，有效地实现了竞争向合作的转化。标准竞争同时兼顾个性与规模，标准意味着开放与融合，

---

① 　罗伯特·洛根、路易斯·斯托克司：《合作竞争》，陈小全译，华夏出版社2005年版，第63页。

统一的标准大大降低了沟通与互联的成本。因此，在经济全球化时代，标准竞争是科技主导经济发展这一时代特征在市场竞争领域的体现，谁主导了产业标准，谁就将成为产业的领导者。

7.1.2　合作性竞争

经济全球化步伐的加快以及现代科学技术的蓬勃发展，使得合作性竞争已经成为新时期企业必须遵循的竞争规则。越来越多的企业意识到竞争对手存在的价值，并开始加以有效利用，与竞争者构建起能够带来更多战略利益的合作性竞争关系。以全球汽车产业为例[①]，2007 年全球最大的 22 家整车制造商发生及持续的同业企业间合作性竞争关系共计 169 起，合作性竞争在合作研发、合作生产以及市场销售等多个领域广泛开展，例如宝马汽车集团分别与克莱斯勒、标致、戴姆勒等公司就混合动力及汽油发动机展开合作研发，同时与奥地利的麦格纳斯太尔、俄罗斯的 Avtotor 达成联合生产协议，并与中国汽车制造企业华晨公司合资建立了华晨宝马汽车有限公司，生产和销售宝马汽车。全球汽车产业合作频发，仅 2010 年 4 月戴姆勒就成功地达成两项合作关系。一是与雷诺和日产就在欧洲市场共同开发小型轿车、小型商用车并共享发动机技术结成同盟；二是与比亚迪就电动车和零部件签订了合作协议，双方计划结合比亚迪在车用干电池和驱动机电方面以及戴姆勒在传统汽车制造范畴的经验开发电动车。资料显示[②]，20 世纪 90 年代以来，企业间各种合作联盟每年以超过 25％的速度在增长。根据《财富》杂志世界 500 强公司排名，2010 年中国共有 54 家企业入选，由表 7—1 可知，多数企业都与同业企业构建了合作性竞争关系，这说明越来越多的企业从一味地对抗竞争者转变为与竞争者合作，合作性竞争行为已经成为经济全球化时代大多数企业的策略选择。而从入选企业分属的产业来看，合作性竞争行为广泛存在于大多数产业之中，尤其是竞争性较强的产业（如电子设备制造业、通讯设备制造业、计算机服务业以及汽车制造业），合作性竞争行为的发生更为频繁，而在垄断性较强的产业中，合作性竞争行为则鲜有发生，如石油

---

①　资料来源：根据汽车新闻网相关数据整理得到，http：//www.autonews.com。

②　资料来源：邹文杰：《竞争、合作与产业组织演进》，2009 年 7 月，http：//lw.xinxueshu.com/Html/SocialSciences/124837637111674＿4.html。

加工、采矿、航空航天器制造等产业。虽然进入世界 500 强的中国保险企业鲜有同业企业间的合作性竞争行为发生，但是，事实上，一些较小规模的保险公司正是依靠合作性竞争与大企业抗衡的。例如，天安、华安、永安、新疆兵团四家保险公司结成战略联盟，在业务分保、大项目异地展业、相互代理检验、查勘定损、理赔、再保险业务、保险电子商务及网络化经营以及人才技术交流等领域进行合作。[①] 事实证明，经济全球化条件下合作与竞争的关系不再是单纯的对立关系，合作与竞争正在走向融合。竞争者存在的价值得到了普遍认可，竞争者不仅为企业带来了竞争压力，促进企业技术创新与进步，同时也使得企业免受反垄断法的制裁。因此，企业不是想尽办法消灭竞争，而是利用彼此间的差异通过合作创造共生共存的竞争格局。

表 7—1　　　2010 年《财富》世界 500 强中国入选企业的合作性竞争情况一览表

世界 500 强中国企业名称	主要业务	所属产业	同业企业间合作性竞争行为的举例
中国石化、中国石油天然气、中国海洋石油总公司、中油公司	炼油	石油加工、炼焦及核燃料加工工业	无
国家电网、中国华能集团、中国大唐集团、中国南方电网、中国国电集团	电力	电力生产、电力供应业	2006 年，中国华能集团与华亭煤业集团建立战略联盟，共同投资建设年产量 240 万吨的大柳煤矿
中国移动通信、中国电信、中国联通	电信	电信业	3G 基础设施的共建共享
中国工商银行、中国建设银行、中国农业银行、中国银行、交通银行	银行	银行业	各银行间的通存通兑
鸿海精密	电子	电子和电工机械专用设备制造业	2009 年，索尼公司将与鸿海精密工业（台湾富士康电子）结成战略联盟，生产美洲地区 LCD TV
中国人寿、国泰金融控股、中国人民保险集团、中国平安保险	保险	保险业	无
中国铁道建筑总公司、中国中铁、中国建筑工程总公司、中交集团、中冶集团、	工程建筑	房屋和土木工程建筑业	2006 年，中交集团四航局与盐田港股份有限公司在广州正式签署战略合作协议。双方将发挥各自优势，在港口、路桥等领域展开广泛而紧密的合作

① 资料来源：东方财经网：《四家保险公司在沪成立战略联盟》，2001 年，http://auto.eastday.com/epublish/gb/paper92/20010925/class009200001/hwz417920.htm。

续前表

世界 500 强中国企业名称	主要业务	所属产业	同业企业间合作性竞争行为的举例
东风汽车、上汽集团、一汽集团	汽车	汽车制造业	2001 年，通用汽车中国公司、上汽、柳州五菱汽车有限责任公司三方合作，结成战略联盟，生产微型车
来宝集团、中国五矿集团、怡和洋行	贸易	批发业	无
中信集团、中国南方工业集团、和记黄埔、中国兵器工业集团、华润集团	多元化	其他	2010 年，广州国际商品展贸城股份有限公司与中信集团广州中信信通物流有限公司结成战略联盟，构造供应链一体化的展贸物流服务
宝钢集团、河北钢铁集团、中钢集团、江苏沙钢集团、武汉钢铁集团、中国铝业集团	金属	黑色金属冶炼及压延加工业	2007 年，宝山钢铁集团与包钢展开战略合作，双方在发展规划，资源开发、利用，产品互补，管理和技术等方面合作
广达电脑、仁宝电脑、华硕电脑、宏碁集团	计算机	计算机服务业	2009 年，GPS 厂商 Garmin 和华硕电脑公司结成战略联盟，生产 "Garmin-Asusnuvifone" 导航手机系列
中国航空工业集团	航空航天	航空航天器制造业	无
神华集团	煤炭	采矿业	无
华为技术	电信设备	通信设备制造业	2006 年，深圳网域、AMD、华为缔结产业战略联盟，在战略发展、技术、品牌、市场推广等方面深入合作，实现三方共赢
台塑石化、中化集团	化学	化学原料及化学制品制造业	2010 年，中国中化集团公司（简称 "中化集团"）牵头组建染料产业技术创新战略联盟
中粮集团	食品加工	农副食品加工工业	2009 年，中粮集团与蒙牛结成战略联盟，作为国内粮油食品加工制造业的龙头企业，中粮集团致力于成为全产业链粮油食品企业，乳业是食品业的重要组成部分

资料来源：根据相关资料整理。

　　经济全球化将合作性竞争推向标准竞争的高度，标准竞争的目标是制定产业技术标准。标准意味着开放和融合，标准竞争使人们认识到合作的重要性，同时也为合作创造了基础。资料显示①，Gesmer Updegrove LLP 在 ConsortiumInfo.org 网站上提供了一份包含 629 个标准联盟在内的列表，这些标准联盟遍布电信、航空、自动化、生命科学、制造业等 18 个产业类别，仅制造业方面的标准联盟就多达 20 个。例如，国际电信联盟在全球电信运营商之间协调了全球无线电频谱的使用，促进了分配卫星轨道的国际合作，并建立了一个能够促进广阔通信系统和全球无缝互连的标准。近年来，国内企业也逐渐认识到标准竞争的重要性，并开始在国内和国际领域参与到标准制定中，目前国内企业在中文编码、EVD 和第三代移动通信等领域的标准竞争中略有成就。闪联是中国企业主导制定的技术标准。国内电子信息龙头企业联想、TCL、海信、康佳、长城、长虹、创维等领导成立了闪联技术标准产业联盟，该联盟制定了闪联技术标准，并领导闪联技术标准的发展升级。闪联技术标准联盟制定的闪联标准 V1.0 版本包含了 204 项发明专利，全部为闪联联盟企业所拥有。2005 年闪联已经成为国家行业推荐标准，2006 年 7 月 ISO/IEC（国际标准化组织/国际电工委员会）通过表决正式接纳闪联为候选技术标准。

以上事实说明，经济全球化条件下，合作性竞争已经成为企业竞争态势的主导倾向，高合作、高竞争的合作性竞争将成为企业参与市场竞争的最优行为选择。并且，合作性竞争不受产业、地区和活动领域的限制，表现为发生领域广、涉及范围宽、合作程度深的特点。

7.1.3　合作性竞争的内在机理

自合作性竞争受到企业界和理论界关注以来，对合作性竞争内在机理的探讨就一直没有停止。交易成本理论、资源基础观、博弈理论等不同学派都从各自的理论体系出发，对合作性竞争的发生机理展开了解释与探讨。

交易成本经济学认为，竞争性企业通过合作性竞争建立起竞合关系，双方沟通、谈判的成本自然会减少，因而可以降低交易成本。交易成本经济学认为，寻求交易成本节约或为了避免不合作存在的高额交易成本就是企业进

---

① 资料来源：ConsortiumInfo.org 网站，http：//www.consortiuminfo.org/links/index.php。

行合作性竞争的动力。尼加西（Negassi，2004）[①] 解释说，合作性竞争是一种介于市场交易和企业内部一体化的动态组织形式，可以降低机会主义，提高交易理智和控制风险，减少机构官僚主义；将溢出效果内部化，特别是研发合作可以解决"搭便车"问题，对外部成员建立壁垒。交易成本经济学认为，当各方存在机会主义行为、有限的理性妨碍着决策者时，企业为了实现总目标总是选择最有效的方式，故同业企业之间的合作就成为最优对策。

资源基础观（Resource-Based View）认为，合作性竞争是在互补性基础上对资源进行配置的过程，双方相互使用、复制对方的优势资源并形成良好的资源关系，这种关系包括有形资源和无形资源的共享。根据资源基础观，合作性竞争的实质就是资源的整合，即企业进行合作性竞争的动力是整合资源。马奥尼和潘迪安（Mahoney and Pandian，1992）[②] 认为，企业成长的内在要求与现实资源的稀缺总是成为纠缠在一起的矛盾，为了克服资源不足的缺陷，企业间进行合作以弥补各自资源不足的矛盾便成为理性的选择。实际上，没有任何一家公司能够拥有发展所需的全部资源。资源的专用性使得企业能够通过合作行为，以比单干更小的代价来获取更多利益，因此，合作可以看做共享资源的有效形式之一。洛（Luo，2007）[③] 进一步指出，在既定的资源总量下，企业需要就技术、信息、人力资源、自然资源、本土供应和政府优惠等投入进行争夺，资源的性质和数量就成为决定企业间竞争合作程度的重要因素。

博弈理论认为，合作性竞争是博弈双方追求"双赢"结果的理性选择，即获得"双赢"收益就是促使企业发生合作性竞争的内在原因。很多学者都借助博弈论对企业竞争和合作行为选择与最终绩效（得益情况）的关系进行分析，描述企业寻求收益最大化的竞合安排，如勃兰登伯格（Brandenburger，2004）[④] 就通过博弈分析研究了企业如何来避免破坏性竞争，实现正和

①　Negassi. 2004. "R&D Cooperation and Innovation：A Micro-econometric Study on the French Firms，" *Research Policy*，33：365—384.

②　Mahoney，J. T.，J. R. Pandian. 1992. "The Resource-Based View within the Conversation of Strategic Management，" *Strategic Management Journal*，15（5）：363—380.

③　Luo，Y. D.，2007. "A Co-opetition Perspective of Global Competition，" *Journal of World Business*，42：129—144.

④　Brandenburger，A. M.，2004. "Game Theory and Business Strategy，" Working Paper，New York University.

的最优结果。勃兰登伯格解释了四类局中人之间的关系，即顾客、供应商、竞争者和互补者，局中人既可以为竞争者，也可以为互补者。当持有你产品的顾客同时持有其他经营者的产品时，若因此导致你的产品价值变得更高，那么这个经营者就是你的互补者，反之，若因此导致顾客认为你的产品价值变低了，那么这个经营者就是你的竞争者（卡尔潘，2003）。[①] 博弈理论认为，合作性竞争能够防止过度竞争，变单赢为双赢。企业间的合作性竞争可以理顺市场，形成有序竞争的市场环境，避免因过度竞争而造成的两败俱伤，避免诸如在竞争、成本、价格等方面引起矛盾和纠纷，使双方均获益，并维护了消费者的长远利益。

此外，新近发展起来的一些理论也对企业合作性竞争行为发生的原因进行了探讨。例如，经济社会学理论的兴起使人们认识到，社会因素在企业合作性竞争行为发生过程中同样发挥着重要作用。艾森哈特（Eisenhardt，1996）[②] 从社会因素、战略因素入手解释了企业加入战略联盟、实施合作性竞争行为的原因，发现战略联盟的形成是一个涉及战略和社会因素在内的复杂现象，那些战略地位相对较弱或拥有较强社会地位的企业更可能通过战略联盟与其他企业进行合作性竞争。阿文德·帕克赫（Arvind Parkhe，1993）[③] 更是发现了文化因素对企业进行合作性竞争的影响，竞合双方的文化差异是决定联盟结构的一个主要因素，而这一因素将会影响到联盟的构建以及联盟的稳定。

由此可见，对于合作性竞争的机理，每个学派都有不同的解释。本书的研究认为，合作性竞争的产生不是由单一要素决定的，企业竞争态势从竞争转变为合作性竞争是多种要素综合作用的结果，各要素相互影响、相互制约，不可或缺。以往研究对企业从单纯竞争转向合作性竞争原因的诠释，只是对同一问题进行了不同侧面的解释，没有绝对的对错之分，但是都没有完成对其内在机理进行全面阐释的工作。

---

　　① 参见卡尔潘：《全球企业战略联盟》，吴刚、李海客译，冶金工业出版社 2003 年版。

　　② Eisenhardt, Kathleen M., Claudia Bird Schoonhoven. 1996. "Resource-Based View of Strategic Alliance Formation: Strategic and Social Effects in Entrepreneurial Firms," *Organization Science*, 7 (2): 136—150.

　　③ Parkhe, Arvind, 1993. "Partner Nationality and the Structure-Performance Relationship in Strategic Alliances," *Organization Science*, 4 (2): 301—324.

本书研究认为，既然合作性竞争归根到底是一种企业行为，那么，就可以使用行为学派的观点对合作性竞争行为的发生机理进行解释。行为学派认为，任何行为的发生都是内部力场和外部力场共同作用的结果，即行为的产生一定与行为主体的内在动机以及特定的外部情景有关。按照行为学派的观点，合作性竞争行为的产生一定是内在动机与外在情景相互作用的结果。因此，本书研究认为，从得益角度去看，获得合作剩余仅仅是竞争向合作性竞争转变的动机，或者说，合作性竞争行为的发生是源于对合作剩余的追求，即追求合作剩余是导致合作性竞争行为的直接动力。而支持企业实现合作性竞争的微观条件是企业的内部资源，换言之，动机能否真正产生行为，关键在于企业是否具备把动机转化为行为的资源，企业内部资源是实现合作性竞争的支持性条件。此外，根据行为学派理论，特定行为仅发生在特定情景下，行为必须与外部情景相匹配，是外部情景为某一特定行为的发生创造了条件，提供了机会。根据分工理论可知，为合作性竞争行为提供机会、创造条件的外部因素包括市场的规模与技术的进步。

根据杨格定理①可知，市场规模的大小会制约分工的发展。要使企业合作性竞争行为顺利发生，必须要有一定的市场规模，这一市场规模要大到足以吸收比原来更多的产品，并且这一市场规模应该具有相对的稳定性，忽大忽小的市场规模只能让企业放弃合作性竞争而专注于竞争，因为生产能力的暂时闲置或不足不会影响企业决策，这是由供给需求规律决定的。再来分析制约合作性竞争行为发生的技术条件。实践证明，合作性竞争出现在经济全球化步伐加快、现代科学技术蓬勃发展的 20 世纪末期，企业史的研究告诉我们，将企业内部生产环节分离出来，就必须有新的企业去生产这种分离出来的产品，若技术条件不能满足该产品单独生产的要求，合作性竞争行为就无法实现。可见，合作性竞争行为的发生必须有一定的技术进步为前提。

由此得到企业合作性竞争行为发生机理的描述性模型，如图 7—2 所示。根据合作性竞争发生的内在机理可知，利益驱动是导致合作性竞争行为的直

---

① 杨格利用"迂回生产"概念，对斯密关于"分工受市场范围的限制"的思想进行了拓展，认为斯密定理更准确的表述是："分工一般地取决于分工"，这就是著名的杨格定理。参见 ［美］阿林·杨格：《报酬递增与经济进步》，《经济社会体制比较》1996 年第 2 期，第 52—57 页。

接动机，换言之，企业发生合作性竞争是为了获得高收益。但是，行为的动机并不等于行为的结果，决定行为结果的因素不是动机，这就意味着，竞争双方出于对"双赢"收益的追求而展开的合作性竞争行为并不一定能够带来"双赢"的结果。

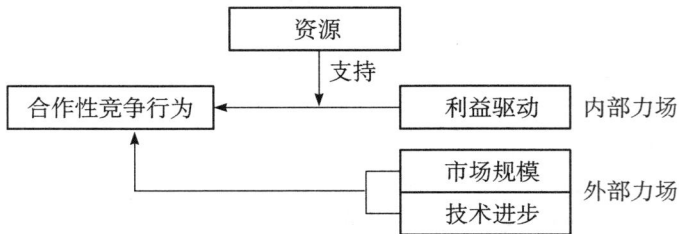

图7—2　合作性竞争行为发生的内在机理

7.1.4　合作性竞争的组织形式

林和范德文（Ring and Van de Ven，1992）[1]提出，契约基础上的合作性竞争具有多样化的表现形式，战略联盟、合作伙伴关系、合谋、特许经营等多种形式的网络组织都是企业间合作竞争的具体表现。其中，战略联盟是合作性竞争最主要的组织形式。企业可以通过战略联盟整合组织资源，产生协同效应，创造合作剩余，促进企业发展，同时也使竞争在更高的层次上展开。鉴于此，本书研究对合作性竞争的分析将以战略联盟为对象，而忽略对其他组织形式的探讨。

杜桑格等人（Dussauge et al.，2000）[2]在借鉴亨纳特（Hennart）的合资企业分类的基础上，根据企业对联盟的贡献，将同业企业间的战略联盟划分为规模联盟（Scale Alliance）和关联联盟（Link Alliance）两类。规模联盟中的成员企业为联盟提供了相同的资源，并在联盟中从事同一价值链环节的活动。规模联盟可以使单个企业获得规模经济，压缩过剩生产能力，规模

---

①　Ring, P. S., A. H. Van de Ven. 1992. "Structuring Cooperative Relationships between Organizations," *Strategic Management*, 13（7）：483—498.

②　Dussauge, Pierre, Bernard Garrette, Will Mitchell. 2000. "Learning from Competing Partners: Outcomes and Durations of Scale and Link Alliances in Europe, North America and Asia," *Strategic Management Journal*, 21（2）：99—126.

联盟实现了竞争者之间的成本分摊。研发合作、联合生产组装、下承包等都属于规模联盟的范畴。沃尔沃、雷诺与标致为了共同研发 V6 型发动机而在 1971 成立的 PRV 联盟就属于规模联盟，1991 年空中客车与 4 家欧洲飞机制造商联合开发适用于欧洲市场的商用客机也属于规模联盟的范畴。杜桑格等人认为，规模联盟的建立为企业在集中化趋势显著的产业中生存提供了一条途径，因为联盟降低或推迟了企业被兼并的可能。

关联联盟与规模联盟完全相反，关联联盟中的成员企业为联盟提供了异质化互补性的资源和能力，并且成员企业在联盟中分别从事价值链的不同环节。关联联盟实现了竞争者之间的资源、技能共享。例如一个企业为另一个企业新开发的产品提供市场准入。通用汽车与五十铃汽车在 20 世纪七八十年代结成的联盟以及通用与丰田在 1983 年构建的 NUMMI 合资企业都属于关联联盟的例子。

卡恩纳和古拉蒂（Khanna and Gulati，1998）[1] 发现，企业个体活动与联盟总体活动的重叠程度决定了企业在联盟中实施的行为类型。联盟活动与企业个体活动重叠的范围越少，通过企业间学习，企业可以获得越多的获利机会，联盟内企业间的竞争性显著，合作性竞争更偏重于竞争。反之，当联盟活动与企业个体活动重叠的范围越大时，企业更具合作性，合作性竞争更侧重于合作。因此，在规模联盟中，企业间的合作性竞争行为更偏重于合作，而在关联联盟中，合作性竞争更多表现为竞争。根据杜桑格等人的分析，在规模联盟中，竞争者提供相同或相似的资源，这就使得企业只能从合作中获得有限的新知识或隐性资源。相反，在关联联盟中企业能够从合作中获得更多新知识、新资源。因此，企业通过联盟进行合作性竞争所获收益的多少将与其所构建的联盟类型有关。

另外，近年来的一些研究表明，战略联盟并不是稳定的，阿文德·帕克赫（Arvind Parkhe，1993a）[2] 以 111 个战略联盟为样本，基于博弈论和交易费用理论就战略联盟的稳定性进行了研究。他发现，联盟的稳定性与联盟

① Khanna，T.，R. Gulati，N. Nohria. 1998. "The Dynamics of Learning Alliances: Competition, Cooperation and Relative Scope," *Strategic Management*，19（3）：193—210.

② Parkhe，Arvind，1993a. "Strategic Alliance Structuring: A Game Theoretic and Transaction Cost Examination of Inter-firm Cooperation," *Academy of Management Journal*，36（4）：794—829.

的结构有关，有的联盟结构使企业更容易获得机会欺骗对方，企业行为的不确定性较高，这样的联盟稳定性较差，与此同时，其联盟的绩效也较差，联盟的存续时间也较短。而决定联盟结构的因素有支付结构、伙伴数量以及未来预期。阿文德·帕克赫（Arvind Parkhe 1993b）[①] 在此后的研究中进一步提出，预先注意联盟的结构将有助于提高联盟的稳定性。这些关于联盟稳定性的研究说明，联盟这种实现合作性竞争的组织形式并不总是有效的，联盟中的支付结构既不是唯一的，也不是恒定不变的，合作性竞争总是动态发展的，合作性竞争的持续时间、合作性竞争的收益等都具有一定的不确定性。因此，企业通过联盟进行合作性竞争所获收益的多少不仅与其所构建的联盟类型有关，也与联盟的动态发展有关，即联盟的动态发展使合作性竞争表现为不确定收益。

7.2　合作性竞争与市场结构

7.2.1　合作性竞争对市场势力的改变

1. 合作性竞争对市场势力产生了不确定性影响

合作性竞争可以防止过度竞争，能够变单赢为双赢，这是以往研究对合作性竞争达成的认识。例如，米切尔和辛格（Mitchell and Singh，1996）[②] 证明联盟会增加企业的存活几率；鲍威尔（Powell，1996）[③] 甚至证明，小企业提升自身成长速度的最佳措施就是尽可能多地建立企业间联盟。合作性竞争为什么会使联盟双方同时受益呢？斯图尔特（Stuart，2000）[④] 认为原

①　Parkhe，Arvind，1993b. "Partner Nationality and the Structure-Performance Relationship in Strategic Alliances," *Organization Science*，4（2）：301—324.

②　Mitchell，W.，K. Singh. 1996. "Survival of Businesses Using Collaborative Relationships to Commercialize Complex Goods," *Strategic Management Journal*，17（3）：169—196.

③　Powell，W. W.，K. W. Koput，L. Smith-Doerr. 1996. "Inter-organizational Collaboration and the Locus of Innovation：Networks of Learning in Biotechnology," *Administrative Science Quarterly*，41（1）：116—145.

④　Stuart，Toby E.，2000. "Inter-organizational Alliances and the Performance of Firms：A Study of Growth and Innovation Rates in a High-Technology Industry," *Strategic Management Journal*，21（8）：791—811.

因在于，合作性竞争的基础是双方拥有互补的资源，联盟中的企业可以利用从合作者那里得来的资源去改变自己的竞争地位，尤其是在市场集中度比较高的产业，这一现象更为显著，企业可以通过合作增强自己的市场势力。

但是，当合作性竞争发生在市场势力差异显著的大企业与小企业之间时，尤其是当合作性竞争以关联联盟的形式出现时，合作性竞争的结果则具有不确定性。造成这一结果的可能原因是，关联联盟形式的合作性竞争建立的基础是资源的异质化，这就为单个企业创造了更多争夺异质化知识、信息以及资源的机会，企业能够从关联联盟中获得改变现有市场势力的要素，因此，较之以获得规模经济、追求成本分摊为目的的规模联盟，关联联盟更能产生改变企业相对市场势力的结果。在这一过程中，究竟哪个企业能够利用合作性竞争最终实现市场势力的提升，则是联盟双方博弈的结果。既可能是大企业越来越大、小企业越来越小，也可能是大企业与小企业发生了革命性逆转，大企业被小企业赶超，初期较小的企业在联盟存续一段时间后反而成为对当地市场具有显著影响力的大厂商。在这种情况下，企业之间市场势力的差距不是缩小了而是扩大了，即一个企业对市场的影响能力越来越大，而另一个企业对市场的影响能力却在降低，市场呈现垄断竞争趋势。相反，当参与合作性竞争的企业在市场势力上的初始表现是势均力敌时，则有可能形成一荣俱荣、一损俱损的竞争格局。因为没有哪个企业在争夺改变市场势力的要素上更具优势，所以合作性竞争会使联盟双方的市场势力同时提高或降低，即合作性竞争未能改变两个企业的相对竞争地位。总之，合作性竞争对市场势力的改变具有不确定性。

丰田与福特在美国市场就混合动力车领域达成关联联盟，丰田向福特提供复合动力和燃料电池技术，福特则通过与丰田建立伙伴关系帮助丰田缓解与美国汽车业的摩擦。销售数据显示，2007 年美国市场丰田销量达到262.08 万辆，同比增长 3.1%，主要原因是新车型如 Tundra 皮卡以及混合动力车销量大涨，2007 年丰田在美国共销售了 27.78 万辆混合动力汽车，同比增长 44%。[①] 2010 年 3 月丰田即使受到"召回门"事件的影响，丰田汽车依然是美国混合动力车销量冠军，丰田主打车型普锐斯在美国销量上涨了

①　资料来源：中国汽车技术研究中心、中国汽车工业协会：《世界汽车工业发展年度报告 2008》，http：//bbs.jinku.com/attachment.php? aid＝37161。

32.1％，而福特 Escape 和 Mariner 混合动力车型美国销量下跌了 6.3％。[①]
事实上，2007 年福特在美国市场上的优势地位就被丰田所取代，丰田已经
成为美国市场上仅次于通用的第二大汽车厂商，从而结束了福特公司连续
76 年占据这一位置的历史。福特与丰田的合作并未对福特市场势力的提升
作出贡献。[②] 这一事实说明，合作性竞争对企业市场势力的改变确实存在不
确定性。

2. 合作性竞争使大企业与小企业共存

合作性竞争没有消灭竞争，相反容忍竞争对手的存在，并能够利用合作
促进竞争。从市场势力的分析来看，合作性竞争不会一味地产生有利于大企
业的结果，小企业同样也可以从合作性竞争中获得生存与发展的机会。以合
作性竞争行为发生频繁的全球汽车产业为例，目前全球汽车产业共有几千家
汽车制造厂商，但大多数厂商属于中小企业，即便是全球最大的 50 家厂商，
其规模差异也非常显著，2008 年世界排名第一的丰田总产量为 9 237 780
辆，而排名第 50 的台湾国瑞汽车总产量仅有 67 891 辆[③]，按产量规模计算，
丰田是国瑞的 130 余倍。中国国内汽车产业市场结构也呈现同样态势，目前
中国国内厂商已超过 130 家，大部分都是产销量不足 1 万辆的小企业。根据
市场销售数据，2009 年只有五家企业销量超过 100 万辆，国内十大厂商总
共销量达 1 189 万辆，占到总销量的 87％。斯图尔特（Stuart，2000）[④] 早就
发现，企业市场销售额的增长主要取决于联盟伙伴的规模和创新性，小企业
而不是大企业，更能从与大企业的合作中获益，小企业才是合作性竞争的最
大赢家。

---

① 资料来源：盖世汽车网，2010 年 4 月，http：//auto. cnfol. com/100407/169，1691，7489491，
00. shtml。

② 2009 年丰田汽车因刹车片失灵爆出"召回门"事件，本来以为一次平常的召回，却牵动了几乎
所有丰田的车型，丰田的质量问题给美国政府创造了机会，"召回门"事件在美国政府与国会的强力介入
之下愈演愈烈。美国之所以这样做，难脱保护主义之嫌。现在的美国汽车市场被丰田等日系厂商占尽优
势，2009 年通用、克莱斯勒甚至向法院提出了破产保护申请，在这种背景下，美国需要重新拯救自己的
汽车产业，通用、福特、克莱斯勒等美国本土企业将成为这次召回事件的最大受益者。

③ 数据来源：OICA，《世界汽车产量排名》，2008，http：//www. chebrake. com/data/haiwai/
2009/7/13/0971317345186405214. asp。

④ Stuart, Toby E. , 2000. "Inter-organizational Alliances and the Performance of Firms：A Study of
Growth and Innovation Rates in a High-Technology Industry," *Strategic Management Journal*，21（8）：
791—811.

佳能与小竞争者合作攻击施乐的例子能够很好地说明这一点。① 众所周知，施乐是复印机的发明者，施乐先后为其研发的复印机申请了 500 多项专利，几乎囊括了复印机的全部部件和所有要害技术环节。施乐用大量的专利和越来越复杂的技术牢牢占据复印机的市场垄断地位。在不断丰富复印机技术的同时，施乐也在不断提高产品的价格。施乐出售的复印机价格昂贵，动辄几十万元、上百万元一台。虽然速度和性能都非常好，但即使是大型企业，往往也只能买得起一台。这些复印机都是大型的，只能放在公司的某个固定地点，工作方式被称为"集中复印"。

佳能对复印机市场进行了深入细致的调研。在调研中，佳能走访了施乐的用户，了解他们对现有产品不满意的地方；重要的是，佳能还走访了没有买过施乐复印机的企业，询问它们没有购买的原因。结果佳能发现了巨大的市场机会。佳能意识到，要想从施乐手中分得复印机市场，就要反其道而行之，推出体积小、简单、无须专人操作、价格便宜的复印机。为此，佳能开发出了自己的复印技术，率先造出了第一款小型办公和家用复印机产品。这项新产品的技术较为落后，不但影印速度慢，影印品质不佳，提供的影印功能也极为有限。不过它却能为经理人与个人工作者在工作上提供极大的方便，这些顾客不需要为影印一页文件专程跑到影印中心，只需要简单的操作，在家中或个人办公室中即可满足影印需求。

虽然有了可行的产品，但佳能没有马上在市场推出。它还需要解决一个重要的问题，那就是，假如佳能推出了类似产品，得到了市场认可，以施乐的资金和技术优势，也照样可以迅速推出类似产品，立斩佳能于马下。佳能意识到，必须设法改变自己和施乐之间的力量对比。而要做到这一点，就要"有钱大家赚"。于是，佳能去找东芝、美能达、理光等其他日本厂商，商谈合作的可能。经过佳能的努力，十来家日本企业结成了联盟，大举向小型化复印机市场发动集体进攻。从 1976 年到 1981 年，施乐在复印机市场的份额从 82％直线下降到 35％。施乐已经不可挽回地从一个市场垄断者、领导者变成了一个追赶者，演绎了一个怀抱核心技术走向没落的角色。

---

①　资料来源：全球品牌网，2008 年 12 月，http：//www.globrand.com/2008/95197.shtml。

通过以上案例可以看出，合作性竞争为中小企业的生存创造了机会，甚至为中小企业挑战大企业的垄断地位创造了可能。中小企业通过差异化获得生存空间，发挥自身特有优势，争夺客户资源，市场表现为寡头企业与中小企业并存的结构。

7.2.2　合作性竞争对市场范围的改变

1. 合作性竞争提高了市场进入的成功率

当企业进入新市场时，合作性竞争行为能够有效帮助企业克服进入壁垒的阻碍，成功实现市场进入。各种形式的跨地区、跨国界的合作，有助于企业的产品以多种属性的身份进入某一市场，变外来产品为自产产品，变防范对象为受保护的对象，从而可以不同程度地打破或削弱地方保护及非关税壁垒对企业正常发展的影响。罗尔和特鲁伊特（Roehl and Truitt，1987）发现，合作性竞争比企业单独实施合作或竞争战略更能实现市场扩张，美国、日本和法国在商用飞机上的合作恰恰验证了这一点。[①] 希尔（Hill，1995）[②]也发现，丰田汽车通过与一系列汽车厂商的合作，改变了丰田在全球汽车产业中的市场地位，同时也使丰田汽车市场范围得以扩大，逐渐成为全球最具影响力的汽车厂商之一。以丰田与中国一汽集团的合作为例，2002 年一汽集团与丰田汽车公司签署了战略合作协议，这次合作一汽集团公司看重的是丰田家用小型车的生产能力，而丰田则看重一汽集团广布的销售渠道。自一汽丰田的合作平台构筑起来后，丰田先后引进了霸道、陆地巡洋舰、花冠、威驰等多个车型，从 SUV 到家用轿车，产品逐一进入市场，丰田完成了对中国市场的全面进入。同样是在全球汽车市场，2007 年菲亚特与克莱斯勒就出租克莱斯勒美国生产线及分享在美国市场的零售分销渠道达成了联盟，这一行为使自 20 世纪 80 年代退出美国市场的菲亚特重返美国。而 2002 年，

---

①　转引自 Culpan，Refik，1993. *Multinational Business Alliance*，Binghamton：International Business Press，193. http：//books. google. com. hk/books？ id ＝ EBCKsvuA31gC&pg ＝ PA193&lpg ＝ PA193&dq ＝ Roeh＋and＋Truitt ＋1987&source ＝ bl&ots ＝ GkRT4ore5D&sig ＝ S8KdCQKQoY8ts74UbD8RcXkgiMo&hl ＝ zh-CN&ei ＝ HzVITLCSN9WvcNn-7KgM&sa ＝ X&oi ＝ book ＿ result&ct ＝ result&resnum ＝ 1&ved ＝ 0CAYQ6AEwAA # v＝onepage&q＝Roehl%20and%20Truitt%201987&f＝false 。

②　Hill，C. W. L.，1995. "The Toyota Corporation in 1994," In：C. W. L. Hill ＆ G. R. Jones (Eds.)，*Strategic Management：An Integrated Approach*. Boston：Houghton Mifflin，249—263.

通用汽车公司通过与俄罗斯最大的汽车制造商阿夫托瓦兹汽车制造厂组建合资企业，使通用汽车在俄罗斯销量激增了 75％，实现了通用向俄罗斯市场的大举进入。

同样的情况也发生在国际电信市场上。20 世纪 90 年代，在全球经济贸易一体化的驱动之下，跨国公司的全球性电信需求日益增长，形成了数百亿美元的巨大市场。1993 年 5 月，AT&T、KDD 以及新加坡电信宣布联合成立 WorldPartners，随后欧洲电信企业联合体 Unisource 和澳大利亚的 Telstra 加入其中，联盟以 Worldsource Service 为品牌提供四种电信业务，服务范围达 20 多个国家和地区。WorldPartners 设立之目的是联合世界各大电信公司的资源，建立全球通信网路，并采用一站式服务方式（one-stop-shopping）提供跨国公司的全球业务，主导企业 AT&T 则希望充分发挥长途电话的资源和经营优势，巩固和扩大其在长话市场的份额。电信公司加盟 WorldPartners，能够通过联盟成员资源的联合运用实现全球电信业务的提供，有效地降低了市场进入成本。另外，WorldPartners 没有采取建立子公司或者其他资本联合体的形式，从而不与当地的电信管制政策和法律规定发生冲突，回避了某些国家对外资经营电信业务的限制。

以上事实说明，企业之间的合作性竞争为企业实现市场渗透、扩大市场范围、进入新市场创造了条件，合作性竞争在不同程度上打破或削弱了地方保护及非关税壁垒对企业正常发展的影响，帮助企业顺利实现市场进入。

2. 合作性竞争促进利基市场的形成

经济全球化条件下企业之间的合作性竞争为利基市场[①]的出现提供了可能，产品差异化程度的提高使得中小企业可以在利基市场上大有可为。中小企业可以集中力量进入那些被市场中有绝对优势的企业忽略的某些细分市场，并成为该细分市场的领先者，从当地市场到全国市场、再到全球市场，逐渐形成持久的竞争优势。虽然企业进入的是一个很小的产品或服务领域，但是，全球化为企业提供了更为广阔的地域市场，能够保障中小企业在利基市场上获得生机并不断发展。

---

　①　利基市场（Niche Market）就是某个市场中的一个超细分市场。Niche 来源于法语。法国人信奉天主教，在建造房屋时，常常在外墙上凿出一个不大的神龛，以供放圣母玛利亚。它虽然小，但边界清晰，洞里乾坤，因而后来被引来形容大市场中的缝隙市场。

吉利汽车崛起靠的是草根战略，是"造老百姓买得起的中国汽车"。正是经济型汽车这个利基市场，让创业仅 10 年的吉利跻身中国十大汽车厂商之列，成为中国汽车产业自主品牌的代表。同样是基于利基市场，2006 年吉利、上海华普与英国锰铜公司正式签署合资生产 TX4 出租车的协议。奇瑞也是中国汽车市场上立足于利基市场的中小企业，其"奇瑞"、"瑞麟"、"威麟"、"开瑞"等汽车品牌都是基于低端利基市场开发的。为应对当前"汽车下乡"（农村市场消费刺激政策）市场形势，各汽车制造商开始加大开拓微型车市场，其中奇瑞汽车、海马汽车发布了新车型，正式进军交叉乘用车市场，争夺上海通用五菱、长安汽车的微型车市场份额。

汽车产业的利基市场，不仅表现为低端产品，同样也反映在高端市场上。2004 年，谢尔比和福特倾力合作，在底特律车展上推出了"福特谢尔比眼镜蛇"概念车，该车是遵循"大马拉小车"这一谢尔比套路的一款具有未来气息、风格简洁的双座敞篷跑车。一年后，福特推出了谢尔比 GR-1。另外，林肯（Lincoln）系列也要推出面向利基市场的高级车，也就是双座敞篷概念车"Lincoln Mark X Concept"。

利基市场更为典型的例子是由日本 YKK 公司开创的拉链产业，目前 YKK 占据了世界高端拉链 80％的市场份额，引导着拉链的发展潮流。以福建浔兴股份为首的中国国内拉链厂商在拉链市场上通过与其他企业的合作性竞争同样取得了良好的经济效益。浔兴股份（福建浔兴拉链科技股份有限公司的简称）的 SBS 拉链聚焦超细分市场，主要生产尼龙拉链等中端产品，目前安踏、361°、匹克、特步均采用的是 SBS 拉链，浔兴也成为国家标准的制定者，从全球范围来看，浔兴拉链已成为全球第二大拉链生产企业。另外，浔兴为了寻求高端产品的突破，与泰龙、RiRi 等品牌进行合作，目的在于将泰龙、RiRi 的品牌、技术优势与浔兴的制造与成本优势相结合，在高端产品市场上与 YKK 抗衡并分割市场份额。

以上事实说明，企业在利基市场上获得生存机会的前提是：充分了解目标顾客群，发现其没有得到满足的需求，只有这样才能比其他公司更好、更完善地满足消费者的需求。企业在利基市场上能否赚到更多利润、能否持续成长则取决于利基市场是否存在目标顾客持续增长的趋势，市场容量的增长不仅包括潜在消费者的挖掘，同时也包括利基市场的进一步细分。如果该利基市场不能满足以上条件，并且企业在利基市场上很难构建进入壁垒，那么企业便不可能在这个市场上持续发展。这就意味着，即便是合作性竞争使得中小企业在利基市场上生存，企业却很难在市场上持续保持领导地位。

7.2.3 合作性竞争对产品差异的改变

1. 合作性竞争提高了产品差异化程度

通常认为，关联联盟更有利于企业吸收全新的知识与技能，更能为企业提供创造立足新市场、进入新商业领域的机会，因此，关联联盟为产品差异化创造了更为有利的条件，使其品牌的市场价值得以增加。但是，如前所述，经济全球化条件下的合作性竞争表现为标准的竞争，标准一旦形成，就会为联盟厂商的产品提供差异化竞争的有力武器，而为了标准被市场接受，企业往往构建规模联盟，形成规模化的产品和市场，从而获得规模经济与范围经济。也就是说，规模联盟也会使产品差异化趋势越来越显著。众所周知，为统一家庭网络系统标准和平台，实现3C信息资源的共享和互联互通，由海尔集团、清华同方等七家公司发起组建家庭网络标准产业联盟。目前由该联盟创建的闪联标准对产品差异化的贡献已初见成效，2005年各种闪联终端（PC、笔记本、手机、电视、投影机等）的销量接近100万台，销售额达数十亿元人民币。

事实证明，规模联盟较之关联联盟更有利于产品差异化，因为规模联盟参与各方从事相同或类似的活动，这种活动同时发生在生产与开发两个领域，技术上的合作研发为企业实施产品差异化创造了平台，生产上的业务合作为新产品的规模化提供了条件。一项新技术的开发可以应用到不同产品系列中，在全球汽车产业中混合动力系统与发动机技术的合作研发普遍存在，新技术的开发使产品差异化更易实现。例如，2002年德国宝马汽车公司协同法国标致—雪铁龙公司共同开发和生产新一代的汽油发动机，以安装在标致、雪铁龙和Mini等车型上。2008年宝马与标致联合开发的发动机已被用于宝马1系，而原计划仅用于Mini品牌的小排量发动机被应用于更多的产品系列中，2009年联合开发的N55发动机被安装在宝马5系GT车型上。2000年日本丰田汽车公司委托富士重工开发丰田汽车，在富士重工的混合动力车上引进丰田技术，双方共同开发混合动力汽车技术，2006 年富士重工斯巴鲁推出了具有高性能混合燃料动力系统的斯巴鲁 B5-TPH，差异化产品的问世使两个企业在产品市场上更具竞争力。

需要进一步说明的是，存在股权参与的合作性竞争在短期内更有利于产品差异化，这是因为股权约束有效保障了联合生产或联合研发的资源投入，股权参与成为取信对方的重要手段。但是，随着合作时间的延续，信任的来源转变为对长期合作关系的信赖，因此股权参与的长期效率不再显著，契约同样可以实现对机会主义行为的约束，致使股权参与对产品差异的长期影响有可能逐步减弱。

2. 合作性竞争提升品牌影响力

以规模联盟形式进行的合作性竞争可以使单个企业获得规模经济，实现竞争者之间的成本分摊，进而实现产品品牌的规模效应，扩大品牌的影响力。以恒源祥为例[①]，若不是采取战略联盟的经营方式，也许至今仍是在上海南京路上卖毛线的普通商号。20 世纪 80 年代末期，恒源祥与 80 多家毛线生产商构建了战略联盟，从而打破了毛线生产业原有的市场结构，使资源配置得到了最大程度的优化。随着联盟效应的显现，恒源祥在市场上的知名度和影响力逐步扩大，恒源祥的品牌成为一个不断升值、不断扩大影响范围的知名品牌，据相关资料显示[②]，2006 年恒源祥品牌价值已达 17.349 亿元人民币，成为国内毛线市场的第一品牌。

在以关联联盟形式进行的合作性竞争中，每个品牌都有其特定的市场、消费者群体、营销渠道，通过合作性竞争，企业可以很好地利用合作方的通路向对方客户群体渗透本品牌的信息，不但可以扩大本品牌认知的范围，降低营销传播成本，而且能强化品牌形象，提升品牌价值。同时，企业借助合作伙伴的品牌资源和能力，还可以降低进入新产品和新市场领域时的不确定性，实现向其他新产品和新领域的迈进。以中国汽车产业为例，自 1990 年日本的本田汽车与中方签订第一份技术合作协议开始，中国汽车生产企业与

---

　　①　参见何君毅：《恒源祥的战略联盟观》，2008 年 4 月，http：//www.c8888.com/Channel _ news/shijian/200804/Channel _ news _ 20080428101029.html 。

　　②　中国品牌研究院："中国 100 最具价值驰名商标"排行榜，2006 年 1 月，http：//www.globrand.com/brandlist/ 。

跨国公司之间的战略合作就未曾停止过，这些跨国公司依靠与中国汽车企业的联盟不仅顺利进入了中国市场，更实现了品牌形象的强化，扩大了品牌认知范围，培养了一大批忠诚的顾客。即便是在中国政府着力培养自主品牌的今天，这些国际品牌的影响力依然强大，以 2007 年全国各系轿车市场份额来看（如图 7—3 所示），这些品牌占据了 73.72％的市场份额，虽然与 2006 年相比，自主品牌轿车的销量增加了 25.94 万辆，市场份额上升了 0.23 个百分点，但自主品牌轿车的销售量仅占轿车销售总量的 26.28％。由此可见，合作性竞争确实会对品牌的影响力起到一定的提升作用。

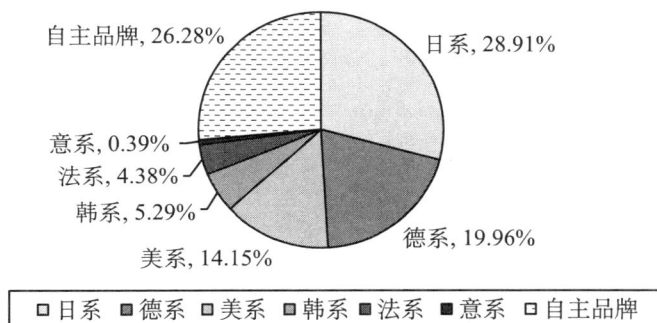

图 7—3　2007 年各系轿车在中国国内市场份额

资料来源：中国汽车技术研究中心、中国汽车工业协会：《世界汽车工业发展年度报告 2008》，http：//bbs. jinku. com/attachment. php？aid＝37161。

7.3　合作性竞争与市场绩效

7.3.1　合作性竞争与技术进步

1. 合作性竞争促进技术扩散

战略联盟的构建为技术的扩散创造了条件，通常跨国公司为了进入新市场会将其专有技术提供给联盟合作者，即所谓的"以市场换技术"，这种合作将在短期内提升落后方的现有技术水平，合作为落后方接触跨国公司核心技术创造了机会。虽然合作性竞争促进了公司间的技术扩散，增加了落后企业对于跨国公司核心技术的接触机会，但并不意味着落后方可以轻易获取跨国公司的核心技术，事实上，这种联盟的结果往往事与愿违，落后方更易形成对跨国公司的技术依赖。所以，合作性竞争虽然有利于技术扩散，但并不一定有利于企业竞争力的提升，企业能否从合作性竞争中长期获益还要取决于其技术消化吸收能力，即自主创新能力的高低。

合作性竞争对技术扩散的正向影响得到了一些实证研究的证明。例如，沃诺塔斯和萨菲奥利斯（Vonortas and Safioleas，1997）[1] 通过对 IT 业的实证分析证实，跨国公司与发展中国家企业间的战略联盟技术溢出效应显著，能够使发展中国家跨越经济的某些发展阶段，实现经济的飞速发展。事实上，中国汽车产业的发展为证明合作性竞争对技术扩散的正向影响提供了事实依据。近 20 年来，中国汽车产业通过引进外资、合资合作和联合开发的方式，引进了大量国际先进生产技术和管理经验，中国汽车工业获得了快速发展，整体实力与国际先进水平的差距已经大为缩小，初步形成了产品门类齐全的汽车工业制造体系。尤其是代表汽车工业中高技术水平的轿车产品，实现了"从无到有、从有到全"的转变。根据世界制造商协会的统计数据[2]，中国汽车产量在 1992 年突破 100 万辆大关，2006 年达 728 万辆，2006 年中国汽车产量占世界总产量的比例为 10.39%，成为仅次于美、日的第三生产大国，其中乘用车占世界总量的 10.37%，位列第三（仅次于日本和德国）；商用车占世界总量的 10.12%，位列第二（仅次于美国）。另据中国汽车工业协会数据[3]，2009 年中国汽车产销量分别为 1 379.10 万辆和 1 364.48 万辆，产销量跃居世界第一。正是依靠合作性竞争带来的技术转移与扩散成就了今天的中国汽车产业（见表 7—2）。

联盟是各成员先进知识的汇总地，由于知识的传递性，企业通过联盟可以获取对方先进的管理知识、营销经验和生产技能，合作性竞争加快了知识获取的速度，从而加速了技术的扩散。以联盟形式进行的合作性竞争为双方创造了更多的日常交流与接触的机会，而这种日常接触正是获取复杂知识的

---

① Vonortas, N. S., S. P. Safioleas. 1997. "Strategic Alliances in Information Technology and Developing Country Firms: Recent Evidence," *World Development*, 25 (5): 657—680.

② 参见沈进军主编：《2006—2007 中国汽车市场年鉴》，中国商业出版社 2007 年版。

③ 资料来源：新浪财经网，《2009 年中国汽车产销量居世界第一》，http://finance.sina.com.cn/chanjing/cyxw/20100112/10237229549.shtml。

最好途径，换言之，合作的过程就是学习的过程。以一汽集团为例，一汽集团拥有德国大众公司、日本丰田公司以及日本马自达公司等三家具有长期合作关系的战略伙伴，来自大众、丰田和马自达的工艺技术为一汽集团的发展带来了强劲动力。随着战略合作的进一步拓展，2006 年一汽集团分别有解放卡车新基地、轿车新基地、一汽大众二厂、一汽丰田二厂等四大基地顺利投产，其产品系列进一步拓宽，皇冠、锐志、新 Mazda6、新奥迪 A6 等新产品成功上市。一汽集团的成功不仅得益于跨国公司提供的先进技术，更得益于一汽集团对技术的消化吸收和再创造。2006 年由一汽集团研发、拥有自主知识产权、达到国际先进水平、满足欧Ⅲ排放标准的四气门"奥威"发动机实现了批量生产，新红旗旗舰概念车、红旗 HQ3 和解放换代重卡等更接近国际先进水平的自主开发车型得到了市场认可。

表 7—2   中国主要汽车制造商的股权参与情况

汽车制造商	具有股权参与的联盟伙伴	主导品牌与产品
天津一汽丰田汽车有限公司	中国第一汽车集团公司、天津一汽夏利汽车股份有限公司、丰田汽车公司和丰田汽车（中国）投资有限公司	威驰、花冠、皇冠、锐志以及卡罗拉
一汽大众汽车有限公司	中国第一汽车集团公司、德国大众汽车股份公司、奥迪汽车股份公司、德国大众汽车（中国）投资有限公司	大众、捷达、奥迪、宝来系列轿车
东风汽车集团股份有限公司	中国第二汽车制造厂、法国标致—雪铁龙集团、日本日产汽车公司、日本本田、韩国起亚	东风系列轻型汽车、东风金莲花系列商用车
上海大众汽车有限公司	上海汽车工业（集团）总公司、德国大众有限公司	大众、斯柯达两大品牌，产品包括桑塔纳、桑塔纳 2000、帕萨特、波罗、朗逸、途观、途安、明锐、晶锐、昊锐等十大系列
上海通用汽车有限公司	上海汽车工业（集团）总公司、通用汽车公司	凯迪拉克、别克、雪佛兰以及萨博四大品牌
广州本田汽车有限公司	广州汽车集团公司、日本本田技研工业株式会社	雅阁系列轿车、奥德赛多功能系列轿车、飞度系列轿车和思迪系列轿车共四大系列 18 种车型

资料来源：中国汽车技术研究中心、中国汽车工业协会：《中国汽车工业年鉴》(2009)，北京，人民交通出版社，2009。

以上事实说明，合作性竞争确实对技术扩散起到一定的促进作用，尤其是当合作性竞争双方的技术距离较为接近或知识基础较为相似时，技术扩散更容易发生。由于合作性竞争有利于技术的快速转移与扩散，所以落后企业可以在短期内迅速改变技术落后面貌，但是，合作性竞争并不必然导致落后企业自主进行技术创新，换言之，合作性竞争可能带来被动的技术进步，并不必然产生主动的技术进步，当企业自主创新能力较低时，落后企业不能通过合作性竞争获得长期的技术进步。另外，中国汽车产业的发展历程表明，股权参与对联盟内部的技术转移具有显著的促进作用。以中国前三位汽车制造商为例，如表7—2所示，一汽集团、东风集团以及上汽集团的发展和技术进步无不依赖于与大型跨国公司的合作，实践表明，建立在股权参与基础上的合作性竞争更容易使联盟双方相互信任，良好的信任基础为技术、知识、信息在联盟企业间有效转移创造了条件。

2. 合作性竞争促进新技术开发

为了降低技术研发风险，分摊技术研发成本，缩短研发时间，企业往往选择研发联盟的形式进行新技术的联合开发。例如，2007年丰田汽车公司宣布与五十铃汽车公司共同开发小排量柴油发动机，在此次合作中，五十铃主要负责柴油发动机和尾气控制技术的开发，而发动机基础技术及环保技术则由丰田主导开发，为了推进此次业务合作，丰田收购了五十铃1亿股的普通股份，共计持有五十铃全部股份的5.9%。对任何一个企业来讲，单独研发一项新产品、新技术需要花费很高的代价，而且要受到自身能力、信息不完全等因素的制约，而企业结成合作研发联盟，通过集中双方的人力、物力、财力，扩大信息传递渠道的密度和速度，可避免单个企业在研发中的盲目性，实现更大范围内的资源最优配置和相当规模的全球生产，从而使合作双方都能在全球竞争中获胜。

事实上，企业依靠研发联盟来进行新技术的研发已经不再是新鲜事，越来越多的企业开始采用联盟来实现技术的合作研发，从而发挥各自的优势，弥补各自的劣势，产生1+1＞2的效果。以全球汽车产业为例，如表7—3所示，2007年全球主要汽车制造厂商参与的研发联盟就有40余个，涉及混合动力系统、发动机和传动装置等多个研发领域，其中以混合动力系统与发动机两个领域的合作研发最为广泛，占全部合作研发项目的90%以上，这与全球汽车产业技术发展趋势相一致。据有关资料显示[①]，进入新世纪以来，以先进汽油、高效柴油、混合动力、燃料电池、气体燃料、醇类汽车等为代表的节能环保技术呈现出突飞猛进的发展态势，各主要汽车厂商均不约而同地将节能环保技术视为未来全球汽车产业竞争的制高点。另外，从研发联盟的参与企业可以看出，研发联盟往往在技术实力相当的企业之间展开（参与研发联盟的企业均位列全球汽车产业 50 强），这说明在选择研发联盟伙伴的过程中，企业更注重双方研发能力的对等性以及知识的异质性。

表 7—3 2007 年全球主要汽车制造商技术研发联盟一览表

汽车制造商	联盟伙伴	研发项目	联盟地
丰田	一汽	发动机	中国
	富士	混合动力系统	日本
	五十铃	柴油机	日本、欧洲
	日产	混合动力系统	日本
	雅马哈	发动机	日本
宝马	标致—雪铁龙	柴油和汽油发动机	法国、英国
	戴姆勒、克莱斯勒、通用	混合动力系统	美国
	戴姆勒	混合动力系统	德国
克莱斯勒	戴姆勒、现代、三菱	发动机	美国
	宝马、戴姆勒、通用	混合动力系统	美国
	AvtoGAZ	汽油发动机	墨西哥
	三菱、大众	柴油机	德国
戴姆勒	克莱斯勒、通用、宝马	混合动力系统	美国
	宝马	混合动力系统	德国
	现代、三菱、克莱斯勒	发动机	美国
菲亚特	通用	动力系统	波兰
	奇瑞	汽油发动机	中国
	标致—雪铁龙	传动装置	阿根廷
	塔塔	传动装置与发动机	印度
	Sollers	柴油机	俄罗斯
福特	丰田	混合动力系统	日本
	标致—雪铁龙	发动机	法国、英国

---

① 中国汽车技术研究中心、中国汽车工业协会：《世界汽车工业发展年度报告 2008》，http：//bbs. jinku. com/attachment. php？aid＝37161。

续前表

汽车制造商	联盟伙伴	研发项目	联盟地
通用	菲亚特	动力系统	波兰
	五十铃	动力系统	波兰、美国
	上海通用汽车	动力系统	中国
	宝马、戴姆勒、克莱斯勒	混合动力系统	美国
现代	戴姆勒、克莱斯勒、三菱	发动机	韩国
五十铃	通用	动力系统	波兰、美国
	丰田	柴油机	日本、欧洲
三菱	现代、戴姆勒、克莱斯勒	发动机	美国
	克莱斯勒、大众	柴油机	德国
	标致—雪铁龙	柴油机	俄罗斯
	宝腾	传动装置	马来西亚
日产	丰田	混合动力	日本
	阿斯霍克雷兰德	动力系统	印度
保时捷	大众	车身、发动机、混合动力	德国
标致—雪铁龙	宝马	柴油和汽油发动机	法国、英国
	菲亚特	传动装置	阿根廷
	福特	发动机	法国、英国
	雷诺	发动机、传动装置	法国
	三菱	柴油机	俄罗斯
雷诺	奥亚克	动力系统	土耳其
	Cofal	轻型车发动机	巴西
	标致—雪铁龙	发动机、传动装置	法国
铃木	菲亚特	柴油机	印度
塔塔	菲亚特	传动装置与发动机	印度
大众	三菱、克莱斯勒	柴油机	德国
	保时捷	车身、发动机、混合动力	德国

资料来源：根据汽车新闻网相关资料整理，http：//www.autonews.com/section/partnerships#ixzz0iL6pFYyg。

　　表7—4反映的是由美国权威汽车杂志 *Ward's Auto World* 评选出的2007年度十佳发动机[1]，从中可以看出合作研发产生的实际效果。2007年度获得十佳荣誉的汽车发动机主要来自大众、宝马、戴姆勒、福特、通用、本田、马自达、日产和丰田等九大厂商，由表7—2可知，除了马自达外，其

---

　　① 所有参选的发动机都必须已经装备在美国汽车市场售价低于5万美元的量产车上（价格允许有+5%的浮动，即不超过52 500美元）。

余厂商在发动机领域均与其他汽车制造商构建了合作性竞争关系，即多数厂商在发动机研发中采用了合作研发的形式，这说明合作研发不仅可以创造出新技术，还可以产生良好的经济效益，特别是当新技术能够满足市场需求并容易实现市场化转化时，技术创新的效果更加显著。即使十佳发动机的相关技术并不是通过合作研发形式开发的，也不能否认合作性竞争行为对于新技术开发的积极影响，因为合作过程中产生的技术溢出会对双方的相关技术进步产生间接的积极影响。而当企业在同一领域长期进行技术研发合作时，随着合作经验的积累，企业将获得经验曲线效应，即越是经常从事研发活动，研发活动的代价就越小，在合作中企业自主创新能力也得到了提升。

表 7—4　　　　　*Ward's Auto World* 评选出的 2007 年度十佳汽车发动机

序号	机型	配置车型	厂商
1	奥迪涡轮增压双凸轮轴 FSI 2.0L I-4	奥迪 A3	大众
2	宝马涡轮增压双凸轮轴 3.0L I-6	宝马 335i Coupe	宝马
3	奔驰 3.0L 双凸轮轴 V-6 涡轮增压柴油机	奔驰 E320 CDI	戴姆勒
4	福特 4.6L SOHC V-8	福特野马 Shelby GT/Bullitt	福特
5	通用 3.6L DOHC V-6	凯迪拉克 CTS	通用
6	通用 6.0L OHV V-8 混合动力型	GMC Yukon 混合动力型	通用
7	本田 3.5L SOHC V-6	雅阁 Coupe	本田
8	马自达 2.3L DISI 涡轮增压双凸轮轴 I-4	Mazdaspeed3	马自达
9	日产 3.7L DOHC V-6	Infiniti G37	日产
10	丰田 3.5L DOHC V-6	Lexus IS 350	丰田

资料来源：根据汽车新闻网相关资料整理，http：//www. autonews. com/section/partnerships＃ixzz0iL6pFYyg。

另外，跨国公司通过与同一产业或者同一技术领域的主要企业进行技术合作，可以借助联盟的力量协调和建立新产品或生产工艺的世界统一技术标准，甚至可以通过合作性竞争达到促进技术标准化并实现对核心技术垄断的目的。温特制（Wintelism）① 就是一种通过企业间的战略联盟来实施产业垄

————————

①　温特制是一种全新的生产方式，是在与传统的福特制、丰田模式的扬弃、交叉、磨合中诞生的。传统生产方式是以最终产品生产者在市场中垂直控制为主要特征的。温特制则与之截然相反，它的特征是围绕着产品标准在全球有效配置资源，形成标准控制下的产品模块生产与组合，标准制定者在完成产品价值链的全过程中，在与模块生产者的分工中，最终完成以双赢为基础的控制。温特制最初是在计算机领域中出现的，微软和英特尔共同构筑的温特制平台，即以微软公司的视窗系统和英特尔公司的微处理器互相咬合搭配，凭借实力和快速的创新不断抛开对手，在自己成长的同时也赚取了大量利润，并引导整个产业不断升级，而掌握标准和引导升级的企业则成为产业的金字塔顶端企业。

断的形式，通过专利申请建立产业的技术标准，并将技术标准与知识产权保护相结合，借助于技术标准的特殊地位，强化相关知识产权的保护，从而使联盟外部的企业不能通过合法的许可实施"逆向工程"。

以上事实说明，合作性竞争确实对新技术开发起到一定的促进作用，并且合作性竞争多是在技术实力相当的企业之间展开。但是，并不是新技术开发一定要采用联盟的形式，当单个企业有足够的资源和能力进行独立研发时，独立研发将替代合作研发。新技术研发必须以满足市场需求为前提，换言之，能够顺利实现市场化转化的新技术才是合作研发的主要方向与领域。

7.3.2　合作性竞争与资源配置

1. 合作性竞争促进资源有效配置

资源的优化配置和合理利用是评价合作性竞争市场绩效的主要内容。资源基础学派认为，企业是一个独具特色的、能够产生持久的超正常利润的资源集合。资源是企业拥有和控制的知识积累、财务资产、物质资产、人力资本等一系列有形和无形的要素。合作性竞争是在互补性基础上对资源进行配置的过程，在这个过程中，双方相互使用、复制对方的优势资源并形成良好的资源关系，这种关系包括有形资源的转移，也包括无形资源的共享。

经济全球化为资源在全球市场中的自由流动创造了条件，随着经济全球化程度的加深，市场范围不断扩大，进入市场的产品种类和数量越来越多，从而使市场机制对资源的配置作用越来越大。迈克尔·波特在《竞争论》一书中，以惠普科技为例说明了经济全球化对企业资源配置的作用："惠普科技选择地点的哲学是，技术层次不高的制造活动，和需要较多直接人工的项目，放在低成本的地区，这让它省下大约40%—75%的成本。比方说，有些个人电脑的零部件组装和制造业务，就在新加坡进行，而电子零部件制造则在马来西亚。惠普科技也把一些需要中等技能的活动，放在成本较低的国家。比方说，有些产品和工艺设计活动（如降低制造成本计划），就放在新加坡的个人电脑工厂内进行；一些新的电子产品工艺技术，则转移到马来西亚的制造工厂；还有些如软件和维修则发包给印度、中国、东欧和俄罗斯等国家，因为这些国家受过大学教育的程序设计师的薪资比美国本地低了

40％—60％。"①

经济全球化条件下，根据市场上供求关系的变化状况，所有资源可以自由选择其流动方向，尤其是信息与通讯技术的发展使得信息资源在全球市场上自由流动变得越来越容易，在这种"自由空间"下，企业既可以选择向市场提供自身的冗余资源，也可以选择从市场中获得稀缺资源，弥补自身的不足。这种企业行为既表现为市场中的直接买卖，也可以表现为市场中的资源互借，即以合作来实现资源在企业间的优化配置。换言之，合作性竞争既避免了企业的资源冗余，又解决了企业资源不足的问题，合作性竞争行为是经济全球化条件下实现资源（生产要素）在全球合理配置的有效途径之一。

以 SAP 公司②为例，合作性竞争为 SAP 公司利用全球资源提供了有效途径。SAP 搭建了一个涵盖五大洲 14 个国家的全球实验室网络（合作研发网络）③，如表 7—5 所示。为了产生新想法，设计出新产品，创造出尽可能大的客户价值，SAP 分别在美国和日本设立了共同创新实验室（Cc-innovation Labs），尽可能实现不同资源的有效整合，并通过无形资产的共享获得协同效应。为了发展企业应用软件，SAP 组建了 9 个发展中心，其中最大的实验室分别位于德国、印度和美国。众所周知，德国、印度和美国均为世界上软件业最发达的国家，SAP 对外部优势资源的有效利用可见一斑。SAP 之所以要在这些国家建立合作研发中心，是因为企业可以从不同的文化背景的高素质员工中受益，2008 年 SAP 共拥有 15 547 名来自全球不同国家的研发人员。可以发现，SAP 在全球不同地区建立功能各异实验室的依据是，某地区是某种特殊资源最集中、数量最大、获取成本最低的资源优势地区，SAP 正是利用这一全球研发网络实现了对全球资源的有效整合和配置。

位于上海浦东软件园的 SAP 中国研究中心主要致力于为中小型企业、财务管理、人力资源管理提供最佳解决方案和进行 NetWeaver 的研发，其合作伙伴包括 IBM、HP、Sun、埃森哲、毕博、德勤、凯捷安永、欧雅联

---

①　迈克尔·波特：《竞争论》，刘宁、高登第、李明轩译，中信出版社 2004 年版，第 321 页。

②　SAP 公司是提供企业间软件解决方案的软件企业，是全球最大企业管理软件和协同商务解决方案供应商。SAP 已经成为事实上的企业应用软件的标准平台，其财务会计、物流和人力资源企业应用软件帮助企业把业务流程连接起来，将不同的业务功能捆绑在一起，让整个企业同步运行得更加顺畅。

③　SAP 公司构建的全球研发网络包含三类性质不同的实验室，分别是发展中心（Development Centers）、研究中心（Research Centers）以及共同创新实验室（Co-innovation Labs）。

盟、汉思、东软、高维信诚、联想汉普、神州数码等。到 2005 年底，SAP
中国研究中心人数已经超过 500 人，晋升为 SAP 第四大研发中心，其研究
人员来自中国、德国、澳大利亚、美国和亚洲其他国家，这种文化多样性的
人员配置使 SAP 中国研究中心在技术和产品方面始终保持着创新与领先。
SAP 在 2008 年度报告中指出："全球思维、本地行动的全球实验室网络加快
了公司产品创新速度，同时也提高了劳动生产率，全球研发网络搭建可以使
企业对顾客和市场需求做出迅速反应"[①]。由此可见，合作性竞争确实是企
业有效配置资源的途径之一，在市场机制的作用下，合作性竞争对资源的全
球有效配置起到了良好的推进作用。

表 7—5   SAP 公司的全球实验室网络

序号	实验室所在国家	实验室所在城市	实验室性质
1	美国	帕洛阿尔托	发展中心、研究中心、共同创新实验室
2	法国	勒瓦卢瓦	发展中心、研究中心
3	英国	贝尔法斯特	研究中心
4	加拿大	蒙特利尔	发展中心、研究中心
5	德国	瓦尔多夫	发展中心、研究中心
6	匈牙利	布达佩斯	发展中心
7	保加利亚	索菲亚	发展中心
8	瑞士	苏黎世	研究中心
9	以色列	赖阿南纳	发展中心、研究中心
10	南非	比勒陀利亚	研究中心
11	印度	班加罗尔	发展中心
12	中国	上海	发展中心、研究中心
13	日本	东京	共同创新实验室
14	澳大利亚	布里斯班	研究中心

资料来源：根据 SAP 公司 2008 年度报告整理得到。

2. 合作性竞争对资源配置效益产生不确定性影响

资源的稀缺性决定了企业必须通过一定的方式把有限的资源合理分配到
生产、销售、研发等各个领域，以实现资源的最佳利用，即用最少的资源耗

---

① 资料来源：《SAP2008 年报》，第 107 页，http：//www.sap.com/germany/about/investor/re-
ports/gb2008/en/our-answers/wumart.html。

费生产出最多的适应市场需求的商品和劳务，获取最佳的效益。

合作性竞争对资源配置效益的改进，需要从资源配置成本和资源配置收益两个角度来分析。以联盟或合作网络形式进行的合作性竞争产生的成本主要包括直接成本和间接成本两部分。直接成本是直接进行生产或提供服务所需要的生产性成本；间接成本指非生产性成本，即由合作性竞争引起的交易成本，如商务合同成本、销售管理成本等。合作性竞争关系一旦建立，信息收集以及双方沟通、谈判的成本自然会减少，这就意味着合作性竞争会降低资源配置的间接成本。由于合作性竞争实现了双方优势资源的互补利用，当一方以廉价资源获取合作机会时，合作性竞争就会直接降低企业生产的直接成本，即生产的要素成本。可见，合作性竞争会在不同程度上降低资源配置的直接成本和间接成本，当然前提是合作性竞争能够顺利进行，每个成员愿意在相互信任的基础上主动做出降低成本的努力，否则，合作性竞争就无异于不合作。

合作性竞争对资源配置效益的影响，需要借助联盟企业各成员的生产活动收益、市场份额变化等指标进行测度、衡量。一般认为，合作性竞争是双赢的，即通过合作性竞争联盟双方均可以获益，但是，通过对很多合作性竞争实例的观察发现，并不是每一次合作都能同时产生有益于联盟双方的收益，每个企业的市场份额也不必然提高，即合作性竞争并不必然导致资源配置效益的改善。

从资源配置效益来看，虽然在合作性竞争能够顺利进行的前提下，合作性竞争会在不同程度上降低资源配置成本，但是，合作性竞争并不必然产生改善资源配置效益的结果，因此，很难确定合作性竞争对于资源配置效益的确切影响，不过，可以肯定的是，合作性竞争增加了企业获得高资源配置效益的机会。

全球汽车产业的发展可以印证合作性竞争对资源配置效益的不确定性影响。1999 年 3 月日本第二大汽车生产商日产公司与法国雷诺公司签订了一个全面的联盟协定，双方交叉持股，旨在加强日产公司的财政地位，同时获得双赢的发展。雷诺收购了日产公司 44％的股份，日产则持有雷诺 10％的股份。2002 年在交叉持股的基础上，双方设立了雷诺—日产有限公司，共享开发和生产平台，共用采购体系，业绩因此突飞猛进，2003 年雷诺—日产已经占有 9.3% 的国际市场份额，2004 年雷诺—日产联盟的全球市场份额为 9.6%（雷诺集团为 4.1%，日产为 5.5%），在销量上成为全球第四大汽车制造商，双方继续从联盟中受益。[①] 同样是合作性竞争，戴姆勒与克莱斯勒并没有从长达 9 年的联盟中获得更高的资源配置效益。戴姆勒与克莱斯勒结缘于 1998 年，但是在合作过程中，戴姆勒旗下品牌除了奔驰全部处于亏损境地，2007 年联盟正式完成了分拆程序，在与克莱斯勒公司脱钩后，戴姆勒公司集中精力发展旗下利润相对可观的梅塞德斯—奔驰品牌和重型卡车业务。单飞后的克莱斯勒于 2009 年与意大利汽车制造商菲亚特公司结盟，并通过联盟对资源进行重新配置。菲亚特有克莱斯勒急需的节能小型车技术以及欧洲的成熟销售网络，克莱斯勒则可以为菲亚特开拓美国市场提供帮助，并在 JEEP 等优质品牌和车型上与菲亚特具有互补性。联盟使克莱斯勒和菲亚特充分优化各自的生产基地布局及全球供应商基地，并使双方都能够拓展进入更广泛的市场。

7.3.3　合作性竞争与企业盈利能力

1. 合作性竞争改变了企业盈利能力的产业内差异

企业盈利能力就是企业赚取利润的能力，是衡量市场绩效的一个主要指标。企业盈利能力的产业内差异早在 1967 年霍尔和韦斯[②]的研究中就被明确指出，通过对美国制造业的分析研究，他们发现，企业的盈利能力和企业的绝对规模正相关。产业组织学者德姆塞茨（Demsetz，1974）[③] 在后来的研究中证实，企业盈利能力的产业内差异在集中度较高的产业中更为显著，他认为，在集中度较高的产业中只有具有效率优势的领先企业才会赢得超常利润。但是，贝恩（Bain，1956）[④] 却认为，不管产业集中度如何，较小的企业往往以相同方式运行，而优势企业的收益率通常受集中度的正向影响，小

---

① 资料来源：《雷诺—日产联盟》，http://wiki.mbalib.com/wiki/%E9%9B%B7%E8%AF%BA-%E6%97%A5%E4%BA%A7%E8%81%94%E7%9B%9F。

② Hall，M.，L. W. Weiss. 1967. "Firm Size and Profitability," *Review of Economics and Statistics*，49：319—331.

③ Demsetz，H.，1974. "Two Systems of Belief about Monopoly," In：H. J. Goldschmid，H. M. Mann，J. F. Weston，eds.，*Industrial Concentration：The New Learning*. Boston：Little，Brown.

④ Bain，J. S.，1956. *Barriers to New Competition*. Cambridge：Harvard University Press，pp. 320.

企业由于不能充分利用规模经济，所以小型企业的盈利能力通常较低。

前人的研究证实企业规模与企业盈利能力正相关，在同一产业内企业盈利能力存在差异，即规模越大的企业其盈利能力越强。如前所述，不论是追求规模经济的合作性竞争还是寻求资源互补的合作性竞争，都可能导致企业规模的改变，而伴随着企业规模的改变，企业的盈利能力也将随之发生改变，这就意味着，合作性竞争行为的发生最终会导致企业盈利能力的变化。但是，合作性竞争并不必然导致大企业越来越大、小企业越来越小的结果，换言之，随着合作性竞争的不断深入，产业内原有的企业盈利能力差异会发生改变，这种改变既可能是一种扩大效应，也可能是一种收缩效应，产业内原有的企业间盈利能力差异可能扩大，也可能缩小，甚至可能保持不变。这就是说，合作性竞争会改变企业盈利能力的产业内差异，但是这种改变不存在确定性趋势。

合作性竞争行为的发生使企业盈利能力的产业内差异变得更加复杂，发生在中国电信运营商之间的两次合作性竞争恰恰验证了这一点。为了促进中国电信业的改革与发展，国务院决定于 1994 年成立中国联合通信有限公司（中国联通），联通公司成立后，开始同中国电信展开竞争，从而互联互通等合作也随之展开。1999 年中国移动从中国电信分离出去，中国电信与中国移动在一系列互联互通协议的基础上，实现了从企业内部不同网络间的相互配合到不同企业间网络的互联互通的转变。2001 年中国联通与中国移动在北京签署了网间互联与结算协议。这一协议的签署，标志着中国两个最大的移动通信运营企业将在互惠互利的基础上开展合作。根据协议，中国联通与中国移动将全面规范网络间互联方式、互联费用分摊与网络间结算、局数据交换配合和质量控制。到 2001 年底，中国六大电信运营商之间都签订了网间互联及结算协议，网间互联已经走上了正常轨道。所有运营商的网络，包括专用网与公共网，都实现了互联互通。两大移动运营商在网络互联互通相互合作的同时，在某些数据业务上也彼此相互学习。正是在这种合作竞争中，两家移动运营商的差距越来越大，中国移动由市场新进入者变成了市场领先者。2006—2008 年[1]，中国移动在移动通信市场的份额分别为 68%、

---

① 　数据来源：工信部官方网站，http://www.miit.gov.cn/。

69%和72%，在净增市场中的份额分别为79%、79%和88%，仅2008年上半年，新增用户中87.38%选择了中国移动，中国移动月平均新增用户数为750万户左右，而中国联通月平均新增用户仅为100万户左右。可见，在中国联通与中国移动这场合作性竞争中，中国移动成为最大受益者，其盈利能力大幅提升，2007年中国移动在6家电信运营商中独占鳌头，其净利润达到了871亿元人民币，中国联通净利润仅为70.9亿元。这就意味着，合作性竞争行为的发生进一步扩大了企业盈利能力的产业内差异。

第二次合作性竞争行为发生在2008年6月中国电信市场第三次重组之后，参与企业为中国移动、中国联通以及中国电信。新组建的三家全业务电信运营商在资产规模上十分接近，三家运营商在用户和收入份额上的差距也明显缩小。① 为了促进3G业务的发展，中国电信、中国移动、中国联通组建了基础设施共建共享战略联盟②，以上海为例，三大电信运营商在世博园区的移动铁塔基站的共建共享率达到100%。虽然三大运营商达成了基础设施共建共享联盟，但是，中国移动在3G市场上的市场份额却出现了下降。根据联通、电信、移动公布的2009年2月用户发展数据，在3G用户发展中，联通净增用户92万，而移动则仅增加43万，联通3G净增用户是移动的2.1倍。截至2010年3月底③，中国电信、中国移动、中国联通3G用户份额分别为30.8%、42.5%、26.7%，市场份额差距明显缩小。根据各运营商公布的2009年数据，2009年1—11月中国移动净增用户数（包含3G与2G）呈下降趋势，中国电信、中国联通则呈上升趋势，如表7—6所示。中国移动维持多年的优势地位受到挑战，中国联通、中国电信的客户规模和收入水平大幅提升。在这次基于网络共享的合作性竞争中，中国联通与中国电信受益匪浅，2009年中国移动净利润为1 151.66亿元，同比增长2.3%，

---

① 在用户市场上，中国移动占45.7%的市场份额，中国电信为28.3%，中国联通为25.9%；从收入角度看，中国移动的收入占产业总额的51.5%，中国电信为27.4%，中国联通为21.1%。

② 基础设施共建共享联盟得以达成的原因是：开展3G业务，运营商需投入大量资金建立通讯网络基础设施，为了避免重复建设以及保障三家运营商的业务运营，中国移动、中国电信与中国联通之间达成基础设施共建共享协议。这样做既满足了3G业务发展的需要，也提高了基础设施利用率，并且三大运营商间合理费用的收取也有利于运营商缩短设备投资回收期，换言之，与其他运营商的共享分摊了单个运营商的网络建设成本。

③ 数据来源：工信部官方网站，http：//www.miit.gov.cn/。

中国联通净利润为 95.6 亿元，同比增长 22.1%，中国电信净利润为 144.22 亿元，同比增长 15 倍。中国电信、中国联通与中国移动的收入增速差距明显缩小，推动市场竞争格局向均衡方向发展。这就意味着，合作性竞争行为的发生使企业盈利能力的产业内差异得以缩小。

　　以上事实说明，合作性竞争对企业盈利能力产业内差异的改变受很多因素的影响，合作性竞争会改变企业盈利能力的产业内差异，但是这种改变不存在确定性趋势，合作性竞争并不必然导致企业盈利能力的普遍提高。

表 7—6　　　　　　2009 年 1—11 月三家电信运营商每月净增用户数　　　　单位：万户

月份	每月净增用户数　中国移动	中国联通	中国电信
1 月	667	83.9	102
2 月	675.1	164	170
3 月	649.3	184.8	221
4 月	582.3	114.1	187
5 月	511.8	68.2	220
6 月	501.9	86.2	237
7 月	455.3	68	245
8 月	525.9	80.7	208
9 月	543.1	93.5	297
10 月	509.9	182.2	314
11 月	457.9	140.6	307

　　资料来源：《中国移动、中国联通、中国电信三家移动用户数对比分析（2009 年 11 月）》，http://wangcuiying2008. blog. sohu. com/141909783. html。

　　2. 企业盈利能力的提升并不必然等同于企业竞争力的提升

　　合作性竞争带来的可能结果之一是企业盈利能力的提高，但是，高盈利率并不表明企业具有较强的竞争力，更不表示该产业具有较高的绩效。这是因为，如果一个产业中企业的平均盈利水平明显高于其他产业的平均水平，往往意味着这个产业存在较强的垄断因素，所以，高盈利不仅不是企业竞争力强的表现，相反表明该产业的效率较低。产业经济学理论及实证研究的结果都证明，垄断的市场结构将导致较低的市场绩效和较低的效率，但是却使企业获得较高利润，即垄断可以产生更多的企业盈利。因此，在分析企业盈利与企业竞争力的关系时不能妄下结论，如果是在一个充分竞争的产业中，或者是在一个向更具竞争性的市场结构变化的产业中，盈利能力就可以在很大程度上反映企业的竞争力，相反则只能表明产业的效率较低。一般情况下，当市场结构向更具竞争性的方向变化而不是向更具垄断性的方向变化时，企业盈利能力的提升可视为企业竞争力的提升。

以中国汽车产业为例。2009 年中国汽车产销量居世界首位，从盈利水平看，单个企业盈利水平大幅提升，甚至超过国际平均水平，但是，这并不代表中国汽车制造业的竞争力显著高于国际汽车制造业。也就是说，某个产业平均的利润水平畸高并不表明其企业的竞争力强，而可能正表明企业竞争力弱。因为产业的利润水平畸高往往是该产业竞争不充分的反映，在缺乏竞争的市场结构下企业很难具有真正的竞争力。由此可以预见，随着中国汽车制造业市场竞争性和开放性进一步提高，中国汽车制造业的平均盈利率反而会下降到同国际汽车制造业大体相当的水平，而这恰恰是中国汽车制造企业国际竞争力大幅提升的结果。所以，即便是合作性竞争为企业带来了盈利能力的提升，企业也必须保持清醒头脑，认识到盈利能力的提升并不一定意味着企业竞争力的提升，只有在竞争充分的条件下，企业盈利能力才能够代表企业竞争力。企业只有客观公正地认清自己的处境，才能更有效地利用合作性竞争策略实现持续成长。

7.4　小结

本章分析了经济全球化条件下企业竞争态势的新趋势。研究发现，经济全球化条件下合作性竞争已经成为企业必须遵循的竞争规则，双赢只是企业进行合作性竞争的良好动机，合作性竞争并不必然产生双赢的结果。合作性竞争的组织形式不同对市场结构和市场绩效产生的影响也是不同的，合作性竞争并不必然导致市场垄断程度的提高，也并不必然导致资源配置效率的改善。

主要结论有：

第一，合作性竞争对市场势力的影响具有不确定性，关联联盟更能产生改变企业相对市场势力的结果。在联盟合作的过程中，究竟哪个企业能够利用合作性竞争最终实现市场势力的提升则是联盟双方博弈的结果。合作性竞争没有消灭竞争，相反容忍竞争对手的存在，最终形成大企业与小企业共存的市场结构。

第二，当企业进入新市场时，合作性竞争无论是以关联联盟形式进行还是以规模联盟形式进行都能够有效帮助企业克服进入壁垒的阻碍，成功实现市场进入。合作性竞争同时为利基市场的出现提供了可能。

第三，规模联盟较之关联联盟更有利于产品差异化，合作性竞争无论是以关联联盟形式进行还是以规模联盟形式进行都能够有效提升品牌的影响力。

第四，合作性竞争对技术扩散起到一定的促进作用，尤其是当合作性竞争双方的技术距离较为接近或知识基础较为相似时，技术扩散更容易发生。合作性竞争同时能够促进新技术开发，但是，当单个企业有足够的资源和能力进行独立研发时，独立研发将替代合作研发。

第五，合作性竞争是企业有效配置资源的途径之一，在市场机制的作用下，合作性竞争对资源的全球有效配置起到了良好的推进作用。从资源配置效益来看，虽然合作性竞争会在不同程度上降低资源配置成本，但是，合作性竞争并不必然产生改善资源配置效益的结果。

第六，合作性竞争会改变企业盈利能力的产业内差异，但是这种改变不存在确定性趋势。企业盈利能力的提升也并不等同于企业竞争力的提升，只有在充分竞争的市场结构条件下，盈利能力才真正反映企业的竞争力。

第 8 章

经济全球化条件下的企业归核化战略

20 世纪 80 年代以来，西方一些过度多元化的企业经营业绩出现了明显下滑，掀起了企业重构的浪潮，开始出售和剥离一些业绩不佳的业务来改善企业的整体业绩。学术界也出现了对企业过度多元化的反思和质疑的声音，认为归核化成为企业战略的一种新选择。"归核化"战略强调将业务更多地集中到资源和能力具有竞争优势的领域，有助于强化市场竞争地位。比如，国际金融危机之后，花旗集团的定位是从事商业银行业务，证券业务等为非核心业务，花旗集团目前正在做回归主业方面的努力，尽量剥离证券业务，以期快速恢复盈利能力。2010 年 1 月 19 日，花旗在 2009 年四季度的财务报告中披露，2009 年共完成 14 项非核心资产剥离业务。对花旗盈利状况影响巨大的两次出售包括向日本三井住友出售花旗日兴证券和日兴资产管理公司、向摩根士丹利出售证券经纪业务花旗美邦。2010 年 2 月 1 日，花旗内部人士向媒体透露，花旗集团已开始考虑出售花旗私人股权基金，但有关资产出售的方式、潜在买家、投标模式尚未向公众披露。① 鉴于此，本章将对经济全球化条件下的企业归核化战略进行研究。下文将这样安排：首先，在经济全球化条件下对企业多元化进行反思；其次，通过对企业归核化的再认识，结合企业核心业务与企业成长的相关理论，检验经济全球化条件下企业归核化趋势；再次，分析经济全球化条件下企业归核化途径；最后，以百事

---

① 参见庄燕：《剥离非核心业务当务之急，花旗或出售 100 亿美元私募基金》，《21 世纪经济报道》2010 年 2 月 3 日。

可乐公司回归核心业务为例，进行企业归核化典型案例分析，并给出本章的简短总结。

8.1　企业多元化的反思

8.1.1　专业化战略与多元化战略的比较

当人们的视角更多地聚焦在那些知名的多元化经营的大型跨国企业上时，却往往忽视了那些默默无闻的专业化经营的中小企业，然而，正是这些鲜为人知的中小企业占据着全球市场约 70% 的份额。这些中小企业往往就是被赫尔曼·西蒙称作的全球最优秀的企业——"隐形冠军公司"。这些隐形冠军公司的长期表现远远超过许多著名的大公司。[①] 在 20 世纪 90 年代初期的全球性经济萧条中，很多大公司走向衰落，甚至倒闭，而许多隐形冠军公司却是那次经济危机中绝对成功的幸存者。比如，1995 年 2 月，有着 233 年历史的巴林银行因其新加坡分支机构职员里森经营证券、期货投机失败，亏损 9.27 亿英镑而被荷兰国际集团收购；1995 年 3 月，法国经济部长阿凡德里宣布，法国第二大银行里昂信贷银行因连年亏损，濒临破产。然而，一些隐形冠军公司却在全球性经济萧条中成长起来，比如来自奥地利的隐形冠军永本兹劳尔（Junbunzlauer）由于专注于给可口可乐公司生产柠檬酸而快速成长起来，这家设在奥地利的本土企业已经成为全球柠檬酸产业的市场领先者。[②]

在回答专业化战略好还是多元化战略好的问题上，隐形冠军公司相信专业化是其最优选择。专业化战略是指企业只从事一个产业的生产经营，而多元化战略则是同时从事多个产业的生产经营。专业化是多元化的基础，因为多元化的每一个"元"都是专业化。如果专业化的基本功不扎实，多元化战略肯定搞不好。专业化与多元化战略的比较如表 8—1 所示。

[①]　参见赫尔曼·西蒙：《隐形冠军：谁是全球最优秀的公司》，阿西、温新年译，新华出版社 2002 年版。

[②]　参见赫尔曼·西蒙：《21 世纪的隐形冠军：中小企业国际市场领袖的成功策略》，张非冰等译，中信出版社 2009 年版，第 7 页。

表 8—1　　　　　　　　　　　　**专业化与多元化战略的比较**

某一类产品占销售额的%	企业类型	程度
≥95%	单一业务	专业化
96%—70%	主导产品	专业化向多元化过渡
<70%业务相关	相关多元化	中度多元化
<70%业务不相关	无关多元化	高度多元化

资料来源：康荣平：《企业专业化成长：利基战略》，载《经济界》，2003（5）。

博士伦公司（Bausch Lomb）就是由于专业化经营获得成功，随后开始盲目多元化经营走向衰落，最后通过剥离非核心业务又恢复业绩的典型案例之一。博士伦公司从 1853 年就开始从事眼镜产品业务，到 1973 年博士伦公司的销售额已经达到 3.35 亿美元，成为眼镜产品和设备产业的领先者。几年之后，博士伦公司从一位原捷克斯洛伐克的科学家那里购买了隐形眼镜的制造技术，引发了整个产业的竞争格局和市场规模的变革。到了 20 世纪 80 年代中期，博士伦公司隐形眼镜镜片的市场份额提高到 40%，是它的最大竞争对手美国海德明视公司（American Hydron and Coopervision）的几倍。然而，随着博士伦公司业绩飙升，公司把注意力从核心业务转移开，开始了多元化经营，将镜片和清洗液业务产生的现金流投资于电动牙刷、皮肤药膏和助听器等与核心产品和业务没有明显关联的新领域，导致博士伦公司的隐形眼镜业务开始下滑，公司股票价格从 1973 年每股 3 美元升到 1991 年的每股 56 美元，而后随着 90 年代全球性经济萧条，每股暴跌到不足 33 美元。接下来，博士伦公司新的管理层迅速采取行动解决问题，砍掉了非核心业务，在 1998 年博士伦公司年度报告的封面上重申公司的使命——"世界的眼睛"。这表明博士伦公司重新回到了原来的核心业务，并希望借此重新促进公司的发展和占领市场份额。[①]

尽管隐形冠军公司创造了一个又一个经营神话，博士伦公司也从回归核心业务中重拾信心，但专业化经营的优势却没能阻挡企业多元化经营的步伐。20 世纪 20 年代，西方企业开始越来越多地走上了多元化经营之路，并于 50—70 年代形成多次多元化浪潮。20 世纪 90 年代以来，随着中国经济的飞速发展和企业的成长壮大，很多中国企业也把多元化经营作为企业成长发

---

① 参见克里斯·祖克、詹姆斯·艾伦：《回归核心》（第二版），罗宁译，中信出版社 2004 年版，第 5—7 页。

展的一种手段。比如，在海尔集团的发展历程中，多元化是其重要的成长方式。按照海尔集团官方网站上的介绍，海尔发展战略分为四个阶段：名牌战略、多元化战略、国际化战略和全球化品牌战略（如图 8—1 所示）。从专业化和多元化经营的角度看，1984—1991 年是专业化起步阶段，专心致志只做电冰箱一种产品，力求做到尽善尽美。多元化战略是从 1991 年开始的，首先是相关多元化战略，将在电冰箱产品领域取得的成功经验以及品牌优势延伸到相关的家用电器领域，产品从单一电冰箱发展到拥有白色家电、黑色家电、米色家电在内的 86 大门类、1 300 多个规格的产品群，成为中国家电业产品范围最广、销售收入超过 100 亿元的大型企业。到 1998 年，海尔集团开始实施非相关多元化扩张战略（即图 8—1 中的国际化战略阶段），涉足的产业跨度非常大，包括医药、人寿保险和房地产等与原来家电业截然不同的领域。截至 2009 年底，海尔涉足的产业包括家电、IT、家居、生物、软件、物流、金融、旅游、房地产、通信、电器产品、数字家庭、生物医疗设备等 10 多个产业。

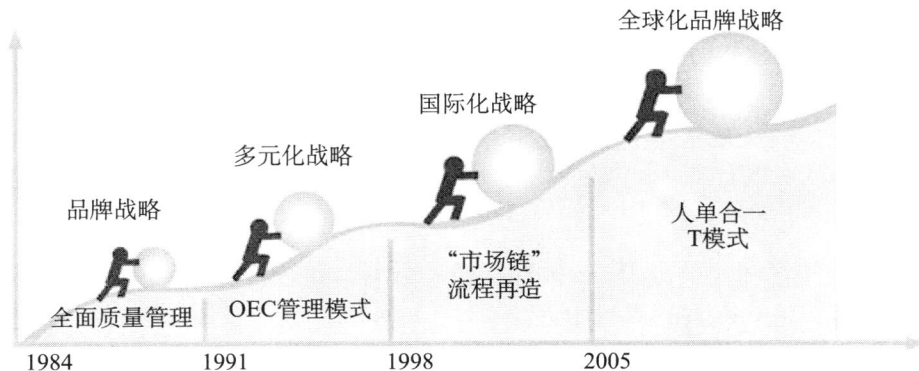

图 8—1　海尔发展战略四阶段

说明：海尔集团的 OEC（Overall Every Control and Clear）管理模式主要是指：日事日毕，日清日高，也就是每天的工作每天完成，每天工作要清理并要每天有所提高。OEC 管理法由三个体系构成：目标体系→日清体系→激励机制；首先确立目标，清是完成目标的基础工作，清的结果必须与正负激励挂钩才有效。

资料来源：http：//www.haier.cn/about/vision_index.shtml。

伴随着多元化企业经营实践的不断深入，出现了比较丰富的企业多元化研究文献。美国著名企业战略理论家安索夫（Ansoff，1956）运用"产品—

市场矩阵图"概括了企业发展的四种基本方向,明确提出了企业多元化经营战略的内容,开创了企业多元化经营研究的新纪元。随后,学者们从不同角度分析了多元化的不同类型以及对企业盈利性、成长能力、企业价值等的影响。鲁尔梅特(Rumelt,1974)按产品经营的特点,将美国大企业业务型多元化经营分为单一业务型、主导业务型、相关业务型和非相关业务型,发现坚持相关业务型多元化经营的企业利润率相对比较高,而非相关业务型多元化经营的相应指标值则是最低的。随后,伯杰(Berger,1995)等学者的实证研究显示,多元化与企业绩效的关系呈现倒 U 形,即单一主营和非相关多元化的绩效均不如相关多元化,如图 8—2 所示。

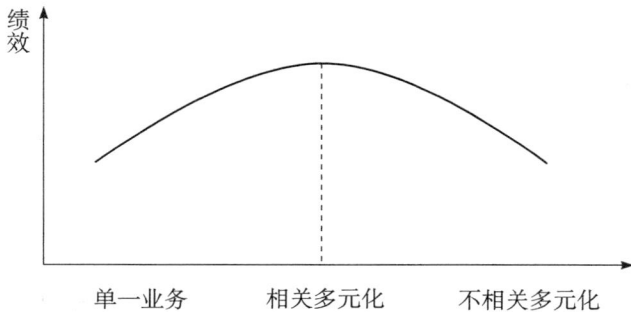

图 8—2   多元化经营与绩效关系模型

资料来源:Berger, P. G. , E. Ofek. 1995. "Diversification's Effect on Firm Value," *Journal of Financial Economics*,37:39—65.

钱德勒(Chandler,1987)对美国大型企业的发展历程进行分析后指出,大型企业的成长和发展一般都经历了横向一体化(horizontal integration)、纵向一体化(vertical integration)和多元化经营几个阶段,并考察了合并企业的成功与失败,认为企业合并已成为企业多元化经营的标准方式,那些为了控制竞争或从合并本身的过程中赚取利润而形成的合并企业,通常只能带来短期的盈利,而无法保证长期的盈利能力。钱德勒还对企业多元化扩张的方式进行了分析,认为企业多元化经营是现代大型企业必然要经历的一个成长和发展阶段,进而提出多元化企业内部要创立一种取代市场的管理组织结构,保证协调、监督和计划职能,实现生产和分配的结合,提高长期盈利能力。马基德斯(Markides,1995)从多元化的极限点讨论了企业过度多元化现象。企业多元化的成本和收益曲线呈现不同的变动趋势，二者相交形成企业的最优多元化水平，即多元化的极限点（见图 8—3）。他认为，经理人的过度自信等自身原因或者外部市场的变化使得极限点左移，造成了企业的过度多元化，这时企业必然面临着市值的下降。胡宏、忻展红（2009）通过分析企业多元化与生产成本和协调成本的关系，构建了企业多元化对企业绩效影响的分析模型，并得出结论：相关多元化经营既能提高企业绩效，也能降低企业绩效，适度的相关多元化经营能使企业实现范围经济，提高企业绩效，过度的相关多元化经营将使企业出现范围不经济，降低企业绩效。而非相关多元化会降低企业绩效。多元化经营企业的产品关联度与企业绩效提高成正比，关联度越高，越能提高企业绩效。现代信息技术的广泛应用增加了企业实行多元化经营的动力。

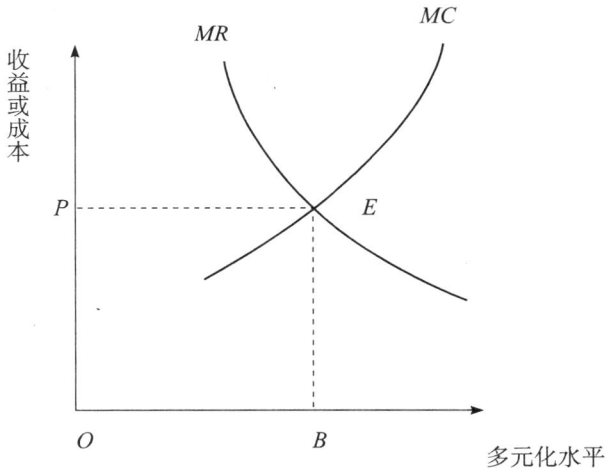

图 8—3　最优多元化水平

资料来源：Markides，C. C.，1995. "Diversification, Restructure and Economic Performance," *Strategic Management Journal*，16，（2）：101—118.

8.1.2　经济全球化对企业经营环境的改变

随着经济全球化的不断深入发展，FDI 已成为资本跨国流动的主要方式，跨国并购显著增加，企业间竞争日趋激烈。对发展中国家企业而言，面临的发展环境的不确定性显著提高，企业要能在大浪淘沙中生存和发展，就需要专注做好一件或少数几件核心业务，苦练内功以提升竞争力，而不能一开始就好大喜功，盲目多元化，涉及过多业务与产业。缺乏核心能力的多元化企业更易失败，中国也不乏鲜活案例。20 世纪 80 年代以来，多元化经营成为中国企业的主流战略行为，国有企业、民营企业纷纷进入房地产、生物工程、金融、IT 等所谓的有盈利吸引力的产业，企业间的兼并扩张不断。然而，在中国企业的多元化发展道路上，多数企业不但没有增强实力，反而在多元化过程中失掉企业发展的方向，轻骑集团就是其中的典型。1997—1998 年是轻骑集团多元化扩张之年，1997 年 2 月兼并济南港斯摩托车有限公司，3 月兼并济南平阴标准件厂，5 月兼并商河汽车大修厂、商河县大岭农场，10 月一口气兼并了合肥自行车厂、贵州动力机械厂、湖北扬子江摩托车制造公司。1998 年初大手笔购并琼海药，5 月又与牟平发动机集团走到了一起。到 90 年代末轻骑已拥有 30 多家子公司，以 8 亿元国有资产控制支配了 110 亿元的总资产。2000 年，曾经让轻骑集团引以为豪的旗下三家上市公司全线亏损，其中济南轻骑 2000 年实现净利润－2.72 亿元，比 1999 年下降 1 400％。轻骑集团通过并购的多元化发展之路，不仅未能打造"轻骑航母"，还拖累了其嫡系上市公司济南轻骑，从此使轻骑集团走上了不归路。

经济全球化的不断深入发展使发展中国家企业对先进技术模仿的机会增加，可以更多获得技术溢出效应。在中国，从 20 世纪 90 年代中期以来，随着大型跨国公司在华投资的增加，外商投资企业的技术水平明显提高，跨国公司在华企业使用的技术不仅普遍高于中国同类企业的水平，而且有相当比例的跨国公司提供了填补国内空白的技术。通过设立合资企业，东道国可以在生产过程中学习国外先进的生产技术、工艺流程以及管理经验，通过"干中学"获得相应技术、知识与经验。研发的全球网络也成为发展中国家获得某一领域最前沿技术的一种新途径，通过参与研发的全球网络，参与国可以共享实验数据和前沿科研成果，对本国的科技进步能起到以点带面的作用。加入跨国公司主导的分工网络，从事全球价值链或国际分工某一环节的专业化生产，对企业专业化经营也提出了新的、更高的要求。

随着经济全球化的不断深入发展，全球市场形成，使交易成本下降，企业规模扩大，同时也使得国际分工越来越细化，企业之间的竞争更加激烈，

对企业的核心能力也提出了更高的要求，引发了对多元化的反思。经过 20
世纪 70 年代中期的发展，许多企业的多元化经营相继出现危机，以生产汽
车和卡车为主业的德国戴姆斯公司兼并了一些飞机制造厂及其配套厂家，戴
姆斯公司从此背上沉重的包袱。韩国起亚集团原来也是专门生产汽车的，由
于追求扩张，把手伸向建筑、贸易、钢铁等领域，摆开了大场面，结果公司
陷入了沼泽而难以自拔。许多知名企业多元化扩张的失败，使得多元化经营
的弊端更加突出，多元化热潮开始减退，西方理论界和企业界开始对多元化
进行反思。"坚持本业"可能是最理想的企业战略这一观念得到了广泛传播。
到 80 年代末，美国的国际化大企业开始对多元化经营进行较大幅度的调整，
纷纷剥离非核心业务，放弃过度膨胀且效益不佳的业务，集中力量培育企业
的核心业务，力图增强核心竞争力，从而获得持续的竞争优势。1981 年美
国通用电气公司业务重组，将其经营范围由以往的横跨 60 余个产业归拢为
13 个核心业务，此后获得了较好的绩效，拉开了归核化的序幕。FOR（Fu-
ture Organization Resources，1987）在其研究报告《多元化：欧洲与美国比
较》中指出：进入 20 世纪 80 年代，企业多元化发展的焦点已经发生变化，
企业经营在目标、活动范围和竞争方式上都体现出归核化经营战略的特点。
马基德斯（Markides，1992）指出，至少有 20%（可能达到 50%）的《财
富》世界 500 强企业在 1980—1987 年间进行了归核化。他还发现，20 世纪
80 年代后美国最大的 250 家企业中，仍在多元化扩张的仅占 8.5%，采取归
核化的已达到 20.4%。进入 90 年代，欧美企业也开始实施归核化战略，韩、
日企业在亚洲金融危机之后，也逐渐把经营失败的非核心业务分离出去，重
新确立自己的核心竞争力，集中发展主营业务。戴尔公司是世界公认的
1990—1999 年 10 年间最杰出的公司，但也经历过偏离核心业务又重新回到
核心业务的过程。1993 年，戴尔决定从其核心的电脑直销业务扩张到非直
销的折扣零售商和批发业务，其后不久开始亏损。虽然零售计划在那时只占
戴尔所有业务的 10%，但却产生了巨大影响，业务规模的扩张损害了核心
业务，戴尔果断作出决策，撤销扩张计划，重回核心业务。① 另外，中国国
内的春都集团、德隆集团等企业也是多元化失败的典型案例，引起了国内理

---

① 参见克里斯·祖克、詹姆斯·艾伦：《回归核心》（第二版），第 40—41 页。

论界和企业界的反思。在"做大做强"仍然作为一种强势口号的今天,有不少学者、企业家已经开始反思多元化经营对企业业绩的影响,企业多元化站在了十字路口。

　　经济全球化的不断深入发展,使每个企业面对的环境、资源、能力处在动态变化中,对企业最优多元化水平提出了挑战。最优多元化水平假说是 C. C. 马基德斯于 1995 年提出来的。他认为,任何企业都存在一个最优的多元化水平,即企业多元化的边际成本(MC)与边际收益(MR)相等之处(如图 8—3 所示)。由图 8—3 可以看出,最优多元化水平位于 B 点,在 O 点和 B 点之间,边际收益大于边际成本,通过提高多元化水平能使企业利润增加,当多元化水平位于 B 点右侧时,边际成本大于边际收益,通过降低多元化水平能使企业利润增加。不同企业的最优多元化水平是不同的。对于同一个企业,当内外环境发生变化时,多元化水平应当做出相应的调整。比如,当企业核心技术能力不断增强,利用范围不断扩大时,MR 曲线将向右移动,企业的最优多元化水平会相应提高。外部环境不断改善,市场交易成本降低,企业通过多元化对剩余能力的内部转移获得的收益将减少,多元化的边际收益曲线将向左移动,最优多元化水平降低。尽管每个企业由于面对的环境、资源、多元化类型不同,最优多元化的水平也有差异,从理论上讲,每个企业都有自己多元化的最优水平(B 点)。

　　只有达到最优的多元化经营水平,企业才能取得最好的经营绩效,但马基德斯的最优多元化水平假说并没有通过中国上市公司的实证检验,且马基德斯并未能够提供一个测度企业最优多元化水平的一般方法。程勇、徐康宁(2006)选择沪深 143 家上市公司作为研究样本,对样本公司的多元化水平与经营绩效进行了相关性考察和统计分析,结果并不能证实企业存在所谓"最优多元化水平"。揭筱纹、宋宝莉(2007)认为,企业成长与发展的方向是打造企业核心能力基础上的适度多元化,随着改革开放政策的实行和市场经济体制的不断完善,中国企业已经开始自主参与市场竞争,受国际市场的影响,它们中很多也在进行着多元化扩张的努力。时至今日,那些从事多元化经营的企业虽然不乏成功者,但大多数却在多元化道路上走到了生命的尽头,其重要原因是没有打造好企业的核心能力,且多元化未能保持适度。受回归核心业务观念的影响,中国已有不少企业进行战略转型,着手打造核心业务的竞争能力并取得了一定成效。联想集团卖掉了互联网、IT 服务等非核心业务，收购 IBM 的 PC 业务以集中精力做好自己的主业。新希望集团不再追加在金融、房地产、天然气等领域的投资，专心构建以饲料主业为基础的农牧业产业链。首钢集团也宣布重新回归钢铁业，加大在钢铁业的投资，对其他产业的投资不再增加。许多以往过度多元化经营的企业在充分把握市场机会的前提下，以企业核心能力、合理规模以及价值创造等作为理论基础来重新思考企业经营战略，归核化已成为中国企业经营战略变化的"新"趋势。

8.2　企业战略的转型

8.2.1　企业归核化战略的再认识

20 世纪 60 年代随着美国第三次并购浪潮的兴起，多元化逐渐成为占主导地位的企业战略，并在 20 世纪 70 年代达到高峰。后来，由于许多企业多元化战略的失败以及经济形势、法律管制（如反垄断法）等方面的变化，80 年代进入企业战略的调整期，出现了"反混合并购"以及"反多元化"的浪潮，许多大型企业纷纷放弃多元化而采取收缩性战略，回归核心业务，即归核化。归核化战略自美国发端，逐渐发展到欧洲、东南亚以及拉美等地区的许多国家，已经成为全球最具特征性的公司战略。如瑞典的爱立信公司、伊莱克斯公司，英国的帝国化学工业公司、英美烟草公司，芬兰的里波拉公司，德国的通用电力公司，美国的 IBM 公司、谢林公司、格雷斯公司等纷纷采用各种手段清除、剥离非核心业务或业绩较差的业务，同时加强对核心业务的投入和管理，如图 8—4 所示。从美国 1992—2001 年剥离占全部并购的比例变动趋势来看，在 1993 年达到了最高点，剥离并购约占全部并购的 42％，随后该比例有所降低，到 1999 年又开始缓慢回升，2001 年剥离并购率又有了较快增长，说明美国企业在加速剥离一些非相关业务，加快归核化进程。从整体来看，1992—2001 年 10 年间，美国剥离并购率都在 25％以上，表明美国企业非常重视核心业务的加强或非核心业务的剥离。

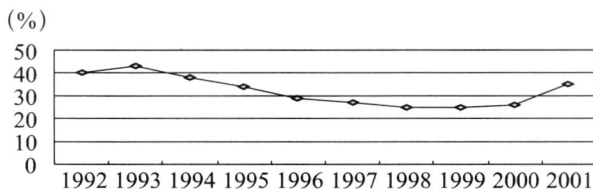

图 8—4   美国 1992—2001 年剥离占全部并购的比例

资料来源：美国各年度的 *Merger Statistics Review*。

1. 归核化的含义

归核化的英文是 refocusing，最初为摄影术语，是重新聚焦或再聚焦的意思，由英国学者 C. C. 马基德斯在其博士论文中首先提出，后经中国学者康荣平等翻译并确定为"归核化"。其含义是指公司通过降低业务活动范围来集中于核心业务。归核化战略主要是针对过度多元化企业提出的，中心含义是通过各种手段清除非核心业务，把资源集中起来加强或重构核心业务。归核化战略既可以是迫于某些业务经营不佳不得不进行剥离，也可以是企业根据自身发展需要主动把资源向核心业务集中以提高核心竞争力。

当然，归核化与经营单一业务的专业化不是一回事，多数企业在实施归核化战略之后仍然拥有多项核心业务，处于多元化经营状态，只不过归核化之后的多元化关联度更高，因而，可以把归核化看做一种围绕企业核心能力的适度多元化战略。此外，尽管不能把归核化等同于专业化，但也可以把专业化看做归核化的一种特例，比如，万科归核化后其核心业务只保留了房地产，而美国 AT&T 公司于 1995 年将竞争力较弱的个人电脑和通信设备生产分离出去之后，只保留了通信服务这一核心业务。

2. 过度多元化与归核化

企业在实施多元化战略的过程中，总是首先进入那些比较熟悉、相对比较容易进入的相关产业，以此获取范围经济以及各种协同效应。但是，随着企业多元化程度的加深，其业务会离主业越来越远，业务之间的相关性也越来越低，这时多元化的边际收益就可能是递减的，而多元化的成本（包括像信息、管理人员的培训以及组织、协调成本等）会随着多元化水平的提高而上升得越来越快，即多元化的边际成本是一个增函数。

从理论上说，企业的多元化存在最优水平，但是，在很多情况下，企业的经营实践会使得多元化超越最优水平，导致过度多元化。原因主要有两个方面：第一，代理问题。出于自身利益考虑，管理者往往并不以股东利益最大化作为行动的原则，通常会对多元化扩张有较强的偏好，特别是在现金流充足以及公司治理较差的情况下。因为多元化不仅能给他们带来更多的收入、权利甚至更大的名声，同时，多元化还减小了管理者在非多元化情况下个人财富变动的风险，增加了股东对其综合管理能力的依赖性。第二，经济环境的变化导致企业最优化水平下降。经济全球化以及日益增长的环境不确定性和波动性使多元化面临更大的风险，企业复杂的组织结构加剧了信息及管理成本的增长速度。随着资本市场规模越来越大，流动性越来越强，多元化企业内部资本市场的优势逐渐消减，产品市场竞争的加剧减少了多元化的固有收益。此外，反垄断政策的减弱也增强了企业在单业务范围内的扩张能力（Markides，1995）。

既然过度多元化是由于过度投资或者多元化最优化水平下降造成的，那么，就需要通过归核化进行调整。在存在代理问题的情况下，要想使管理者减小过度投资的程度，就必须通过各种措施来减少代理冲突的发生，如大股东的监督、机构积极主义以及产品市场竞争和控制权争夺等各种市场监督手段。对于经济环境变化导致的最优化水平下降，企业则可以通过业务剥离方式来回归最优多元化水平。

3. 多元化到归核化的战略优势

多元化是许多大型企业在成长扩张过程中采用的战略，像通用电气、杜邦、三星、夏普以及中国的海尔、长虹等都曾在不同时期将多元化作为主导战略。多元化的优势在于当外部市场不完善并导致高额的交易费用的时候，许多不能在市场上进行交易的重要声誉资源，如品牌、管理技能、顾客忠诚度等，可以通过多元化利用到其他产品或市场上，以此获取各种税收优惠、财务优势甚至快速成长优势。

多元化经营的一个重要理论基础是资产组合理论。该理论认为，不相关多元化的分散经营会起到风险分散作用，即"不要把鸡蛋放在一个篮子里"，从而有助于抵御非系统性风险，保证企业业绩的平稳增长。比如，一家企业同时经营家电和房地产业务，由于这两个产业不相关，在其中一个产业的市场需求（如家电）不好的时候，另一个产业的市场需求（如房地产）则可能很好或不受什么影响，整个企业的利润就由不同市场的盈亏相抵来保证，即保证"东方不亮西方亮"。

应该说，多元化战略有不少成功的案例，如美国的通用电气，但失败的案例更多，如美国的安然公司以及中国的轻骑集团等。尽管多元化经营可能会受益于范围经济、财务协同效应以及管理协同效应等优势，但这些优势并不一定会发生在所有多元化的公司中。很多案例表明，对那些采取了不相关多元化战略的公司来说，由于在新业务上的耗费过大，在核心业务上的竞争力受到削弱，从而造成企业整体的衰退乃至破产。因此，多元化失败的原因归结为一点，就是忽视对企业核心能力的培育与维护，而归核化就是以企业核心能力的培育、维护为基点，让那些在过度多元化道路上越走越远的企业回归核心业务，是对过度多元化的一种调整和修正。

多元化和归核化并无本质上的优劣之分。战略实施能否成功，要看企业拥有的核心资源（或能力）是否与之匹配，从根本上说，企业的核心资源是进行多元化与归核化的内在基础（程勇、黄建华，2009）。企业的核心资源以及企业所处的外部环境共同决定了多元化与归核化的边界和范围，也最终决定了企业实施多元化与归核化的战略成本。在外部环境一定时，企业的核心资源对多元化或归核化的决策和实施发挥着主导性的作用。任何偏离企业核心资源的多元化或归核化经营，都必将造成企业的重大战略性失误，从而削弱、侵蚀甚至丧失企业的竞争优势。当存在过剩的核心资源时，企业采用多元化战略进行业务的扩张是合适的；如果核心资源不足以支撑企业过长的业务战线，则通过剥离等方式进行战略的收缩、采用归核化战略就是适宜的。

8.2.2　核心业务与企业竞争力

核心业务是指在企业所有经营领域中具有核心能力并占据主导地位的业务，是企业的支柱。对一个企业而言，没有核心业务是不可想象的。哈佛商学院的波特教授（Porter，1987）认为，企业战略的基础就是选择好核心业务，而核心业务选择必须建立在对企业核心能力的准确识别之上。

1. 企业核心能力的识别

任何企业战略的目的都应是通过对企业核心能力的培育，提高企业的竞争优势和地位，从而实现企业价值的最大化以及长期稳定发展，这对于多元化和归核化战略来说也不例外。由于过度多元化和非相关多元化的企业往往忽视其核心能力，所以，企业可以在立足核心业务的基础上，通过收缩或扩张等归核方式，对过度多元化加以修正，从而培育和强化核心能力。

企业核心能力理论的代表人物是普拉哈拉德（Prahalad）和哈梅尔（Hamel），两人于 1990 年在《哈佛商业评论》上发表了《企业核心能力》一文[①]，认为核心能力是"组织中的积累性学识，特别是关于如何协调不同的生产技能和有机结合多种技术流派的学识"，也是企业获取长期竞争优势的源泉。作为企业的战略性资源，核心能力具有以下三个特性：第一，核心能力是企业以往积累性学习的结果，使企业具有进入多个市场的潜力，是企业未来长期利润的源泉；第二，核心能力能给顾客带来独特的价值创造或价值增加；第三，企业核心能力是独一无二的，不易被竞争对手复制和模仿。

可以说，企业所拥有的核心能力将决定企业未来的竞争优势及其发展方向，理所当然也是企业核心业务的基础。多元化和非相关多元化迫使企业不得不把资源分散到许多不相关的业务领域，限于资源与能力总量，无法满足对核心能力充足、持续的投入，势必会影响对企业核心能力（资源）的培育和提升。归核化战略恰恰是反其道而行之，是对过度多元化的纠正，因此，核心能力是否得到提升应成为判断归核化战略是否成功的重要标准。

目前，识别企业核心能力主要有三种方法（黄定轩、尤建新，2007）[②]：概念模型识别法、模糊评价或聚类技术识别法和层次分析法。概念模型的企业核心能力识别的主要特点是：首先提出一系列定性的企业核心能力识别步骤、方法及相关要点，然后根据这些方法或者步骤对某一个特定的企业进行个案研究。贾维丹（Javidan，1998）[③] 从实践的角度提出了企业核心能力识别时要讨论的八个问题：（1）在价值链中，企业在哪个方面做得最好？（2）这些知识、技巧是呈现在一个职能部门中，还是呈现在一个战略业务单元中或者是

---

① Prahalad，C. K.，G. Hamel. 1990. "The Core Competence of the Corporation," *Harvard Business Review*，68（3）：79—91.

② 参见黄定轩、尤建新：《企业核心能力识别综述》，《同济大学学报》（社会科学版）2007 年第 5 期，第 105—112 页。

③ Javidan，M.，1998. "Core Competence：What does it Mean in Practice?" *Lang Range Planning*，1：60—71.

跨企业存在的？（3）我们比其他的竞争者做得更好吗？（4）这些能力起作用吗？（5）公司的竞争优势是怎样持续的？（6）公司所在产业中将会发生的关键改变是什么？（7）如果产业中发生了关键改变，哪种竞争力或者技能将失效或者变得不相关？何种竞争力或者竞争优势将得到维持或者发展？我们如何来平衡现存的资源、技能或者能力？什么样的竞争力或者能力将得到发展？（8）企业从何处着手？管理层要将能力分析与企业战略规划过程全面联系起来。企业通过回答上述八个问题来确定企业核心能力的存在。基于模糊评价或聚类的企业核心能力技术识别法由国内研究者提出，其主要特征是：首先设计一套评价指标体系，确定各指标的权重，建立模糊评语集，然后运用模糊评价方法来对企业核心能力进行判断，不同模糊评价或聚类识别模型的区别在于选择的指标不同。比如，魏江、叶学锋（2001）提出了用模糊综合评价法对企业核心能力进行识别，把企业核心能力评价指标体系分为价值性、延展性、刚性、异质性及缄默性五个准则层共 11 个具体指标进行评价。[1] 层次分析法主要是建立各层面评价指标体系及各指标值的权重，比如，郭斌、蔡宁（2001）提出了企业核心能力审计指标体系与测度方法，在该指标体系中，企业核心能力由企业战略管理能力、企业核心制造能力、企业核心技术能力、企业组织与界面管理能力及企业营销能力五个维度共计115 个指标构成，每个评价维度又分别从存量审计、过程审计及绩效审计三个层次来进行企业核心能力评价，该方法是层次分析方法的一个变种。[2] 无论采取哪种核心能力识别方法，企业都要从价值链、技术以及顾客等不同的角度分别列出企业所拥有的关于技能、技术和能力的清单，依据核心能力的相关标准找出清单中哪些属于核心能力的构成要素，并且明确这些核心能力要素的拥有者，最后对核心能力的构成要素进行整合，识别出企业现有的核心能力。

　　2. 核心业务的确定与企业竞争力提升

　　多数持续发展的企业都是集中在为数不多然而高度集中的核心业务上。

---

　　① 　参见魏江、叶学锋：《基于模糊方法的核心能力识别和评价系统》，《科研管理》2001 年第 3 期，第 98—103 页。

　　② 　参见郭斌、蔡宁：《企业核心能力审计：指标体系与测度方法》，《系统工程理论与实践》2001 第 9 期，第 7—15 页。

《回归核心》一书的作者克里斯·祖克和詹姆斯·艾伦认为，大部分多元化企业应该缩小业务范围，把经营活动集中于创建少数的增长平台上，而拥有多种业务却业绩平平的企业，应该重组其业务组合，发展强大的核心业务。

核心业务需要从企业现有的若干个业务中去选择。基于企业拥有的核心能力考虑，选择核心业务时应该充分考虑以下因素：（1）选择核心业务应面向未来。核心业务是企业未来一段时期内的战略重点，在欧美等发达国家，企业的核心业务一般选择那些市场增长潜力巨大的业务。（2）核心业务是企业在现在或不久的将来可以形成竞争优势的业务，否则就不适宜作为核心业务，如 GE 公司"数一数二"原则充分说明了核心业务的这一特性。（3）核心业务可以根据现有业务的分布状况来选择。核心业务并不一定在份额上占优势，而是要与企业的核心能力相匹配。比如，全球知名企业星巴克近年来盲目照搬过去成功的扩张经验，放松了对新店选址的要求，在市场扩张中战线拉得太长，甚至出现了门店隔街相望的不合理现象，导致自家激烈竞争的局面，2008 年星巴克宣布回归核心业务，将经营重点重新回归到顾客的消费体验上来，重新与顾客建立情感纽带，重新赢得顾客与星巴克咖啡、品牌、人员和门店的紧密关系，为顾客提供超级消费体验，突出品牌特色。在原计划关闭 100 家门店的基础上，再关闭 500 家业绩不佳的门店。受此影响，公司裁员 1.2 万名，占全球员工总数的 7%。此外，星巴克还大幅削减了 2009 年新增门店计划，由 250 家调至不到 200 家。这标志着星巴克快速扩张时代的结束、归核化时代的到来。[①]

日本学者山下达哉和中村元一根据企业业务生命周期，提出了"本业战略"概念来动态确定企业核心业务，以提高企业竞争力：（1）本业强化，即针对处于成长期且在企业中的地位较高或是能使企业竞争力提高的非现有主业业务，进行重点投入；（2）本业维持，即针对那些处于成熟期且在企业中居于较高市场地位的业务，维持资源的投入；（3）本业收缩或撤退，即针对那些处于衰退期且市场地位低下的业务以及虽处于成长期但在企业中地位低下的业务，进行资源的撤退。

总之，企业核心业务确定准确了，才有助于企业最大限度优化配置内部

---

① 参见张介岭：《星巴克："回归核心业务，突出品牌特色"》，《经济日报》2008 年 7 月 30 日 12 版《国际财经》。

资源，较好地适应外部环境，在价值链优势最大的环节上做大做强，以此来维护、培育和发展企业竞争力。为此，需要充分了解企业最有可能盈利、市场前景最好的业务，充分展示企业家独有的战略能力，识别出企业最重要的产品和最重要的销售渠道，以提高核心业务带来的竞争优势。

8.2.3 归核化与企业成长

1. 企业成长的理论基础

企业成长的理论思想最早可以追溯到古典经济学的鼻祖亚当·斯密。他认为，专业化和分工协作所带来的报酬递增使企业的成长和扩张成为可能。后来，约翰·勒姆、阿尔弗雷德·马歇尔以及吉布雷特等分别从规模经济、市场结构、产业结构以及企业家理论等方面探讨了企业的成长问题。

现代企业成长理论的先驱者是彭罗斯及其企业资源成长理论。她认为，企业成长是一种纯内因成长，强调内部资源与管理对于企业成长的作用。后来，安索夫的战略成长论、德鲁克的经营成长论以及钱德勒的管理与技术成长论等都是比较有影响的企业成长理论，他们分别从企业成长战略的属性、企业成长的控制性因素——最高管理者及其创新管理、企业管理者的管理水平以及技术和市场的发展等方面探讨了企业的成长。

可以说，企业成长理论的发展是随着经济的发展以及市场的扩展与竞争而不断创新的，从亚当·斯密的"专业化"到彭罗斯、安索夫的"多元化"再到现在的归核化，无不反映出企业的成长就是根据自身的资源条件以及外部的各种限制因素而进行的一种战略选择。

可以说，企业成长既可能来自"外因"，如新兴市场的出现、原有市场规模的扩大；也可能来自"内因"，即企业内部资源的有效配置；或者既来自外因也来自内因。但是，不管企业选择什么样的成长战略，重要的是企业成长必须实现企业价值和利润的持续性增长，否则就会衰退或者被淘汰。

2. 多元化折价

美国企业史学家钱德勒认为，美国企业的成长经历了数量扩张、地区扩张、纵向一体化和多元化经营四个阶段的战略过程，而多元化经营战略伴随着彭罗斯、安索夫等人对多元化理论的研究与传播于 20 世纪 60 年代逐步被越来越多的企业付诸实践。应该说，多元化作为一种重要的企业战略，对处于成长期的企业来说是一条快速成长之路，却也是一条充满风险的道路，在实施过程中稍有不慎，就可能由成功转向失败。

根据资源基础理论，企业多元化的程度取决于拥有的资源量，而其成功率则与原有的业务专长有关。多元化企业虽然可以一定程度上获取战略资源的共享以及企业内部配置资源的低成本，但是，过度多元化或非相关多元化会带来同质性资源的不足（比如资金的紧张）以及企业核心资源——异质性资源的不匹配（产业知识的缺乏、管理模式的错位等），进而导致企业绩效的下降。研究表明，那些坚持把多元化经营限制在企业核心能力所能支撑的范围内的企业，其绩效和成长状况要显著好于其他企业，而非相关多元化的企业绩效较差（Rumelt，1974、1982；Berger and Ofek，1995；李敬，2002）。例如，20 世纪 80 年代埃克森石油公司涉足办公用品市场、可口可乐公司收购哥伦比亚图片公司等多元化扩张就是非常典型的失败案例，其共同点是企业核心资源不能支持非相关多元化业务的发展，忽视了企业业务专长与新扩张业务之间的相关性。

所以，多元化折价在很大程度上是由于企业内部资源配置失调造成的。由于每一个企业都存在与其成功密切相关的异质性核心资源，当多元化超过一定的规模范围之后，企业有限的资源就会被耗散，从而不能对这些核心资源进行维护、巩固乃至提高，造成企业的竞争力下降以及绩效下滑。

3. 归核化对企业成长的影响

受市场变化、信息不对称、代理问题以及有限理性等因素影响，企业在发展过程中极易造成过度多元化的局面，因此，相应地，实施归核化战略就是企业成长的一种必然要求。作为企业对前期盲目多元化发展的一种理性调整，归核化战略是对多元化战略片面追求企业"量的成长"模式的一种批判，在不否认企业多元化各种优势的同时，更为注意企业发展中的"量的成长"与"质的改善"之间的有机结合，能使企业有效地避免"成长的陷阱"。

在王海汀、齐捧虎（2005）构建的企业归核化"持续成长力层次结构"模型中，核心业务、核心能力、持续竞争优势和持续成长力的关系是：企业的持续成长力来自企业的竞争优势以及这种优势的持续性，即在特定的领域内能否持续为顾客提供超过竞争对手的价值，而持续的竞争优势来自企业的核心能力，在企业经营领域占主导地位的核心业务则是构成企业核心能力的基础。归核化是连接核心业务、核心能力、持续竞争优势和持续成长力的主线，通过归核化行为，以核心业务为基础，持续打造企业核心能力，培育企业持续竞争优势，最后获得企业持续成长力，如图8—5所示。

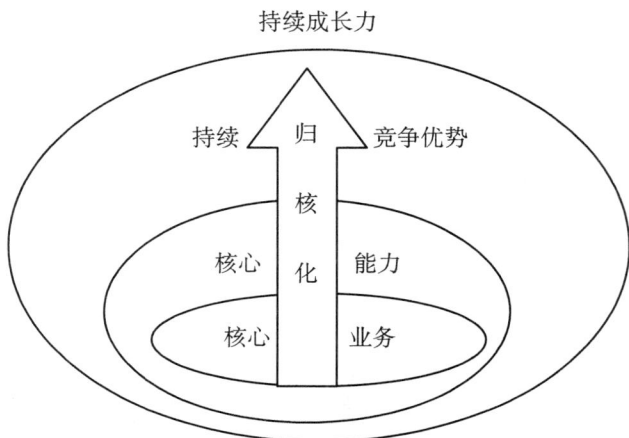

图8—5　持续成长力层次结构模型

资料来源：王海汀、齐捧虎：《归核化战略：企业获得持续成长力的路径选择》，载《大连理工大学学报》（社会科学版），2005（2）。

　　显而易见，归核化战略的核心问题就是通过各种手段清除非核心业务，同时围绕核心能力对核心业务进行加强或重构，从而缓解企业内部同质性资源的紧张状况以及退出异质性资源不匹配的业务，将资源集中在最具优势的价值链环节以及业务活动上，有助于企业竞争优势的建立以及持续的盈利增长。从动态角度讲，企业的核心业务、核心资源与能力会随着市场环境的改变而发生动态变化，洲际酒店集团（InterContinental Hotel Group）核心业务及核心资源能力的演变就具有典型意义。作为目前世界上最大的酒店集团，洲际酒店集团在全球100多个国家和地区拥有、管理、出租或托管3 700多家酒店，近60万个房间，有230多年的历史。从1777年到2010年洲际集团走出了一条从专业化到多元化再到单一业务的独特的发展路径。最初的母公司巴斯集团（Bass Group）成立于1777年，起源于英国的一家小酿酒厂，其核心业务是酿酒业。20世纪80年代，巴斯集团开始谋求在酒店业的扩张，通过收购将美国假日酒店公司（Holiday Inn）的假日品牌业务纳入旗下；1998年3月又以29亿美元的天价购得洲际酒店连锁集团。此后，巴斯集团将传统的酿酒业务彻底转让出去，成功实现了产业转型，其核心业务由酿酒业转化为饭店业、餐饮业和软饮料业等，同时也将企业的名称改为"六洲"（Six Continents）；2002 年 10 月六洲集团启动新的分拆计划，又将餐饮、零售业务分拆出去，并将公司改名为洲际酒店集团；2005 年 11 月洲际集团最终将软饮料业务通过资本市场全部剥离出去，从而成为一家经营单一酒店业务的企业。[①]

摩托罗拉也走了一条多元化迷途知返之路。[②] 在过去十多年里，摩托罗拉经历了一次次重挫，从技术巨子走到了人见人欺的地步。摩托罗拉是无线技术的先驱，但错过了模拟技术向数字技术转变的良机，拱手把市场老大的位置让给了诺基亚，全球市场占有率从 1995 年的 54％连年下滑，在 1999 年被诺基亚赶超后仍无法有效地遏制市场占有率的进一步滑坡。它在微处理器上一度与英特尔公司平起平坐，但如今已不得不退出。它在铱星项目上浪费了 10 多年的时间和 26 亿美元的资金，最终以破产告终。摩托罗拉的业务发展从修理家庭收音机电池消除器开始，演进到制造汽车收音机、家电、半导体、集成电路、移动通信和卫星系统等。半导体业务亏损分散了公司资源，使手机和无线基础设施等核心业务表现愈来愈差，总裁兼 CEO 高尔文于 2003 年辞职。同年，摩托罗拉被迫剥离半导体部门，又匆匆进入家电领域，随后 2004 年 10 月，摩托罗拉和唯冠在数字电视业务合作失败。直到 2006 年 4 月，摩托罗拉公司以 10 亿美元的价格将旗下的汽车电子商务部门出售给了德国大陆汽车公司，从此集中精力在无线和宽带通信领域，开始了归核化经营之路。

8.2.4　企业归核化趋势的实证分析

经济全球化条件下，企业归核化有助于培育企业核心能力，提高企业的持续成长性。一些多元化经营的跨国企业受经济全球化背景的影响和自身战略的调整，开始剥离一些与核心资源非相关的业务，或通过购并等方式强化企业核心业务。下面采取两种方法来判断中国企业归核化的程度：一是利用

---

① 　资料来源：洲际酒店集团官方网站，http://www.ichotelsgroup.com。

② 　参见刘雯、姬虹、张沈伟：《Motorola Samsung Nokia 策略比较》，http://www.51edu.com/guanli/bschool/case/2072504.html。

上市公司数据来考察业务范围的变化，判断公司业务范围是收缩还是扩大；二是考察中国工业企业主营业务收入的变化，总体上验证中国工业企业的归核化情况。

1. 上市公司业务范围的变化①

根据中国证券监督管理委员会（CSRC）行业分类，选取上海证券交易所电子行业（行业代码 C5）的 27 家上市公司中的 21 家作为样本，分析近 10 年来（2001—2010 年）21 家上市公司业务范围的变化情况，透过业务范围的收缩或扩大判断企业归核化的程度。

企业业务范围变化参照公司章程中"经营宗旨和范围"中的"经营范围"条款，21 家电子行业上市公司章程披露最早的是在 2001 年，最晚截至 2010 年。公司章程中尽管都明晰了其经营范围，但表述的方式有较大不同。比如，夏新电子股份有限公司 2006 年公司章程中包括 6 大业务范围，每一业务都用阿拉伯数字表示，此处将每一大块业务计作一种业务类型；还有一些公司章程中以分号为间隔来划分业务范围，比如武汉精伦电子股份有限公司在 2006 年 10 月份发布的公司章程中，业务范围就是通过分号来划分的，此处把类似"电子、通讯、计算机、光机电一体化技术的开发、研制、技术服务及咨询"这类描述定为一种业务类型；还有一些公司在业务范围表述中既没使用阿拉伯数字，也没用分号，而是用逗号并列出了其所有业务，比如四川长虹电器股份有限公司其 2006 年的业务范围就多达 24 种，上海广电信息产业股份有限公司有 17 种业务类型。无论是哪一种业务范围列举表述方式，此处遵循同一公司其前后测度标准统一的原则，以避免测度标准混乱带来的误差。

为了更好地反映业务范围变化的趋势，此处选取披露过两次及以上公司章程的企业作为样本，这样符合条件的上市公司共 21 家，如表 8—2 所示。由于各家上市公司章程的披露在时间上并没有统一要求，各上市公司章程披露时间比较零散，但可分为三个时段（点）：2001 年，2004—2006 年和 2008—2010 年，由于其中一些公司的上市时间在 2001 年以后，还有一些公司在 2004—2006 年间没有对公司章程进行披露，这样一些公司在某些年

---

① 资料来源：上海证券交易所市场数据，http://www.sse.com.cn/sseportal/webapp/datapresent/SSEQueryHangyeInfoAct? CSRCCODE=C5&submit0=Go。

表8—2 21家电子类上市公司业务范围变动情况表

股票代码	公司名称	上市时间（年）	经营范围（项）		
			2001年	2004—2006年	2008—2010年
600207	河南安彩	1999	4	3	2
600983	合肥荣事达三洋	2004		10	10
600478	湖南科力远新能源	2003		5	4
600460	杭州士兰微电子	2003		4	2
600584	江苏长电科技	2003		9	11
600363	江西联创光电科技	2001	4	5	5
600747	大连大显控股	1996	12	12	17
600360	吉林华微电子	2001	1		3
600355	精伦电子	2002		4	2
600261	浙江阳光集团	2000	2		2
600330	天通控股	2001	11	12	11
600083	广东博信投资控股	1997	9	16	1
600839	四川长虹电器	1994	15	24	32
600637	上海广电信息产业	1993	10	17	14
600171	上海贝岭	1998	6	7	4
600707	彩虹显示器件	1996	9	3	3
600060	青岛海信电器	1997	7	18	6
600777	烟台新潮实业	1996	7	7	7
600203	福建福日电子	1999	4	6	8
600870	厦门华侨电子	1995	6	9	9
600057	夏新电子	1997	10	6	6

度业务范围会有缺项，拟采取两种方法解决这一问题：一是选取这21家公司作为样本，分别计算各公司在相关年度业务范围的平均值（若某一年度有缺失项，则在该年度剔除）；二是剔除各年度有缺失项的7家公司，计算资料完全的14家公司在各年度的业务范围均值，如图8—6所示。从图8—6可以看出，电子类上市公司无论是按照信息不完全的21家来统计，还是按照信息完全的14家来统计，其基本业务范围变化趋势是一致的，即从2001年到2006年之间企业业务范围呈扩张趋势，2006年以后企业业务范围则呈收缩趋势，即出现了企业归核化趋势，其中2004—2006年区间是企业业务

范围变化的拐点。从两条变化曲线来看，信息不完全的21家上市公司业务范围均值要比信息完全的14家上市公司的小，但变化幅度不大，其范围在11％—18％之间。①

(%)

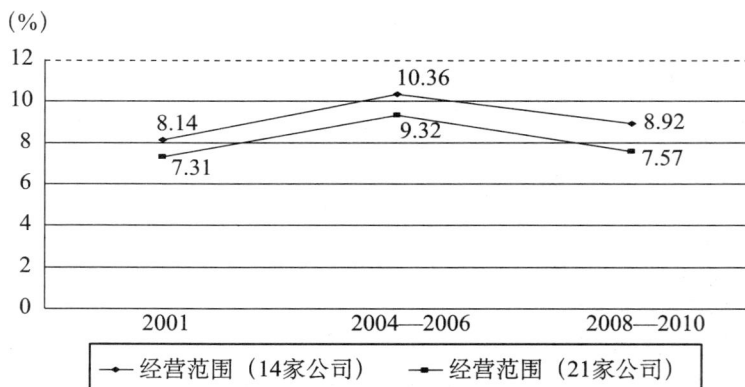

图8—6　电子类上市公司业务范围变化趋势

2. 企业主营业务收入的变化

以中国国家统计局数据库的相关数据为依据，考察中国工业企业主营业务收入的变化，从总体上验证中国工业企业的归核化情况。选取工业企业的主营业务收入和工业总产值两个主要指标，通过测量主营业务收入占工业总产值的比率来判断中国工业企业归核化程度。主营业务收入占工业总产值的比率提高，表明企业主业收入增加，其他业务收入下降，将此理解为企业归核化。显然，这种理解或判断是有误差的。

选取中国国有及国有控股企业2000—2007年②主营业务收入和工业总产值数据（如表8—3所示），根据二者的比率绘制中国国有及国有控股企业主营业务收入与工业总产值比率图（如图8—7所示）。从图8—7可以看出，该比率在2003—2004年之间有一个明显的拐点，但2000—2003年之间和2004—2007年之间的比率整体是稳步上升的，即归核化趋势明显。至于2003—2004年之间为什么有这么明显的拐点，可以追溯到2003年的

---

① 根据信息不完全的21家上市公司和信息完全的14家上市公司业务范围均值变化来测算。

② 中国国有及国有控股企业有2008年主营业务收入的数据，但工业总产值的数据缺失，故选择2000—2007年数据。

国内和国际背景来考察。2003 年中国及世界一些国家发生了严重的"非典"疫情，使企业经营环境面临严峻挑战，一些企业担心"将所有鸡蛋放在一个篮子里"的风险，适度扩大业务范围，致使 2003—2004 年中国国有及国有控股企业主营业务收入与工业总产值比率明显下降，企业归核化程度也明显下降，然而，到了 2004 年，随着"非典"疫情逐步得到控制，"非典"给企业带来的影响逐步减弱，中国国有及国有控股企业已开始了回归核心业务的努力，其主营业务收入与工业总产值的比率又开始稳步提升，呈现一定的归核化趋势。

表 8—3　　　　　　　　中国国有及国有控股企业主营业务收入与工业总产值　　　　　单位：亿元

年份	2000	2001	2002	2003	2004	2005	2006	2007	2008
主营业务收入	42 203	44 443	47 844	58 027	71 430	85 574	101 404	122 617	147 507
工业总产值	40 554	42 408	45 167	53 407	70 228.99	83 749	98 910	119 685	—

资料来源：国家统计局数据库年度数据，http：//219.235.129.58/indicatorYearQuery.do。

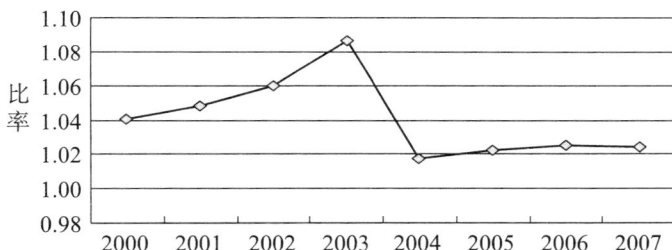

图 8—7　中国国有及国有控股企业主营业务收入与工业总产值比率

总之，尽管由于数据可获得性所限，一些年度的数据缺失，不能展开各种类型企业归核化趋势的更细致的分析，仅从上海证券交易所电子类上市公司业务范围变化趋势和中国国有及国有控股企业主营业务收入与工业总产值比率来看，自 2006 年以来，中国电子类上市公司和国有及国有控股工业企业整体上呈现一定的归核化趋势。可以说，伴随着经济全球化的发展，不仅国外一些跨国公司积极回归核心业务，中国企业也呈现归核化趋势。面对这种新的趋势，对于已经实施归核化的企业和准备实施归核化的企业来讲，都需要认真思考适合自身的归核化途径。

8.3　企业归核化的途径

企业过度多元化出现的偏差是归核化战略实施的基础。在实践中，企业可以根据自身的（核心）资源（能力）水平，对过度多元化中的非核心业务或有损企业价值的部分进行清除或剥离，进行"收缩"归核；同时将处理非核心业务得到的资源转移到核心业务上，对核心业务进行强化、重构和整合，进行"扩张"归核。

作为归核化的两条基本途径，收缩归核和扩张归核都是为了提高企业的核心能力以及企业价值的增长，二者并不是对立的，而是互相补充。除了单独使用外，二者还可以结合使用。另外，在具体实施的过程中，采取收缩归核还是扩张归核要视企业不同的生命周期、业务范围与核心资源匹配程度等因素而定。杰曼（Germain，2001）认为，归核化战略可通过收缩和扩张两个途径实施，目的是为了获得更优质的财务资源。他特别强调扩张归核的两种手段：核心业务的加强和业务更新，通过新资源的整合和创新来开拓与探索核心业务，通过业务外包、合资等方式来进行业务更新，以实现扩张归核的动态效率。归核化战略在缩减业务范围的同时，必然涉及对核心业务的整合和加强，最终才能使企业的竞争力得到提升。因此，可以把归核化看成是企业剥离非核心业务与整合核心业务紧密联系的动态过程，如图8—8所示。

8.3.1　基于非核心业务收缩的企业归核化

收缩归核的实质是对非核心业务的剥离与缩减，是归核化战略的主要实施途径，包括公司层面的收缩和业务层面的收缩，大多是企业根据市场情况与自身经营绩效自发进行的，公司层面的收缩有剥离、分立、股权切离等实现方式，业务层面的收缩主要是外包方式。对于中国一些大型国有企业而言，其收缩归核也包括政府强制性的非核心业务收缩。

1. 公司层面的收缩：以剥离、分立、股权切离等方式为主

剥离是将企业所拥有的资产、产品线、子公司或部门出售给第三方，从而降低企业非相关多元化的程度，做到主业清晰，消除负协同效应，为主业的强化、扩张以及企业的运营提供充足的资金和资源。作为最早产生的一种

归核化战略

收缩　　　　　　　　　扩张

财务资源

非核心业务的剥离：资产出售、分割等　　　核心业务的加强　　业务更新

核心业务内的开拓、探索的权衡

静态效率

在新的地理区域兼并收购　　　动态效率

新资源的整合、创新等　　　整合新业务的方法：业务外包、合资等

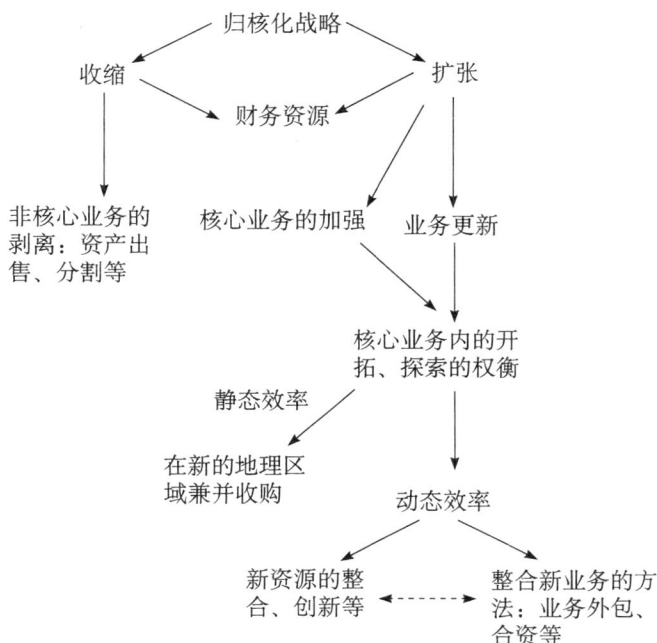

图 8—8　归核化战略实施的途径

资料来源：Germain，O.，2001. *Strategic Refocusing of Large Firms on Core Businesses：A Process Approach*. Business Administration Institute，University of Lower-Normandy.

企业收缩业务的方式，剥离是 20 世纪八九十年代归核化浪潮中使用最多的收缩方式，如克莱斯勒于 1990 年剥离 Gulfstream 航空公司、柯达公司 1994 年剥离 Sterling 药业、松下电器 1995 年出售以音乐唱片为主业的 MCA 公司等。在中国企业的实践中，比较典型的有 2001 年华为剥离华为电气案例。华为电气最初承担着在 A 股上市的重担，但由于各种原因，1996 年华为电气在 A 股上市目标流产。1999 年，国内电讯器材供应商之间的竞争日益激烈，华为掌门人任正非决定转让或剥离所有与核心业务、主流设备不相干的产品线，把主要精力从非核心业务抽出来，进行归核化经营，以集中所有资源能力与对手竞争。此时，华为电气成为被剥离的首选，主要原因有三：第一，华为电气是以电力电子及其相关控制技术为基础的，与华为的核心业务发展方向不同，为了华为的长远发展，应该把华为电气卖出去；第二，对华为电气而言，自成立以来一直是中国在这一领域的领头羊，市场占有率较

高，其中电源占 40％，监控设备占 50％—60％，要想得到更大的发展，必须跨越领域，而华为在一定程度上限制了华为电气的进一步发展；第三，华为不是上市公司，不能通过证券市场获得融资，所以，在坚守核心业务的前提下，将从事非核心业务且运作良好的华为电气剥离可以融来资金。经过几个月的股权调整，华为公司在 2000 年 4 月将华为电气更名为"深圳安圣电气有限公司"，将其正式从华为的一个事业部转变为一个独立核算的公司，为出售安圣电气作了铺垫。同时，华为公司领导层制定了一个详细的出售方案，列出了执行该方案的职责和时间表。2001 年 5 月 24 日，艾默生电器有限公司正式以 7.5 亿美元收购安圣电气 100％股权，并承诺收购后将进一步加强安圣电气对中国客户的服务支持、技术支持和产品支持，承担安圣电气既有债权债务，华为成功地实现了非核心业务的剥离。①

分立是指从法律和组织上将业务部门分离出母体，成为新公司。分立可以消除负面协同效应，分立的业务部门往往都是对企业的整体战略目标不重要，或者这些业务与企业整体发展不匹配，这时就会产生所谓"负协同效应"，即这时如果按照业务特点将企业划分成两个或更多的不同的独立实体，配备不同类型的管理人员进行经营，可能会营造出更好的管理环境，减少甚至消除因管理原因而造成的低效率运作。另外，分立还可以起到改善激励机制、缓解代理冲突从而降低代理成本的作用。

股权切离是指在母公司之外设立一家新公司，同时把母公司资产的一部分转移到新公司去，然后母公司再将新公司的一部分股权对外出售。股权切离的做法介于资产剥离和纯粹的分立之间，不仅可以使公司收缩范围回归主业，而且还可以开辟新的融资渠道，获取资本溢价。

2. 企业业务层面的收缩：以业务外包方式为主

业务外包是将非核心业务转由外部专业企业按照合同要求来完成，企业只在具有比较优势的环节上发展自己的核心能力。与公司层面的收缩不同的是，业务外包可与其他方式同时使用，即企业在剥离或分立的同时，还可采用业务外包将非核心业务进一步收缩。中国是服务外包发展最快的国家之一，2007 年中国的软件出口与服务外包达到了 102.4 亿美元，增长 69％，

---

① 参见张利华：《华为研发》，机械工业出版社 2009 年版，第 108—110 页。

占软件与信息服务业的 12.46%（杨波、尹国鹏，2009）。业务外包不仅可以节省企业的经营管理成本，提高经营效率，还可以通过价值链的有效整合对企业业务流程进行再造，把经营重点放在价值链最具优势的环节上。这种归核化方式适用于该业务领域对于企业的整体战略有一定的影响，但是企业自身资源能力有限，难以形成强有力的竞争力水平。通过业务外包建立长期稳定的合作关系，既保证了该领域对整体战略的配合，又提升了生产效率。

3. 由于政府规制的收缩归核

中国政府为了维护市场公平竞争秩序，加强对国有大型企业的监管，提高国有大型企业的资金使用效率，会强制某些性质的企业退出其非核心业务，这种政府规制有些是企业愿意接受的，但很多情况下是企业不情愿接受的，属于非自发性的收缩归核。比如，2010 年 3 月初中国国资委下发非地产主业央企"劝退令"，涉及 78 家央企。3 月 18 日中国航天科工集团公司已经将其旗下三级子公司北京金中都置业有限公司 80% 股权挂出，3 月 19 日中国核工业集团公司挂牌转让下属的北京新润房地产开发有限公司 8% 股权。除了上述两家有实际行动的央企以外，多数央企目前还没有实际行动，但明确了退出时间，如中远集团总裁魏家福在 2010 年 3 月 19 日表示，集团下属二级子公司中远香港集团在半年内退出其间接持有的远洋地产约 8% 的股权。对于股权关系相对简单的央企来说，退出房地产业务还是比较容易的，比如通过产权交易所进行股权转让。值得注意的是，一些非地产主业央企旗下的房地产业务已经上市，要退出还需要充分考虑到股东的权益，因此如何制订具体实施方案还需要仔细斟酌。[①]

8.3.2　基于核心业务扩张的企业归核化

扩张归核既包括基于企业核心业务的内部扩张，如增加核心业务的投资、扩大生产规模等，也包括通过同业并购等方式对相关业务展开的外部扩张。不管是内部扩张还是外部扩张，目的都是集中各种资源发展核心业务，把核心业务做大、做强、做精、做深，从而建立企业在核心业务市场上的持续竞争优势。具体说来，扩张归核化战略包括加强内部开发能力、外部并购

---

① 《扬子晚报》2010 年 3 月 28 日。

及建立战略联盟等方式。

1. 加强内部开发能力

企业的核心能力和资源会随着时间而改变，几年前的企业核心技术现在可能就是一般的技术，所以，企业内部的自主开发能力是对核心业务支援最主要的方面。通过加强企业内部技术、市场等开发能力，可以大大提升核心业务的市场竞争力，保持领先地位，这突出表现在市场领先型企业的核心业务绝大多数都是由内部发展起来的。比如，摩托罗拉作为无线通信业的领先者，1979 年其销售额、年营业利润以及市值分别为 27 亿美元、1.54 亿美元和 16 亿美元，到 1995 年这三项分别增长了 10 倍、12 倍和 23 倍，创造了企业快速成长的神话，这主要得益于对无线工程与技术的深入了解以及不断的技术创新，使其在无线设计领域一直保持领先，并成为摩托罗拉几十年来发展的支柱。①

2. 外部并购

企业通过外部并购的方式获取资源强化和支援核心业务，其实质是将其他企业的资源内部化。如 AT&T 公司在 1995 年实施收缩归核战略，专营通信服务业务后，又于 1998 年成功收购 TCI 公司，进入地区电话通信服务市场，实现在自身核心能力基础上的业务扩张，提高了技术应用的规模经济水平。联想花 12.5 亿美元收购 IBM 公司的 PC 业务，旨在增强其在 PC 业务市场上的能力，提高其地位。

3. 建立战略联盟

通过建立战略联盟，不仅可以实现企业间的资源共享，还可以借助联盟认识、消化、获得并利用联盟伙伴企业所开发的技能和知识，加速自身核心业务的成长。比如百事可乐公司通过与一些全球知名品牌企业建立伙伴关系，不断扩大自己的业务能力，在 1992 年百事可乐公司与 Thomas J. Lipton

---

① 近年来，摩托罗拉的发展受到了严峻的挑战。以中国市场为例，作为摩托罗拉最为倚重的市场之一，自 1987 年进入中国以来，摩托罗拉在中国投资总额已达 35 亿美元，是中国最大的外商投资企业之一，有着强大的品牌信誉度和丰富的市场经验。摩托罗拉一度在中国市场笑傲江湖，曾几何时，摩托罗拉几乎成了手机的代名词。但是，与在全球市场的竞争情况类似，摩托罗拉在中国的手机市场份额也在 2003 年 8 月被竞争对手诺基亚超过，之后诺基亚继续得益于中低端手机强劲的需求及其渠道模式的成功，市场份额节节攀升，不断拉大与竞争对手的差距，而摩托罗拉在过去几年则起色甚微，勉强维持中国市场第二的位置。

结成战略联盟关系，在北美市场生产即饮茶饮料品牌——立顿（Lipton）茶，并于 2003 年将这一北美市场最大、最成功的即饮茶合作关系推向全球，百事可乐公司与星巴克咖啡公司合作推出的小包装咖啡饮料也深受广大消费者的欢迎。

8.4　归核化战略的案例分析[①]

1894 年，在美国北卡罗来纳州伯恩市，药剂师科尔贝·布莱德汉姆（Caleb Bradham）在配制有助于消化的药剂时，意外地发现其中一种口味深受顾客喜爱。他由此得到启发，进而试制了一种碳酸饮料，取名为"布莱德（Brad）饮料"。1898 年，布莱德汉姆将其易名为"百事可乐"（Pepsi-Co-la）。1902 年，布莱德汉姆创建了百事可乐公司。1965 年与休闲食品巨头弗瑞托雷（Frito-lay）合并，正式更名为百事公司，从此将休闲食品业务纳入公司核心业务。

8.4.1　百事公司的多元化战略

百事公司的多元化战略始于 20 世纪 60 年代。公司面对当时的内外情况，试图打破单一的业务种类，迅速发展其他产业的业务，使公司成为多元化经营的企业。从 1977 年开始，百事进军快餐业，先收购了必胜客（Pizza Hut），第二年又收购了塔克贝尔（Taco Bell），随后公司开始经营餐馆业务，拉开了多元化经营的序幕，1986 年百事公司又买下了肯德基食品公司（KFC）。

肯德基、必胜客和塔克贝尔在被百事兼并前，都只是一些忽冷忽热的餐馆，仅仅在自己狭小的市场内略有优势。被百事公司兼并后，百事立即提出：目标和对手"不应再是城里另一家炸鸡店、馅饼店，而应是伟大的麦当劳"！于是，百事公司在快餐业上向强手发起了挑战。

从 20 世纪 80 年代起，恩瑞克作为百事的决策者而闻名。在 20 世纪 80

---

① 资料来源：Olsen，Michael D.，Eliza Ching-Yick Tse，Joseph J. West：《饭店与旅游服务业战略管理》，南开大学出版社和约翰·威利父子公司联合出版 2004 年版，第 80—84 页；百事可乐公司官方网站。

年代，他通过重新改组瓶装系统，并聘请迈克尔·杰克逊和麦当娜等超级明星为百事公司产品做促销，使公司的软饮料业务重新焕发勃勃生机。1990年，恩瑞克开始转向经营百事的咸味小吃业务，弗里托雷已经成为在美国本土以外最大的小吃食品制造商，在40个国家经营着业务。到1994年前，百事餐馆业务运营也非常好，百事公司多元化战略取得了初步成功。由于协同效应使成本大大降低，利润猛增，百事的快餐业已经能够与麦当劳抗衡。通过发展快餐业务提高了百事饮料的零售市场控制力，带动了百事公司饮料的销售，使整个公司收入大幅度提高。在多元化经营理念下，百事公司形成了八大组成部分：百事可乐北美公司、百事可乐国际公司、弗里托雷公司、百事可乐食品国际公司、必胜客比萨饼世界公司、塔克贝尔世界公司、肯德基炸鸡公司和百事可乐食品系统世界公司，其中百事可乐北美公司和百事可乐国际公司主要经营百事饮料业务，必胜客比萨饼世界公司、塔克贝尔世界公司和肯德基炸鸡公司主要经营百事餐饮业务，弗里托雷公司、百事可乐食品国际公司和百事可乐食品系统世界公司主要经营百事咸味零食业务。

　　然而，到1994年，百事餐饮第一次出现了利润下降，到1995年百事公司三大主营业务结构发生了一些不尽如人意的变化（如图8—9所示）：百事餐饮业务的销售额总计113亿美元，占百事总销售额的37%；软饮料业务创

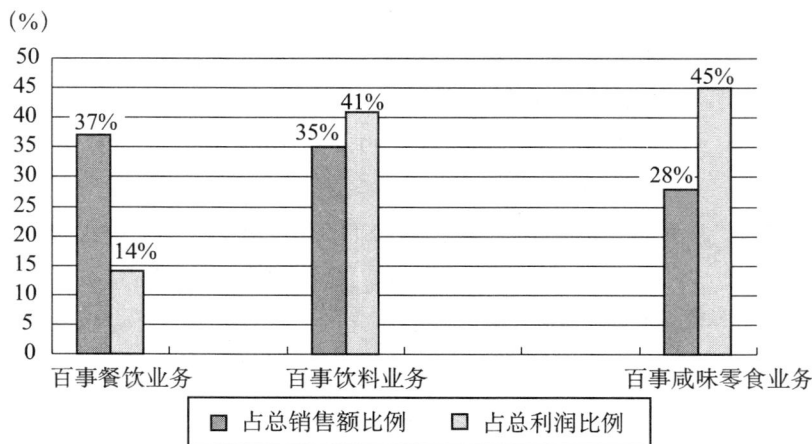

图8—9　1995年百事公司三大业务销售额与利润额对比

资料来源：Olsen，Michael D.，Eliza Ching-Yick Tse，Joseph J. West：《饭店与旅游服务业战略管理》，82页，南开大学出版社、约翰·威利父子公司联合出版，2004。

造了 105 亿美元的销售额，占销售额的 35％；咸味食品业务销售额为 85 亿美元，占 28％。但是，在利润方面，餐饮只占总利润的 14％，而饮料占 41％，咸味食品占 45％。由于百事餐饮业务利润率明显下降，百事公司的多元化战略也面临着新的挑战，具体表现在如下四个方面：

第一，资金分配不平衡。百事餐饮业务在经营上需要大量资金投入、固定资产投资和广告宣传。据统计，1994 年百事餐饮业务占用资金量达到整个集团的 48％，这还不包括由餐饮业务发展的快餐食品加工业，导致百事饮料主业资金投入不足。同百事公司的老对手可口可乐相比，可口可乐全力投入饮料业，对世界各地的瓶装厂进行参股或控股，或是以契约联结的方式与实力强大的瓶装厂结成战略联盟，在零售方面建立了规模庞大的自动售卖机系统，与重要零售商结为战略联盟，如麦当劳、迪士尼等，并购软饮料和酒精饮料企业。

第二，竞争压力增加。百事进军快餐业是为了借助快餐业广泛的营销网络来促进饮料的销售，从而提高核心产品的市场竞争力，同时借助饮料核心业务所提供的资金发展关联产业，但这也使百事在多个领域同时面对的竞争压力增加。20 世纪 80 年代末期，可口可乐发动了极富侵略性的广告运动，劝说餐馆经营者拒绝购买百事公司饮料产品，此举使百事 1991 年失去了汉堡王公司和温迪公司的饮料业务，却间接帮助了百事最强大的餐馆业务竞争者——麦当劳。

第三，核心能力受损。百事餐饮业务的迅速膨胀使百事集团的业务结构发生了根本性改变，原来的核心业务——饮料业务只占总业务量的 35％，饮料业务核心能力随着餐饮业务的不断扩大和被重视而不断削弱，从而使软饮料这一核心业务受损。与百事的多元化战略相比，可口可乐并购的业务与企业主业关联度更紧密，可共享的资源与活动较为广泛，资源使用比较集中，而百事并购餐饮业务的劣势愈加明显，进一步加剧了百事高层对餐饮业务发展的担忧。

第四，经营管理能力欠缺。百事餐饮业务和饮料业虽然关联性很高，但经营特点和管理方式却有很大的不同，百事集团领导者的管理能力有一定局限性，由于同时存在多个高度自治的业务部门，使总部缺乏快速有效的反应能力，在一定程度上影响到百事公司的发展。百事的传统优势在于引进和促销新产品的能力，由于百事所收购的餐饮业务的不动产日益老化，餐饮业务的运营也不符合百事充满活力的营销和广告风格，使百事集团这一优势不能继续推动餐饮业务的可持续增长。另外，特许经营业务的运行也不是百事集团的特长，在餐饮业务目标顾客识别和管理方面也让百事显得力不从心。

8.4.2 百事公司的归核化战略

基于百事公司多元化面临的诸多挑战，随着竞争的日益升温，作为市场挑战者的百事公司必须将对自己核心业务不产生价值的东西抛弃。1996年百事认识到了多元化经营的弊端，为了更好地发挥产品结构优势，做出了重大战略调整。1997年1月23日恩瑞克宣布重组计划，将肯德基、必胜客、塔克贝尔餐饮业务分离出去，使之成为一家独立的上市公司——百胜全球公司（Tricon Global，现公司名为Yum!），而百事公司集中力量开发经营百事饮料业务和百事咸味零食业务，百事八个业务部门剩下五个，初步实现了归核化。

百事公司归核化战略不仅仅包括非核心业务的剥离，还涉及核心业务的扩张。1998年百事公司以33亿美元全盘收购世界著名的100%果汁生产商纯品康纳饮料有限公司，2001年百事公司完成了对纯品康纳在中国的业务整合，开始在广东惠州生产纯品康纳鲜榨果汁和都乐100%系列鲜榨果汁。2001年8月，百事又斥资130亿美元并购了桂格公司，同时把桂格旗下佳得乐（Gatorade）品牌收入囊中，后者在美国运动饮料市场拥有绝对份额。通过这一系列饮料业务的并购，百事公司非碳酸饮料的市场份额一下跃升至25%，是当时可口可乐公司同领域的1.5倍。

百事公司的归核化战略取得了丰硕的成果。2005年12月12日，纽约证交所的电子屏幕上的数字显示，百事公司市值首次上扬至984亿美元，雄踞纽约证交所食品业龙头位置，而可口可乐市值却下挫至979亿美元，虽然仅仅相差5亿美元，但这是自1919年可口可乐上市以来，百事公司股票市值首次超越可口可乐。如今的百事公司已成为全球最大的食品和饮料企业之一，被公认为世界上最成功的消费品公司之一。在2008年公布的《财富》世界500强名单中，百事公司营业收入394.74亿美元，利润56.58亿美元，名列第 184 位①，而可口可乐营业收入为 288.57 亿美元，利润为 59.81 亿美元，排在了百事公司后面，位列第 275 位。百事公司同时被评为全美最受赞赏公司的第 19 名和全球最受赞赏的 10 家企业之一，也超越了可口可乐公司。归核化战略无疑为百事公司的成功作出了不可磨灭的贡献。②

从百事公司发展历程看，归核化对百事公司具有重要意义。第一，提高了资产的流动性，降低了企业运营的风险，增加了企业的收益。提高资产的流动性，目的是适应环境快速变化的需要，不仅提高了企业整体的运作效率，而且可以激发独立业务单元资产的潜力。甩掉劣势资产，剥离流动性差、回报率低的餐馆业务部门，以避免可能的对整个公司利润增长的影响。第二，百事公司要集中精力发展核心业务，就必须将非核心业务比例降下来，避免资源的低效使用或过于分散。通过剥离餐馆业务，有利于百事公司内部资源的合理配置，将稀缺的资源用于能够带来最大现金流的核心业务。通过业务剥离，将企业分解为几个独立的部分，可以使百事公司的关注范围缩小到利润最高的软饮料和零食业务上，集中精力培育百事的核心竞争力。第三，非核心业务的剥离创造出全球最大的餐饮公司——百胜，而百胜已成为百事公司产品稳定的销售渠道，获得了 2－1＞1 的协同效应。

8.5　小结

本章分析了经济全球化条件下企业战略的新选择——归核化。经济全球化条件下，理论界和实业界开始对企业多元化战略进行反思，对企业过度多元化的质疑声越来越大，归核化成为企业战略的一种新选择。"归核化"强调将业务更多地集中到资源和能力具有竞争优势的领域，有助于强化市场竞争地位。

主要结论有：

第一，在回答专业化战略好还是多元化战略好的问题上，隐形冠军公司成长和 20 世纪 90 年代以来一些跨国公司的实践是最好的回答。专业化是多

---

①　2009 年百事公司名列第 175 位（可口可乐公司名列第 259 位）；2010 年名列第 137 位（可口可乐公司名列第 255 位）。

②　资料来源：http://money.cnn.com/magazines/fortune/global500/2008/full_list/index.html。

元化的基础，因为多元化的每一个"元"都是专业化，如果专业化的基本功不扎实，多元化战略肯定搞不好。

第二，随着经济全球化的不断深入发展，FDI已成为资本跨国流动的主要方式，全球交易成本下降，企业规模扩大，发展中国家企业对先进技术模仿的机会增加，可获取技术溢出效应。对发展中国家企业而言，其所面临的发展环境的不确定性显著增大，企业要能在大浪淘沙中生存和发展，就需要专注做好一件或少数几件核心业务，苦练内功，以提升企业竞争力，而不能涉及过多业务，步入过度多元化的陷阱。

第三，企业要想获得持续成长，必须清晰核心业务、核心能力和持续竞争优势之间的关系，而归核化恰恰是整合这些要素的基础和主线。

第四，企业过度多元化出现的偏差是归核化战略得以实施的基础。在实践中，企业可以根据自身的（核心）资源（能力）水平，对过度多元化中的非核心业务或有损企业价值的部分进行清除或剥离，进行"收缩"归核；同时将处理非核心业务所得到的资源转移到核心业务上，对核心业务进行强化、重构和整合，进行"扩张"归核。

第五，来自中国部分电子类上市公司、国有及国有控股工业企业的实证检验和百事公司由多元化回归核心的案例都表明，归核化是经济全球化条件下企业战略的新选择，是经济全球化条件下企业战略发展的新趋势。

第 9 章

经济全球化条件下的外包

经济全球化条件下外包已经成为一种新的全球生产组织方式，生产组织方式的变革必然使市场结构与企业行为发生变化，最终影响市场绩效。本章从以下四个方面对经济全球化条件下外包的发展趋势及其影响进行分析：首先，分析外包发展的趋势及其影响因素；其次，分析外包对进入壁垒、集中度和企业边界的影响；再次，分析外包引起的企业行为的变化；最后，分析外包对产业资源配置、产业技术进步和消费者福利的影响。

9.1 外包的发展趋势[①]

从 20 世纪后半叶开始，一些企业出于降低成本、提高效率的需要，开始把产品设计、中间投入品制造和部分支持性服务流程交由外部企业完成，外包作为一种新的生产组织方式初见端倪。随着经济全球化的深入和信息技术的进步，外包在全球范围内得到前所未有的发展，2003 年全球外包市场规模已达到 5.1 万亿美元，预计到 2010 年全球外包市场规模将达到 20 万亿美元（杨丹辉、贾伟，2008）。全球范围内外包的迅速发展同样体现在业务活动内容和业务地域范围的变化上，外包业务活动内容逐步由制造领域向服务领域延伸[②]；

---

① 此节内容已经作为阶段性成果发表，参见陈庆江、杨蕙馨：《经济全球化条件下离岸制造外包的发展趋势和产业间差异》，《南方经济》2011 年第 4 期，第 65—74、29 页。该文被中国人民大学《国际贸易研究》2011 年第 8 期全文转载。

② 根据交易对象的经济属性，可以将外包分为制造外包与服务外包。如果外包转移和交易对象属于制造加工零部件、中间品工序活动，或以中间产品、半成品、最终产品的某种组装或总装为对象的活动，则属于制造外包；如果外包转移对象是特定服务活动或流程，则属于服务外包（卢锋，2007）。

外包业务涉及的地域范围也由一个国家或地区内部扩展至全球，外包的离岸化发展趋势日趋明显。[①] 外包对全球范围内企业之间的分工和协作关系产生了深远影响，已经成为一种新的全球生产组织方式。在《世界是平的》这本描绘全球化全景图的书中，作者列举的推平世界的十大力量中第五种力量就是外包，第六种力量则是与外包紧密联系的离岸经营。

外包实践推动着理论研究的深化，研究人员从不同的角度对外包的内涵进行了阐释，其中最有影响的解释分别来自交易费用理论和产品内分工理论。格罗斯曼和赫尔普曼（Grossman and Helpman，2005）指出，外包意味着找到一个能够与之建立起双边关系的伙伴，并使这个伙伴作出关系专用性投资，以生产出能够适应公司特殊需要的产品和服务，通常情况下这是一种不完全契约治理下的活动。从这个定义看，外包的本质是为节约交易成本而建立的与一定的资产专用性相适应的混合治理模式。卢锋（2007）从产品内分工的视角指出，外包的特征性内涵在于企业保留特定产品生产供应基本定位的前提下，对生产过程涉及某些环节区段的活动或工作，通过合同方式转移给外部厂商来承担。从这个界定看，外包是分工细化的必然结果，其本质在于运用分工的经济学原理更深刻、更彻底地改组当代生产方式。综合上述两个理论角度，外包兼有交易成本节约和专业化生产的效率优势，这为全球范围内外包的快速发展提供了理论解释。

9.1.1　外包发展的总体趋势

大多数国家官方统计体系中没有关于外包统一的统计口径和标准，现有统计和预测数据均来自一些国际机构和专业研究公司，且不同数据来源由于统计口径和估计方法不同存在较大出入。为反映经济全球化条件下外包发展的总体趋势和特点，这里根据芬恩斯特（Feenstra）和汉森（Hanson）的方法估算代表性国家总体的离岸外包水平及其制造业部门和服务业部门的离岸外包水平。根据芬恩斯特和汉森（Feenstra and Hanson，1996）的研究，可以月一个产业进口中间投入占全部中间投入的比重衡量该产业的离岸外包水

[①]　如果外包合作双方分属不同的国家，则将其称之为离岸外包（offshore outsourcing）。离岸外包还有其他意义基本相同的表述方式，如国际外包（foreign outsourcing），也有文献直接以 outsourcing 表示离岸外包。

平。将一国所有产业的离岸外包水平按其在总产出中的比重进行加权平均，即可估计该国总的离岸外包水平。类似地，将一国制造业部门或服务业部门中所有产业的外包水平按照各个产业在制造业部门或服务业部门总产出中的比重加权平均，得到该国制造业部门和服务业部门的离岸外包水平。其中，i 产业的进口中间投入 X_i^M 表示为：

$$X_i^M = \sum_j X_i^j \cdot \frac{M_j}{Y_j + M_j - E_j} \tag{9—1}$$

式中，X_i^j 为 i 产业来自 j 产业的全部中间产品[①]；M_j 为 j 产业的总进口；Y_j 为 j 产业的总产出；E_j 为 j 产业的总出口；$Y_j + M_j - E_j$ 即为 j 产业的总消费；$\frac{M_j}{Y_j + M_j - E_j}$ 为 j 产业提供的中间投入的进口比例。

　　虽然这种估算离岸外包水平的方法也存在着不足，但由于数据的易得性和方法的简明性，还是得到了比较广泛的认可。根据上述方法并利用 OECD 结构化分析数据库（OECD-STAN Database）提供的投入产出数据计算 1995 年、2000 年和 2005 年三个年度全球主要经济体中代表性国家总体的外包水平及其制造业部门和服务业部门的外包水平（见表 9—1）[②]，从中可以发现上世纪 90 年代中期以来这些国家离岸外包发展趋势和特点。[③]

表 9—1　　　代表性国家 1995 年、2000 年和 2005 年的外包水平（%）

	1995 年			2000 年			2005 年		
	总体	制造业	服务业	总体	制造业	服务业	总体	制造业	服务业
美国	5.68	10.94	3.13	7.25	14.28	4.08	8.28	16.53	4.72
日本	5.67	9.23	3.67	6.13	10.96	3.31	8.74	15.04	4.39
德国	13.18	22.52	8.12	17.58	27.97	11.63	18.61	29.82	11.78
法国	13.70	21.80	9.10	15.68	27.54	9.78	15.37	26.93	9.91

---

　　①　当 $i=j$ 时，X_i^j 为 i 产业来自本产业的中间产品。

　　②　最新的 OECD 结构化分析数据库（OECD-STAN Database）提供了 1995 年、2000 年和 2005 年三个年度 31 个 OECD 成员和 12 个非 OECD 成员的国际协调投入产出表。这些投入产出表以国际标准产业分类第二版（ISIC Rev. 2）为基础编制，包括 37 个产业。另外，OECD 结构化分析数据库提供了各个国家的进口中间投入流量矩阵，免去了估算中间投入的进口比重所需的运算，为计算离岸制造外包水平提供了数据上的便利。

　　③　8 个代表性国家中，美国和日本是最发达的两大经济体；英国、法国和德国是欧洲国家的代表；中国、印度和巴西是所谓的"金砖四国"（BRICs）中的三个主要的发展中国家。"金砖四国"中俄罗斯是转型经济国家的典型代表，但由于 OECD 结构化分析数据库中该国 2005 年的数据缺失，故未将其列入。

续前表

	1995 年			2000 年			2005 年		
	总体	制造业	服务业	总体	制造业	服务业	总体	制造业	服务业
英国	16.62	26.62	13.33	15.00	26.74	11.22	16.20	29.92	12.88
巴西	6.36	10.02	4.58	8.47	10.29	7.55	8.24	13.41	4.99
印度[a]	8.52	11.06	10.32	9.96	14.40	8.41	9.57	16.88	6.35
中国	8.38	9.91	6.68	8.83	12.01	5.72	11.52	13.87	9.92

说明：a. 印度的数据为 1993 年、1998 年和 2003 年数据。

资料来源：根据 OECD 结构化分析数据库计算。

1. 外包的离岸化发展趋势日趋明显

进入 20 世纪 90 年代后，外包业务所涉及的地域范围已经由地区或一国内部拓展到全球，离岸外包大规模发展。这一时期日益深化的经济全球化进程使世界范围的贸易和生产结构发生了巨大变化，这种变化可以概括为贸易一体化和生产非一体化两个交织在一起的过程。贸易一体化是指经济全球化条件下由于贸易管制的放松、关税和运输成本的下降以及国际产业分工日益深化等原因，一个国家或地区在参与国际贸易中的交易成本逐步下降，所生产的货物和服务与国际市场的联系逐步加强，贸易量逐步增加的趋势；生产非一体化则是垂直一体化的逆过程，即市场加厚、组织变薄的过程（刘志彪、吴福象，2006）。贸易一体化和生产非一体化集中反映了经济全球化在生产和贸易上不同但又相互联系的两个方面，这两个趋势带来了全球生产组织方式的重大变革。全球范围内的制造业与服务业活动已不再仅仅局限于企业内部，而是更多地采用外包的方式组织，外包特别是离岸外包就是经济全球化条件下贸易一体化和生产非一体化趋势的综合反映。根据表 9—1，20 世纪 90 年代以来，随着经济全球化进程的推进，表中所列国家离岸外包都有较大的发展，其中既包括美国、日本、英国、法国和德国等世界主要发达国家，也包括中国、印度和巴西等发展中大国。

2. 全球范围内不同国家和地区、不同部门离岸外包发展不平衡

首先，全球范围内离岸外包发展迅速，但不同国家和地区发展不平衡。虽然全球各主要经济体总体离岸外包水平不断提高，但不同国家和地区间发展不平衡。根据表 9—1，美国和日本作为全球两大经济体，其离岸外包水平在 1995—2005 年间都有大幅度提高，但总体仍低于德国、法国和英国等欧洲国家。德国、法国和英国作为欧洲发达国家的代表，离岸外包发展水平

最高，这主要得益于欧洲经济一体化的推进。巴西、印度和中国的外包也有较快的发展，但总体的离岸外包水平和发展速度仍低于发达国家。

其次，制造业部门和服务业部门的离岸外包发展不平衡。表 9—1 中 8 个国家 3 个年度共计 24 组数据中，制造业部门外包水平均高于总体的外包水平，而服务业部门的外包水平均低于总体的外包水平。相比较而言，发达国家制造业部门和服务业部门外包水平的差异大于发展中国家的这种差异，反映出发达国家在业务外包内容上的倾向性，即考虑到不同发展水平国家之间劳动力等要素价格上的差异，发达国家将劳动力要素相对密集的制造业部门业务外包给发展中国家的动机更为强烈。

3. 外包已由部分跨国公司的战术考虑转变为众多企业的一种长期发展战略

外包最开始的推动力量主要来自规模较大的跨国公司，时至今日，不同规模的企业均已不同程度地融入这一新的全球生产组织方式。一项来自 1 110 家企业的调查数据显示，不同规模的企业平均外包预算为 1 720 万美元，而这些企业外包预算的中位数仅为 200 万美元，表明不同规模的企业外包规模存在很大差异，少数规模较大的企业外包金额较高，多数企业的外包金额低于平均值。[1]

外包对企业发展的战略意义逐渐得到重视。根据外包协会（The Outsourcing Institute）1998 年的一项调查，企业实施外包的 10 大理由中，前三位分别是降低和控制运营成本、强化核心业务以及获取世界级的能力[2]，而在外包协会最新的外包年度指数第五版中，企业实施外包的 10 大理由中前三位分别是强化核心业务、降低和控制运营成本以及为其他经营目标释放资源[3]，在所有受访企业中选择强化核心业务的占 55%，选择降低和控制运营成本的占 54%，选择为其他经营目标释放资源的占 38%。[4] 另外，根据 Gartner 公司 2007 年对北美、亚太和欧洲三个地区的 750 家企业的调查数

---

[1]　资料来源：http：//www. outsourcinginstitute. com/oi _ index/tallying _ up _ the _ bill. html.

[2]　资料来源：http：//www. outsourcing. com/content. asp？page＝01b/articles/intelligence/oi _ top _ ten _ survey. html.

[3]　资料来源：http：//www. outsourcinginstitute. com/oi _ index/no _ longer. html.

[4]　由于受访企业可以选择一个以上的理由，所以各选择的比例加总大于 100%。

据，在目前实施 IT 外包的企业中，有 41％的企业利用外包改善经营绩效，而接近 47％的企业仍然将成本控制列为实施外包的首要考虑，与之形成对比的是，在 2005 年仅有约 28％的企业将改善经营绩效作为实施 IT 外包的首要考虑。[①] 虽然目前以成本节约作为首要考虑的战术性外包仍占很大比例，但已经有越来越多的企业不仅把外包看做节约成本的方法，也将外包作为一种长期发展战略并试图直接通过外包改变自己在市场中的竞争地位。沈琪（2010）的研究结果也表明，当产品生产呈现规模经济、国际市场显示出不完全竞争的市场结构时，战略性外包成为可能。可见，在信息技术革命、经济全球化以及国际市场竞争加剧等因素的共同推动下，外包已经由部分企业降低成本的战术考虑，逐渐转变成多数企业的长期发展战略。

4. 外包已成为推动国际生产网络形成和发展的主要力量之一

经济全球化在国际分工层面展现出的一个引人瞩目的特征就是很多产品生产过程所包含的不同工序和区段，被拆散分布到不同国家进行，形成以工序、区段、环节为对象的分工体系，这种体系就是产品内分工（卢锋，2004）。外包属于企业的微观行为，然而，这类微观行为的普遍化则促成了整体生产方式的变革，改写了全球生产组织体系和版图，外包尤其是离岸外包所形成的国际外包网络是国际生产网络的主要组成部分。美国前劳工部长罗伯特·赖克在《国家的工作：让我们为 21 世纪的资本主义做准备》一书中，用一个例子形象地描述了外包推动下的国际生产网络："当你用 10 000 美元买下一辆所谓的美国汽车时，有 3 000 美元是支付给韩国以获取常规劳动力和装配服务；1 750 美元付给日本的引擎、传动轴和电子设备生产厂商；700 美元付给德国设计师；50 美元支付给爱尔兰和巴巴多斯岛的数据处理服务提供商；400 美元来购买中国台湾、新加坡以及日本的各种小部件；250 美元用来支付英国广告和市场服务……"（Ditomaso，1994）

综上所述，上世纪 90 年代中期以来离岸外包呈现以下新的发展趋势和特点：经济全球化条件下，外包的离岸化发展趋势日趋明显，但不同国家和地区、不同部门离岸外包发展不平衡；在微观层面，外包已由部分跨国公司的战术考虑转变为众多企业的一种长期发展战略；在宏观层面，外包已成为

---

① 资料来源：http://www.gartner.com/it/page.jsp? id＝613310。

推动国际生产网络形成和发展的主要力量之一。综合上述发展趋势，经济全球化条件下外包特别是离岸外包对全球范围内企业间的分工和协作关系产生了深远影响，已成为一种新的全球生产组织方式。

9.1.2　离岸制造外包发展趋势及其影响因素

离岸外包发轫于制造业部门，最早是从跨国企业价值链中制造环节的分解开始的，具体表现为制造业零部件的离岸生产。为获取专业化分工和低成本的益处，越来越多的企业将产品生产过程的某些环节或区段外包给具有更低生产成本的海外企业完成。全球范围内的制造活动已不再仅局限于企业内部，而是更多地采用外包方式组织。离岸制造外包逐渐成为一种新的全球生产组织方式，与之相关的国际外包网络是全球生产网络的主要组成部分之一。

以前述芬恩斯特和汉森估算离岸外包的方法为基础，经过相应调整，作为测度产业和国家层面上离岸制造外包水平的方法。用一个产业进口的来自制造业部门的中间投入占该产业来自制造业部门的全部中间投入的比重，估计该产业的离岸制造外包水平。这种计算离岸制造外包的方法从一定程度上避免了芬恩斯特和汉森估算离岸外包方法的不足，提高了测度的准确性。[①]将根据上述方法估算的产业层面的离岸制造外包水平按照各个产业在制造业部门总产出中的比重加权平均，得到该国总体的离岸制造外包水平。本小节依据上述方法，利用 OECD 结构化分析数据库投入产出数据，估算了全球主要经济体中 8 个代表性国家 1995 年、2000 年和 2005 年三个年度产业和国家层面的离岸制造外包水平，并以此为基础分析了离岸制造外包的发展趋势和产业间差异及其影响因素。

1. 全球范围内离岸制造外包发展迅速，但不同国家和地区发展不平衡

20 世纪 90 年代以来，经济全球化的进程明显加快，这一进程直接推动了全球离岸制造外包的发展和成熟。根据本节所述测度离岸制造外包的方法估算 1995 年、2000 年和 2005 年三个年度全球主要经济体中代表性国家总体的离岸制造外包水平（见表 9—2），从中可以看出，20 世纪 90 年代以来这

---

① 这种离岸制造外包测度方法仅计算来自制造业部门的中间投入，将来自农林牧渔业和采掘业部门的初级原材料进口排除在外，这从很大程度上提高了测度的准确性。

些代表性国家离岸制造外包都有了较大发展，既包括美国、日本、英国、法国和德国等世界主要发达国家，也包括中国、印度和巴西等发展中大国。

虽然全球各主要经济体总体的离岸制造外包水平不断提高，但不同国家和地区发展不平衡。美国和日本作为全球两大经济体，离岸制造外包水平十年间大幅度提高，但总体仍低于德国、法国和英国等欧洲国家。德国、法国和英国作为欧洲发达国家的代表，离岸制造外包水平最高，这主要得益于欧洲经济一体化的推进。巴西、印度和中国等发展中大国的外包也有了较快的发展，但总体的离岸制造外包水平和发展速度仍低于发达国家。

表 9—2　　　　　　　　　　代表性国家的离岸制造外包水平（％）

	美国	日本	德国	法国	英国	巴西	印度[a]	中国
1995 年	14.95	10.41	30.31	29.85	36.67	11.82	13.39	12.84
2000 年	20.30	12.65	35.92	36.36	41.00	12.30	19.08	14.51
2005 年	22.91	14.17	37.95	35.69	44.87	14.99	16.24	14.89
复合增长率[b]	4.36	3.13	2.27	1.80	2.04	2.40	1.95	1.49

说明：a. OECD 结构化分析数据库中印度的数据为 1993 年、1998 年和 2003 年数据。

b. 复合增长率（CAGR）＝［（2005 年离岸制造外包水平÷1995 年离岸制造外包水平）1/10－1］×100％。

资料来源：根据 OECD 结构化分析数据库计算。

各代表性国家 1995—2005 年离岸制造外包水平的复合增长率动态地反映了十年间离岸制造外包发展速度的差异。美国和日本虽然总体的离岸制造外包水平低于德国、法国和英国，但十年间发展速度最快，将来极有可能赶上甚至超过这三个欧洲国家。德国、法国和英国由于总体的离岸外包水平已经处于一个比较高的水平，发展潜力和速度都低于美国和日本。巴西、中国和印度不仅总体的离岸制造外包水平较低，发展速度也低于美国和日本，表明发展中国家在离岸制造外包中的角色还是以承接为主。

2. 制造业部门中不同产业离岸制造外包发展不平衡

将 8 个代表性国家制造业部门各个产业 1995 年、2000 年和 2005 年三个年度离岸制造外包水平分别计算算术平均数，得到表 9—3 所示的 1995 年、2000 年和 2005 年三个年度制造业部门各个产业平均的离岸制造外包水平。以 30％和 20％的外包水平作为分界线，粗略地将表 9—3 中涉及的 18 个制造业产业按照其离岸制造外包水平分为高、中、低三组。其中，高水平组中典型的是办公、会计和计算设备产业与无线电、电视和通信设备产业；低水平组中典型的是食品、饮料和烟草产业与木材及木制品产业。

表 9—3　1995 年、2000 年和 2005 年代表性国家制造业各产业离岸制造外包水平（%）

产业	1995 年	2000 年	2005 年	复合增长率[a]
食品、饮料和烟草	10.31	15.16	15.70	4.29
纺织、服装、皮革和制鞋	17.70	28.00	30.18	5.48
木材及木制品	10.74	17.46	19.24	6.01
纸浆、造纸、纸制品和出版印刷	15.60	24.07	22.56	3.76
焦炭、精炼石油制品和核燃料	20.38	24.00	21.61	0.59
化工和化学产品	19.17	28.80	32.30	5.35
橡胶和塑料制品	16.09	26.47	26.40	5.08
其他非金属矿产品	11.19	17.59	16.95	4.24
基本金属	17.57	25.89	32.40	6.31
除机械设备外的金属制品	12.35	19.14	21.67	5.79
机械设备	16.99	22.26	25.00	3.94
办公、会计和计算设备	32.04	44.57	49.95	4.54
电子设备和电子仪器	18.21	26.13	28.80	4.69
无线电、电视和通信设备	23.58	33.80	32.49	3.26
医疗、精密和光学仪器	16.78	22.57	31.33	6.44
汽车、拖车和半拖车	15.51	22.30	23.84	4.39
其他交通设备	19.42	28.14	29.41	4.24
资源再生及其他制造业	16.24	25.75	23.50	3.76

说明：a. 复合增长率（CAGR）＝［（2005 年离岸制造外包水平÷1995 年离岸制造外包水平）1/10－1］×100%。

资料来源：根据 OECD 结构化分析数据库计算。

各个产业 1995—2005 年的复合增长率可以动态地反映十年间各个产业离岸制造外包发展速度的差异。在所有 18 个产业中，复合增长率超过 5% 的产业有 7 个，这 7 个产业的离岸制造外包发展最快。其中，木材及木制品产业和基本金属产业的高复合增长率未必表示其离岸外包发展较快，有可能是由于估算离岸外包水平所用数据导致的。由于全球范围内初级原料分布不平衡，这两个产业需要进口大量的原料类中间产品，这些原料类中间产品的进口不具备狭义离岸制造外包的本质特征。纺织、服装、皮革和制鞋，化工和化学产品，橡胶和塑料制品，除机械设备外的金属制品 4 个产业离岸制造外包发展较快，主要得益于生产技术的进步和全球范围内运输成本的降低。生产技术的进步提高了生产过程的可分割性，而全球范围内运输成本的降低则使离岸制造外包的成本大幅度降低。① 另外，医疗、精密和光学仪器产业十年间复合增长率最高，其离岸制造外包的快速发展主要是该产业的技术进步提高了产品生产过程的可分割性。

导致上述产业间离岸制造外包发展不平衡的产业层面因素主要有产品的市场范围、生产过程的可分割性、技术密集度以及产业中最终产品间的替代性等。

首先是产品的市场范围。根据斯密定理，市场范围的扩大推动了分工细化和专业化程度的提高，扩大了专业化企业相对于一体化企业的效率和成本优势，有利于企业通过外包发挥规模经济优势。表 9—3 中的办公、会计和计算设备业，无线电、电视和通信设备业的产品可以覆盖全球市场，其离岸制造外包水平最高；食品、饮料和烟草业，木材及木制品业的产品市场是典型的地方市场，其离岸制造外包水平最低。

其次是生产过程的可分割性。生产过程的可分割性主要由产品生产过程的工艺特点决定，企业采用哪种方式组织生产取决于产业本身的技术特点和技术上的可分性。生产过程能够被分成相对独立的生产阶段，将有利于中间投入品在空间上的运输，有利于外包发展（Feenstra and Hanson，1996）。如果生产过程各个环节在技术工艺上或机器设备的使用上不可分，必须将各个生产环节集中在一个企业内进行，采用一体化生产方式比较有利。相反，如果生产过程的各个环节在工艺或机器设备的使用上具有一定的可分性，各个环节的生产能够由不同的企业分别来承担，采取非一体化生产方式比较有利（吴福象，2005）。高越和李荣林（2008）的经验研究也证实，产业的技术可分割性越强，分割到国外的生产环节也就越多，当然这种全球范围内的生产分割既可以通过外包实现，也可以通过 FDI 实现。模块化生产代表很高的技术可分割性，从经验研究看，模块化生产水平较高的产业恰恰是离岸制造外包水平最高的产业，如表 9—3 中的办公、会计和计算设备业，无线电、电视和通信设备业；离岸制造外包水平最低的食品、饮料和烟草业则是典型的生产流程难以分割的产业。

再次是技术密集度。技术密集度较高的产业广泛采用模块化的生产技

---

① 这 4 个产业由于中间产品和最终产品重量和体积较大，离岸制造外包水平对运输成本变化更敏感。

术，其生产过程具有较强的可分割性，这是离岸制造外包大规模发展的前提条件。另一方面，技术密集度较高的产业往往具有全球范围内相对统一的产品标准和技术标准，便于发包企业以此为核心控制并整合全球资源，降低了离岸制造外包的运营成本。表 9—3 中办公、会计和计算设备，无线电、电视和通信设备，医疗、精密和光学仪器三个产业的离岸制造外包水平较高，这些产业都属于 OECD 划分的中高技术产业；食品、饮料和烟草，其他非金属矿产品，木材及木制品三个产业的离岸制造外包水平较低，这些产业都属于 OECD 划分的中低技术产业。

最后是最终产品之间的替代性。产品间的替代性越强，需求弹性就越大。较高的产品需求弹性使市场对特定产品的需求随着销售价格下降迅速扩大，这使外包带来的规模经济效应得以实现。但是，只有当专业化生产带来的成本节约大于外包契约的不完全性引致的最终产品成本增加时，产业内最终产品需求弹性的增加才会使企业更倾向于选择外包而不是一体化（Grossman and Helpman，2002）。例如，表 9—3 中的办公、会计和计算设备，无线电、电视和通信设备两个产业的离岸制造外包水平比其他产业离岸制造外包水平高，可由其产品之间的替代性高、企业间竞争更充分来解释。但是，只有当这两个产业内专业化生产者的成本优势相对较大，或者外包合作中外包契约的不完全性引致的最终产品成本增加相对较小时，上述结论才会成立。

3. 离岸制造外包已经成为各国融入国际生产网络的主要形式之一

随着交通和通讯技术的发展，生产过程的可分性大大增强，国际劳动分工已经进一步延伸到了产品内部，逐渐形成了以跨国公司为主导的全球生产网络（李国学，2009）。一国利用进口的中间产品进行生产并将加工后的产品出口是全球生产网络中一种常见的分工和贸易形态，赫梅尔斯等人（Hummels et al.，2001）将这种全球范围内的垂直分工现象称为垂直专业化。赫梅尔斯等人（Hummels et al.，2001）认为，可以用一国或一个产业进口中间产品用于出口的价值与该国或该产业出口产品总价值的比值反映该国或该产业的垂直专业化水平，该比值即垂直专业化比率（VSS）。VSS 是一国或一个产业融入全球生产网络程度的集中体现，OECD 结构化分析数据库根据投入产出表计算了各国 1995 年、2000 年和 2005 年三个年度各个产业出口中的进口内容（Import Content of Exports）[1]，也就是赫梅尔斯等人（Hummels et al.，2001）定义的 VSS。根据本节所述离岸制造外包水平的测度方法，分别估算上述 8 个国家 3 个年度 18 个制造业产业的离岸制造外包水平，并将其与 OECD 结构化分析数据库中相应年度、相应产业的 VSS 值进行相关性分析，结果如表 9—4 所示。

表 9—4　　　　　　　　离岸制造外包水平与垂直专业化水平的相关性

国家	美国	日本	德国	法国	英国	巴西	印度[a]	中国
外包与 VSS 的相关性[b]	0.56**	0.66**	0.39**	0.47**	0.27*	0.86**	0.50**	0.87**

说明：a. OECD 结构化分析数据库中印度的数据为 1993 年、1998 年和 2003 年数据。

　　　　b. 表中各国离岸制造外包水平与垂直专业化水平的相关性分析中样本量 N=18 个产业×3 年=54；** 表示相关性在 0.01 的水平上显著（双边检验）；* 表示相关性在 0.05 的水平上显著（双边检验）。

资料来源：根据 OECD 结构化分析数据库计算。

　　表 9—4 的分析结果表明，8 个国家制造业产业的离岸外包水平与垂直专业化水平之间有很强的相关性，这说明离岸制造外包已经成为各国融入全球生产网络的主要方式之一。从上世纪 90 年代初开始，全球生产组织方式发生了巨大变化，高度一体化的生产组织方式逐渐瓦解，产品生产越来越多地跨越国界，每一个国家都专注于产品生产过程的某些特定阶段，并成为相互联系的垂直生产过程中的一个环节，全球生产网络初步形成。全球生产网络的本质特征就是，产品生产过程所包含的不同工序和区段被拆散分布到不同国家进行，形成以工序、区段、环节为对象的分工体系，也就是全球范围内的产品内分工体系，而离岸制造外包则是这种产品内分工体系的主要实现形式之一。

　　虽然从总体上这 8 个国家制造业产业的离岸外包水平与垂直专业化水平之间有很强的相关性，但相关程度在不同国家之间存在较大差异，这种差异反映了不同国家在全球生产网络中地位的差异。中国和巴西的离岸制造外包水平与 VSS 之间的关联性最高，反映了中国和巴西的离岸制造外包更多地

---

　[1]　一国 i 产业出口中的垂直专业化可以表示为 $VS_i = \left(\frac{M_i}{Y_i}\right) \cdot X_i = \left(\frac{X_i}{Y_i}\right) \cdot M_i$，式中，$M_i$ 为 i 产业进口的中间产品；Y_i 为 i 产业的总产出；X_i 为 i 产业的总出口。其中 $M_i = \sum_j M_{ij}$，M_{ij} 是 i 部门进口的 j 部门提供的中间产品。用 VSS_i 表示一国 i 产品或部门出口中的 VS 比重，则 $VSS_i = \frac{VS_i}{X_i} = \frac{M_i}{Y_i}$，这与 OECD 结构化分析数据库中定义的出口中的进口内容（Import Content of Exports）是一致的。

表现为进口中间品来源国制造过程的延续。也就是说，中国和巴西以外包方式进口的中间产品更多地被用于生产出口产品。中国和巴西等发展中国家通过离岸制造外包参与全球生产网络，并以此方式传递了上一阶段的中间产品生产国对最终消费国的出口。印度总体的离岸制造外包水平并不低，但各个产业离岸制造外包水平和 VSS 的关联度却远低于巴西和中国。可能的原因是其工业基础比较薄弱，制造业的很多基础条件尚不具备，其离岸制造外包更多地是为了满足国内需要。发达国家制造业产业离岸制造外包水平与 VSS 的关联度远低于中国和巴西等离岸制造外包水平较高的发展中国家，表明其更多的情况下处于全球生产网络的高端。同为发达国家的德国、法国和英国制造业产业离岸制造外包水平与 VSS 的关联度与美国和日本相比也存在差异，这三个欧洲国家更多地是基于本国的国内需求而进行离岸制造外包。

4. 离岸制造外包水平与技术密集度同向变动

OECD 结构化分析数据库根据各制造业产业技术密集度，将 18 个制造业产业分为中低技术、中等技术和中高技术三个制造业群组。[①] 为反映制造业产业离岸制造外包水平与技术密集度的关系，分别估算 8 个国家 1995 年、2000 年和 2005 年三个年度各群组的离岸制造外包水平。将各个产业离岸制造外包水平按该产业在所属群组中的产出权重加权，得到各个群组的离岸制造外包水平（见表 9—5）。

技术进步增强了制造业生产过程的可分性，降低了离岸制造外包的运营成本，是离岸制造外包发展的基本动力之一。随着技术的发展，全球范围内的离岸制造外包业务必然向技术密集型产业集中。除日本外[②]，其他 7 个国

---

① OECD 结构化分析数据库将 18 个制造业产业中的 6 个归入中低技术制造业（食品、饮料和烟草，纺织、服装、皮革和制鞋，木材及木制品，纸浆、造纸、纸制品和出版印刷，焦炭、精炼石油制品和核燃料，资源再生及其他制造业）；7 个列入中高技术制造业（化学和化学产品，机械设备，办公、会计和计算设备，电子设备和电子仪器，无线电、电视和通信设备，医疗、精密和光学仪器，其他交通设备）；其他 5 个产业为中等技术制造业（橡胶和塑料制品，其他非金属矿产品，基本金属，除机械设备外的金属制品，汽车、拖车和半拖车）。

② 日本汽车产业有非常完备的国内外包体系（西口敏洪，2007），其离岸制造外包的重要性较低。根据笔者计算，日本汽车、拖车和半拖车产业 1995 年、2000 年和 2005 年三个年度的离岸制造外包比率均低于 5%，远低于其他国家的同期水平；另一方面，汽车、拖车和半拖车产业占其所属的"中等技术制造业群组"产出的 40% 以上。上述两组数据可以解释为什么日本中等技术制造业群组的离岸制造外包比率较低。

家 3 个年度各群组的离岸制造外包比率均与群组的技术密集度同方向变动。对比 3 个群组的离岸制造外包比率，中高技术群组最高，中等技术群组次之，中低技术群组最低。从各国 3 个年度不同制造业群组离岸制造外包水平的纵向比较可以看出，1995—2005 年十年间这种趋势日趋明显。

表 9—5　　　　　代表性国家不同技术密集度制造业群组的离岸制造外包比率（%）[a]

		美国	日本	德国	法国	英国	巴西	印度[b]	中国
1995 年	中低	10.85	16.04	28.32	24.10	30.28	9.74	8.06	10.91
	中等	15.60	4.82	29.76	31.51	35.18	9.44	13.00	11.17
	中高	19.11	10.38	32.42	35.29	45.17	18.21	21.97	17.03
2000 年	中低	13.76	17.20	33.43	28.95	30.43	9.47	16.50	13.05
	中等	24.02	6.36	32.29	37.30	38.77	11.82	18.87	11.28
	中高	24.99	14.16	41.15	42.91	53.43	17.86	23.78	17.99
2005 年	中低	16.56	14.66	33.09	30.01	38.23	6.76	10.48	10.49
	中等	27.65	8.12	35.67	38.56	42.50	16.28	19.39	12.04
	中高	27.49	19.58	43.65	38.91	54.28	28.02	20.87	20.24

说明：a. 群组离岸制造外包水平 = $\sum$ 群组所含各个产业的离岸制造外包水平×该产业展所属群组总产出的比重。

　　　　b. 印度的数据为 1993 年、1998 年和 2003 年数据。

资料来源：根据 OECD 结构化分析数据库计算。

9.1.3　离岸服务外包的发展趋势及其影响因素

从上世纪 80 年代初，一些发达国家的企业为节约成本、提高运营效率和核心竞争力，开始将其非核心的服务业务和流程外包给专业服务提供商。经过近三十年的快速发展，如今全球范围内服务外包已颇具规模，2008 年全球服务外包市场规模已达上万亿美元（KMPG，2009）。随着经济全球化的深入和信息技术的进步，外包业务涉及的地域范围从一个国家或地区内部扩展至全球，离岸外包大规模发展。服务外包业务范围也由最初的 IT 服务外包（ITO）扩展到更高层次的商务流程外包（BPO）[①]，两者共同构成目前服务外包的主要业务领域。近年来，由于部分发达国家国内适龄劳动力数量

---

① 根据 Gartner 的界定，IT 服务外包是指 IT 流程的外包，旨在提供与 IT 相关的产品和服务，例如定制开发的软件应用和数据服务器等 IT 资产的管理或维护，而商务流程外包则是指将一个或多个信息技术密集型业务流程委托给某个外部提供商，后者反过来根据已界定并可衡量的业绩指标，控制、支配和管理选定的流程。

持续下滑，各个产业面临的竞争和利润压力与日俱增，离岸服务外包已成为跨国企业全球布局、应对竞争并提升国际竞争力的重要手段。

以前述芬恩斯特和汉森估算离岸外包的方法为基础，经过相应调整，作为测度产业和国家层面上离岸服务外包水平的方法，用一个产业进口的来自服务业部门的中间投入占该产业来自服务业部门的全部中间投入的比重估计该产业的离岸服务外包水平。将根据上述方法估算的产业层面的离岸服务外包水平按照各个产业在一国总产出中的比重加权平均后，得到该国总体的离岸服务外包水平。本部分依据上述方法并利用 OECD 结构化分析数据库，对全球主要经济体代表性国家总体和各个产业的离岸服务外包水平进行估计，并将估算结果与其他来源的估算数据相结合，分析离岸服务外包的发展趋势及其影响因素。

1. 全球范围内离岸服务外包发展速度很快，但不同国家和地区之间发展不平衡

根据第二小节所述测度离岸服务外包的方法估算 1995 年、2000 年和 2005 年三个年度全球主要经济体中代表性国家总体的离岸服务外包水平，并以此为基础计算了十年间各国离岸服务外包水平的复合增长率（见表 9—6）。各代表性国家 1995—2005 年离岸服务外包水平的复合增长率能够动态地反映十年间各国离岸服务外包发展速度的差异。可以看出，除印度和日本外，其他国家的离岸服务外包水平提高很快，尤其是作为发展中国家代表的中国和巴西。

表 9—6　　　　　　　代表性国家的离岸服务外包水平（%）

	美国	日本	德国	法国	英国	巴西	印度[a]	中国
1995 年	0.45	2.26	4.77	4.05	5.98	2.72	4.58	0.63
2000 年	0.56	2.04	7.43	4.96	4.72	4.83	3.91	1.45
2005 年	0.64	2.18	7.50	5.14	6.34	4.80	1.05	5.03
复合增长率[b]	3.58	−0.36	4.63	2.41	0.59	5.84	−13.70	23.09

说明：a. OECD 结构化分析数据库中印度的数据为 1993 年、1998 年和 2003 年数据。
　　　b. 复合增长率（CAGR）＝［（2005 年离岸服务外包水平÷1995 年离岸服务外包水平）1/10−1］×100%。
资料来源：根据 OECD 结构化分析数据库计算。

虽然离岸服务外包总体上发展较快，但不同国家和地区之间发展不平衡。美国和日本作为全球两大经济体，其离岸服务外包水平和发展速度却比

较低。其中，日本离岸服务外包的复合增长率是负值，美国的复合增长率虽然高于日本，但在 8 个国家中仍处于较低水平，反映出这两个国家由于国内服务业高度发达，许多服务外包业务都以国内外包的形式实现，离岸服务外包的重要性降低。德国、法国和英国作为欧洲发达国家的代表，离岸服务外包发展水平最高，这主要得益于欧洲经济一体化的推动。巴西和中国离岸服务外包十年复合增长率最高，其总体离岸服务外包也已接近发达国家的水平，反映出巴西和中国两个发展中大国由于本国服务业发展水平较低，对离岸服务的需求强劲。印度在这 8 个国家中是个例外，其离岸服务外包水平十年之间不仅没有上升，反而出现大幅度下降。可能的原因是印度作为服务外包的承接方异军突起，更多的服务外包业务在其国内即可完成，离岸服务外包的重要性降低。

2. 离岸服务外包总体比例较低，尚处于起步阶段

根据联合国贸发会议（UNCTAD，2004）的估计，近几年全球软件与服务外包市场将以 30%—40% 的速度递增，2004 年、2005 年和 2007 年的市场规模将分别达到 3 000 亿美元、5 850 亿美元和 12 000 亿美元，但大多数服务外包仍然发生在一国内部，只有 1%—2% 的服务以离岸外包的形式提供。另外，根据麦肯锡的估计，2007 年全球服务可实现离岸的潜在市场规模达到 4 650 亿美元，其中 IT 应用服务、商务流程外包、IT 基础设施服务和设计研发服务分别为 900 亿、1 700 亿、850 亿和 1 200 亿美元。到 2010 年，总的潜在市场规模有望增长到 6 000 亿美元，而目前仅有不到 10% 的服务真正实现了离岸。[①] 表 9—6 中对全球主要经济体中代表性国家总体的离岸服务外包水平的估算也证实了上述判断。

离岸服务外包水平总体较低，主要有三方面的原因。首先，与离岸制造外包相比，离岸服务外包的发展时间要短许多，尚处于发展的初级阶段，其成熟形态远未表现出来。其次，有相当一部分服务的生产过程与消费过程必须同时进行，甚至需要服务提供方和消费者面对面接触，这限制了服务外包的离岸化发展。最后，离岸服务外包的实现形式不像离岸制造外包那样单一，相当一部分离岸服务外包不能被现有方法估算和统计，这是不同机构估

---

① 转引自中华人民共和国商务部：《中国服务贸易发展报告 2007》。

算的离岸服务外包水平偏低的外在原因。[①]

3. 全球范围内不同产业间离岸服务外包发展不平衡

将 8 个代表性国家各个产业 1995 年、2000 年和 2005 年三个年度的离岸服务外包水平分别取平均数，得到 1995 年、2000 年和 2005 年三个年度各个产业平均的离岸服务外包水平（见表 9—7）。基于重要性原则，在估算各个产业的离岸服务外包水平时，将 OECD 结构化分析数据库按照 ISIC（Rev. 2）列示的农林牧渔业、采掘业和建筑业合并后视为一个产业计算其离岸服务外包水平；将其中的 18 个制造业产业按照各个产业要素特征的不同分为劳动密集型制造业、资本密集型制造业和技术密集型制造业三个制造业群组并分别估算其离岸服务外包水平。[②] 以 5％和 3％的外包水平作为分界线，将表 9—7 中涉及的 19 个产业（或群组）按照其外包水平分为高、中、低三组。服务业部门中高外包水平组包括运输和仓储、邮政和电信以及金融和保险活动；低外包水平组中典型的是食宿服务活动和研发活动。制造业部门中三个不同要素特征的制造业群组的离岸服务外包水平与其技术密集程度正相关。

表 9—7 中各个产业离岸服务外包 1995—2005 年的复合增长率可以动态地反映十年间各个产业离岸服务外包发展速度的差异。除服务业部门之外，所有产业（或群组）离岸服务外包水平 1995—2005 年的复合增长率都比较高，反映出这些产业（或群组）离岸服务外包的发展潜力巨大。在服务业部门各个产业中，食宿服务活动的离岸服务外包水平虽然较低，但其十年间复合增长率却是最高的。邮政和电信、金融和保险活动两个产业虽然离岸服务外包水平较高，但近十年增长比较缓慢，其中邮政和电信产业还出现了负增长。

表 9—7　　　　　　1995—2005 年代表性国家各产业离岸服务外包水平（％）

	1995 年	2000 年	2005 年[a]	复合增长率[b]
农业、采矿和建筑	1.64	2.42	3.48	7.85
水、电和煤气供应	1.91	3.04	3.59	6.50
劳动密集型制造业群组	1.98	2.56	3.16	4.82
资本密集型制造业群组	1.91	2.92	3.44	6.07
技术密集型制造业群组	2.38	3.22	3.83	4.85

① 卢锋（2007）指出，跨国公司通过商业存在形式实现的服务贸易中，有相当一部分属于广义服务外包内容，但是由于这部分服务外包不涉及国际收支，不能被现有国际收支账户体系统计。

② 三个制造业群组的分类方法同前。

续前表

	1995 年	2000 年	2005 年[a]	复合增长率[b]
批发、零售和修理	5.39	4.53	4.37	−2.06
食宿服务活动	1.09	2.79	3.09	11.00
运输和仓储	8.69	6.25	6.25	−3.25
邮政和电信	6.35	5.95	5.51	−1.41
金融和保险活动	4.73	5.28	4.95	0.45
房地产活动	3.49	5.28	5.13	3.94
机器设备租赁	3.70	2.56	0.00	—
计算机和相关活动	6.16	4.92	0.00	—
研发活动	0.00	0.16	0.00	—
其他商业活动	5.04	4.72	5.51	0.88
公共管理和国防；强制性社会保障	4.31	4.63	4.19	−0.28
教育	4.24	3.60	3.57	−1.72
人体健康和社会工作	2.05	3.62	2.99	3.85
其他社区、社会和私人服务	5.08	4.52	5.60	0.99

说明：a. 机器设备租赁、计算机和相关活动以及研发活动三个产业 2005 年由于统计口径变化没有数据。

b. 复合增长率（CAGR）＝［（2005 年离岸服务外包水平÷1995 年离岸服务外包水平）1/10−1］×100％；2005 年部分产业没有数据，不能计算复合增长率。

资料来源：根据 OECD 结构化分析数据库计算。

　　为验证上述离岸服务外包水平的产业间差异，进一步利用其他来源的数据进行分析。Gartner 根据其服务外包合同数据库分产业统计了 2007—2008 年垂直市场签订的服务外包合同价值（见图 9—1）。可以看出，全球范围内服务外包发展最具代表性的产业是金融服务业、通信业以及政府部门。虽然此次国际金融危机对不同产业的服务外包影响程度不一，但上述基本格局并未改变。

（亿美元）

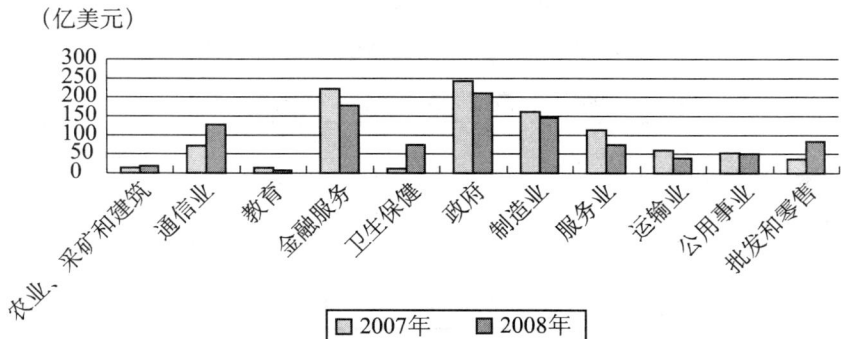

图 9—1　2007—2008 年垂直市场签订的服务外包合同价值

说明：2008 年数据是从 2008 年初到 2008 年 10 月签订的合同；该图仅限于公开报告的外包合同。

资料来源：*Gartner on Outsourcing*，*2008—2009*.

导致上述产业间离岸服务外包发展不平衡的产业层面因素主要有服务产品的自身特征、服务生产消费过程的可分离性和产业的信息化水平等。

首先是服务产品的自身特征。根据江小涓等（2008）的研究，外包服务产品具有如下特征：产品本身可数字化与模块化，这是服务外包的基本条件；适合服务外包的环节不需要与客户面对面接触，完全利用电信与互联网技术即可完成；外包服务的环节一般与客户满意度联系较小且技术密集度不高。离岸服务外包发展水平充分的产业如表9—7中的邮政和电信以及金融和保险活动，图9—1中的通信业和金融服务业的服务产品基本上都符合这些特征。

其次是服务生产和消费过程的可分离性。现代通信和信息技术的发展部分地改变了服务生产和消费过程的不可分离性，离岸服务外包的兴起即是对上述"服务不可贸易"假设的突破。虽然如此，离岸服务外包的发展仍受服务生产过程和消费过程可分离性的制约。受服务生产者和消费者空间位置的限制，服务生产和消费过程分离难度较大的产业很难进行离岸服务外包。表9—7中离岸服务外包发展水平最低的食宿服务活动即是典型的生产过程和消费过程难以分离的产业，而离岸服务外包发展水平较高产业的服务生产和消费过程都具备较高的可分离性。

最后是产业的信息化水平。信息化水平高的产业对信息技术硬件和软件的需求大，客观上推动了与信息技术相关的服务外包发展。较高的信息化水平有利于服务生产者和消费者超越空间位置的限制，为服务外包的离岸化发展创造了条件。较高的信息化水平为服务外包双方利用电信与互联网技术完成外包活动提供了便利，降低了交易成本。表9—7和图9—1中离岸服务外包发展水平较高的产业都是信息技术相对密集的产业。另外，产业的信息化水平与离岸服务外包之间的正向关系也可以从表9—7中三个不同要素特征的制造业群组离岸服务外包水平差异中得到反映。根据表9—7的估算，三个制造业群组的离岸外包水平与其技术密集程度正相关，而一般情况下，产业的技术密集程度与其信息化水平正相关。

4. 全球离岸服务外包的发包方主要集中在发达国家，接包方则呈现从发达国家向新兴和转型经济体逐步转移的梯次发展格局

目前，全球范围内离岸服务外包的发包方主要集中在发达国家。2006

年，全球服务外包发包市场中美国占 42％，西欧占 34％，日本占 8％，除日本之外的亚太地区占 7％，其他地区占 9％（毕博，2008）。根据 Gartner 的预测①，到 2012 年美国仍将是全球最大的外包服务客户，其需求将占全球 IT 服务外包需求的三分之一、商务流程外包需求的一半以上。在 IT 服务发包市场上，西欧和美国市场份额十分接近，2007 年两者的市场规模达 1 864 亿美元（占全球 IT 服务发包市场份额的 71.5％），2012 年更将达到 2 600 亿美元的市场规模（占全球 IT 服务发包市场份额的 68.8％左右），2007—2012 年五年复合增长率将分别达到 7.3％和 6.5％。日本构成全球 IT 服务外包的第三大发包市场，但在主要市场中五年复合增长率最低，仅为 6.0％。全球其他国家和地区中，亚太地区（不包括日本）IT 服务外包发包市场 2007—2012 年五年复合增长率将达到 9.4％，拉丁美洲为 18.4％，中东和非洲为 10.8％，余下的其他国家和地区为 10.8％。在商务流程外包市场上，美国将继续保持世界最大发包市场的地位，2007 年其市场规模高达 920 亿美元（占全球商务流程外包市场份额的 59.1％），2012 年将达 1 380 亿美元的市场规模（占全球商务流程外包市场份额的 57.7％）。日本紧随其后，构成全球第二大商务流程外包市场，但在主要市场中五年复合增长率最低，仅为 5.7％。全球其他国家和地区中，亚太地区（不包括日本）商务流程外包 2007—2012 年五年复合增长率将达到 12.0％，拉丁美洲为 15.5％，中东和非洲为 13.2％，东欧为 12.7％。综合上述数据，在全球服务外包及其两个主要细分市场上，虽然亚太（不包括日本）和拉美等地区发展速度高于美国、日本和欧洲等传统市场，发展潜力很大，但离岸服务外包发包市场上发达国家的主导地位短期内不会发生根本性变化。

全球离岸服务外包的接包方则呈现从发达国家逐步向新兴和转型经济国家转移的梯次发展格局。离岸服务外包发展初期，外包的目的地主要是一些发达国家，如加拿大、爱尔兰和以色列等，这一发展阶段的离岸服务以近岸外包为主。进入 21 世纪后，随着离岸服务外包市场规模的扩大以及发展中国家基础设施的完善和服务水平的提高，发达国家开始将部分附加值较低的业务转移到印度、中国、菲律宾以及东欧和拉美的新兴经济体，服务外包的

---

① 本段所引用数据除标明其他来源的外，全部转引自埃森哲管理咨询公司 2008 年的《服务外包市场研究报告——中国与全球》中 Gartner 的预测。

全球化趋势日益明显。Gartner 更是指出，印度和中国在服务外包接包市场上已经形成了一个超级力量"Chindia"，这一力量将直接影响全球离岸服务外包的发展格局。

5. 离岸 IT 服务外包和离岸商务流程外包呈现不同的国际分工格局

离岸 IT 服务外包较多地表现为发达国家发包和发展中国家接包的"南北分工"形态。与"知识密集"的商务流程外包相比，大部分外包到发展中国家的 IT 服务业务具有"劳动密集"的特点。在软件外包中，发达国家的企业往往将系统分析和设计等附加值较大的高端环节留在国内完成，而将程序编码、系统调试和维护等附加值较低的环节外包给发展中国家的企业。这些发展中国家的劳动力成本远低于发达国家，将这些软件生产过程中劳动相对密集的环节外包能够有效降低软件的生产和服务成本。印度从上个世纪末到现在迅速发展成为全球离岸 IT 服务外包的首选地，一个最重要的原因就是拥有大量高素质但成本低廉的英语人才和技术人才。

离岸商务流程外包更多地呈现发达国家之间相互发包和接包的"北北分工"格局。在商务流程外包市场上，美国和欧洲等发达国家的企业不仅是最重要的服务发包方，同时也是主要的服务外包提供方。商务流程外包对管理诀窍、文化契合条件比较敏感，这在很大程度上构成了发展中国家承接离岸商务流程外包的门槛。一方面，发展中国家在管理经验上相对于发达国家存在很大劣势；另一方面，目前离岸商务流程外包的发包方以欧美发达国家的企业为主，大多数发展中国家与这些发达国家在文化上的契合性比较低。

9.2 外包与市场结构

9.2.1 外包对进入壁垒的影响

进入壁垒是一个产业重要的结构性特征，直接影响到产业竞争程度和市场绩效，构成市场结构的一个重要决定性因素。外包一方面影响在位企业的绝对成本优势、产品差异和企业网络等结构性壁垒，另一方面也使在位企业能够以较低的资源维持过剩的生产能力，形成了阻碍潜在进入者的策略性壁垒。

1. 外包增强了在位企业的绝对成本优势，提高了进入壁垒

外包有利于发包企业扩大规模，获得绝对成本优势。通过将非核心的生

产环节和区段外包，发包企业可以将释放出的资源投入关键生产环节和区段，突破了这些环节和区段对生产规模的限制。在位企业可以在资本量既定的前提下扩大生产，实现一体化生产方式下不能实现的巨大规模，获得绝对成本优势。潜在的进入者受初始资金投入、市场规模等方面的限制很难迅速扩张到与在位企业相匹敌的规模。

发包企业还可以通过与接包企业共享中间产品专业化生产的收益获得成本优势。接包企业通过外包专注于某一环节或某一部件，可以汇集若干个发包企业对该环节或部件的需求，将生产规模扩展到产业内任何一个一体化厂商所不能实现的水平。专业化生产显著降低了这些环节和部件的生产成本，而由此带来的成本节约则由发包企业和接包企业共享，进一步降低了在位发包企业的生产成本。新进入企业由于受外包网络所必需的信任、关系专用性投资和学习效应等因素限制，无法迅速找到合适的合作伙伴，在中间产品和部件采购上相对于在位企业也存在成本劣势。

2. 外包强化了产品的核心差异，提高了进入壁垒

产品差异是影响进入壁垒的一个重要因素，企业对市场的控制程度取决于产品差异化的成功程度。这里将外包分为效率提升型外包和资源获取型外包并分别分析其对产品差异的影响。效率提升型外包主要以节约成本、提升效率为目的，这类外包主要涉及产品生产过程中的支持性环节和部分重要但非关键环节。资源获取型外包直接以获取企业不具备的关键资源和能力并以此改变企业的竞争地位为目的，这类外包主要涉及产品生产过程中的关键环节和核心工序。当然，这种"两分法"主要是为了分析问题的方便而对现实进行的简化，实际上企业的外包活动并不像定义中那样"泾渭分明"，更多是两者兼而有之。

效率提升型外包在降低产品非核心差异的同时，间接强化了产品的核心差异。效率提升型外包主要针对产品和服务生产过程中的非核心环节和流程并以控制成本为主要目的，这些环节中体现出的差异对最终产品差异的影响有限。与这些环节相联系的支持性和辅助性业务外包基本上不会对产品差异产生影响。例如，一个家电厂商为降低运营成本将部分售后服务外包给其他企业，或者一家银行将其非核心的支票处理业务外包给一家金融服务公司。对于外包的部分重要业务，其中体现出的差异性往往也不是

构成最终产品差异性的主要方面，这里将这些差异称为非核心差异。以消费电子产业为例，制造环节虽然是重要业务，但最终决定产品差异并影响产品市场竞争力大小的因素不是制造环节，而是设计、营销和品牌等其他方面。效率提升型外包对产品核心差异的直接影响有限，但企业可以通过相关环节和流程的外包将释放出的资源和能力用于核心业务，强化产品的核心差异。耐克就是一个运用外包强化产品核心差异的例子，耐克的生产外包战略在弱化其产品实体功能差异的同时，增强了其他价值更高的差异，如品牌和技术上的差异。为强化这种核心差异，耐克将生产全部外包，并将释放出的资源转移到商标和专利的保护以及技术开发上。因为耐克坚信，品牌和专利技术是公司与竞争对手区分、公司产品与竞争对手产品区分的主要因素。

与效率提升型外包不同，资源获取型外包直接强化了产品的核心差异。在外包实践中，部分企业直接通过外包获取关键性的中间产品和服务，这些中间产品和服务直接影响到产品的核心差异。由于外包市场具有竞争性，直接建立在外包基础上的产品差异很容易因为竞争对手的复制和模仿而丧失，因此，这种基于外包的产品差异战略成功与否还受两个方面因素的影响。一是通过外包获取的战略性资源和能力能否与企业既有的资源和能力结合，并创造出新的难以被竞争对手模仿的资源和能力。一是发包企业与接包企业之间的关系是否能对其他竞争对手形成壁垒。

3. 外包网络能够阻碍新的进入，提高了进入壁垒

外包把内置式生产方式转变为网络型生产方式，形成了外包网络，其中包含的关系专用性投资、信任和学习效应等使得外包关系中的合作双方都不会轻易转换合作伙伴，能够有效地阻止新的进入，提高了进入壁垒。

接包企业与发包企业之间存在一定水平的关系专用性投资。格罗斯曼和赫尔普曼（Grossman and Helpman，2005）指出，外包是一种不完全契约治理下的活动，这种活动需要伙伴和关系专用性投资，意味着找到一个能够与之建立起双边关系的伙伴，并使这个伙伴作出关系专用性投资，以生产出能够适应公司特殊需要的产品和服务。外包网络中包含的关系专用性投资使合作双方对现有网络进行边际调整和改进相对容易，而对新进入者的成本则高得多。

外包网络中包含的信任关系限制了潜在的进入者融入外包网络的速度。

外包是一种不完全契约治理下的活动，由于外包契约的不完全性和关系专用性投资，机会主义行为很有可能伤害一方或双方的利益，虽然外包实践中创造了一些防范机会主义行为的制度安排，但信任仍然是外包网络得以维系和发展的重要因素。外包的网络式生产方式客观上要求各网络结点间拥有较高的信任，而信任需要通过较长时间频繁的交易才能形成和维持，这限制了潜在进入者融入外包网络的速度。

外包网络中包含的学习效应有类似于技术诀窍的作用，能够有效阻止潜在的进入者。外包双方稳定的合作关系通常需要经历一段时间的磨合期，这说明接包企业需要在磨合中了解不同客户各自具有差异化和个性化的需求，而发包企业也需要逐步适应和协调接包企业提供的产品与服务，这一包含学习效应的过程阻碍了潜在的进入。

4. 外包使在位企业能够以较低的成本维持过剩的生产能力，提高了进入壁垒

从博弈的角度分析，过剩的生产能力是在位企业设置的一种策略性进入壁垒。在位企业通过保持过剩的生产能力对潜在的进入者形成一种可置信的威胁，一旦进入发生，在位企业就可以凭借过剩的生产能力实施报复。这种策略性进入壁垒是以大量的资源占用为代价的，多数情况下，这部分剩余生产能力仅作为应对潜在进入的一种"引而不发"的威慑存在，不会带来直接的收益。在位企业将部分非核心生产环节和区段分离，仅保留关键生产环节和区段的剩余生产能力。新的进入发生时，在位企业可以利用外包网络迅速地将外包的生产环节与企业保留的关键生产环节组合，形成对潜在进入者具有威胁的生产能力。

9.2.2 外包对市场集中度的影响

1. 外包提高了进入壁垒，使市场出现集中趋势

进入和进入壁垒在决定厂商数量与厂商规模分布中起着"中枢作用"，是影响市场份额和市场集中度的决定性因素（杨蕙馨，2007）。根据前述分析，外包形成了阻碍潜在进入者进入的结构性壁垒和策略性壁垒，提高了市场集中度，使市场出现集中趋势。

消费电子产业是全球范围内外包发展比较充分的产业，其中以手机和个

人电脑最为典型。根据 Gartner 历年 Press Release 数据（见图 9—2），从 1997
年到 2009 年手机市场前五位厂商（TOP5）的市场份额从 68.80% 上升到
75.3%，而在 2000—2009 年进入 TOP5 的只有诺基亚、摩托罗拉、爱立信、
三星、LG 和西门子六家厂商，期间也没有任何足以使 TOP5 市场份额发生根
本性变化的并购行为发生，这一事实足以说明手机市场很高的市场集中度是由
企业并购行为之外的其他因素导致的。同一时期个人电脑市场前五位厂商
（TOP5）的市场份额从 1997 年的 37.80% 上升到 2009 年的 57.70%，累计上升
了 18.90 个百分点，而单纯由企业并购引发的市场集中度的提高不足 8 个百分
点。[1] 也就是说，这期间并购之外的因素使个人电脑市场 TOP5 的市场份额
上升了约 10 个百分点。根据表 9—3，手机厂商所在的无线电、电视和通信
设备产业在 1995 年、2000 年和 2005 年三个年度外包水平均在 20% 以上，
属外包水平最高的一组；而个人电脑厂商所在的办公、会计和计算设备产业
在 1995 年、2000 年和 2005 年三个年度外包水平更是在 25% 以上，是制造
业部门外包水平最高的产业。这两个产业外包水平与其市场集中度的对比是
上述外包影响市场进入壁垒并进而影响市场集中度的一个佐证。

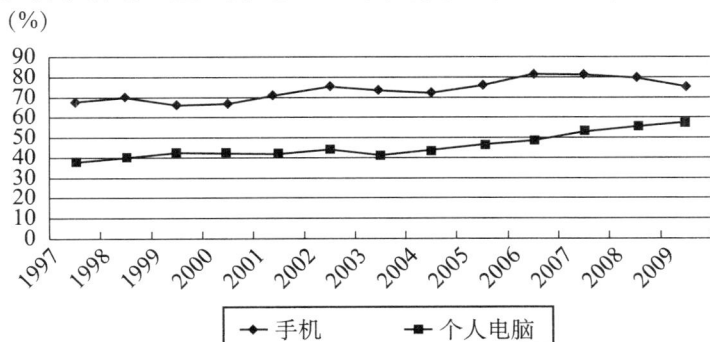

图 9—2 1997—2009 年全球手机和个人电脑 TOP5 市场份额
资料来源：根据 Gartner 历年 Press Release 数据绘制。

---

① 以合并前一年 TOP5 的市场份额，加上合并前一年被并购方的市场，减去该年度合并前 TOP5
的份额，推算并购对市场集中度的影响，TOP5 的这些并购活动累计使 TOP5 市场份额上升了大约 7.8
个百分点：1999 年 Packard Bell NEC 和 NEC 电脑部门的合并使 TOP5 市场份额上升了约 2 个百分点；
2002 年惠普收购康柏使 TOP5 市场份额上升了约 2.7 个百分点；2006 年联想对 IBM 个人电脑部门的收
购使 TOP5 市场份额上升了约 1.3 个百分点；2007 年 Acer 对 Gateway 与 Packard Bell 的收购使 TOP5 市
场份额上升了约 1.8 个百分点。

2. 外包改变了企业的最优规模，影响市场集中度

特定产品生产过程中不同工序和流程的最佳规模存在差异，一体化的生产方式需综合考虑各个生产环节，以获得整体上的最优规模。根据新古典经济学的分析，企业整体的最优规模是在其长期平均成本（LAC）的最低处，而长期平均成本曲线是一条 U 形曲线，企业通过外包将部分生产环节剥离之后，必然使这条曲线的形状发生变化，影响企业最优规模的选择。如果由剥离前一体化企业总体最优规模决定的外包环节的生产规模小于这些环节的最优规模，则剥离后企业长期平均成本曲线的最低点向左移动，有可能使企业的最优规模缩小；反之，则会使企业的最优规模扩大。企业最优规模的变化会使企业市场份额发生变化，影响市场集中度。

9.2.3　外包对企业边界的影响

生产组织方式的变化会引起外包网络中企业边界的变化，外包使企业纵向边界趋于缩小，同时模糊了传统的企业边界。

1. 外包使企业纵向边界趋于缩小

根据交易费用经济学的分析，企业与市场是两种不同但可以相互替代的资源配置手段，使用哪种手段配置资源，取决于企业组织交易的成本和市场组织交易的成本之间的比较，企业在其内部组织交易的成本等于通过市场完成一笔交易的成本，或者等于由另外一个企业组织这笔交易的成本时，就会停止扩张（Coase，1937）。威廉姆森（Williamson，1967）进一步指出，不确定性、交易频率和资产专用性决定了交易成本水平，影响企业边界与组织规模的变化。交易不确定性越大，交易频率越高，资产专用性越强，交易成本越高，越需要内部化。沿着威廉姆森的分析框架，分别从以下三个方面分析外包对交易成本和企业边界的影响。首先，交易不确定性由交易双方的有限理性和机会主义倾向所致，其中价格的不确定性对交易成本影响最大，而外包能够以长期契约的形式降低价格不确定性。相对于即时的市场采购，发包方一般会倾向于采用相对稳定的价格政策，通过公开标出价格并保持相对稳定来消除供应商对可能的价格机会主义的担忧，这样的安排可能对市场上供求的短暂变化不作出反应，仅当根本性的供求条件已经持续变化一段时间后才会发生变化。其次，外包将一系列的市场交易整合为一个长期契约，显

著降低了交易频率。根据 Gartner（2008）的数据，大额服务外包合同期限一般都在 5 年以上，2008 年全球最大的 20 个服务外包合同平均合同期限为 7.65 年，且只有一个合同执行期限低于 5 年，最长合同年限达 15 年。最后，与不确定性和交易频率相比，资产专用性对企业边界的影响更为直接。外包实践成功创造了一些限制资产专用性引发的机会主义行为的措施，如在外包合同中规定发包方需预先向接包方支付部分资产专用性投资，或外包双方共同投资于专用性资产等。这些保障性措施能够降低外包中专用性资产引发的机会主义行为，降低了交易成本。可见，外包显著降低了不确定性、交易频率和资产专用性对市场交易成本的影响，使企业纵向边界趋于缩小。

从分工的角度，将特定产品生产过程分解为不同工序和区段的技术分工是外包的基础，外包则是技术分工的企业间实现形式。也就是说，外包是企业根据其资源能力特征和战略定位专注于价值链上特定的环节和区段，同时剥离不具备竞争优势的环节，这种剥离缩小了企业的纵向边界。在 20 世纪 30 年代，福特的巨型工厂 River Rouge "在一端吃进焦炭和矿石，在另一端吐出轿车"，那个时代福特公司几乎完全控制了汽车生产和制造的原料来源与运输，如矿石和煤炭原料从大湖附近的矿山水运而来，然后通过热处理、仿形、铣削、冲压、焊接、抛光、喷漆和总装等数百种工艺过程，最终转换为汽车。与之形成对比的是，上个世纪 80 年代丰田公司建立在外包基础上的"多层次生产方式"则将同样的工艺过程分解到三个层次几万个企业（卢锋，2007）。汽车厂商生产方式的这种变迁生动地体现了外包对于企业纵向边界的影响。

2. 外包使传统的企业边界趋于模糊

传统企业边界理论建立在科斯"非市场即企业"的两分法基础上，但是，最近的研究普遍认为，以这种两分法来分析交易和组织显得不够深入与细致。在企业与市场之间存在着诸多中间性的协调经济活动的制度形式，即中间性组织（杨蕙馨、冯文娜，2008）。外包本质上是一种市场机制，但外包关系中所包含的长期契约和信任等要素却使合作双方之间的调适具有接近企业内部调适的灵活性。从这一点来看，外包是一种中间性组织形式，这种中间性组织形式的普遍发展使传统的企业边界趋于模糊。

外包网络中企业边界模糊化的发展趋势也可以从企业能力边界的变化得

到反映。企业能力边界存在着深度和广度两个维度。能力边界的深度是指企业对某一项核心能力的运用程度和水平，从纵向方面反映了企业的竞争优势；能力边界的广度是指企业内部拥有的核心能力的种类，从横向方面反映了企业的竞争优势（曾楚宏、林丹明，2005）。企业通过外包剥离与核心能力关联度低的资源和能力，并将释放出的资源和能力集中于最具优势的核心业务上，在深化了企业能力边界深度的同时，缩小了企业能力边界的广度。但是，发包企业能够通过外包获取传统企业边界之外其他企业具有优势的能力，模糊了传统的企业能力边界。从这个角度看，外包在深化能力边界深度的同时，扩展了能力边界的广度，使能力边界在广度和深度上实现了均衡。

9.3 外包与企业竞争行为

9.3.1 外包与企业价格行为

根据前面的分析，外包提高了市场集中度，使市场上出现主导厂商。外包带来的规模经济效应影响主导厂商的定价策略，限制性定价策略和掠夺性定价策略更有可能被主导厂商使用，以阻止潜在竞争者的进入，防止从属厂商的扩张。

1. 外包与限制性定价

限制性定价是主导厂商为维持其主导地位而采取的一种策略性行为，既可以针对潜在竞争者的进入，也可以针对在位的从属厂商的扩张。一方面，限制性定价通过影响潜在竞争者对进入市场后利润的预期影响潜在竞争者的进入决策；另一方面，在限制性定价确定的价格水平上，从属厂商根据自身边际收益等于边际成本原则决定最优产量，如果从属厂商不具备价格优势，就很难扩大市场份额（杨蕙馨，2007）。外包通过规模经济效应扩大了主导企业的价格优势，影响限制性定价策略的有效性。

首先，根据前述对外包发展的产业差异及其影响因素的分析，外包水平高的产业往往具有较大的市场规模，存在较明显的规模经济效应。一方面，只有在市场规模较大的产业中，限制性定价策略才有实施的价值，如果市场容量较小而生产成本较高，即使主导厂商的定价高于竞争性价格，也不会吸引小厂商进入。另一方面，较大的市场规模使主导厂商能够利用规模经济获取成本上的优势，这是实施限制性定价策略的前提条件。

其次，外包强化了主导厂商的成本优势，扩大了限制性定价可选的价格空间。主导厂商通过外包获得规模经济和专业化生产利益，与潜在竞争者和产业内从属厂商相比，其产品生产成本优势更大。主导厂商的成本优势越大，越有可能将限制性定价维持在一个较低的水平，限制性定价策略就越有效。

2. 外包与掠夺性定价

掠夺性定价是指主导厂商为了把竞争对手从市场上赶走而制定一个暂时性低价的做法，这种定价策略的成功实施需要掠夺方厂商具备比竞争对手更明显的竞争优势（杨蕙馨，2007）。外包通过影响厂商的规模和成本优势影响企业的掠夺性定价决策。

产业内主导厂商通过外包和专业化生产能够实现潜在进入者和从属企业不能达到的规模，从而降低了产品生产成本。通过将原来多个一体化企业内部类似的生产区段和环节集中到一个企业完成，外包能最大限度地发挥规模经济和专业化生产优势。主导厂商通过外包实现的规模和成本优势使其能够承受更长时间、更大幅度的亏损，保证了掠夺性定价策略的实施效果。

9.3.2 外包与企业非价格行为

1. 外包与研发和广告

研发和广告是企业最重要的两种非价格行为，外包对这两种非价格行为的影响主要体现在两个方面。首先，外包提高了研发和广告对企业获取与维持竞争优势的重要性。根据前述分析，外包降低了产品和服务在生产环节上的差异性。[①] 企业为获得和维持持续竞争优势，转而寻求技术和品牌的差异性，并把这两个方面的差异性作为产品的核心差异，而技术和品牌的差异性主要通过企业的研发和广告实现。其次，通过非核心业务外包，企业可以将资源更多地集中到研发和广告活动上。外包将原来在非核心业务上低效率使

---

① 这里的生产是狭义的生产概念，特指产品制造和服务提供环节。

用的资源重新配置，投入研发和广告，使技术和品牌竞争的重要性超越成本竞争，成为决定企业市场地位的关键因素。

2. 外包与标准竞争

外包及其模块化的生产方式客观上推动了企业之间的标准竞争。经济全球化和知识经济条件下，企业之间标准的竞争越来越激烈，成为与价格和品牌竞争同等重要的竞争战略。外包网络中主导企业一方面致力于强化核心环节和流程的竞争力，另一方面通过标准竞争取得整个外包网络的控制权。外包网络中的主导企业负责制定和发布标准化的设计规则，接包企业在遵循该体系结构、接口标准的情况下进行某个或多个模块的设计，最后由主导企业组装和测试。以外包为主要特征的温特制生产组织方式的核心就是围绕产品标准在全球范围内配置资源，形成标准控制下的产品模块生产与组合，标准制定者在与模块生产者的分工合作过程中，完成以双赢为基础的标准控制。温特制生产组织方式以产品标准和全新的商业游戏规则为核心，控制并整合全球资源，使产品在最能被有效生产出来的地方以模块化的方式进行组合，降低了成本，提高了质量，增强了企业核心竞争力（刘春生，2008）。利用CNKI（中国知网）提供的中国国家标准全文数据库，对 1990—2009 年 20年之间的中国国家标准进行统计，统计结果可以从一个侧面反映企业之间标准竞争的情况（见表 9—8）。[①]

企业之间的标准竞争往往沿着以下方式进行：在产品引入期，企业通过研发和市场推广使自己的标准成为产品主导标准；在产品逐步走向成熟的过程中，在标准竞争中胜出的企业通过外包将价值低的环节剥离，同时获取规模经济优势。标准竞争具有网络效应和正反馈机制，企业间的标准竞争具有"赢者通吃"的特性，标准竞争中的胜出者能够将初始阶段的微弱优势迅速转化为压倒性优势（薛红志，2007）。全球范围内愈演愈烈的"标准战"从侧面说明了标准竞争的重要性，在知识和技术密集型企业表现得尤为突出。美国高通公司已经在 CDMA 领域拥有 1 400 多项专利，并使其标准成为移动通信的国际标准，使该公司拥有事实上的技术垄断。

---

① 这些国家标准中有相当一部分并不是由企业推动实施的，所以只能部分地反映企业间技术标准竞争情况。

表 9—8				1990—2009 年中国国家标准统计		单位：件
产业[a]	全部标准[b]		现行标准	标准增长率	标准更新率[c]	
	1990 年	2009 年	2009 年	1990—2009 年（%）	1990—2009 年（%）	
化工	2 175	4 151	2 619	90.85	35.91	
冶金	1 702	3 300	1 942	93.89	41.15	
机械	2 164	4 363	3 008	101.62	31.06	
电工	1 077	3 256	2 007	202.32	38.36	
电子元器件与信息技术	697	2 136	1 749	206.46	18.12	
通信、广播	287	775	651	170.03	16.00	
仪器、仪表	268	908	688	238.81	24.23	
建材	555	1 262	726	127.39	42.47	
公路、水路运输	67	356	250	431.34	29.78	
铁路	97	166	105	71.13	36.75	
车辆	273	738	497	170.33	32.66	
船舶	378	747	482	97.62	35.48	
纺织	385	1 132	672	194.03	40.64	
食品	560	1 584	1 135	182.86	28.35	
轻工、文化与生活用品	528	1 915	1 155	262.69	39.69	

说明：a. 这里仅列出与传统制造业领域相关的国家标准，剔除了农林业、医药卫生和劳动保护、矿业、石油、能源和核技术、土木建筑、航空航天、环境保护等类别。

　　　 b. 为准确反映标准的历史发展情况，这里的全部标准数据包括现行标准、已作废标准、被替代标准、废止转行标和即将实施的标准；

　　　 c. 标准更新率＝［1－（2009 年现行标准÷2009 年全部标准）］×100%。

资料来源：根据 CNKI（中国知网）中国国家标准全文数据库统计整理。

9.3.3 外包与外国直接投资

　　产品内分工以产品生产的工序和区段为基本分工对象，这种分工形态对分工体系中各方之间协调合作的要求超出以往任何分工形式，纯粹的市场协调已不能适应。通过长期契约协调的全球外包生产网络和利用产权关系协调的跨国公司内部生产网络成为国际范围内产品内分工的主要实现形式。其中，外包是企业间产品内分工的主要形式，而外国直接投资（FDI）则是企业内产品内分工的主要实现形式，可以预见，离岸外包的发展对 FDI 有一定的替代效应。根据格罗斯曼和赫尔普曼（Grossman and Helpman，2003）的研究，专业化生产相对于一体化生产的成本优势扩大、产业的规模扩大和当地契约环境的改善都会使最终产品生产者倾向于选择外包作为从国外获取中间投入的方式，这是影响外包与 FDI 之间选择的主要因素。经济全球化从专业化生产效率优势、产业规模和契约环境三个方面影响外包对 FDI 的替代程度。

首先，经济全球化带来的市场范围扩大推动了分工细化和专业化程度的提高，扩大了专业化生产相对于一体化生产方式的效率优势。经济全球化条件下市场规模空前扩大，根据斯密定理，由于规模经济的存在，更大的市场范围扩大了专业化生产的效率优势，加强了企业间分工对企业内分工的替代。

其次，经济全球化扩大了产业规模，降低了外包双方相互搜索、寻求合作的成本，提高了配对成功的概率。格罗斯曼和赫尔普曼（Grossman and Helpman，2005）指出，外包意味着找到一个能够与之建立起双边关系的伙伴，并使这个伙伴作出关系专用性投资，以生产出能够适应发包企业特殊需要的产品和服务，然而这种寻找和配对过程是有成本的，并且不一定能成功。产业规模扩大强化了专业化生产相对于一体化生产的成本优势，更重要的是，其他情况相同的条件下，产业规模的扩大降低了外包双方搜索、寻求合作的成本，提高了外包合作成功的可能性。一方面，产业规模扩大引起中间产品生产者密度增加，发包企业更愿意在一个较稠密的市场中搜索合作伙伴，因为在这样的市场中更有可能找到适合自己需要的、拥有专门技术的合作伙伴；另一方面，市场密度越高，接包企业的现有技术与发包企业特定要求之间的距离越小，接包企业定制化其产品和服务以适应最终产品供应商需要所耗费的成本越低，外包成功的概率越高。

最后，经济全球化的深入改善了契约环境，降低了监督和协调的成本。经济全球化条件下，多边贸易规则自由化进程的推进和许多国家发展战略的开放取向都显著改善了契约环境，降低了外包特别是离岸外包的交易成本。另外，契约环境还直接影响发包企业使其合作伙伴进行关系专用性投资的能力。根据格罗斯曼和赫尔普曼（Grossman and Helpman，2005）的理论模型，在不完全契约环境下，中间投入生产者只有在其具有关系专用性的定制化投资能够得到完全补偿时才会进行投资，外包才能实现。这种投资通过两种方式得到补偿：一是合约中规定的预先支付，即最终产品生产者承担的那部分定制化投资；二是从最终产品生产者那里分得的剩余收益，也就是这种投资带来的期望收益。只有当两者之和能够弥补其定制化投资的成本时，中间产品供应商才会进行充分的初始投资。上述两种补偿方式的可实现性都取决于契约的可验证程度，契约环境越好，契约的可验证程度就越高，关系专用性投资就越有可能发生，外包就越有可能实现。

9.4 外包与市场绩效

9.4.1 外包对产业资源配置效率的影响

1. 外包淘汰了低效率企业，提高了一个国家或地区内的资源配置效率

外包需要一定的固定投入，而效率低的企业不能实施外包。在与那些外包企业的竞争中，低效率企业由于不具备效率和成本的优势将被淘汰，资源将被重新配置到效率高的企业，提高了一个国家或地区内的资源配置效率。

2. 离岸外包立足全球，根据生产环节和区段的要素要求配置资源，提高了全球范围的资源配置效率

产品生产过程中不同生产环节和区段对投入要素的要求不同，在技术和其他条件允许的情况下，把不同的生产环节和区段拆分到要素具有比较优势的国家和地区进行，能够优化资源配置，提高资源配置效率。离岸外包将原来产业或产品层次的国际分工推进到产品内部生产的工序、区段、环节和流程层面上的分工，由此带来的分工和交换的深化拓展了国际分工的范围与深度，使不同的国家和地区可以根据自身相对优势以生产环节或区段为对象配置资源，这种资源配置的精细化开辟了生产力提升和经济增长的新源泉，提高了全球范围内的资源配置效率。

9.4.2 外包对产业技术进步的影响

外包对产业技术进步的影响主要体现在外包网络整体的分工效应、发包方获得的资源集聚效应和接包方获得的技术外溢效应三个方面。

1. 外包网络整体的分工效应

亚当·斯密指出，分工之所以提高劳动生产率，一个很重要的原因就是分工能导致许多简化劳动和缩减劳动的发明，也就是说，分工促进了技术进步。劳动过程的细分和专业化使操作逐渐趋于简单和单调重复，注意力集中

在更窄的生产领域，使得生产工具和工序、操作技艺的改进等技术创新变得相对容易。虽然斯密强调的分工是生产组织内部的简单劳动分工，而外包所依赖的分工则是市场协调的复杂劳动分工，但外包导致的专业化生产确实加速了经验积累和技能改进，为技术进步创造了条件。

2. 发包方获得的资源集聚效应

发包方获得的资源集聚效应体现在企业和产业两个层面。从企业层面看，一方面，外包可将原来在非核心业务上低效率使用的资源重新配置，投入企业研发和创新活动上，通过将一些次要活动外包，发包方可以集中精力进行创新活动，促进企业和产业的技术进步；另一方面，发包方通过外包可以接触到更多的技术资源，可以获得内部资源不能实现的技术，生产出更多的创新产品（荆林波，2005）。从产业层面看，外包使发包方市场出现了集中的趋势，直接导致了产业内主导企业的出现。主导企业具有足够的动力和资源组织高风险的研发活动，有利于产业技术进步。

3. 接包方获得的技术外溢效应

为使接包企业能够按照既定的标准提供产品和服务，发包企业往往会将部分技术转移给接包方，为技术扩散提供了可能。当然，接包方所处国家的市场规模、贸易政策、技术水平等都影响着技术扩散程度。发包企业还会派工程技术人员到接包企业，帮助接包企业提高技术水平。接包企业通过外包与产业内领先企业密切接触，能够获得有关产品设计、生产技术、质量控制与物流程序等方面的信息反馈，促进了技术提升。

9.4.3　外包对消费者福利的影响

1. 与一体化的生产方式相比，外包降低了生产成本，增进了消费者福利

离岸外包从规模经济和比较优势两个方面降低了产品生产成本，节约了消费者的支付，增进了消费者福利。

首先，外包生产方式具有规模经济和专业化生产的优势，有利于降低产品生产成本。一方面，外包通过专业化生产能够实现一体化企业不能达到的规模，能够最大限度地发挥规模经济优势，降低产品生产成本。IT服务和商务流程服务需要一定数量的专业人员组成团队提供，如果仅限于为本企业

内部提供服务，则难以实现规模经济。反之，如果通过服务外包由专门的服务提供商提供，则有可能通过规模经济大幅度降低成本。另一方面，外包能够实现产品生产环节和区段层面上的规模经济，降低生产成本。产品内分工把具有不同最佳规模的工序分布到不同区位的生产单位进行，能够同时实现更多工序的最佳规模，有可能节省成本和创造利益（卢锋，2004）。特定产品生产过程中不同工序和流程的最佳规模可能存在差异，在市场规模不受限制的前提下，一体化的生产方式选择企业整体的生产规模时，需综合考虑各个生产环节的最优规模，以使其总的长期平均成本（LAC）降低，不可能同时实现多个工序的最佳规模。基于产品内分工的外包能够实现工序和环节层次上的最佳规模，进一步挖掘产品成本降低的潜力。

其次，外包能够发挥比较优势，降低成本。产品生产过程中不同工序和流程投入要素的要求不同，在技术和其他条件允许的情况下，把不同的生产环节和区段拆分到要素具有比较优势的国家和地区完成，能够优化资源配置，降低成本。例如，在美国一个数据录入员的时薪为 20 美元左右，而在印度则不到 1 美元，一个软件编码和测试人员在美国的时薪为 20—30 美元，而印度只要 2—3 美元。这种人力资本上的相对优势，是印度近 10 年来离岸外包蓬勃发展的主要原因之一。具备劳动力比较优势的国家可以集中发展各个产业中劳动密集的生产环节，拥有技术和资金优势的国家则集中发展各个产业中技术和资金密集的环节。但是，发展中国家要想真正提升本国企业和整个国家的竞争力，绝对不能满足于只集中在劳动密集型的环节和工序上，必须努力提升自主创新能力。

2. 与纯粹的价格机制相比，外包降低了交易成本，增进了消费者福利

经济全球化条件下，企业面临的市场范围空前扩大，交易内容和频率也发生了根本性的变化，这些因素使得契约谈判的难度更大，企业面临的机会主义风险增大，关系专用性资产投资水平下降，总体交易成本提高。在这种条件下，外包应对复杂协调的成本远低于纯粹价格机制，有助于改善消费者福利。

9.5　小结

本章主要分析了经济全球化条件下外包发展的新趋势，并以此为基础探

讨了外包对市场结构、企业竞争行为和市场绩效的影响。

主要结论有：

第一，经济全球化条件下外包已经成为一种新的全球生产组织方式。经济全球化条件下外包的离岸化发展趋势日趋明显，但不同国家和地区、不同部门离岸外包发展不平衡。在微观层面，外包已由部分跨国公司的战术考虑发展为众多企业的一种长期发展战略；在宏观层面，外包已成为推动国际生产网络形成和发展的主要力量之一。经济全球化条件下外包特别是离岸外包对全球范围内企业间的分工和协作关系产生了深远影响，已经成为一种新的全球生产组织方式。

第二，经济全球化条件下外包的迅速发展对市场结构产生了深刻影响。外包影响了在位企业的绝对成本优势、产品差异和外包网络等结构性壁垒，也使得在位企业能够以较低的资源维持过剩的生产能力，形成了阻碍潜在进入者的策略性壁垒。外包导致市场进入壁垒和企业最优规模的变化，使市场出现集中趋势。作为一种新的全球生产组织方式，外包使企业纵向边界趋于缩小的同时，模糊了传统的企业边界。

第三，经济全球化条件下外包的发展也引起了企业行为的变化。限制性定价策略和掠夺性定价策略更有可能被主导厂商使用，以阻止潜在竞争者的进入和防止从属厂商的扩张。外包的发展进一步提升了研发、广告和产品标准在竞争中的重要性，非价格竞争已经逐步发展成为与价格竞争同等重要的竞争战略。外包对 FDI 存在替代效应，而经济全球化的深入则从专业化生产优势、产业规模和契约环境三个方面提高了外包对 FDI 的替代程度。

第四，经济全球化条件下外包的发展必然影响到市场绩效。外包淘汰了低效率企业，提高了一个国家或地区内部的资源配置效率，同时，立足全球根据生产环节和区段的要素要求配置资源，提高了全球范围的资源配置效率。外包通过外包网络整体的分工效应、发包方获得的资源集聚效应和接包方获得的技术外溢效应推动了产业技术进步。经济全球化条件下外包兼有交易成本节约和专业化生产的效率优势，增进了消费者福利。

第 3 篇

政策与对策篇

第 10 章

经济全球化条件下竞争政策的新动向及国际协调

　　20 世纪 80 年代以来，伴随着经济全球化进程的加快，国际竞争环境发生了重大变化。企业经营活动跨越国界，企业的市场范围不再限于本国或本地区，而是扩展到本国或本地区之外的多个国家或地区。市场范围的变化改变了市场进入壁垒，各国企业之间的竞争日趋激烈，部分产业市场结构呈现明显的寡头垄断特征。跨国经济活动规模的扩大使许多国家尤其是发达国家的跨国公司不断运用各种手段在国际市场上确立和扩大垄断地位，进而在一些产业形成垄断势力。国际市场上愈演愈烈的垄断对全球经济发展和"全球福利"造成了严重的损害，特别是对发展中国家经济发展构成了严重的障碍，因此，各国政府不得不将反垄断的范围由国内市场扩展到国际市场，不得不将反垄断的对象由国内企业扩展到国外企业。

　　面对经济全球化浪潮，世界各国纷纷调整竞争政策[①]，并积极开展国际合作，以维持良好的市场竞争秩序。在 20 世纪 80 年代末，世界上大约只有 20 个国家有竞争法，而目前全球出台竞争法的国家已超过 100 个。在竞争法律和政策大量涌现的同时，竞争政策的国际合作日益增强，各主要经济体之间在竞争政策领域已签订了 20 多个双边和多边协议，大大推动了竞争政策的国际化进程。本章主要分析经济全球化背景下主要经济体竞争政策的新

---

　　① 竞争政策通常被认为是一国产业组织政策的核心内容。达姆诺（Damro，2006）认为，所谓竞争政策是指旨在确保市场竞争不受限制或不被扭曲的一系列政府规制活动，包括合并审查、卡特尔和垄断政策等。需要说明的是，关于"竞争政策"一词，各国称谓并不相同。欧盟一般称作竞争政策，美国通常称作反托拉斯政策，而中国习惯上称作反垄断政策。

动向以及在竞争政策领域实现国际协调的各种努力和成效。具体内容安排是：首先概括分析三个主要经济体——欧盟、美国、日本竞争政策的新动向，其次探讨竞争政策的国际协调机制和可能途径，最后得出基本结论。

10.1　欧盟竞争政策的新动向

　　竞争是市场经济的基本机制。竞争鼓励企业提供消费者所需要的产品，创新技术并推动价格降低。有效竞争需要既相互独立又感受到竞争压力的供应商。欧盟竞争政策的目的是促进竞争、创立一个超越国界的单一市场和推动经济一体化进程。

　　欧盟竞争政策的基础是 1957 年的《欧洲经济共同体条约》①。该条约的第三条 g 款确定了欧洲共同体②（以下简称"欧共体"）的目标之一是"建立确保在共同市场内竞争不被扭曲的体系"，第 85—94 条具体阐述了欧共体的竞争规则。1997 年《阿姆斯特丹条约》③签署后，条约的序号发生了变化，由原来的第 85—94 条改为第 81—89 条，但竞争规则的内容并没有变化。2009 年《里斯本条约》④生效后，条约的序号再次改变，由原来的第 81—89 条改为第 101—109 条，除删除了"建立确保在共同市场内竞争不被扭曲的体系"这一目标外，内容仍无实质变化。除此之外，欧盟的竞争政策还包括欧盟理事会和欧盟委员会制定的有关竞争规则方面的条例、决议、

---

　　①　1957 年 3 月 25 日，法国、联邦德国、意大利、荷兰、比利时和卢森堡 6 国的政府首脑和外长在意大利的罗马签署《欧洲经济共同体条约》和《欧洲原子能共同体条约》。这两个条约统称为《罗马条约》，同年 7 月 19 日—12 月 4 日，6 国议会先后批准了《罗马条约》，条约于 1958 年 1 月 1 日生效，该条约的生效标志着欧洲经济共同体正式成立。

　　②　欧洲共同体是欧盟的前身。1991 年 12 月欧共体马斯特里赫特首脑会议通过《欧洲联盟条约》。该条约分为两部分，一部分是《经济与货币联盟条约》，另一部分是《政治联盟条约》，通称《马斯特里赫特条约》（简称《马约》）。1993 年 11 月 1 日《马约》正式生效，欧盟正式诞生。根据《马约》，《欧洲经济共同体条约》被修改为《欧洲共同体条约》。

　　③　《阿姆斯特丹条约》全称为《修改〈欧洲联盟条约〉、建立欧洲各共同体诸条约和某些相关法案的阿姆斯特丹条约》。1997 年 10 月 2 日，欧盟 15 个成员国的外交部长在荷兰的阿姆斯特丹正式签署该条约，1999 年 5 月 1 日，条约正式生效。

　　④　《里斯本条约》是在原《欧盟宪法条约》的基础上修改而成。2007 年 12 月 13 日，欧盟各成员国首脑在葡萄牙首都里斯本签署，随后交由各成员国批准。经全部 27 个成员国批准后，该条约于 2009 年 12 月 1 日正式生效。它修订了两个基础条约——《欧洲联盟条约》和《欧洲共同体条约》，后一条约转变为《欧洲联盟运行条约》。

通告和指南等。另外，欧盟委员会的裁决以及欧盟法院的判决也是竞争政策的组成部分。

欧盟委员会竞争总司具体负责竞争政策与法律的实施，同时欧盟委员会有一名专门负责竞争事务的委员。目前，委员会竞争总司下设 9 个司：政策与战略司（A 司）；能源与环境司（B 司）；信息、通讯与传媒业司（C 司）；金融服务业司（D 司）；基础工业、制造业和农业司（E 司）；交通运输、邮政与其他服务业司（F 司）；卡特尔司（G 司）；国家援助司（H 司）；注册与资源司（R 司）。各个产业司（B、C、D、E、F 司）具体负责相关产业的反托拉斯、国家援助与合并案件。2004 年，在竞争总司机构改革之后，在复杂案件中引入了独立的首席经济学家（Chief Competition Economist），从而加强了对案件的经济分析。竞争总司现有 900 多名正式员工。

在欧盟，除了欧盟层面的竞争立法和竞争主管机关之外，各成员国也有相应的立法和主管机构。欧盟竞争法的效力高于其成员国竞争法。成员国竞争法不得与欧盟竞争法相抵触，否则该成员国竞争法相关规定无效。欧盟竞争法和其成员国竞争法管辖的范围不同。仅当有关反竞争行为影响到成员国之间的贸易时，才属于欧盟竞争法管辖的范围，欧盟委员会具有非他管辖权；某些情况下，欧盟委员会与成员国的竞争主管机关和法院均可实施管辖权；而那些影响只限于成员国内部的反竞争行为，如对欧共体共同大市场并无影响，则仅属于其所在成员国的竞争法的管辖范围。

欧盟竞争政策主要包括四个方面：反托拉斯与卡特尔、合并控制、自由化和国家援助控制，这四个方面通常被视为欧盟竞争政策的四大支柱。

10.1.1　反托拉斯与卡特尔

欧盟的反托拉斯政策主要体现在《欧洲联盟运行条约》的两项禁止性条款中。

《欧洲联盟运行条约》第 101 条（原《欧洲经济共同体条约》第 85 条，《欧洲共同体条约》第 81 条）第 1 款规定，一切可能影响成员国之间贸易，以阻止、限制或扭曲竞争为目的或产生此结果的协议、决定或协同行为都应被视与内部市场不相容而被禁止，主要包括：（1）直接或间接地固定买价、卖价或贸易条件；（2）限制或者控制生产、市场、技术开发或投资；（3）分割市场或供给来源；（4）对相同交易的不同交易对象应用不同交易条件，致使交易对象处于竞争劣势；（5）订立合同时，要求对方接受与合同标的无关的附加条件。同时，第101条第3款规定，如果企业间的协议、决定或协同行为有利于提高产品的生产或销售，或者能促进技术或经济进步，并且允许消费者分享所带来的收益，同时不会为达到上述目的而限制竞争，也没有在受波及的一大部分产品中消灭竞争的可能性，则委员会可以宣布不适用第101条第1款。

《欧洲联盟运行条约》第102条（原《欧洲经济共同体条约》第86条，《欧洲共同体条约》第82条）规定，禁止任何在内部市场内通过滥用市场支配地位可能影响成员国之间贸易的行为，滥用行为主要包括：（1）直接或间接强迫接受不公平的购买或者销售价格，或者其他交易条件；（2）限制生产、销售或者开发新技术，损害消费者的利益；（3）对相同交易的不同交易对象应用不同交易条件，致使交易对象处于竞争劣势；（4）订立合同时，要求对方接受与合同标的无关的附加条件。

欧盟委员会被授权实施上述禁止性条款并享有调查权（包括调查商业和非商业场所，书面要求提供信息等）。同时，还可以对违反欧盟反垄断规则的企业处以罚款。从2004年5月1日起，各成员国竞争机构也有权实施条约中的相关规定，以保证竞争不被扭曲或限制。各国法院也可以实施上述条款以保护条约赋予欧盟国民个人的权利。

《欧洲联盟运行条约》第103条（原《欧洲经济共同体条约》第87条，《欧洲共同体条约》第83条）第1款规定，由欧盟理事会根据欧盟委员会的建议，并在咨询欧洲议会后，制定实施第101条和第102条的条例或指令。这些条例和指令主要包括：《关于实施条约第81、82条竞争规则的第1/2003号理事会条例》和《关于根据欧共体条约第81、82条调查程序的第773/2004号委员会条例》等。

关于反垄断案件中罚金的确定方法，欧盟委员会先后于1998年1月和2006年9月发布了《依据第17号条例第15（2）条和〈欧洲煤钢共同体条约〉第65（5）条适用罚金的方法指南（98/C 9/03）》和《依据第2003/1号条例第23条（2）（a）条适用罚金的方法指南（2006/C 210/02）》。

反卡特尔行动是一种特定类型的反托拉斯执法。卡特尔是一种由生产类似产品的竞争者之间为固定价格、限制供应量和/或分割市场而达成的非法秘密协议。该协议可以采取多种形式，但通常与以下各方面相关：销售价格或提高该价格、限制销售量或生产能力、分割产品或地域市场或客户及就产品或服务销售的其他商业条件达成密谋。

卡特尔允许参与者收取高价，消除它们改进产品或寻求以更高效率的方式生产产品的压力，从而使其可以逃避竞争。消费群体（公司和消费者）为此支付了高价，但仅获得了低质量的产品和狭窄的选择空间。这不仅对消费者和业务经营产生了损害，而且在总体上对经济的竞争环境产生了负面影响。正因为如此，欧盟委员会对参与卡特尔的企业施以重罚，罚金被用于欧盟预算。

卡特尔是非法的，它们往往非常隐秘，存在的证据不容易被发现。为此，欧盟运用宽恕政策（leniency policy），通过给予减免法律责任的宽恕待遇，鼓励卡特尔成员揭发违法卡特尔并在卡特尔调查中进行合作。1996 年 7 月，欧盟委员会发布《关于在卡特尔案件中免征或者减征罚款的委员会通告（96/C 207/04）》，开始引入宽恕政策。2002 年 2 月和 2006 年 12 月，欧盟委员会又分别发布《关于在卡特尔案件中免除和减少罚款的委员会通告（2002/C 45/03）》和《关于在卡特尔案件中免除和减少罚款的委员会通告（2006/C 298/11）》，对宽恕政策进行了修改。2006 年 12 月 8 日起开始实施的《关于在卡特尔案件中免除和减少罚款的通告（2006/C 298/11）》是欧共体宽恕政策的最新法律依据。《2006/C 298/11 号通告》共有 40 条，分别对采用宽恕政策的理由、免除罚款的条件和程序、减少罚款的条件和程序、公司供述以及委员会关于宽恕政策的总体考虑做出规定。其中，免除、减少罚款的条件和程序是欧盟宽恕政策的核心内容。

为了能够更迅速、更高效地处理卡特尔案件，欧盟委员会发布了《对共同体第 773/2004 号条例关于卡特尔案件中和解程序行为修正的第 622/2008 号委员会条例》，对共同体第 773/2004 号条例作了修正。该条例自 2008 年 7 月 1 日正式生效。2008 年 7 月 2 日，欧盟委员会又发布了《根据欧共体第 1/2003 号条例的第 7 条和第 23 条在卡特尔案件中所做裁决中关于和解程序行为的委员会通告（2008/C 167/01）》，该通告为由于对卡特尔案件适用欧共体条约第 81 条而启动的程序中的受奖励合作确立了框架。

10.1.2   合并控制

欧盟合并控制规定始于 1989 年 12 月 21 日欧共体理事会通过的《关于控制企业集中的第 4064/89 号条例》，该条例于 1990 年 9 月 21 日生效。《第 4064/89 号条例》第 1 条第 2 款规定，一项集中如果满足下列条件，就被视为涉及共同体范围：（1）所涉及的交易各方在世界范围的总营业额超过 50 亿欧洲货币单位；（2）所涉及的交易各方至少两方中的每一方在共同体范围的营业额超过 2.5 亿欧洲货币单位，除非所涉及的交易在同一成员国内并没有获得超过它们共同体范围营业额的三分之二。《第 4064/89 号条例》在实现企业间公平竞争、提高行政执法效率方面做出了重要规定，即对于在不同成员国市场上运营的企业在欧共体范围内实施的集中，应根据同一实质标准进行评估并应适用同样的程序法，而不论其来自哪一成员国。这就是所谓的"公平处理"的理念。同时，该条例采用的单一执法机构原则满足了提高行政执法效率的需要。这就是所谓的"一站式申报"的概念。如果企业实施集中的效果涉及多个成员国，企业不再需要依据各国不同的法律和行政程序向各国竞争主管机构进行逐一申报并获得逐一批准。根据该《合并条例》，欧共体范围内的跨境并购企业，只需申报一次，对这项交易做出的决定在整个欧盟境内是有效的。这一程序极大地提高了企业合并审查的效率。

1997 年 3 月，欧盟理事会发布了《修正关于控制企业集中的第 4064/89 号条例的第 1310/97 号条例》，该条例于 1998 年 3 月 1 日生效。新条例规定，一项集中虽不符合原《第 4064/89 号条例》第 1 条第 2 款规定的门槛，但满足下列情形将被视为涉及欧盟范围：（1）所涉及的交易各方在世界范围的年营业额合计超过 25 亿欧洲货币单位；（2）至少在三个成员国中的每一国内的年营业额合计超过 1 亿欧洲货币单位；（3）所涉及的至少两个公司中的每一个在上述提到的三个成员国中的每一国内的年营业额合计超过 2 500 万欧洲货币单位；（4）并购中至少两方中的每一方在欧盟范围的总营业额超过 1 亿欧洲货币单位。可见，新条例将符合合并审查的企业的世界范围的营业额门槛降低了一半，在欧盟范围的营业额门槛降低了一半还多，并增加了所涉及的成员国的数量。

2004 年 1 月，为了适应竞争监管的新需要，欧盟理事会颁布了《关于控制企业集中的第 139/2004 号条例》（《欧盟合并条例》），正式取代《第 4064/89 号条例》，新条例于 2004 年 5 月 1 日正式生效。同时还颁布了《关于在控制企业集中的理事会条例下横向合并评估指南（2004/C 31/03）》。同年 4 月，欧盟委员会出台了《关于实施理事会第 139/2004 号条例的 802/ 2004 号条例及其附件（包括 CO 申报表，简化 CO 申报表和简化 RS 申报表）》。2008 年 10 月，欧盟理事会又颁布了《关于在控制企业集中的理事会条例下非横向合并评估指南（2008/C 265/07）》，至此，欧盟形成了完善的合并控制政策体系。

新《欧盟合并条例》并没有修改合并审查的门槛，主要进行了实体标准改革和司法程序改革。[①] 新条例第 2 条规定："集中如果在共同市场或其大部分将严重妨碍有效竞争，特别是通过产生或加强市场支配地位的形式，将被宣布与共同市场不相容"。与修改前的"产生或加强市场支配地位，以至于严重妨碍有效竞争"相比，新条例将一切严重妨碍有效竞争的合并交易纳入了规制范围，而产生或加强市场支配地位只是其中的一种形式。这意味着委员会更加强调合并对竞争的影响，而非市场支配地位本身。这与美国的标准也趋于一致。新条例规定，如果参与合并的企业的市场份额不大，合并不会影响市场的有效竞争，则合并就可以在第一阶段得到通过；如果参与合并的企业在欧盟市场的份额不超过 25％，在不影响适用《罗马条约》第 81 条、第 82 条的前提条件下，合并可以通过审查；如果合并后企业的市场份额在 25％—40％之间，除非有特殊情况，一般也认为不可能产生市场支配地位。在委员会的实践中，绝大多数的市场支配地位产生于合并后企业的市场份额达到 40％—75％之间。如果超过 75％，虽然不是绝对垄断，但一般会被认为产生或者加强了市场支配地位。除了根据市场份额评估企业合并对竞争的影响外，还要结合消费者的需求、产品供应、潜在的竞争对手、市场进入障碍等因素做出分析。同时，新条例赋予了成员国竞争主管机关和成员国法院执行欧盟竞争法的权力，强化了私人推动竞争法实施的救济途径，并且在企业合并控制规则方面加强了灵活性、可预见性和科学性。

欧盟委员会关于合并条例下发布的各类通告也是实施合并控制的重要法

---

① 具体改革内容可参见董红霞：《美国欧盟横向并购指南研究》，中国经济出版社 2006 年版，第五章。

律依据。它反映了委员会对一些重要条款、概念和程序的看法以及在具体适用合并条例上的意图，具有重要的实用价值。这些通告主要有：《关于相关市场界定的委员会通告（97/C 372/03）》、《关于可被理事会第 4064/89 号条例和委员会第 447/98 号条例认可的救济方式的通告（2001/C 68/03）》和《关于可被理事会第 139/2004 号条例和委员会第 802/2004 号条例认可的救济方式的通告（2001/C 68/03）》等。

10.1.3   自由化

欧盟委员会实施自由化的目的在于努力开放交通、能源、邮政和电信等服务业，打破以前的国家垄断，引入国际竞争，从而扩大消费者的选择范围，使其享受到廉价优质的产品及服务，并提升经济的整体竞争力。

欧盟关于自由化的立法主要集中于《欧洲共同体条约》第 3、10、86 和 226 条。

《欧洲共同体条约》第 3 条明确指出，共同体的活动将包括：在各成员国之间消除阻止商品、人员、服务和资本自由流动的各种障碍；建立运输领域的共同政策；建立以保证在共同市场中竞争不受到破坏的体系；提高共同体产业的竞争力；加强对消费者保护；制定能源、民事保护和旅游领域的措施等。

《欧洲共同体条约》第 86 条第 1 款规定，各成员国对公有企业和由各成员国给予特殊或专有权利的企业，既不得制定也不应维持任何违反本条约规定的措施，特别是第 12 条、第 81—89 条的措施。该条第 2 款进一步指出，担任管理一般经济利益性质事业的企业，或具有生利垄断性质的企业都应服从本条约确立的规则，特别是竞争规则，但以履行这些规则而不妨碍在法律上或事实上完成对其所授予的特定任务为限。

具体到自由化的领域，欧盟委员会分别制定了电力、天然气、邮政、电信、交通等部门立法。

在推进自由化的过程中，欧盟委员会的做法是：从法律上将基础设施网络的提供与使用该网络提供的商业服务分离开来。例如，在铁路、电力和燃气业，现在已要求网络运营商给予竞争者进入网络的公平机会，以保证消费者能够从中选择服务最好的供应商。

欧盟自由化成效显著，在最早开放的航空和电信市场上，平均价格已大幅下降。然而，在电力、燃气、铁路交通和邮政业，由于自由化较晚或根本未予开放，其市场价格下降较少，有些甚至不降反升。为了保证进行自由化的领域的公共服务质量和延续性以及消费者不受负面影响，需要加强相关的监管力度。

10.1.4 国家援助控制

国家援助是指国家公共权力部门在有选择的基础上给予企业的任何形式的优惠，包括：政府资助、利息减免、税收减免、国家保证、提供产品或服务的优惠或其他任何形式。欧盟国家援助控制的目的是确保政府干预不会扭曲欧盟内部的竞争和贸易。

欧盟关于国家援助的核心条款主要集中于《欧洲联盟运行条约》第107—109 条（原《欧洲经济共同体条约》第 92—94 条，《欧洲共同体条约》第 87—89 条）。

《欧洲联盟运行条约》第 107 条第 1 款规定，除非另有规定，否则，由某一成员国提供的或通过无论何种形式的国家资源给予的任何援助，凡通过给予某些企业或某些商品的生产以优惠，从而扭曲或威胁扭曲竞争，只要影响到成员国之间的贸易，均与内部市场不相容。

可以看出，国家援助原则上是被禁止的。然而，欧盟也意识到在某些情况下政府干预对于经济的良性运转以及平衡发展是必不可少的。因此，第107 条第 2 款规定，下列情况不与内部市场抵触：（1）具有社会性质的、给予消费者个人的援助，但此等援助的给予不得存在与有关产品的原产地相关的任何歧视；（2）用于弥补自然灾害或特殊事件所造成损失的援助；（3）给予德国分裂影响的德国某些地区的经济援助，此等援助对于补偿由分裂造成的经济损失来说是必要的。

同时，第 107 条第 3 款规定，下列情况可视为不与内部市场抵触：（1）旨在帮助生活水平异常低下或失业严重的地区，以及第 349 条所提及地区[①]的经济发展，鉴于其结构、经济和社会情况而给予的援助；（2）旨在推动具有共

---

① 第 349 条所提及的地区主要包括：瓜德罗普岛、法属圭亚那地区、马提尼克岛、留尼汪岛、圣巴泰勒米岛、圣马丁岛、亚速尔群岛、马德拉群岛和加那利群岛。

同欧洲利益的重要项目的实施，或旨在补救某一成员国经济的严重动荡而提供的援助；（3）旨在促进某些活动或某些经济区域的发展，但此等援助对贸易条件的不利影响不得违反共同利益；（4）旨在推动文化和遗产保护的援助，但此等援助对联盟内的贸易条件和竞争产生的不利影响不得违反共同利益；（5）由理事会经委员会提议通过的决定确定的其他类型的援助。

欧盟委员会负责对现存和拟议的援助进行审查、调查与裁定，以确保欧盟内所有企业可以在公平的竞争环境下经营。目前，交通、煤炭、渔业和农业这四大领域的援助分别由相关产业总司负责，其余产业的援助由竞争总司主管。《欧洲联盟运行条约》第 108 条第 1 款规定，欧盟委员会应与成员国合作，对成员国现有的所有援助制度进行不断审查，并向成员国提出内部市场不断发展或运行所要求的适当措施。第 108 条第 2 款进一步指出，在通知有关方面提交意见后，如委员会在考虑第 107 条后，认为某一成员国给予的或通过国家资源形式给予的援助与内部市场不相容，或此等援助被滥用，委员会应通过一项决定，要求有关国家在委员会规定的期限内取消或改变此等援助。

成员国必须履行援助的通告义务。未经欧盟委员会批准，不得进行援助。《欧洲联盟运行条约》第 108 条第 3 款规定，成员国应将任何给予或改变援助的计划通报委员会，并给予委员会充分的时间，使之能够提出意见。如委员会在考虑第 107 条后认为此等计划与内部市场不相容，则应立即启动本条第 2 款规定的程序。在依据该程序做出最终决定前，有关成员国不得将拟议中的措施付诸实施。此外，欧盟内所有企业和消费者也可对拟采取的援助措施向委员会申诉，欧盟委员会接到申诉后，会邀请利益相关方通过欧盟官方公报对相关援助措施的相容性发表意见，并启动正式的调查程序。

《欧洲联盟运行条约》第 109 条规定，经欧盟委员会提议，并在咨询欧洲议会后，欧盟理事会可通过任何适当的条例，以适应第 107 条和第 108 条，特别是第 108 条第 3 款适用的条件，以及免予适用第 108 条第 3 款所规定程序的援助范畴。相关具体规定有：《理事会关于欧共体条约第 93 条具体实施细则的第 659/1999 号条例》、《委员会关于实施理事会关于欧共体条约第 93 条具体实施细则的第 659/1999 号条例的第 794/2004 号条例》和《关于简化某些类型国家援助处理程序的委员会通告（2009/C 136/03）》等。此外，欧盟对广播、煤炭、电影及视听作品、电力、邮政、造船、钢铁、汽车等产业的国家援助均做出了特别规定。

除上述四个方面外，伴随着经济全球化进程的不断加快，越来越多的企业开始跨越国界经营，国际合并交易日益增多，甚至影响到位于不同大洲的几个国家的市场。经济一体化使企业能够在国际甚至是全球范围内组织卡特尔和实施其他反竞争行为。在这种背景下，欧盟竞争当局意识到国际合作的重要性。近年来，欧盟竞争当局加强了和欧盟区外竞争当局在政策和执法问题上的密切合作，以推动不同司法管辖区在竞争政策工具和做法上的接轨。合作主要在两个层面上进行：第一，在双边层面上，欧盟委员会已与 20 多个国家（地区）的竞争当局签订双边协议或谅解备忘录，在此基础上开展广泛的合作活动。合作活动的性质在不同国家有所不同，主要包括执法行动的协调、就涉及共同利益的案件交流信息、就有关竞争政策问题的对话以及能力建设支持等。第二，在多边层面上，欧盟委员会积极参与国际竞争网络（ICN）、经济合作与发展组织（OECD）、联合国贸易和发展会议（UNCTAD）及世界贸易组织（WTO）等多边组织与竞争有关的活动，旨在通过对话和在更广泛的政策与执法问题上交换意见，推动全球竞争政策的趋同。

10.2　美国竞争政策的新动向

美国的竞争政策以反托拉斯法为主。美国的反托拉斯法律体系主要由成文法、判例法以及司法部和联邦贸易委员会发布的各种反垄断指南等构成。1890 年，美国国会通过了第一部反托拉斯法——《谢尔曼法》（Sherman Act），该法被美国最高法院视为"旨在维护作为贸易规则的自由和不受束缚的竞争的全面经济自由宪章"。1914 年，国会又通过了另外两部反托拉斯法——《联邦贸易委员会法》（Federal Trade Commission Act）和《克莱顿法》（Clayton Act）。这三部核心反垄断法规后经多次修订[①]，构成了美国

---

① 主要修订有 1936 年《罗宾逊—帕特曼法》（Robinson-Patman Act）、1938 年《惠勒—利法》（Wheeler-Lea Act）、1950 年《塞勒—凯弗维尔法》（Celler-Kefauver Act）、1976 年《哈特—斯科特—罗迪诺反托拉斯改进法》（Hart-Scott-Rodino Antitrust Improvements Act）和 1980 年《反托拉斯程序改进法》（Antitrust Procedural Improvements Act）等。

反托拉斯法律体系的基础，至今仍然有效。除联邦法规之外，美国大多数州都有自己的反托拉斯法，这些法规很多是以联邦反托拉斯法为基础制定的。

美国反托拉斯法的执行主要有三个层面。第一，联邦政府。美国司法部反托拉斯局和联邦贸易委员会是两个主要的联邦执法机构，司法部反托拉斯局主要负责执行《谢尔曼法》和《克莱顿法》；联邦贸易委员会主要负责执行《联邦贸易委员会法》，此外，它还与司法部反托拉斯局一起，共同承担《克莱顿法》中的民事诉讼部分，因此它具有保护竞争和维护消费者利益的双重职责。第二，州。各州检察长在涉及本州企业或消费者的反垄断执法事务中发挥重要作用。他们可以作为购买者代表本州居民或代表所在州提起联邦反托拉斯诉讼。同时，他们还要负责执行本州的反托拉斯法。第三，私人团体。私人团体也可以提出反托拉斯诉讼。事实上，大部分反托拉斯诉讼是由那些认为在违反《谢尔曼法》或《克莱顿法》的行为中受到损害的个人或企业提起的。私人团体还可以寻求法院直接禁止反竞争行为（禁令救济），或提起州反托拉斯诉讼。但个人和企业不能根据联邦贸易委员会法起诉。

美国竞争政策的主要目的是保护竞争以维护消费者利益，其主要内容集中在禁止限制竞争行为和垄断以及合并控制等方面。

10.2.1　禁止限制竞争行为和垄断

美国反托拉斯法对限制竞争行为和垄断的规定主要集中在《谢尔曼法》的第 1 条和第 2 条。

第 1 条规定："任何限制州际间或与外国之间的贸易或商业的契约，以托拉斯形式或其他形式的联合，或共谋，都是非法的。任何人签订上述契约或从事上述联合或共谋，将构成重罪。如果参与人是公司，将处以不超过 1 000 万美元的罚款。如果参与人是个人，将处以不超过 35 万美元的罚款，或三年以下监禁。或由法院酌情并用两种处罚。"第 2 条规定："任何人垄断或企图垄断，或与他人联合、共谋垄断州际间或与外国间的商业和贸易，将构成重罪。如果参与人是公司，将处以不超过 1 000 万美元的罚款；如果参与人是个人，将处以不超过 35 万美元的罚款，或三年以下监禁。也可由法院酌情并用两种处罚。"

根据上述条款，《谢尔曼法》主要反对以下三种有碍州际或者对外贸易的行为：（1）以契约或者企业联合的方式组建托拉斯或者类似的垄断组织；
（2）订立限制竞争的协议；（3）垄断行为和谋求垄断的行为。《谢尔曼法》
用词非常宽泛而简练，在实践中难以操作。因为从字面上看，任何合同或者
联合相对于未参加合同或者联合的第三者来说都构成一种限制，从而似乎都
应被予以禁止。为了使这部法律具有可操作性，美国联邦最高法院在 1911
年美孚石油公司案中提出以"合理原则"（Rule of Reason）解释该法的第 1
条和第 2 条。据此，《谢尔曼法》禁止的只是那些"不适当地"或者"以不
公平的方式"限制竞争的行为。①

　　由于《谢尔曼法》的规定过于原则化，在实践中缺乏可操作性，因此
《克莱顿法》的第 2 条、第 3 条、第 7 条和第 8 条列出了四种可能限制竞争
或导致垄断的行为：价格歧视、独占交易、取得公司股份和连锁董事会。②
价格歧视的行为主要包括卖方对不同的买主索取不同的价格或提供不同的服
务、买卖交易的当事人双方收取（或支付）回扣（或佣金）（但为服务的理
由除外）、买主故意引诱或接受歧视性的价格等。独占交易行为指的是卖方
阻止买方与其竞争者进行交易。取得公司股份是指直接或间接取得他人的部
分（或全部）股份（或其他资产）。连锁董事会行为是指同一个人同时兼任
两个以上的公司董事。

　　需要指出的是，根据《克莱顿法》，这些行为本身并不违法，只有当其
结果可能实质地削弱了竞争或有助于形成垄断时，它们才是违法行为。另
外，值得注意的是《克莱顿法》中"可能"一词的含义，它指的是执法机关
和法院都不需要证明某一行为已经存在实际上的损害，只需要根据预期会发
生的后果就可以确定一个判例，这一原则被称为"早期原则"。

　　此外，在美国的反托拉斯法中，还有一个重要内容，就是对不正当的竞
争方法和欺骗性的商业行为的规定。《联邦贸易委员会法》是这方面的主要
法律。该法第 5 条规定，商业中或影响商业的不公平的竞争方法是非法的；
商业中或影响商业的不公平或欺骗性行为及惯例是非法的。同时，授权联邦

---

　　① 参见王晓晔：《紧盯国际卡特尔——美国反托拉斯法及其新发展》，《国际贸易》2002 年第 3 期，
第 39—43 页。

　　② 参见傅军、张颖：《反垄断与竞争政策：经济理论、国际经验及对中国的启示》，北京大学出版
社 2004 年版，第 92 页。

贸易委员会阻止个人、合伙人、公司使用上述违法方法及行为、惯例。

事实上，《谢尔曼法》、《联邦贸易委员会法》和《克莱顿法》这三部法律的实质性条款自 1914 年以来就没有变过。2002 年，美国国会设立了反托拉斯现代化委员会（the Antitrust Modernization Commission，AMC），以研究美国反托拉斯法的状况。这个包括 12 个成员的跨党派委员会用了 3 年时间举行公开听证，研究一系列广泛的反托拉斯问题。2007 年 4 月，该委员会提交给美国国会和总统一份重要报告与建议文本，报告指出，美国反托拉斯法的核心（如《谢尔曼法》第 1、2 条和《克莱顿法》第 7 条）在实质性条款方面不需要大的改变。

AMC 的建议并不令人惊讶，原因在于两个方面：第一，美国反托拉斯法仅仅提出了一般性准则，并不寻求去明确哪些具体行为违反法律，因而法院被要求去解释这些相对原则性的法令并将其适用于个案；第二，法官是在联邦普通法的体系下来解释这些法令，这使得他们能够在情况变化时结合新知识做出新解释。AMC 认为，"当前美国法院应用的判断单一企业行为是否非法排除竞争的标准，大体上是恰当的。"这些标准的关键因素如下：（1）法律不禁止垄断力（monopoly power）的存在，只有当企业通过不正当方式获得或者维持垄断力才会被禁止；（2）法律通过保护竞争而不是单个的竞争者来保护消费者福利；（3）在对潜在的违法行为进行评估时，法律会考虑到对激励以及静态和动态效率的影响。

10.2.2　合并控制

在美国的反托拉斯法中，涉及企业合并控制的最重要条款是《克莱顿法》的第 7 条。该条规定，从事商业或从事影响商业活动的任何人，不能直接或间接占有其他从事商业或影响商业活动的人的全部或部分股票或其他资本份额。联邦贸易委员会管辖权下的任何人，不能占有其他从事商业或影响商业活动的人的全部或一部分资产，如果该占有实质上减少了竞争或旨在形成垄断。如果股票、资产的占有，或通过投票或代理权的准许而占有股票使用权，实质上减少了竞争或旨在形成垄断，则任何人不得直接或间接地占有其他从事商业或影响商业活动的人（一人或一人以上）的股票或资本份额。联邦贸易委员会管辖权下的任何人，不能直接或间接地占有其他从事商业或影响商业活动的一人或数人的资产。这个条款至今仍是美国控制企业合并最重要的法律依据。

美国国会于 1950 年通过了《塞勒—凯弗维尔法》，对《克莱顿法》的第7 条进行了修正，增加了关于取得财产的规定。该规定禁止任何公司购买其他公司的股票或资产，如果这种购买有可能导致竞争大大削弱或产生垄断。1976 年，美国国会又通过了《哈特—斯科特—罗迪诺反托拉斯改进法》，该法规定：大型企业的合并必须在合并之前向联邦委员会或司法部反垄断局申报批准。1980 年的《反托拉斯程序修订法》把反垄断的对象从对公司合并行为的适用扩展到一些未经注册的社团，如总销售额超过 5 亿美元的合伙企业或一些出于企业责任方面的考虑没有进行注册登记的"合营企业"。

美国在 20 世纪 60 年代出现了第三次企业合并浪潮，美国执法当局（特别是司法部）提起的反托拉斯诉讼大多与合并案有关。为了使起诉具有可操作性和有章可循，美国司法部于 1968 年颁布了第一个《合并指南》，使企业了解司法部对合并的分析思路，以避免违反反托拉斯法。随着经济学理论的发展，对合并的分析也发生了变化，司法部分别于 1982 年和 1984 年对指南进行了修订。1992 年，美国司法部和联邦贸易委员会又对合并的分析框架做了进一步阐述，并共同颁布了《横向合并指南》，作为反托拉斯法判定企业合并的依据。1997 年，司法部和联邦贸易委员会对指南进行了修订，在原有的基础上增加了有关效率的规定，主要内容包括市场界定、合并潜在的负面竞争效应、市场准入分析、效率和对垂危企业的合并等。2010 年 8 月，司法部和联邦贸易委员会又联合颁布了新的《横向合并指南》，阐述了关于并购涉及的实际或潜在竞争者的主要分析技术、做法和执法原则，确立了更加全面、系统的合并分析框架。

10.2.3　域外效力与国际合作

随着经济全球化的发展，一些跨国的限制竞争行为越来越多，如国际卡特尔、外国企业参与国内卡特尔、由外国企业参与的带有垄断目的的合并等，这就涉及反托拉斯法的域外效力问题。

美国的反托拉斯法和相关的司法判例表明，不管企业的行为发生在美国境内还是境外，只要这些企业的行为影响了美国经济，美国的反托拉斯法就是适用的。1982 年的《对外贸易反托拉斯改进法》采纳了"直接、重大和可合理预期的影响"的效果适用标准，并将美国反垄断法的域外管辖权分为两类：一是对影响美国国内贸易和商业的境外行为行使管辖权；二是对影响美国产品在外国市场竞争力的境外行为行使管辖权。不过美国法院在应用反托拉斯法处理涉外案件时，要受到以下几个原则的限制。第一个是礼让原则，即法院在应用反托拉斯法时，要考虑是否会损害美国政府与外国政府的关系。第二个原则是国家行为原则，即禁止美国法院考虑外国政府行为的有效性。这一原则的含义是法院在进行司法调查时，调查的是外国政府行为的动机，而不是该行为的有效性。第三个原则是受到《外国主权豁免法》的限制，即反托拉斯法只适用于外国政府的商业行为。①

同时，随着各国之间的经济联系越来越紧密，为了避免与其他国家的反垄断法相冲突，美国在反垄断法的国际合作方面补充制定了一系列法律。1982 年的《对外贸易反托拉斯改进法》是美国在对外贸易活动中适用美国反垄断法的法律基础。根据该法律，在美国境外产生的限制竞争行为如果对美国的市场交易有着直接的、重大的并且可以合理预期的影响时，美国的反垄断法可以适用。因此，该法的目的和意义在于，它明确指出美国反垄断法可以在那些由外国企业在外国实施的限制竞争行为面前保护美国市场上的竞争。

1987 年的《对外关系法诠释（第三次）》（以下简称《诠释》）对美国反垄断域外管辖权做出了专门规定。与《对外贸易反托拉斯改进法》不同，《诠释》虽然也支持了"直接、重大和可合理预期的影响"的效果适用标准，但更反映了"合理管辖原则"，强调利益平衡和关联性考察，指出一国不应禁止他国之人在本国依据本国法律要求必须做出的行为，并确立了当两国之间法律存在直接冲突时，属地管辖优先的原则。

1994 年的《国际反托拉斯执行援助法》授权美国反垄断当局与外国的相关机构订立在执行反垄断法中相互援助的协议。该法还授权美国当局在从外国当局获取涉及反垄断法机密信息的前提条件下，向外国当局提供美国方面的机密信息。

---

① 参见傅军、张颖：《反垄断与竞争政策：经济理论、国际经验及对中国的启示》，第 97 页。

1995 年美国司法部与联邦贸易委员会在《反托拉斯国际操作执行指南》（Anti-trust Enforcement Guideline for International Operations，以下简称《指南》）中规定，直接进口贸易上的限制行为不适用"直接、重大和可合理预期的影响"分析，只需证明其"意图在美国产生并且确实产生了实质性影响"即可。《指南》同时认为向美国的出口本身即满足影响的"意图性"，对"实质性影响"的判断则依据个案的具体情况确定。《指南》还明确吸收了"国际礼让原则"，并且参照《诠释》列举了在合理行使管辖权时应当考虑的因素。

自 20 世纪 70 年代以来，美国一直致力于对外推广它的竞争政策。如前所述，美国奉行域外适用原则，即当域外行为对内部市场产生影响时，它们的反托拉斯法律体系应被域外适用。但是，这样的做法存在一定的缺陷：如果在美国以外的国家强制推行美国的竞争政策，则会造成反托拉斯当局之间产生摩擦和冲突。而且，反托拉斯法律的域外适用经常遇到法律和操作上的障碍，因为关键文档记录和证据被域外当局控制，造成美国的取证机构不能获得相关信息。在这种情况下，美国在实施域外适用单边战略的同时，也不断强化竞争政策的双边和多边合作。一方面，与主要贸易伙伴签订双边协议，达到相互交换信息和合作的目的，推动反托拉斯法的有效执行。美国先后与德国（1976 年）、澳大利亚（1982 年）、欧盟（1991 年）、加拿大（1995 年）、以色列（1999 年）、巴西（1999 年）、日本（1999 年）和墨西哥（2000 年）等国签订双边合作协议。另一方面，利用多边论坛影响全球竞争政策发展趋势，以推动竞争政策的国际合作。不过，美国一直不愿在 WTO 框架下开展竞争政策的合作，这是因为 WTO 框架下的全球竞争政策体系可能会取代美国反托拉斯法律体系的域外适用。美国更倾向于无约束力的多边合作，从而促成了 2001 年国际竞争网络（ICN）的建立。ICN 有着广泛的成员基础，其基础工作是互换信息和经验、发布无约束性的建议和指导、寻求最佳实践方案以及为其他国家提供技术支持等。

10.3　日本竞争政策的新动向

日本作为第二次世界大战的战败国，战后由美军对其实施占领。美国占领军认为日本财阀的巨大经济支配力是日本实现其侵略计划的经济基础，因此，为了从经济基础上彻底消除日本再次发动侵略战争的可能，美国在日本实行经济民主化的占领政策，采取了解散财阀、排除经济力量过度集中和取消私人统治团体等措施，首先解散了三井、三菱、住友、安田四大财阀，并于 1946 年 4 月设立了控股公司整顿委员会，解散以财阀总公司为首的控股公司。美国为确保企业自由竞争，保证经济的非军事化和民主化的实现，针对解散财阀没有解决战前很多产业部门形成的大垄断企业，为了排除大企业所具有的市场支配力，为企业自由竞争创造良好的基础，1947 年制定了《经济力量过度集中排除法》和《关于禁止私人垄断及确保公正交易的法律》（以下称《反垄断法》），从法律上对垄断予以严厉禁止、制裁，从而开始了日本反垄断立法的历史进程。

反垄断法在日本经济生活中占有重要的位置，反垄断法作为规定经济秩序的基本法，是日本现代经济法的核心。它已形成了垄断禁止政策——垄断禁止法——一般法和集中政策——个别立法——特别法的立法模式，反垄断法作为竞争政策实施的法律保障，已成为一个独特的体系。1948 年制定了《财阀同族支配力量排除法》，1949 年制定了《中小企业等协同组合法》；1977 年制定了《反垄断法》的施行令；作为《反垄断法》的补充法有：《转包价款迟延等防止法》、《不当赠品及不正当表示防止法》和《不公正交易方法》；作为《反垄断法》的适用除外规定的特别法有：《关于禁止私人垄断及确保公正的适用除外的法律》、《中小企业团体法》和《输出入交易法》等法律，这些法律构建了比较完整的日本反垄断法律体系。

《反垄断法》颁布之后，为满足经济发展的实际需要，日本对该法进行了几十次修订，最近的一次修订是 2009 年，主要对课征金的适用范围、宽恕审查、合并审查和最高量刑等进行了修订。修订后的《反垄断法》显著增强了公正交易委员会执行《反垄断法》，制止和消除反竞争活动——特别是核心卡特尔的能力。这一立法表明了日本政府意图通过促进竞争政策来建立一个基于市场机制和意思自治原则的自由、公平和全球化的 21 世纪竞争环境的强烈愿望。在不断完善现行《反垄断法》的同时，日本政府还通过修改其他法律和制度与《反垄断法》联动，以规范企业行为。如 2002 年制定实施的《防止行政机关操纵投标法》规定，对招标方公务员参与操纵投标的行为可以提出损害赔偿请求；2006 年 5 月修改实施的《公司法》规定，企业有义务建立内部管理系统，以提高企业经营者的公平竞争意识；此外，《公共工程质量保证法》、《低投标价格调查制度》和《投标合同公平化法》等法律，都对《反垄断法》进行了有效补充。

日本的《反垄断法》设立了独立的合议制机关——公正交易委员会，作为反垄断执法机关，由首相管辖，由委员长和四名委员组成，任期 5 年，首相征得参众两院同意后任命，但委员长须由天皇认证。公正交易委员会设事务总局，负责公正交易委员会日常事务。事务总局在局长的领导下，下设办公厅、经济交易局和审查局。此外，为进行审判程序，事务总局设置不超过 5 人的审判官，由委员会从事务总局中挑选被认为具有进行审判程序所必要的法律和经济知识经验以及公正判断能力的职员担任。同时，公正交易委员会在北海道等地设有 7 个派出机构，负责所辖地区的反垄断事务，但所有案件由公正交易委员会统一审理。

以促进公平和自由竞争为目的的《反垄断法》有三大支柱：（1）禁止私人垄断；（2）禁止不正当的交易限制（卡特尔）；（3）禁止不正当的交易方法。此外还包括预防垄断的内容：如严格限制股份持有、干部兼任、合并等的企业结合、国际性协议等。同时还有适用除外规定、执行机关即公正交易委员会、程序规定及诉讼规定、法律责任等。

10.3.1　禁止私人垄断

《反垄断法》第 2 条第五款规定，"私人垄断"是指经营者不论单独或利用与其他经营者的结合、通谋以及其他任何方法，排除或控制其他经营者的经营活动，违反公共利益，实际上限制一定交易领域内的竞争。该法从经营者的销售规模和竞争行为两个角度规定构成"垄断"的法律界限。

从市场竞争结构看，垄断表现为"垄断状态"。根据《反垄断法》第 2 条第七款的规定，垄断状态是指一个经营者在国内供给的（出口者除外）同种的商品或劳务在最近一年内销售总额超过 100 亿日元的前提下，其市场占有率达 1/2 或两个经营者合计的市场占有率超过 3/4，或对其他的经营者新办属于该领域的业务造成严重困难，或超过政令规定的产业标准利润率或者其销售费用率和一般管理费用率超过同产业水平并导致该商品或劳务价格显著上升或很少下降的。

从竞争行为看，垄断必须是采取某种不正当的竞争的方法、手段，以排除或限制本产业、领域内的正常的竞争，从而达到独占或联合控制市场的目的。

认定私人垄断比较复杂，须从以下几点来考虑：（1）所谓"排除"其他经营者的经营活动，是指使该经营者在某个竞争领域的经营活动难以继续进行，从而将其从该市场上驱逐出去的行为。认定"排除"行为要从整体上来考虑，不仅要看具体的行为，同时还要看该行为的客观后果，把二者综合起来考察，但是，构成排除行为不一定要求实际地发生将其他的竞争者从市场上驱逐出去的结果，只要实际存在已经使其他经营者难以经营下去的事实，即可判定具有排除行为，同时，排除行为还包括潜在的竞争者难以进入该市场参与竞争。典型的排除行为包括不当贱卖、地区差价、强制对方进行排他的交易，不过，这些行为本身也相当于不公正的交易方法，同时受到《反垄断法》第19条规定的禁止。（2）所谓"控制"其他的经营者的经营活动，是指对该经营者加以制约，剥夺其在经营活动上的自由决定。这种制约不一定是直接的，也可能是由于市场的客观情况、经营者的某些行为使其他的经营者的经营活动受到制约，但是，正常的竞争使其他的经营者也采取相应的措施，不能认为是制约。典型的控制行为包括：第一，通过持有股份和干部的兼任而直接控制对方；第二，与金融机构联合向对方施加压力；第三，在纵向关系中，生产者通谋强制销售价格、事先限制交易等。（3）所谓"实际上限制竞争"，是指由于经营者的行为能够形成在某种程度上自由地决定价格和生产费用，也就是说具备了控制市场的能力，从而不能形成合理的、有效的竞争市场，妨碍了公平、自由的竞争。（4）所谓"违反公共利益"，是指妨害以自由竞争为基础的经济秩序，公共利益指包括产业利益在内的国民经济的健康发展以及保护经济上的弱者。某种行为具有限制竞争的后果，其本身就是对自由竞争秩序的侵害，属于违反公共利益，所以，法律要加以干预。

10.3.2　禁止不正当的交易限制（卡特尔）

卡特尔是垄断组织的一种形式，其实质是生产同类产品的企业为了获取高额利润，在划分市场、规定产量、确定价格等方面达成协议，从而限制、排除竞争。卡特尔的危害甚多，如根据卡特尔参加者的意图操纵价格、抬高价格，给买方造成不利；限制、排除了有效的竞争，使效率低下的企业得以生存。由于经营者的活动不仅仅限于国内市场，还可能进入国际市场，通过与国外的经营者联合结成国际卡特尔，所以，该法不仅对国内卡特尔，同时也对国际卡特尔予以规定，将经营者之间就商品、服务的价格、生产数量等进行协商而决定的行为视为"不正当的交易限制"，明确予以禁止。

10.3.3　禁止不公正交易方法

《反垄断法》将不公正交易方法视为有损公平竞争的行为而予以禁止，经营者使用不公正交易方法适用该法第 19 条，经营者团体采取属于不公正交易方法的适用该法第 8 条，对国际协议、契约中含有不公正交易方法的适用该法第 6 条。根据《不公正交易方法》的规定，16 种行为被认为是不公正的交易方法，这些行为大致分为三类：（1）限制自由竞争的行为，包括拒绝交易、差别交易、不正当廉价出售、限制再销售价格等；（2）其竞争手段本身不公正，包括以欺骗的手法和提供不正当利益引诱顾客、搭售、掠夺性定价、歧视性价格等差别待遇等；（3）经营者利用交易上的优越地位，强加于交易对方不利的交易条件的行为。

10.3.4　合并控制

为了防止经济力量的过分集中，确保公正自由的竞争，《反垄断法》第四章对企业合并作了明确规定。

（1）对控股公司的规定。禁止设立以支配其他公司为主要经营对象的控股公司，禁止非控股公司转化为控股公司。

（2）对合并的规定。该法第 15 条规定，因公司合并而实质性地限制一定交易领域的竞争的，或者公司合并是以不公正交易方法实现的，则禁止该合并。国内公司欲合并时，须根据公正交易委员会规则的规定，事先向公正交易委员会申报。

（3）对营业出让的规定。公司之间的营业出让与接受，实质上与合并的效果相同，因《反垄断法》将其与公司的合并同等对待，受到法律的禁止。

不仅如此，对公司营业的租赁、营业的代理、与他人订立营业上的盈亏的共享合同也与公司的合并同等对待。

（4）公司持有股票的规定。公司通过持有国内其他公司的股票，实质上限制竞争时，其股票持有受到《反垄断法》第 10 条的禁止；对经营金融以外的大公司（单个企业总资产超过 20 亿日元，总资产在 100 亿日元以上），以及银行、保险、证券公司总资产合计超过 8 兆日元的，应当向公正交易委员会申报。

（5）干部兼任的规定。对通过干部的兼任控制对方公司而实质上限制竞争，以及通过不正当交易方法向竞争对方安插干部，《反垄断法》第 13 条予以禁止，并规定公司干部或者从业人员兼任与本公司有竞争关系的其他国内公司干部职务的，应当向公正交易委员会报告。同时，日本公正交易委员会对影响其国内市场竞争的境外企业并购也进行管制。

除《反垄断法》，日本还仿效美国发布了一系列合并指南，最新的合并指南是 2004 年 5 月发布的，并于 2006 年、2007 年、2009 年、2010 年进行了修订，指南包含了美国合并指南中的重要部分。

10.3.5　反垄断的适用除外

《反垄断法》对私人垄断、不当的交易限制和不公正的交易方法严加禁止，但是，在某些特殊产业领域开展完全的自由竞争，并不一定有助于国民经济的健康发展，因此，该法又规定了反垄断法的适用除外规定，同时还有《关于反垄断法的适用除外的法律》以及其他各种法律规定的适用除外。具体有以下几种情况：

（1）某些垄断的适用除外。如，对经营铁路、电气、煤气和其他自然垄断产业的生产、销售或供给的行为不适用，行使著作权法、专利法或商标法所规定的权利，不适用反垄断法。

（2）关于卡特尔适用除外。反垄断法原则上禁止卡特尔，但有例外，反垄断法对其不适用，受法律允许的卡特尔称为适用除外卡特尔。适用除外卡特尔原则上要经公正交易委员会或政府主管机关的认可和申请，根据《反垄断法》和《中小企业团体组织法》、《进出口交易法》等法律的规定，适用除外卡特尔有：1）不景气卡特尔。即在不景气严重化情境下，其产业内部的许多企业的生存受到威胁时，作为应急措施而得到允许。2）合理化卡特尔。即只有在企业协调才产生合理化效果的情况下，将得到允许。1999 年根据经济发展的新形势废止了不景气卡特尔和合理化卡特尔。3）中小企业卡特尔。即为防止中小企业的过度竞争造成正常的交易受到阻碍，影响经营的不安定，可以允许中小企业的工会限制数量、交易方法等。4）出口卡特尔。即根据《进出口交易法》的规定，为防止过度的出口竞争，维持公正的出口交易秩序，可以允许就出口的商品的价格、数量、交易条件等进行协议。

（3）关于维持再销售价格的适用除外。原来规定生产或销售公正交易委员会指定的且可以容易识别其质量为一样的商品的经营者与该商品销售的对方经营者，为了决定或维持该商品的再销售价格所做的正当行为不适用，但该行为不当地损害一般消费者利益的场合和销售该商品的经营者所做的违反生产该商品的经营者的意愿的场合，则不在此限。现在公正交易委员会已经不指定商品了，原因在于对厂商有利，对消费者不利。目前只有著作物可以维持转售价格。

（4）一定的组合行为不适用。《反垄断法》第 24 条规定，以小规模经营者的相互扶助为目的的各种协同组合不适用，因为小规模的经营者处境无法与大企业对等。从 20 世纪 50 年代开始，为了保护本国产业的发展，适应贸易与资本自由化的发展，应对旨在强化国际竞争力的企业经营稳定、合理化等产业政策，曾经设立了许多反垄断法的适用除外卡特尔制度。如进出口交易法、中小企业促进法以及旨在促进各种产业的临时处置法如纤维工业、机械工业、电子工业等。1953 年有 53 件基于专门法的适用除外卡特尔，1959 年达到 595 件，1965 年达到 1 079 件，这些卡特尔都是作为实施产业政策的对策设立的。进入 90 年代后由于日本经济结构转换的必要性和对外经济摩擦的关系，加之日本政府实施管制缓和计划，推动了反垄断法适用除外制度的改革。同时在赋予适用除外时，建立了主管省厅大臣与公正交易委员会协商的制度。

除上述几方面外，为了推动与其他国家竞争当局的合作，加强反垄断法的实施，日本先后和美国（1999 年）、欧盟（2003 年）、加拿大（2005 年）签订了反垄断合作协议，同时还积极参与国际竞争网络（ICN）的信息交流和技术援助活动，加快了其竞争政策的国际化进程。

10.4 竞争政策的国际协调

20 世纪 80 年代以来，随着科技革命和世界政治格局的变动，以商品、资本、劳动力、技术及信息等生产要素的跨国流动和寻求全球最优配置为主要内容的经济全球化以超乎寻常的速度向前推进。随着经济全球化的深入和全球市场的逐步形成，企业竞争的范围从一国扩大到全球市场，国际生产特别是跨国公司的海外生产逐步取代国际贸易成为国际供给的主要方式，跨国公司的全球并购成为进入其他国家市场、取得全球竞争优势的主要方式。全球竞争格局的变化，特别是 20 世纪 90 年代以来跨国并购的急剧扩张，要求各国国内的经济政策特别是竞争政策协调一致。由于经济发展水平、历史文化传统、社会制度、竞争实力等多方面因素的影响，各国的竞争政策存在巨大的差异，在跨国公司全球扩张和全球并购过程中，不可避免地要产生很多矛盾与冲突。

一方面，越来越多的竞争问题超越国界，如国际卡特尔、出口卡特尔、在本质上应国际化的领域（如航空和海上运输）的限制性行为、在好几个主要市场支配地位的滥用，这就要求各国之间加强国内经济政策，特别是竞争政策的国际协调，以便在全球化过程中减少摩擦，消除国内竞争规则间的差异和冲突风险所产生的不确定性与交易成本，尽可能实现全球的公平竞争和自由贸易。另一方面，作为经济全球化的主要载体，跨国公司对全球范围内商品、资本、生产活动和全球产业结构的调整起着重要作用，决定着这种调整的方向和性质，使得民族国家调节国内经济的权力受到限制。而国内竞争政策的单方面域外适用又导致了国际冲突（如管辖权、单方制裁和抵制措施的冲突）和实际的执行问题（如在国外收集信息和国外的阻碍性法规），尤其是发展中国家有受制于反竞争行为（如价格歧视、知识产权滥用）和其他国家竞争法域外适用的风险。因此，从全球角度协调竞争政策以提高本国国民福利和资源配置效率就成为一种必然选择。

10.4.1 竞争政策的国际协调机制

就目前而言，在民族国家存在的前提下，制定国际性统一的竞争政策在短期内难以实现，因此，争论的焦点便集中在目前各国已有的竞争政策的相互协调上。根据国际协调实践以及对此进行的研究，可供选择的国际协调机制按照参与主体的数量可以划分为以下几种：

1. 竞争政策的双边协调机制

很多国家的政府和竞争政策管理当局都认识到双方竞争政策的冲突，尤其是竞争法域外效力（将国内竞争法应用到国外）的冲突将严重阻碍国际自由贸易，同时由于在域外取证及执行上的困难也妨碍了各自竞争政策的实施，使竞争政策的目的难以实现。因此，政府之间开展一系列双边及国际层面的合作与沟通，以期达到缓解或消除因冲突给自由贸易带来的负面影响。概括来说，双边协调机制是指两个国家之间通过订立双边协议或条约的形式相互为对方实施其竞争政策提供支持。这种双边的竞争政策合作的内容，有的包含在双边经济技术合作协议、商务条约或法律互助条约之中，但多数还是为实施竞争政策而专门制订的。

在相互尊重原则的基础上，一些国家已就竞争政策的双边合作展开了积极的工作。最引人注目的是美国与其他国家签署的反托拉斯合作协议。第一个双边协议是 1976 年美国与德国签订的，1982 年美国与澳大利亚签订的协议紧随其后。1991 年美国与欧共体签署了《关于竞争法适用的协议》，并于 1995 年进行了重新修订。1998 年 6 月 4 日，在早期合作的基础上，双方又签署了《关于在实施竞争法中适用积极礼让原则的协议》作为协议的补充。1995 年美国还与加拿大签署了反托拉斯合作协议。1997 年与澳大利亚达成《关于相互实施反托拉斯法的协议》。1999 年与日本签署《关于在反竞争活动问题上合作的协议》等等。同时，欧盟继与美国和加拿大（1999）签署了双边协议之后，与日本又签署了一项协议，以加强欧盟委员会与日本公正贸易委员会之间的合作，目的是使各自独立的竞争当局交换关于合并和反托拉斯案例的信息，并协调它们的调查。

双边协调的前提是：各国的经济发展水平和竞争实力大体相当，且已有的竞争法体系相差不大。而多数国家之间，特别是发达国家和发展中国家之间在经济发展水平、竞争实力、竞争法体系等方面存在巨大差异，要进行双边协调存在许多困难。

2. 竞争政策的区域协调机制

竞争政策的区域协调机制是指一定区域范围内的多个国家之间通过相关

条约或协议，就实施某种共同的竞争政策相互进行合作所进行的国际协调。形式上主要体现为区域自由贸易、关税同盟或共同市场协定中的相关条款，而较少体现为竞争政策的单独协定。这类协定在竞争政策方面的协调，不同于双边合作协定仅仅规定合作的程序规则问题，往往同时规定区域内成员国之间规则本身的协调问题。当然，这种协调的程度和范围取决于各方就区域经济贸易一体化程度和所设机构的超国家权力的范围而做出的基本安排，而竞争政策的协调只是这种总体安排的一种具体体现。竞争政策区域协调在内容上较为广泛，主要涉及制订或维持以及有效执行竞争政策、对协议方相互贸易适用的竞争准则、广泛协调竞争法、控制补贴、控制国有企业或具有特权或专营权的企业的歧视做法或其他行动、超国家机构实施共同准则、国家机构与超国家机构之间以及国家机构相互之间就执法工作进行磋商和协调以及争端解决和技术援助问题等。

竞争政策的区域协调的典型代表无疑是欧盟（EU）的竞争政策。欧盟竞争政策作为欧盟经济一体化最终目标的战略手段之一，主要目的是为了保护欧盟市场的完整统一与良好运转，保证企业间充分有效竞争，维护自由公平交易，努力建成一体化的欧洲内部大市场。与此相适应，欧盟竞争政策在法律效力问题上，突出了"影响成员国间贸易"的要求。同时，为维护"经济平等原则"，欧盟竞争法还规定了适用于成员国的"国家援助与国家贸易垄断"的内容。为保证欧盟竞争政策的实施，欧盟建立了包括欧盟委员会（其内设有专管竞争政策的第四总局）和欧洲两级法院在内的一整套复杂的实施机制。

在竞争政策的区域协调方面，除欧盟外，还有其他相关的尝试，如北美自由贸易协定、亚太经合组织以及非洲和拉丁美洲的区域集团等。尽管它们还远远达不到欧盟竞争法那样有效和成熟的程度，但还是为在各自区域范围内进行竞争政策的协调提供了基本的依据。

3. 竞争政策的多边协调机制

竞争政策的多边协调机制，是指在世界范围内的多个国家就竞争政策的合作与协调，所签订的公约或协议，一般是在已有的相关国际组织的主持下进行的。在世界范围内建立一套对各国普遍适用的竞争规则或者对此进行协调的想法和努力早在第二次世界大战以前就有体现，当时，国际联盟就曾组织过关于卡特尔问题的调查研究工作，试图通过缔结多边国际条约来控制国际卡特尔，但未获成功。二战以后，联合国的有关机构及其他一些国际组织继续在这方面做出努力。目前，国际上主持多边协调的组织可以划分为两类：一是刚性政策组织，主要包括 WTO、PTA 等；一是柔性政策组织，主要包括 OECD、UNCTAD、ICN 等。

（1）刚性政策组织

1）世界贸易组织（WTO）

WTO 是一个特殊的国际组织和规则制定主体，它具有非常广泛的成员基础，拥有专业的工作人员，这是它很大的一个优势，WTO 还是各国对管理国家经济行为的约束规则进行谈判的中心，这一特点在乌拉圭回合多边贸易谈判后变得更加突出。乌拉圭回合谈判扩大了相互融合的领域并且改善了 WTO 内部的争端解决机制。

与 GATT 相似，WTO 主要处理政府间的贸易扭曲行为。因比，WTO 的规则中除了针对反倾销的，其他都不针对私有企业的行为。相反，WTO 建立了一套全面的规则，要求成员国政府遵守基本非歧视原则和兑现市场开放的承诺。

另外，国际贸易规则并没有要求政府对私有企业的行为负责。从这一点上来说，WTO 并不具有一套多边规则，从而使政府对企业抑制市场竞争的行为负责。但是，WTO 并非不具备达到反垄断目标所需的能力。事实上，支撑 WTO 的基本非歧视原则，如国民待遇、最惠国（MFN）及透明度等，都支持在国家层面上进行公平的反垄断体系的运作。而且，由于国家努力想要实现贸易和投资流动，所以建立国内政策框架能够确保私有企业不会通过私人安排限制这种流动，这与支持国际贸易系统是同等重要的。也就是说，这两个政策框架是互补的。另外，反垄断政策的概念在很多 WTO 协议中出现，例如：《基础电信协定》、《服务贸易总协定》、《与贸易有关的投资措施协议》、《与贸易有关的知识产权协定》以及《会计规则协议》。

WTO 主要通过三种方式解决反垄断问题，即市场准入、合并审查、合并规范的制定。

第一，市场准入。WTO 解决反垄断问题的第一种方式就是通过制定政策设置市场进入壁垒。虽然有些情况下，无歧视政策可以解决反垄断的问题，但是也存在一些相反的情况，即可能因为无歧视的政策而造成垄断情况的出现。因此，WTO 的工作就是区分这两种情况，并对可能造成垄断的企业的进入进行监管。

第二，合并审查。WTO 理论上可以采取的一个反垄断措施是，通过对合并的审查，从而降低垄断的可能性。在这个角色中，WTO 起着一个拥有合并审查司法权的国际管理者的作用。随着越来越多的国家开始实施合并控制，这些国家对于合并介入、重叠、冲突的解决诉求，必然会寻求一种国际解答。而随着全球化的不断加强，全球合并控制系统将会在合并审查中起到提高效率的作用。目前，各国在合并控制的程序和实质领域仍然存在着根本区别。随着越来越多的国家制定合并控制体系，各国管理当局之间的协调问题也会越来越多，而这正是 WTO 的工作内容。

第三，合并规范的制定。WTO 可以帮助反垄断规范的制定。这种角色回到了 2003 年对 WTO 的认知，当时 WTO 结束了对贸易和竞争互动工作组的讨论。WTO 关于"核心原则"的讨论，试图将 WTO 关于透明和反歧视的原则应用于反垄断规范的发展。鉴于反垄断机构有限的时间和财务资源，特别是对发展中国家而言，尚不能断定 WTO 提供了一个唯一的可供各国当局花费他们有限时间和资源进行会议与磋商的论坛来制定反垄断规范。

2）特惠贸易协定（PTA）

WTO 不是唯一一个拥有国际贸易协议约束力的国际组织，特惠贸易协定（Preferential Trade Agreements，PTA）也具有这样的功能，而且越来越多的国家开始加入了 PTA。一些旧的和更多的较新的 PTA 规定拥有反垄断章节。截止到 2005 年 1 月，有 170 项 PTA 规定被提交到 WTO，目前已经开始生效，另有 65 项虽然目前没有生效的通知，但是已经进行了可行性的评估。

PTA 的参加国可以将与某国签订的双边协定推进成为全球性的合作协议，并从中获益。简而言之，甲国向乙国开放其市场，甲国便会有一种与丙国和丁国签订同样协定的愿望，从而将这种协定推向全球，因为甲国已经开放了本国市场，因此并不会带来新增的成本与风险。

（2）柔性政策组织

国际柔性政策组织允许各国当局分享信息资源，这可以促进合作并且使得各方更容易达成妥协。因为柔性政策可以提供监管思维并可以进行优化，所以参与这样的组织是十分重要的。在解决国际反垄断问题时，与刚性政策组织相比，柔性政策组织给各国当局保留了更多的自主权。柔性政策组织通过灵活性的反应，使得政策的贯彻实施获得了最大的可能性，减少了实施中存在的很多障碍。与刚性政策不同，柔性政策组织创建行为的基准，而不是具体的标准，或者作为默认规则运作。

1）经济合作与发展组织（OECD）

OECD 已经在反垄断政策国际化的进程中发挥了重要作用。OECD 不但已经成为反垄断体系中各个国家进行协商的主体，而且还为许多计划在其国内法律系统中建立反垄断法律和政策的国家提供技术援助。尤其是 OECD 对许多希望改进本国反垄断判决机制的反垄断机构的法官和官员都有很大的帮助。OECD 已经就更本质的问题提出了非约束性的建议，例如，1986 年的一系列建议、1995 年关于各国反垄断机构的国际合作的建议以及 1998 年处理核心卡特尔（hard-core cartel）的建议。OECD 包括了大多数的发达国家，由此可以设想在反垄断政策方面更具实质性的协调将会促成反垄断政策的国际化。

OECD 的一些委员会参与了反垄断政策的规划，值得一提的有两个。一是竞争法律政策委员会。竞争法律政策委员会（CLP）由 OECD 的 29 个成员的反垄断机构代表组成。CLP 的目标是促进各国反垄断机构达成一致意见，促进各方合作，通过各国反垄断官员之间的会议的形式展开，对相关国家反垄断法律的协调起到了关键的促进作用。通过发布常规报告和组织讨论，CLP 为 OECD 大家庭提供了拉近各方对反垄断政策的理解的机会。二是贸易和竞争联合体（JGTC）。贸易和竞争联合体与 CLP 采取的是不同的策略。它特别注重增进成员国对反垄断和贸易政策的重叠部分的理解。为了这个目的，JGTC 已经发布了若干报告，主要针对在现存的国内反垄断法律体系内，法律和管制的豁免以及法律与管制之间的关系。JGTC 也组织由反垄断实施机构的官员和贸易政策制定者参加的会议，并努力促进与反垄断和贸易政策制定机构利益相关的框架的建立。

作为一个执行性组织，OECD 在操作性的层面上的能力与 ICN 相比，是相对较弱的。这限制了参与 OECD 获得的利益。OECD 通过各方面达成的共识运行，而达成在某些问题上的共识是十分缓慢的。对于一些已经被商业界和政府组织接受的观点，OECD可以肯定而循序渐进地达成最后的一致意见。OECD不是问题导向的，而是审议制的，这促进了对问题更深入的分析，使得OECD可以解决一些关于反垄断核心领域棘手的政治问题。

OECD成员是一些积极活跃的垄断和合并力量，因此OECD可以在这些方面发挥作用。自上世纪90年代中期以来，OECD已经帮助建立了关于在合并控制概念化方面的讨论机制，而最近OECD采纳了国际竞争网络（ICN）在2001—2004年间关于合并控制方面的实践经验。OECD这些关于合并的成果以及其他一些有关合并的工作成果，比如促成的国际合作，表明OECD在有关合并的概念化工作中扮演着重要的角色。OECD对现有的反垄断实践也有很大的贡献，同时也促进了各国当局对垄断概念的理解，帮助建立了对国际核心卡特尔带来的问题的普遍了解。

越来越多的国际合作进一步促进了OECD成员在反垄断问题方面的更好的正式和非正式的合作。于是，OECD帮助提升了各国当局在反垄断问题方面的纽带关系，而这种纽带关系增强了各国当局彼此间的信任，这使得各国当局在反垄断的国际调查方面变得更为简单。在OECD发展形成了这种多边合作协议模式之后，一些重要的多边合作协议开始遵循这种模式。

2）联合国贸易和发展会议（UNCTAD）限制性商业行为惯例集合

1973年，联合国贸易和发展会议（United Nations Conference on Trade and Development，UNCTAD）在发展中国家的督促下开始就限制性商业行为的控制问题进行协商。8年之后，联合国大会采用了UNCTAD关于多边协定原则和限制性商业惯例控制规则的集合（Set of Multilaterally Agreed Principles and Rules for the Control of Restrictive Business Practices）。它旨在通过保护发展中国家免受跨国公司限制性商业行为的侵害来确保其优惠待遇，还指出各国应该改革针对限制性商业行为的相关法律，并且应该与受到限制性商业行为不利影响的国家的管制机构开展磋商与合作。同时，此惯例集合还要求跨国公司应尊重所在国家针对限制性商业行为出台的法律。事实上，这一惯例集合是目前反垄断政策领域仅有的一项全面多边协议。尽管已经迈出了重要一步，但它仍然是自主行为的结果，没有约束力，而且未被视为国际公法的来源。因此，UNCTAD目前必须发展成为处理反垄断政策问题的动态主体。

2000 年 9 月，针对此惯例集合召开的第 4 次联合国会议通过了反垄断政策领域的一项决议。这项决议特别针对反垄断机构之间的合作问题，并强调双边协议的重要性。决议表明，就小国家和发展中国家而言，尤其应该提高地区反垄断与多边反垄断的主动性，决议还希望 UNCTAD 秘书长尝试开创一个在此惯例集合基础上的反垄断法律和政策的合作协议范本。

在很多方面，UNCTAD 是 OECD 的一面镜子，尽管它更多地是涉及发展中国家而不是发达国家。因此，作为一个国际组织，UNCTAD 与 OECD 在成果、优势、劣势方面有诸多相似之处。除此之外，UNCTAD 给予了国际贸易方面更多的关注，很多 UNCTAD 的反垄断工作反映了其对贸易的重视，这使得 UNCTAD 对有关国际贸易和国际反垄断交叉领域的问题十分精通，如市场准入等。

UNCTAD 组织各国当局参加会议，并对关于反垄断的事宜进行磋商，它制定了一个关于反垄断法律的样板，这个样板被很多国家用于反垄断体系的制定，而且 UNCTAD 也对国际合作和卡特尔进行检查。同时 UNCTAD 也对正在制定和实行反垄断法律的国家提供技术支持。

3）国际竞争网络（ICN）

ICN（International Competition Net）是成立于 2001 年 10 月的一个多边组织，该组织由一些反垄断机构共同建立，其中包括一些有重要影响的机构，如美国司法部、美国联邦贸易委员会以及欧盟委员会等。确切地说，ICN 的建立归功于近 10 年来美国与欧盟在反垄断政策领域密切且积极的合作。ICN 是独立的，与现存的反垄断国际组织没有结构性联系。面对全球的新挑战，ICN 展示了全世界反垄断机构富有想象力的回应。由此可以说，ICN 是一个非常特别的组织。

ICN 是一个虚拟网络，并没有设置其他国际组织都有的固定秘书处。ICN 拥有一个指导小组，其职责主要包括确立项目和制订工作计划，这些计划将由包括发达国家和发展中国家在内的 ICN 成员国一致通过方可生效。ICN 的大门向所有国家和地区的反垄断机构敞开。ICN 的目标及主要工作使其看起来很有发展前途。该组织宣称它们的活动会与其他组织的活动保持协调一致，包括反垄断政策领域的国际组织，特别是 WTO、OECD 和

UNCTAD 等，以及私人领域的组织，如消费者组织、反垄断法律和学术的相关从业者组织等。竞争政策的倡导在 ICN 内由一个工作组进行处理。工作组的工作内容主要围绕如何处理由市场中的公共干预造成的竞争扭曲问题。

ICN 的权限不仅包括合并控制和竞争政策的倡导，该组织还涉及打击国际核心卡特尔，并且特别关注反垄断机构揭露和惩罚卡特尔的行为。ICN 对国际反垄断工作最大的贡献是建立和实行的跨区域规范，这其中 ICN 的跨国结构对它的成功起到了重要的作用，而且这种跨国结构以及主题选择机制也很好地解释了它的成功。

ICN 主要有两个特性。第一，虚拟运行。与其他国际组织相比较，ICN 之所以具备较高的效率，一个重要的原因在于 ICN 是作为一个虚拟组织运行的，这使它在解决反垄断政策领域内出现的新问题时拥有更好的灵活性，而 ICN 具备熟练的协调和决策技能来实现这种虚拟的特性。它没有固定的工作人员，所有的参与者都在政府、协会、非政府组织或者私营部门当中拥有全职工作。正是由于这些人员的参与，使得 ICN 具有了一种政府和非政府组织共同拥有其所有权的感觉。ICN 不仅重视参与者分布地域上的平衡，而且保证发展中国家的代表权，这使得越来越多的各种经济规模和发展水平的成员加入 ICN 当中。第二，行动导向。ICN 的目标不是为了其本身的利益而去研究特定的课题，目标是为寻求各方的协同以及采纳一定的反垄断规范，它并不需要一些所谓的形式主义的和谐标准。从这种意义上说，ICN 拥有不同于 OECD 和 UNCTAD 的机构能力。ICN 这些组织可以持续不断地研究某些问题，因为它们本身并不是结果导向的组织。这些对有争议命题的深入分析，发现了各个成员之间存在重大差异的根本原因。随着时间的推移，这使得各成员采用相同的规范来克服各方担忧成为可能。

ICN 形成一个规范需要经过三个阶段。第一阶段，委员会确定研究的课题。第二阶段，工作小组开始就此课题进行研究，在研究的过程中，该工作小组以获得一个更为有效的结果为导向，确定具体的研究内容。第三阶段，工作小组提交其结果，然后 ICN 开始实施这项措施。在这个阶段，ICN 将工作小组成果的关注重点放在创建模板、手册等有助于实施的方面。

ICN 包括一系列工作小组，每个工作小组负责反垄断领域内的一个重要问题，而这些小组又下设很多分组，来负责更加具体的工作。这些工作小组在协调和合作领域已经创建了良好的战略。在其他领域，这些工作小组也创建了共同的理念和很好的工作方法，而这些内容已成为成员国实施战略的基础。一是合并小组。合并小组的作用是对国际合并提供技术支持，其中包括对工作人员进行培训使其掌握最新的有关合并审查的技术以及指导原则和优秀工作方案的实施。合并小组下设通知和过程分组、框架分组、调查技术分组三个分组。二是卡特尔小组。ICN 将卡特尔小组作为代办机构，它增强了各国法律间的一致性，这个工作小组提供了一个相对有效的方法来应对国际卡特尔。卡特尔小组一个重要的工作成果是它在定义卡特尔中的分析方法，这个分析方法同时还包括针对卡特尔的判定和处罚的内容。卡特尔工作小组编写了一个关于反卡特尔执法的手册，这个手册可以帮助各成员国制定更好的卡特尔调查和执行技术，并且能够检查和提高现存的技术。卡特尔小组的这些工作成果提升了各国当局的效率，降低了研究调查的成本，最终改善了最后的结果。另外，针对在卡特尔执法活动中具有实质效用的重大问题，卡特尔小组也进行审查。同样地，在推进反垄断政策的从宽处理方面，卡特尔工作小组创造了很多改进，正是由于 ICN 中这个小组的努力，一系列的国家开始采用从宽处理程序，比如 2003 年澳大利亚、巴西和日本都修改完善了它们的反垄断体系，以鼓励从宽处理。其他国家也在 ICN 卡特尔工作小组的建议下，重新修订了反垄断法律。三是市场准入小组。到目前为止，ICN 的工作内容还不包括国际贸易和反垄断的交叉领域，这限制了 ICN 在制定市场准入共识方面的作用。

10.4.2　竞争政策国际协调的评价与展望

如前所述，20 世纪 80 年代以来，国际竞争环境已发生了重大变化。经济全球化导致市场范围不再限于本国或本地区的地域范围，而是扩展到本国或本地区之外的多个国家或者地区。市场范围的变化改变了市场进入壁垒，企业经营活动不断跨越国界，各国企业之间的竞争日趋激烈，部分产业市场结构呈现明显的寡头垄断特征。跨国经济活动规模的扩大使许多国家尤其是发达国家的跨国公司不断运用各种手段在国际市场上确立和扩大垄断地位，进而在一些产业形成垄断势力。日益增多的跨国反竞争性行为严重损害了国内市场竞争秩序和消费者福利，跨国卡特尔和合并案件正逐渐成为各国竞争当局重要的工作内容，这些案件所涉及的公司和信息往往属于不同国家的司法管辖范围，成为各国实施竞争政策的障碍和难题。

目前，国际社会已认识到加强竞争政策国际协调的必要性，并为此做了大量努力。尽管各国的法律和政策存在差别，然而国际上已经达成一个共识：竞争政策作为保护竞争的重要工具，是各国为实现全球经济一体化而通常采取的手段。然而，从实践看，要在全球范围内制定和实施统一的国际性法律解决跨国竞争问题仍存在重重困难。这不仅是因为各国经济发展水平的差异所造成的竞争政策的巨大差异，而且政策一体化涉及国家主权问题，并提高了对制度一体化的客观要求。从短期看，国际协调将以双边或多边的自愿协调为主。从一个比较长的历史时期看，有可能在WTO框架内就竞争法的实施达成某种程度的协议，这种协调虽存在一些障碍，如由于经济发展水平及政策目标的差异导致各国协调的困难和利益不均等，但并不妨碍通向国际协调的趋势。

很多评论认为WTO缺乏必要的柔性，以至于不合适解决国际反垄断领域的问题，但是，得出这样的结论为时尚早，有待更多的研究进行探讨。将WTO与ICN进行某些机构上的组合，是目前很多研究人员对WTO在反垄断领域提出的另一种尝试。以前也有类似的案例，WTO的一些协议包括或者是一些更为具体的国际组织转变而来的，WTO将这些内容进行再立法，从而转变为WTO的内容。为了担负起必要的责任，WTO可以利用ICN建立标准，以指导其成员。WTO与其他国际化标准组织之间的合作（比如国际电信联盟、国际标准化组织、国际法制计量组织、国际电工委员会等）阐释了这个战略将会起到很好的作用。

经济发展与合作组织（OECD）的优势在于其学术方面的工作以及顶级力量之间的高层次会议。与其他国际组织相比较，OECD最优秀的成果是就一些问题在学术方面所作的深层次的讨论。它应该通过各种报告和讨论，将关注的重点放在反垄断问题深层次的调查分析上，从而达成各方共识。在提升国内反垄断系统和组织结构方面，OECD的同级审查的功能起到了很好的帮助作用。OECD及其成员的技术方面的支持，将会提升缺乏经验的成员在实施反垄断实践方面的能力。OECD虽然有许多贡献，但是，它在制度上仍然存在很多缺陷，这些缺陷限制了其在发展反垄断政策的国际方法上发挥更大的作用。而且，许多非成员将 OECD 当成更多地为发达国家服务的组织。尽管还有这样或那样的局限性，OECD 在有关反垄断和贸易政策的许多领域中仍然具有丰富的经验。OECD 的贡献是非常有价值的，目前与世界银行等其他国际组织共同设计的集体反垄断计划更是具有相当重要的意义。

联合国贸易和发展会议（UNCTAD）未来应该发挥其政治方面的作用，继续将注意力放在提高发展中国家在贸易和发展方面的利益上，支持发展中国家对限制跨国公司垄断势力和建立国际经济新秩序的要求与愿望，力争在联合国框架内达成一个具有约束力的国际公约。

作为一种非正式的论坛形式的多边合作模式，国际竞争网络（ICN）最具吸引力的优点在于灵活。通过 ICN 的工作，其成员可以了解到许多不同的应对企业反竞争行为的方法以及其他竞争当局的执行经验等，对于完善本国竞争政策、提高竞争当局的执行能力有很大帮助，因此，其实用性和可行性很强。另外，因为 ICN 是专注于竞争政策的国际组织，其专业性也更值得信赖。但 ICN 的论坛模式存在根本的缺陷，这就是非正式性。因为 ICN 对其成员国没有法律约束，即使是工作组最后形成的倡议，各成员也有权选择是否实施或以任何其自身认为最适合的方式实施，如单边行动、双边或多边协定等。ICN 是非正式的论坛，没有任何争端解决机制，一切争议都依靠成员方自愿的协商与合作解决。这种非正式性也决定了 ICN 模式本身并不具有多大的稳定性，这种组织能否长期存在本身就是个问题。因此，ICN 模式在治理国际垄断问题上的实际效果并不显著，当前其最重要的作用不过是为各国竞争当局提供了一个交流和学习的平台，从而可以促进各国竞争政策的完善，至于能否对反国际垄断发挥实质性的积极作用，有理由持怀疑态度。

竞争政策的国际协调是一个非常缓慢的过程。无论是最终建立国际反垄断体系，还是不同的反垄断体系最终达成实质性的统一，这些都难以在短时间内实现。能否达成一致，或者有更进一步的发展，很大程度上取决于欧盟和美国的态度，以及双方在竞争政策国际化问题上达成共识的可能性。

10.5　小结

本章分析了经济全球化条件下竞争政策的新动向及其国际协调问题，主要考察了欧盟、美国、日本三个主要经济体竞争政策的新动向，探讨了竞争政策的国际协调机制，并对竞争政策的国际协调进行了评价和展望。

主要结论有：

第一，经济全球化改变了国际竞争环境。在此背景下，世界各国纷纷调整竞争政策以应对经济全球化的挑战。可以说，经济全球化推动了竞争政策在全球范围的扩散，全球已有100多个国家出台了竞争法便是明证。

第二，经济全球化在一定程度上推动了竞争政策的全球趋同。欧盟、美国、日本等主要经济体在竞争政策方面的规定有许多相似之处，如关于反托拉斯与卡特尔、合并控制等规定均大同小异。至少可以说，经济全球化条件下全球竞争政策在法律上或形式上正逐渐趋同。

第三，经济全球化使竞争政策的国际合作成为必然。经济全球化条件下，越来越多的企业开始跨越国界经营，国际合并交易日益增多，一项跨国合并甚至影响到位于不同大洲的几个国家的市场。因此，各国反垄断任务更加艰巨，面对这样的形势，各国意识到国际合作的重要性，在竞争政策交流和反垄断执法方面的合作日渐加深。

第四，经济全球化条件下各国竞争政策冲突时有发生，国际协调任重道远。经济全球化加剧了各国竞争政策冲突的可能性，各国出于本国利益的考虑，难以在短时间内达成共识。国际竞争政策协调的艰巨之处还远远不只是表现在美、欧、日等发达国家间的利益博弈与协调，还包括发达国家与发展中国家间以及发展中国家相互间的利益博弈与协调。

第 11 章

经济全球化条件下中国产业组织的相关政策

经济全球化已经是当今全球经济发展的一个不争的事实。首先，市场跨出一国疆域范围限制获得巨大发展，在企业规模、市场集中度、进入壁垒等诸多方面不断地发生着动态调整、变化，带来了市场结构的重塑，部分产业趋于集中，寡头垄断趋势明显。其次，FDI 和跨国并购使国际产业分工进一步细化，全球经济竞争的重点已经转变为抢占产业链的制高点。第三，经济全球化改变了企业竞争态势，"合作性竞争"成为企业竞争的新态势。第四，归核化成为企业战略的新选择。第五，外包成为一种新的全球产业组织形态。最后，在各国产业政策趋同的背景下，中国产业政策也面临新的抉择。第 11.1 节在前面各章的基础上，主要围绕上述产业组织五个方面的重要趋势做出总结性阐述，在第 11.2 节重点分析中国产业政策。

11.1　经济全球化条件下产业组织及发展新趋势

经济全球化条件下产业组织与发展的几个新趋势为：部分市场结构呈现更显著的寡头垄断趋势、FDI 和跨国并购使国际产业分工进一步细化、经济全球化改变了企业竞争态势、归核化成为企业战略的新选择、外包成为一种新的全球产业组织形态等。下面分别加以说明。

11.1.1　部分产业趋于集中，寡头垄断趋势明显

经济全球化不仅使市场超越国界，从一国扩大到全球，各国市场趋于一

体化，而且使进入壁垒降低，某些产业的市场集中度大幅提高，企业规模经济可在全球实现，导致大企业越来越大，某些企业趋于全球垄断，一改原来通过市场自由竞争提高绩效的局面，而是通过寡头垄断竞争提高绩效。

经济全球化条件下市场范围得到极大的拓展，可以从"相关市场"角度来理解经济全球化条件下市场范围的扩大。所谓"相关市场"，指经营者在一定时期内就特定商品或者服务进行竞争的商品范围和地域范围。从地域范围看，原来局限于一国之内的产品生产和销售延伸到该产品可以到达的世界各国，经过许多国家市场的叠加，形成全球化市场范围，表现为全球化贸易的扩大和跨国公司全球生产布局的扩大。从商品范围看，一方面，市场中具有紧密替代关系的商品增多，表现为市场成长进程中企业进入以及在位企业不断开发所带来的大量相似产品，这导致商品市场竞争性增强；另外，由技术进步所推动的产业融合趋势明显，经济全球化条件下信息产业、金融业、物流产业、能源产业等呈现出产业融合趋势。这种产业融合拓展了商品范围，借助信息技术实现了传统产业之间的融合和跨越，促进了竞争。显然，产业融合打破了原来的商品界限，使商品范围大大拓展。产业融合借助信息技术突破了传统产业的界限，使传统产业界限变得模糊。商品范围的拓展改变了商品之间的竞争格局，增强了企业的竞争性。例如，信息技术的融合使得凡是涉及数字技术领域的商品或服务都进入了竞争范围，企业之间的竞争愈演愈烈。此外，产业融合催生了商品范围更广的大型企业，市场结构更趋向集中。产业融合使企业的市场范围进一步扩大，企业可以在更广泛的市场上获取规模经济，因此，一些企业将规模进一步扩张。企业并购是产业融合趋势下企业规模扩张的主要手段之一，借助并购，企业可以迅速将传统经营领域拓展至更为广泛的领域实现产业融合，与此同时，商品范围更为广泛的大型企业诞生，市场结构更趋向集中。

市场范围的变化在多方面改变了市场进入壁垒。经济性进入壁垒呈现非对称变化趋势，全球规模经济、产品差异、技术等进入壁垒增强，沉没成本降低又使进入壁垒降低；经济全球化条件下策略性进入壁垒难以实施，企业更多地在竞争中谋求合作，在合作中谋求竞争；政策性进入壁垒方面，传统贸易壁垒下降但新贸易壁垒不断增强，发展中国家市场进入壁垒呈降低趋势。

企业规模不断扩张。从中国、美国和世界 500 强企业看，按产业划分的最大最小规模均在不断扩大，尽管中国与美国和世界 500 强企业的规模相比仍然较小，但这种差距在不断缩小。经济全球化条件下，追求规模经济优势仍然是企业重要的战略目标之一。部分产业趋于集中，寡头垄断趋势明显。不仅仅是中国、美国和世界 500 强部分产业趋于集中，而且集中程度高，全球性的寡头垄断企业出现，如零售业的沃尔玛、信息技术服务业的 IBM、能源业的 Gazprom 和 E. ON、金属产品业的 ArcelorMittal 和 ThyssenKrupp、计算机及办公设备的惠普、通讯设备业的诺基亚等等。

最后，经济全球化条件下，各国由追求产业竞争绩效不断向追求垄断绩效转变。在国际市场竞争中，国家利益被摆在第一位。从美国对微软的反垄断判例来看[①]，当前反垄断政策的重点已经逐步地从维护价格竞争转向促进创新，其中国家利益被进一步强调。

11.1.2　FDI 和跨国并购使国际产业分工进一步细化

跨国并购日益成为经济全球化条件下 FDI 流动的主要方式，发展中国家向发达国家的投资及发展中国家之间的相互投资增加，第三产业成为跨国并购的首要产业，跨国并购的形式日趋多样化，"蛇吞象"式并购增加。

经济全球化条件下，银行业、制药业、通信业及汽车制造业这些关系国民经济命脉的重要产业的跨国并购，使得市场集中度大幅提升，全球主导厂商出现。然而，全球主导厂商的出现并未阻碍产业分工的细化和竞争，相反更多厂商试图占据产业链的制高点。特别是大型跨国公司可以通过细化内部分工，进行差异化产品的生产，实现规模经济效应；也可在全球范围内建立广泛而高效的分销网络，降低成本。此外，企业实力的增强可以使研发投入增加，处于技术前沿，而大型跨国公司雄厚的实力和品牌效应更易赢得消费者的信任和忠诚。

经济全球化条件下，与跨国公司相联系的产品内国际分工日益盛行，国际生产网络形成，发达国家在国际生产网络中占据主导地位，控制着研发、销售渠道和品牌等高附加值环节，发展中国家处于低附加值零部件生

---

① 参见 J. E. 克伍卡、L. J. 怀特：《反托拉斯革命——经济学、竞争与政策（第 4 版）》，林平、臧旭恒译，经济科学出版社 2007 年版。

产及加工组装等价值链的低端环节，获得的分工利益十分有限。随着发展中国家资源约束及环境问题越来越突出，导致在国际生产网络中的地位越来越被动。

发展中国家应在融入全球价值链的基础上，依托国内成熟的产业集群，积极构建新的全球价值链，从根本上突破发达国家对价值链的控制，掌握价值链的主导权。首先，加工贸易为主的国家应根据国际经济形势和国际产业转移的新趋势，适时调整国内产业政策，促进加工贸易产业升级，进而促进国内产业结构调整升级。在资源约束和环境问题越来越严重的形势下，逐步取消低附加值加工贸易的优惠政策，转而通过税收优惠等政策鼓励企业从事高附加值加工贸易。仅靠从事简单的加工装配不能促进产业结构的调整升级，企业应加大科技创新投入，积极与科研院所和高校开展合作研发，逐步掌握核心技术和自主知识产权，进而加大产品的营销力度和品牌建设，逐步拥有自主品牌，实现从贴牌生产（OEM）到原始设计商（ODM）、自有品牌生产商（OBM）的转换。大型企业实力雄厚，可以建立自己的研发机构和分销渠道，加强售后服务，创建自主品牌，而信息技术的发展使实力薄弱的中小企业也可以通过电子商务快速发展自己的品牌。

11.1.3　经济全球化改变了企业竞争态势

经济全球化条件下，在同一产业内企业间竞争愈演愈烈的同时，产业链上不同产业内的企业更多地以战略联盟等合作形式共同应对动荡多变的外部环境。合作性竞争已经成为企业竞争的一种新方式。[①] 然而，合作性竞争对市场势力的影响是不确定的，较之规模联盟，关联联盟更能产生改变企业相对市场势力的结果。在联盟合作的过程中，究竟哪个企业能够利用合作性竞争最终实现市场势力的提升，则是联盟双方博弈的结果。合作性竞争没有消灭竞争，相反容忍竞争对手的存在，最终形成大企业与小企业共存的市场结构。在这种市场结构中，发展中国家的中小企业由于其自身竞争力较弱和发

---

① 杜传忠（2004）认为，20 世纪 90 年代以来，随着经济全球化和网络经济的迅速发展，企业之间的合作越来越普遍，并日益成为企业的一种基本经营理念和行为方式，由此导致产业组织的垄断、竞争范式转变为竞争、合作范式。本书研究认为，从由不同产业内的企业所构成的产业链角度看，这种观点是正确的。但是，从特定的产业看，部分产业趋于集中，寡头垄断趋势更明显。

展中国家的体制机制环境等原因，可能不能融入国际合作性竞争的网络中，从而在国际竞争中处于不利地位。

当企业进入新市场时，合作性竞争无论是以关联联盟形式进行还是以规模联盟形式进行都能够有效帮助企业克服进入壁垒的阻碍，成功实现市场进入。合作性竞争同时为利基市场的出现提供了可能。规模联盟较之关联联盟更有利于产品差异化，合作性竞争无论是以关联联盟形式进行还是以规模联盟形式进行都能够有效提升品牌的影响力。

合作性竞争还对技术扩散起到一定的促进作用，尤其是当合作性竞争双方的技术距离较为接近或知识基础较为相似时，技术扩散更容易发生。合作性竞争同时能够促进新技术开发，但是，当单个企业有足够的资源和能力进行独立研发时，独立研发将替代合作研发。合作性竞争是企业有效配置资源的途径之一，在市场机制的作用下，合作性竞争对资源的全球有效配置起到了良好的推进作用。

合作性竞争会改变企业盈利能力的产业内差异，但是，这种改变不存在确定性趋势。企业盈利能力的提升也并不等同于企业竞争力的提升，只有在充分竞争的市场结构条件下，盈利能力才真正反映企业的竞争力。

11.1.4　归核化成为企业战略的新选择

经济全球化条件下，理论界和实业界开始对企业多元化战略进行反思，对企业过度多元化的质疑声音越来越大，归核化成为企业战略的一种新选择。"归核化"强调将业务更多地集中到资源和能力具有竞争优势的领域，有助于强化市场竞争地位。

随着经济全球化的不断深入发展，全球交易成本下降，然而，企业所面临的发展环境的不确定性显著提高。企业要想获得持续成长，必须清晰核心业务、核心能力和持续竞争优势之间的关系：企业的持续成长力来自企业的竞争优势以及这种优势的持续性，即在特定的领域内能否持续为顾客提供超过竞争对手的价值，而持续的竞争优势来自企业的核心能力，在企业经营领域占主导地位的核心业务则是构成企业核心能力的基础。归核化是连接核心业务、核心能力、持续竞争优势和持续成长力的主线，通过归核化行为，以核心业务为基础，持续打造企业核心能力，培育企业持续竞争优势，最后获得企业持续成长力。

企业过度多元化出现的偏差是归核化战略得以实施的基础。在实践中，企业可以根据自身的（核心）资源（能力）水平，对过度多元化中的非核心业务或有损企业价值的部分进行清除或剥离，进行"收缩"归核；同时将处理非核心业务所得到的资源转移到核心业务上，对核心业务进行强化、重构和整合，进行"扩张"归核。作为归核化的两条基本途径，收缩归核和扩张归核都是为了提高企业的核心能力以及实现企业价值的增长，二者并不是对立的，而是互相补充。除了单独使用外，二者还可以结合使用。另外，在具体实施的过程中，究竟采取收缩归核还是扩张归核要视企业不同的生命周期、业务范围与核心资源匹配程度等因素而定。

来自中国部分电子类上市公司、国有及国有控股工业企业的实证检验和百事公司由多元化回归核心的案例都表明，归核化是经济全球化条件下企业战略的新选择，是经济全球化条件下企业战略发展的新趋势。

11.1.5　外包成为一种新的全球产业组织形态

经济全球化条件下，外包的离岸化发展趋势日趋明显，但不同国家和地区、不同部门离岸外包发展不平衡。在微观层面，外包已由部分跨国公司的战术考虑发展为众多企业的一种长期发展战略；在宏观层面，外包已成为推动国际生产网络形成和发展的主要力量之一。经济全球化条件下，外包特别是离岸外包对全球范围内企业间的分工和协作关系产生了深远影响，已经成为一种新的全球生产组织方式。

经济全球化条件下，外包的迅速发展对市场结构产生了深刻影响。外包影响了在位企业的绝对成本优势、产品差异和外包网络等结构性壁垒，也使得在位企业能够以较低的资源维持过剩的生产能力，形成了阻碍潜在进入者的策略性壁垒。外包导致市场进入壁垒和企业最优规模的变化，使市场出现集中趋势。作为一种新的全球生产组织方式，外包使企业纵向边界趋于缩小的同时，模糊了传统的企业边界。

经济全球化条件下，外包的发展也引起了企业行为的变化。限制性定价策略和掠夺性定价策略更有可能被主导厂商使用，以阻止潜在竞争者的进入和防止从属厂商的扩张。外包的发展进一步提升了研发、广告和产品标准在竞争中的重要性，非价格竞争已经逐步发展成为与价格竞争同等重要的竞争战略。外包对 FDI 存在替代效应，而经济全球化的深入则从专业化生产优势、产业规模和契约环境三个方面提高了外包对 FDI 的替代程度。

经济全球化条件下，外包的发展必然影响到市场绩效。外包淘汰了低效率企业，提高了一个国家或地区内部的资源配置效率，同时，立足全球根据生产环节和区段的要素要求配置资源，提高了全球范围的资源配置效率。外包通过外包网络整体的分工效应、发包方获得的资源集聚效应和接包方获得的技术外溢效应推动了产业技术进步。

经济全球化条件下，外包兼有交易成本节约和专业化生产的效率优势，增进了消费者福利。发展中国家通过承接国际外包参与到国际分工体系中来，承接国际外包可以对发展中国家产生产业结构升级、技术外溢以及人力资本效应，推动经济增长方式转变。

11.2　经济全球化条件下中国产业政策的新调整

当投资、生产、贸易、金融跨越疆域限制而紧密连接在一起时，风险（如金融危机、各类全球性灾害）共担而利益分配并不公正合理（发达国家仍享有经济全球化所带来的大部分收益），原先局限于一国的产业组织及相关政策必然要发生深刻调整与变化。此次国际金融危机暴露出市场经济的一些弊端，中国产业组织优化和产业竞争力的提升要适应科学发展观的需要，不能单纯依靠市场，政府必须选择一条适应新形势的道路应对发展、应对危机，起到应有的作用。当前全球经济已经基本上摆脱了国际金融危机的影响，进入空前的创新密集和产业振兴时期，中国正面临着一个积极促进经济发展方式转变和结构调整的重要战略机遇期，此时正确地把握产业组织及其发展新趋势，制定有针对性的产业结构转型对策和产业组织政策，对参与国际分工和竞争、促进经济持续健康发展具有积极作用。

11.2.1　中国产业政策的发展演变

自改革开放以来，与中国经济改革同步，中国产业政策也在不断发展演变。可以大致划分为三个阶段，即 20 世纪 70 年代末及 80 年代、20 世纪 90

年代与新世纪三个不同的阶段。

1. 20 世纪 70 年代末及 80 年代

改革开放之初，中国面对的是几乎所有产品都短缺的经济现状，可以说，当时农村的极度贫困已经危及到农民的生存，所以，以家庭联产承包为核心的农村改革受到了亿万农民的真心拥护，在短短几年间就显示出了巨大的成效。因此，在城市也展开了类似的改革。城市的经济体制改革主要涉及的是工业领域的企业改革。

1978 年以前中国经济呈现出"大一统"的局面。国有企业数量庞大、规模可观，在中国社会主义建设史上发挥了支柱性的作用。但是，在高度集中的计划经济体制下，国有企业没有任何经营自主权，这不利于企业经营者和职工生产积极性的发挥，从而导致国有企业长期在低效率的状态下运营。因此，这一阶段的产业政策的目标设定主要是结构调整和企业搞活。

在产业结构方面：1978 年公布了《中共中央关于加快工业发展若干问题的决定》，其主要内容之一是结构调整问题，提出了"要把发展燃料、动力、原材料工业和交通运输放在突出地位"。1979 年提出"加快发展轻纺业"的问题。从 20 世纪 80 年代开始，部分产业出现产能过剩的问题，国家相应出台《关于制止盲目建设重复建设的几项规定》等文件，抑制产能过剩产业发展。1986 年 4 月正式通过"第七个五年计划"，第一次明确提出要进一步合理调整产业结构。为了解决产业结构中存在的问题，国家开始通过制定产业政策来指导产业发展。1988 年，在当时的国家计委下面成立产业政策司，中国开始逐步形成了研究、制定和实施产业政策的组织体系。1989 年 3 月颁布实施的《关于当前产业政策要点的决定》，强调了要发展基础产业，调整产业结构，鼓励产业组织结构的改善，促进产业技术进步。在产业布局上，从强调"均衡布局"转向注重充分发挥和利用各地区优势，尤其是沿海地区的经济技术区位优势，分阶段、有重点、求效益地展开布局，开始实施"非均衡布局战略"。20 世纪 80 年代以来，随着东、中、西发展差距的加大以及在发展上呈现出由东向西推进的客观趋势，国家进一步提出既要重点发挥比较发达的东部沿海地区的重要作用，也要逐步加快中西部地区开发。

在产业组织方面：鉴于 70 年代末企业规模结构和分工协作关系很不合理，企业规模偏小、专业化程度低的情况，1978 年出台了《中共中央关于加快工业发展若干问题的决定》。1980 年，进一步出台《关于推动经济联合的暂行规定》，鼓励发展各种形式的经济联合体。同时，通过制定科技发展规划、科学研究与技术开发专项计划以及制定技术改造的规定和方法，提高了中国产业的技术水平和产业绩效，并促进了新兴产业的发展。20 世纪 80 年代以来，主要产业部门的生产集中度下降，生产分散，大型企业所创造的产值在工业总产值中所占的比重没有得到较大提高，企业规模结构趋于不合理。① 这一期间，政府在增加高技术产业建设和对科研方面的投入的同时，为了改善高技术产业与民用脱节的情况，进一步制定了对转向民用、转向市场的优惠政策。

总之，从 20 世纪 70 年代末到 80 年代的这一阶段，中国在产业政策制定和实施上已经开始注重促进市场竞争，维护市场秩序，但总体而言，这一阶段的产业政策仍然具有很强的计划经济色彩。"双轨制"并存，产业政策的目标与效果存在矛盾，且产业政策实施的手段多以行政手段为主。②

2. 20 世纪 90 年代

1993 年党的十四届三中全会提出了围绕"建立产权清晰、权责明确、政企分开、管理科学的现代企业制度"来"解决深层次矛盾、着力进行企业制度的创新"的问题。1996 年第八届全国人民代表大会对国有企业改革提出了"抓大放小"的新思路，对国有企业实施战略性重组。通过采取改组、联合、兼并、租赁、承包经营和股份合作制、出售等形式，加快放开搞活国有小型企业的步伐，同时积聚力量塑造具有国际竞争力的大企业集团。

国家对国有企业结构性改组的战略思路是分类指导：提供公共产品的企业，选择国有国营模式；垄断性行业选择国有控股模式；竞争性行业进行公司制改造，国有资本有序退出。经过这一阶段的改革，国有企业战线明显收缩，产业结构得到优化。这一阶段的产业政策的目标设定主要是分类指导和企业改组。

在产业结构方面：1990 年轻工业部发布实施《全国轻工业行业管理暂行规定》，通过发放许可证来加强行业管理。1991 年颁布《关于深化高新技

---

① 参见马建堂：《结构与行为——中国产业组织研究》，中国人民大学出版社 1993 年版，第 190 页。

② 参见韩小威：《经济全球化背景下中国产业政策有效性问题研究》，中国经济出版社 2008 年版，第 99—100 页。

术产业开发区改革，推进高新技术产业发展的决定》，加强高新技术对传统产业的改造和渗透，带动传统产业的技术改造。1992 年做出了《关于加快发展第三产业的决定》。1994 年颁布了《汽车工业产业政策》和《90 年代国家产业政策纲要》。1997 年颁布《当前国家重点鼓励发展的产业、产品和技术目录》，强化产业政策的引导作用。2000 年发布了《鼓励软件产业和集成电路产业发展的若干政策》，鼓励软件和集成电路产业发展。

在产业组织方面：中国开始制定"抓大放小"政策，推动企业兼并、破产、重组等产业组织政策。1993 年颁布了《反不正当竞争法》。1994 年颁布了《90 年代国家产业政策纲要》及其附件《关于实施固定资产投资项目经济规模标准（第一批）的若干规定》。1999 年颁布了《工商投资领域制止重复建设目录（第一批）》。

总之，这些法律和规定开始建立了中国产业政策的相关体系，一方面，分类指导的产业结构政策深化了市场结构的优化；另一方面，产业组织政策的不断出台和体系化也加强了对企业行为的规范与引导。

3. 新世纪

21 世纪的一个显著特征是信息技术和生产运输领域的革命持续发生，交易成本急剧下降，国际贸易爆炸式增长。除了经济联系更密切外，地缘政治和全球气候变暖等不同方面把更多的国家联系在一起。可以说，这个星球的全球化程度前所未有地增加了。受其影响，中国产业政策的开放度也得到很大提高。具体而言，这一阶段的产业政策的目标设定变成：更为开放和现代化的政策手段与反垄断。

在产业结构方面：2002 年中国加入 WTO，WTO 规则的约束迫使中国产业政策做出相应调整。关税总水平大幅下降了，关税作为一种限制国外企业进入的壁垒的作用已经基本失效。配额许可证管理等非关税壁垒，一部分被取消，如粮食、羊毛、棉花、腈纶、涤纶、聚酯切片、化肥、部分轮胎等产品的配额许可证管理被取消；一部分被重新修订，如外经贸部制定了《进口配额管理实施细则》和《特定产品进口管理细则》等；并以关税配额管理替代了配额许可证管理，当时的国家计委颁布了《农产品进口关税配额的管理办法》以及 2002 年重要农产品、羊毛、毛条、化肥等关税配额管理办法。

在产业组织政策方面：新世纪里，产业组织政策正式成为中国产业政策体系中最重要的组成部分。修改和废除了一批与世贸组织规则不符的法律、法规，一批新的法律、法规出台。《中华人民共和国反倾销条例》、《中华人民共和国反补贴条例》和《中华人民共和国保障措施条例》于 2002 年 1 月 1 日生效。在服务贸易领域也颁布了新的审批外资进入的法规、条例；在知识产权方面，出台和修改完善了《专利法》、《商标法》、《著作权法》、《计算机软件保护条例》等；在投资领域，对各类中外合资合作、外商直接投资的基本法律及实施规则做了必要修订，公布了新的《外商投资产业指导目录》。更为重要的是，中国首部《反垄断法》于 2008 年 8 月 1 日起开始正式实施，标志着中国的反垄断和竞争政策步入一个新阶段。

11.2.2　设计经济全球化条件下中国产业政策的指导思想

经济全球化已经成为一个不争的事实。当前全球经济已经基本上摆脱了金融危机的影响，如何让设计出的产业组织政策和相应对策可行，具有一定的难度和挑战，关键在于必须有高瞻远瞩的全球眼光和完备的筹划。要进一步明确经济全球化条件下的中国产业组织政策的目标，认清政府在产业组织优化中的作用，从全球化视角重新审视竞争与反垄断、产业竞争力提升和产业安全，提出符合国情的产业组织相关政策。

设计经济全球化条件下中国产业政策的指导思想是：

第一，根据世界产业组织发展新趋势和其他国家应对全球化的经验教训，提出经济全球化条件下中国产业组织的相关政策。在经济全球化不断深化发展，当代产业组织发生重大变化的背景下，西方发达国家的宏观调控理念也出现了重大转变，已从全球视角出发，由过去主要弥补国内市场机制缺陷转而面向全球，运用宏观调控政策干预经济，在全球范围内寻求资源的合理配置，在国际市场上展现本国产业的竞争优势，实现国家战略利益的最大化。因此出现了竞争政策的实施从结构主义向行为主义转变的趋势。[①] 根据行为主义竞争政策，只要企业规模的增大有利于经济效率的提高或国家战略利益的实现，就不应当禁止。中国产业政策的设计要依据世界产业组织发展

---

① 参见汪斌、唐铁球：《经济全球化下产业组织政策的新变化及其启示》，《价格理论与实践》2006 年 7 期，第 72—73 页。

新趋势和其他国家应对全球化的经验教训，做出相应调整，具体而言，要做好两个"并重"，即结构调整与企业行为规范、引导并重，维护价格竞争与鼓励适当大规模经营并重。

第二，贯彻科学发展观和可持续发展的原则。结合当前基本上摆脱了国际金融危机对中国宏观经济的影响以及产业转型升级的要求，从产业结构调整升级、产业发展、重点产业振兴、战略性新兴产业发展、竞争力提升等方面提出对策。然而，由于经济全球化的影响具有发展性、多变性以及多层次性等显著特征，我国产业组织的相关政策的设计在相对稳定的基础上也需要适时调整变化，同时要设立复合性、多元化的产业组织政策组合以适合不同层面的需要。例如，既要有反垄断与竞争政策，又要有激励自主创新、做大做强的科技创新扶持措施和鼓励适当规模经营的并购政策；既要积极支持全球贸易自由化，又要有确保国内关键产业安全的保护性措施。总之，在经济全球化的复杂环境下，努力营造科学发展和可持续发展的经济社会条件，在设计相关产业组织政策时需要融入更多的"权衡性"特点。

第三，按照国家"十二五"规划以及"转方式、调结构"的要求，设计符合国情的产业政策与对策。"十二五"规划以科学发展为主题，以加快转变经济发展方式为主线，对设计符合国情的产业政策、对策提出了更高的要求。产业结构政策要积极引导经济结构和产业结构战略性调整。加强国家对农业的投入，制造业要重点打造核心竞争力，同时要发展战略性新兴产业，加快发展服务业，促进第一、第二、第三产业协同发展。在产业布局上要进一步促进城乡、东中西良性互动和协调发展。产业组织政策要从国内视野扩展到全球视野。当前全球经济已经紧密联为一体，一方面带来巨大的一体化收益，另一方面也使得全球经济一荣俱荣、一损俱损，全球经济具有巨大的波动性和不确定性，此时全球协调变得十分重要。从竞争走向合作，从国内合作走向国际协调，是生产方式变革的重要方面。中国所制定的相关产业政策与对策，要反映生产方式变革的这一重要方面。

11.2.3　经济全球化条件下中国产业结构转型

经济全球化对一国产业结构有多方面的影响，无论是企业规模、市场集中度还是进入壁垒等都在不断发生着动态调整、变化，并通过外资进入、跨国并购和对外贸易等方式对中国产业结构形成较大挑战，然而也存在多种机遇。在当前，需要特别注意以下三点，以便在进一步参与经济全球化进程中，最大化产业结构转型的利益。

1. 谋求全球产业链核心环节，深化资本合作空间

经济全球化带来分工的深化、细化，全球产业链因之生成。产业链是指各个产业部门之间基于一定的技术经济关联，并依据特定的逻辑关系和时空布局关系客观形成的链条式关联关系形态。全球产业链将产业部门之间的技术经济关联扩大到全球，因此全球产业链可以基于各个国家和地区客观存在的区域差异，着眼于发挥区域比较优势，借助区域市场协调国家和地区间的专业化分工与多维需求的矛盾。在一个全球产业链中，产品的创意可能来自美国，设计来自法国，而主要零部件来自德国，产品的最终组装可能在中国或印度，分销则遍及全球。然而全球产业链的各环节的利益分配并不合理，往往是资本、技术密集的核心环节被发达国家所垄断，而处于辅助地位、市场竞争剧烈的环节交由发展中国家生产。中国下一步引进外资，要注重引进能弥补国内产业链缺失环节的资本和技术，重点引进全球产业链条中的核心环节。此外，中国可根据自身的特殊性，加快加工贸易企业转型升级，依托一批代工企业迅速成长、国内市场巨大、文化底蕴深厚和消费结构升级的有利条件，鼓励有实力的企业加强自主研发，注重品牌和分销渠道的建设，搞好售后服务，向价值链的两端延伸。

2. 模仿与赶超相结合，提升国内产业竞争力

在继续发挥 FDI 的技术外溢性和合资企业对国外先进的生产技术、工艺流程以及管理经验的"干中学"效应的同时，特别鼓励国内具备条件的企业、产业参与研发的全球网络，占领产业技术的制高点，为国内产业结构转型奠定必要的技术基础。经济全球化条件下，参与国际合作研发，已经成为发展中国家获得某一领域最前沿技术的一种新途径。在一些基础科学（如物理学）的前沿研究领域，需要投入巨大的实验设备，并需要一流科研人员的协作。目前，中国通过更广泛地参与研发的全球网络，共享实验数据和前沿科研成果，对国内的科技进步起到了重要带动与示范的作用。这里需要提及的是，应该鼓励更多的国内企业、行业协会"走出去"，参与研发的全球网络，而不仅限于高校和国家科研机构。

3. 强化经济制度对产业结构转型的重大推动作用

经济制度对经济增长与发展十分重要。正如诺斯（North，1990）所强调的，技术的革新固然为经济增长注入了活力，但人们如果没有制度创新和制度变迁的冲动，并通过一系列制度（包括产权制度、法律制度等）构建把技术创新的成果巩固下来，那么人类社会长期经济增长和社会发展是不可设想的。经济全球化给不同国家和地区的经济制度带来了相互竞争和模仿、学习的机会。无论是"自上而下"式还是"自下而上"式的制度变迁都可能改变原有经济的组织方式，使经济利益在不同人群中重新分配，甚至改变整个经济模式。变革的"阵痛"或代价经常是巨大的。

自 1978 年改革开放以来，中国经济体制由传统的计划经济向市场经济转型，通过逐渐放开价格管制，引入非国有经济，开始采用市场竞争的机制来配置稀缺资源。其中经济制度向西方发达国家的学习是显而易见的。然而，在对西方经济制度的学习过程中，通过适合国情的革新，进一步形成了有中国特色的经济制度。张五常认为，中国经济改革的重点是从等级界定权利转到以资产界定权利的制度。[①] 总之，中国从中央集权制经济向市场经济体制的改革已进行了数十年，并且取得了巨大的成功，不断走向深入的改革需要从经济体制深入到民主制度、宪政制度等领域，其历程将十分艰辛。

市场经济制度从以下几个方面对中国产业结构转型起到了巨大的推动作用：首先是以市场化的产业政策（特别是产业组织政策）替代计划指令的方式，这一方面使得产业政策的效率更高，另一方面是使之对微观决策主体具有激励性，效果因此也更好；其次是市场经济制度所带来的产权明晰化以及行政体制的改革，为产业绩效的提升奠定了基本制度框架，"权力寻租"现象被部分地纠正了，特别是经济生活中的反行政垄断取得了较大成效；最后，从经济体制改革导向政治体制的改革，为中国经济的未来持续发展注入无穷活力，如近年来在民主制度建设上的重大举措，对政府效能的提升和公共决策的民主化与科学化进程有积极的促进作用，也为中国未来产业结构合理化建立了良性的决策机制。

---

① 参见张五常：《中国的经济制度》。

11.2.4　经济全球化条件下中国产业组织政策的相关对策建议

结合设计经济全球化条件下中国产业政策的指导思想，特别是按照国家"十二五"规划以及"转方式、调结构"的要求，进一步地提出有关产业组织政策的对策建议。

1. 实行重点产业振兴计划，增强主导产业的带动力

2009 年 1—2 月，中国连续出台了包括汽车、钢铁、纺织、装备制造、船舶、电子信息、轻工、石化、有色金属、物流在内的十大产业振兴规划。总体来讲，十大产业振兴规划以调结构、上水平为核心内容，更加兼顾短期需求与长远发展，侧重点放在长期经济又好又快地发展，为未来几年中国产业结构升级打下坚实基础。钢铁、汽车、机械装备、石化、造船、有色金属等产业也是中国经济增长的核心驱动力，在国民经济中占有重要地位，所采用的技术相对先进，增长率高，产业关联度强，对其他产业和整个经济发展有较强带动作用，属主导产业。实行重点产业振兴计划，增强主导产业的带动力，也是同当前全球"部分产业趋于集中，寡头垄断趋势明显"的趋势判断相一致的。通过较大幅度提高重点产业集中度，充分利用规模经济，完成产业升级，将使中国的这些产业具备与国际垄断寡头进行竞争的相应实力，谋求经济全球化条件下更大的利益。

2. 促进战略性新兴产业发展，占领未来经济发展制高点

新兴产业是伴随新技术的发明、应用以及新需求的产生、拉动而出现的。当前，以新技术群为基础的新兴产业群，电子工业、生物技术工业、航天工业、海洋工业、新材料与新能源工业等"朝阳产业"部门，已成为社会的主要经济支柱。区别于传统产业，新兴产业是一种主要以知识密集型为重要特征，更多依赖于可再生资源、新能源，具有低碳经济特性的产业，且一般通过产业集群的方式，在特定区域集中，具有极强的规模经济性和范围经济性。新兴产业集群式发展为经济社会的可持续发展奠定了坚实的产业基础。由于新兴产业在未来国际竞争中的重要性和对整个国民经济的引领作用，可以称之为"战略性新兴产业"。根据战略性新兴产业的特征，立足国情和科技、产业基础，中国现阶段重点培育和发展节能环保、新一代信息技术、生物、高端装备制造、新能源、新材料、新能源汽车等产业。要充分发挥中国市场需求巨大的优势，创新和转变消费模式，营造良好的市场环境，调动企业主体的积极性，推进产学研用结合。同时，对关系经济社会发展全局的重要领域和关键环节，要发挥政府的规划引导、政策激励和组织协调作用。国家通过实施重大产业创新发展工程，建设产业创新支撑体系，发挥财政税收政策的支持作用，能有效地促进中国战略性新兴产业发展，在未来国际竞争中占据有利地位。

3. 以不抬高其他企业进入壁垒和妨碍产业内部竞争为限，通过成立产业联盟的方式促进产业内的联合及企业效率的提升

经济全球化条件下，合作性竞争已经成为企业竞争的一种新方式。产业联盟是企业间结成互相协作和资源整合的一种合作模式。联盟成员可以限于某一产业内的企业或是同一产业链各个组成部分的跨产业企业。联盟成员间一般没有资本关联，各企业地位平等，独立运作。相对于企业并购等方式，产业联盟能以较低的风险实现较大范围的资源调配，避免了兼并收购中可能费时费力的整合过程，从而成为企业优势互补，拓展发展空间，提高企业自身竞争力，实现超常规发展的重要手段。需要注意的是，产业联盟的成立以不抬高其他企业进入壁垒和妨碍产业内部竞争为限。产业联盟的成立应该以提高企业自身竞争力为主要目的，而不是通过限制竞争、牺牲竞争对手的利益等手段来增加联盟内的利益。然而，在实践中，如何准确判断企业效率的提升是来源于自身竞争力的因素还是来自限制竞争的因素，存在较大的困难。此外，在经济全球化条件下，市场范围的界定应该从一国扩大到全球，从全球市场的角度界定联盟所在产业的竞争状况。所有这些都给反垄断机构的执法提出了严格的要求。中国首部《反垄断法》自 2008 年 8 月 1 日起开始正式实施，执法机构也已初步到位。目前中国反垄断的执法机构采取"一拖三"的双层结构。其中的"一"是国务院反垄断委员会；"三"指具体执法由商务部反垄断局、国家发展和改革委员会价格监督检查司以及国家工商行政管理总局反垄断与不正当竞争执法局等三个部门共同负责。但是，无论从理论还是实践上仍需强化对经济全球化条件下反垄断与竞争政策的研究。

4. 积极参与国际竞争政策协调，实现国内政策与国外政策的衔接

20 世纪 80 年代以来，随着科技革命和世界政治格局的变动，以商品、资本、劳动力、技术及信息等生产要素的跨国流动和寻求全球最优配置为主

要内容的经济全球化也以超乎寻常的速度向前推进。随着经济全球化和全球市场的逐步形成，企业竞争的范围从一国扩大到全球市场，国际生产特别是跨国公司的海外生产逐步取代国际贸易成为国际供给的主要方式，跨国公司的全球并购已成为它们进入其他国家市场，取得全球竞争优势的主要方式。全球竞争格局的这种变化，特别是 90 年代以来跨国并购的急剧扩张，要求各国国内的经济政策特别是竞争政策协调一致。由于经济发展水平、历史文化传统、社会制度、竞争实力等多方面因素的影响，各国的竞争政策存在巨大的差异。在跨国公司全球扩张和全球并购过程中不可避免地要产生诸多矛盾与冲突。中国要积极参与国际竞争政策协调，利用世界贸易组织（WTO）、特惠贸易协定（PTA）等多边或双边的形式，积极实现竞争政策的国内与国外衔接融合。此外，积极参与国际竞争网络（ICN）、经济合作与发展组织（OECD）、联合国贸易和发展会议（UNCTAD）等组织与竞争政策协调相关的活动，旨在通过对话和更广泛的在政策与执法问题上交换意见，也将推动国内外竞争政策的衔接融合。

5. 关注国内产业安全，为国民经济健康协调发展提供有力保障

所谓产业安全是指一国在开放的条件下，在国际竞争的发展进程中，具有保持国内产业持续生存和发展的能力。产业安全的影响因素相当复杂，基本上可以归纳为产业外部环境因素与产业内部因素。[①] 其中，产业外部环境是影响产业安全的重要因素，主要是指产业的生存与发展环境、政府的产业与外资政策以及跨国公司与外国直接投资进入国内市场的资本、技术、管理等状况。经济全球化条件下，通过有效地管理与规范产业外部投资者的进入行为，从而使市场竞争保持在相对合理的范畴内，对既保持市场一定的竞争性，又防止过度竞争而加剧产业内竞争压力具有重要意义。在中国改革开放取得丰硕成果的今天，有必要在外资政策上从实行外资的"超国民待遇"原则转变为内外资同享"国民待遇"的原则，对涉及国民经济安全的重点产业（农业、设备制造业、信息产业、生物产业、交通运输业等），对外资进入做出必要的限制性规定，以满足这些产业既能充分利用外资又能有效保证产业安全的双重要求。从产业内部来看，影响产业安全的主要因素包括产业集中

---

① 参见李孟刚：《产业安全理论研究》（第 2 版），经济科学出版社 2010 年版。

度和产业的制度结构等。产业内本国企业的集中度较高，所占总产量或总销量的比重较大，本国企业对该产业的控制力较强，该产业就相对安全。此外，政府有必要从制度层面健全与完善产业内部的制度结构，以提升其竞争力与抵御外部威胁的能力。

11.3   结论与展望

本书研究经济全球化条件下的产业组织及发展趋势，对经济全球化条件下的产业组织进行了理论剖析，并且深入分析了开放经济条件下中国产业竞争状况、规模结构的调整变化情况，为政府决策部门提供具有借鉴意义和针对性的产业结构、产业组织政策调整建议，取得了一些显著的成果：

（1）对经济全球化条件下的产业组织理论的分析，取得了重要进展。本书在把握经济全球化特点与未来发展变化趋势的基础上，分析全球化对产业组织影响的作用机理，对全球化条件下产业组织变化、影响因素、变化趋势进行研究。主要包括：经济全球化条件下的全球市场重构的趋势判断及作用机理的分析；从分工、专业化理论出发重新理解、阐述"斯密定理"；引入竞争、合作与全球协调产业组织分析，采用博弈论的方法研究经济全球化条件下的企业行为与竞争态势等。

（2）深入剖析了经济全球化条件下中国产业竞争状况、规模结构的调整变化情况。分别从经济全球化条件下的市场结构、FDI 与国际产业分工、研发创新、企业竞争态势的新趋势、归核化的战略选择、外包的产业组织分析等角度对经济全球化条件下中国产业竞争状况、规模结构的调整变化情况进行专题研究，以判明经济全球化条件下产业组织发展的新趋势。

（3）在理论和实证分析的基础上，提出经济全球化条件下中国产业政策选择的政策建议。一是明确中国产业组织政策的目标，认清政府在产业组织优化中的作用，从全球化视角重新审视竞争与反垄断、产业竞争力提升和产业安全，提出符合国情的产业组织相关政策。二是贯彻科学发展观和可持续发展的原则，结合当前基本上摆脱了国际金融危机对中国宏观经济的影响及产业转型升级的要求，从产业结构调整升级、产业发展、重点产业振兴、战略性新兴产业发展、竞争力提升、创新等方面提出对策。

存在的不足和下一步的研究重点是：

（1）理论分析上还可继续深入。本书的研究由于时间和精力所限，对经济全球化条件下企业行为的分析并不全面。下一步研究中有必要对经济全球化条件下企业的垄断竞争行为、合作性竞争行为以及重要的研发、广告等策略性行为作出更深入的剖析。

（2）实证分析上，受限于国内中长期产业数据库的相对匮乏，本书在计量实证分析上相对缺乏。在现有数据允许的条件下，本书研究主要对市场结构、FDI、跨国并购、合作性竞争中的规模联盟与关联联盟、中国部分产业的归核化情况、外包发展程度等做了实证分析和测算。这些研究，既可弥补当前相关实证研究的缺乏，又有助于判明市场结构和企业行为的发展新趋势，并具有积极的对策应用价值。下一步有必要在可得的数据库和深入的数量模型分析的基础上，进行经济全球化对产业组织影响的实证分析，以得出更具实践指导性的结论与对策建议。

参考文献

1. Acs，Zoltan J.，and David B. Audretsch. 1987. "Innovation，Market Structure，and Firm Size," *Review of Economics*，69（4），567—574

2. Aitken，B. J.，A. E. Harrison. 1999. "Do Domestic Firms Benefit from Direct Foreign Investment? Evidence from Venezuela," *The American Economic Review*，89：605—618

3. Ansoff，H.，1965. *Corporate Strategy*，McGraw-Hill

4. Antràs，P.，E. Helpman. 2004. "Global Sourcing," *Journal of Political Economy*，112：552—580

5. Bagwell，K.，R. W. Staiger. 1999. "An Economic Theory of GATT," *American Economic Review*，89：215—248

6. Bagwell，K.，R. W. Staiger. 2002. "Economic Theory and the Interpretation of GATT/WTO," *The American Economist*，46：3—19

7. Bain，J. S.，1956. *Barriers to New Competition*. Cambridge：Harvard University Press

8. Balassa，B.，1966. "Tariff Reductions and Trade in Manufactures among the Industrial Countries," *The American Economic Review*，Vol. 56，446—473

9. Becker. G.，1981. *A Treatise on the Family*. Cambridge. Massachusetts，Harvard University Press

10. Berger，Peter L.，1997. *Four Faces of Global Culture*. National Interest 49：23—29

11. Berger，P. G.，E. Ofek. 1995. "Diversification's Effect on Firm Value," *Journal of Financial Economics*，37：39—65

12. Boyd，J.，S. Kwak，and B. Smith. 2005. "The Real Output Losses Associated with Modern Banking Crises," *Journal of Money，Credit，and Banking*，37：977—999

13. Brandenburger，A. M.，2004. "Game Theory and Business Strategy," Working Paper，New York University

14. Brander，James A.，Barbara J. Spencer. 1981. "Tariffs and the Extraction of Foreign Monopoly Rents under Potential Entry," *The Canadian Journal of Economics*，Vol. 14，

No. 3，371—389

15. Coase，R. H.，1937. "The nature of firm," *Economica*，4（16），386—405

16. Culpan，Refik. 1993. *Multinational Business Alliance*. Binghamton：International Business Press

17. Damro，Chad. 2006. *Cooperation on Competition in Transatlantic Economics Relation*. Basingstone，Hampshire and New York：Palgrave Macmillan

18. Daniel Sokol. D. *Monopolists without Borders：The Institutional Challenge of International Antitrust in a Global Gilded Age*. http//：ssrn. com/abstract＝961380

19. Dedrick，Jason，et al. 2008. "Who Profits from Innovation in Global Value Chains? A Study of the iPod and Notebook PCs," Working Paper. http：//web. mit. edu/is08/pdf/Dedrick _ Kraemer _ Linden. pdf

20. Demsetz，H.，1968. "Why Regulate Utilities," *Journal of Law and Economics*，11，pp. 55—65

21. Demsetz，H.，1974. "Two Systems of Belief about Monopoly," In：H. J. Goldschmid，H. M. Mann，J. F. Weston，eds.，*Industrial Concentration：The New Learning*. Boston：Little，Brown

22. Dussauge，Pierre，Bernard Garrette，Will Mitchell. 2000. "Learning from Competing Partners：Outcomes and Durations of Scale and Link Alliances in Europe，North America and Asia," *Strategic Management Journal*，21（2）：99—126

23. Eaton，J.，S. Kortum. 2002. "Technology，Geography，and Trade," *Econometrica*，70：1741—1780

24. Eisenhardt，Kathleen M.，Claudia Bird Schoonhoven. 1996. "Resource-Based View of Strategic Alliance Formation：Strategic and Social Effects in Entrepreneurial Firms," *Organization Science*，7（2）：136—150

25. Evenett，Simon J.，Wolfgang Keller. 2002. "On Theories Explaining the Success of the Gravity Equation," *The Journal of Political Economy*，Vol. 110，No. 2，281—316

26. Feenstra，Robert C.，James R. Markusen，Andrew K. Rose. 2001. "Using the Gravity Equation to Differentiate Among Alternative Theories of Trade," *The Canadian Journal of Economics*，Vol. 34，No. 2，430—447

27. Feenstra，R. C.，1998. "Integration of Trade and Disintegration of Production in the Global Economy," *The Journal of Economic Perspectives*，12：31—50

28. Feenstra，R. C.，G. H. Hanson. 1996. "Globalization，Outsourcing and Wage Inequality," *The American Economic Review*，86（2），240—245

29. Finger，J. Michael，1982. "Trade and the Structure of American Industry，Annals of

the American Academy of Political and Social Science," Vol. 460, *The Internationalization of The American Economy*, 45—53

30. Frosch D. , N. Gallopoulos. "Strategies for Manufacturing," *Scientific American*, 1989, 261 (3): 94—102

31. Gartner, 2008. *Gartner on Outsourcing* (*2008—2009*). Research Report

32. Germain, O. , 2001. *Strategic Refocusing of Large Firms on Core Businesses: A Process Approach*. Business Administration Institute, University of Lower-Normandy

33. Grossman, G. M. , E. Helpman. 2005. "Outsourcing in a Global Economy," *Review of Economic Studies* 72: 135—159

34. Grossman, Gene M. , Elhanan Helpman. 2002. "Integration versus Outsourcing in Industry Equilibrium," *Quarterly Journal of Economics*, Vol. 117, No. 1, 85—120

35. Grossman, G. M. and E. Helpman. 2003. "Outsourcing versus FDI in Industry Equilibrium," *Journal of the European Economic Association*, 1 (2—3), 317—327

36. Grubel, H. G. , P. J. Lloyd. 1975. *Intra-Industry Trade: The Theory and Measurement of International Trade in Differentiated Products*. London, Macmillan

37. Hall, M. , L. W. Weiss. 1967. "Firm Size and Profitability," *Review of Economics and Statistics*, 49: 319—331

38. Hanson, Gordon H. , Chong Xiang. 2004. "The Home-Market Effect and Bilateral Trade Patterns," *The American Economic Review*, Vol. 94, No. 4, 1108—1129

39. Head, Keith, Thierry Mayertt, John Ries. 2002. "On the Pervasiveness of Home-Market Effects," *Economic New Series*, Vol. 69, No. 275, 371—390

40. Helpman E. , P. Krugman. 1987. *Market Structure and Foreign Trade*. Cambridge, MA: MIT Press

41. Hill, C. W. L. , 1995. "The Toyota Corporation in 1994," In: C. W. L. Hill, G. R. Jones (Eds.), *Strategic Management: An Integrated Approach*. Boston: Houghton Mifflin, 249—263

42. Hoxha, I. , S. Kalemli-Ozcan, D. Vollrath. 2009. "How Big Are the Gains from International Financial Integration?" *NBER Working Paper* No. 14636

43. http: //ec. europa. eu/competition/index _ en. html

44. http: //www. ftc. gov/

45. http: //www. jftc. go. jp/e-page/index. html

46. Hummels, D. , J. Ishiib and K. M. Yi. 2001. "The Nature and Growth of Vertical Specialization in World Trade," *Journal of International Economics*, (54), 75—96

47. Javidan, M. , 1998. "Core Competence: What Does it Mean in Practice?" *Lang Range*

Planning，1：60—71

48. Katz，Michael and Carl Shapiro. 1985. "Network Externalities，Competition and Compatibility," *American Economic Review*，Vol. 75 (3)，424—440

49. Khanna，T.，R. Gulati，N. Nohria. 1998. "The Dynamics of Learning Alliances：Competition，Cooperation and Relative Scope," *Strategic Management*，19 (3)：193—210

50. Lado，Augustine A.，Nancy G. Boyd，Susan C. Hanlon. 1997. "Competition，Cooperation，and the Search for Economic Rents：A Syncretic Model," *Academy of Management Review*，22 (1)：110—141

51. Lee，Heejin，Sangjo Oh. 2006. "A Standards War Waged by a Developing Country：Understanding International Standard Setting from the Actor-network Perspective," *Journal of Strategic Information Systems*，15：177—195

52. Lindsey，Brink，2002. *Against the Dead Hand：The Uncertain Struggle for Global Capitalism*. Washington DC：John Wiley

53. Lu，C.，2007. "Moving Up or Moving Out? A Unified Theory of R&D，FDI and Trade," *Journal of International Economics*，71：324—343

54. Luo，Y. D.，2007. "A Co-opetition Perspective of Global Competition," *Journal of World Business*，42：129—144

55. Mahoney，J. T.，J. R. Pandian. 1992. "The Resource-Based View within the Conversation of Strategic Management," *Strategic Management Journal*，15 (5)：363—380

56. Markides，C. C.，1992. "The Economic Characteristics of De-diversifying Firms," *British Journal of Management*，3：91—100

57. Markides，C. C.，1995. "Diversification，Restructure and Economic Performance," *Strategic Management Journal*，16 (2)：101—118

58. McLaren，John，2000. "'Globalization' and Vertical Structure," *The American Economic Review*，Vol. 90，No. 5，1239—1254

59. McLaren，John，2003. "Trade and Market Thickness：Effects on Organizations," *Journal of the European Economic Association*，Vol. 1，No. 2/3，*Papers and Proceedings of the Seventeenth Annual Congress of the European Economic Association*，328—336

60. Mitchell，W.，K. Singh. 1996. "Survival of Businesses Using Collaborative Relationships to Commercialize Complex Goods," *Strategic Management Journal*，17 (3)：169—196

61. Negassi. 2004. "R&D Cooperation and Innovation：A Micro-Econometric Study on the French Firms," *Research Policy*，33：365—384

62. North，Douglass C.，1990. *Institutions，Institutional Change，and Economic Performance*. Cambridge University Press

63. Parkhe, Arvind, 1993a. "Strategic Alliance Structuring: A Game Theoretic and Transaction Cost Examination of Inter-firm Cooperation," *Academy of Management Journal*, 36 (4): 794—829

64. Parkhe, Arvind, 1993b. "Partner Nationality and the Structure-Performance Relationship in Strategic Alliances," *Organization Science*, 4 (2): 301—324

65. Penrose, E. , 1959. *The Theory of the Growth of the Firm*. Oxford University Press

66. Petty, William, 1683. "Another Essay on Political Arithmetics," In: C. H. Hull ed. *Economic Writings of Sir. William Petty*. reissued, New York, M. Kelly, 1963

67. Porter, M. E. , 1987. "From Competitive Advantage to Corporate Strategy," *Harvard Business Review*, 65 (3): 43—59

68. Powell, W. W. , K. W. Koput, L. Smith-Doerr. 1996. "Inter-organizational Collaboration and the Locus of Innovation: Networks of Learning in Biotechnology," *Administrative Science Quarterly*, 41 (1): 116—145

69. Prahalad, C. K. , G. Hamel. 1990. "The Core Competence of the Corporation," *Harvard Business Review*, 68 (3): 79—91

70. Ring, P. S. , A. H. Van de Ven. 1992. "Structuring Cooperative Relationships between Organizations," *Strategic Management*, 13 (7): 483—498

71. Rohlfs, Jeffrey. 1974. "A Theory of Interdependent Demand for a Communications Service," *Bell Journal of Economics*, Vol. 5 (1), 16—37, Spring

72. Rosen, S. , 1978. "Substitution and Division of Labour," *Economica*, 45: 235—250

73. Rosen, S. , 1983. "Specialization and Human Capital," *Journal of Labor Economics*, 1: 43—49

74. Rumelt, R. P. , 1974. *Strategy, Structure, and Economic Performance*. Harvard University Press

75. Samuelson, P. A. , 2003. "Pure Theory Aspects of Industrial Organization and Globalization," *Japan and the World Economy*, 15: 89—90

76. Schumpeter, Joseph A. , 1934. *The Theory of Economic Development*. Cambridge, MA: Harvard University Press

77. Smith, Adam, 1776. *An Inquiry into the Nature and Causes of the Wealth of Nations*. Reprint, edited by E. Cannan. Chicago: University of Chicago Press, 1976

78. Stuart, Toby E. , 2000. "Inter-organizational Alliances and the Performance of Firms: A Study of Growth and Innovation Rates in a High-Technology Industry," *Strategic Management Journal*, 21 (8): 791—811

79. Turgot, A. R. J. 1766. "Reflections on the Production and Distribution of Wealth,"

In：P. D. Groenewegen，ed. *The Economics of A. R. J. Turgot.* The Hague，Nijjhoff，1977

80. Venables，Anthony J.，Alasdair Smith，Paul Krugman，Ravi Kanbur. 1986. "Trade and Industrial Policy under Imperfect Competition," *Economic Policy*，Vol. 1，No. 3，622—672

81. Verdoom，P. J.，1960. "The Intra-Bloc Trade of Benelux," In：E. A. G. Robinson (ed)，*The Economic Consequence of the Size of Nations*，London，Macmillan

82. Vonortas，N. S.，S. P. Safioleas. 1997. "Strategic Alliances in Information Technology and Developing Country Firms：Recent Evidence," *World Development*，25（5）：657—680

83. Williamson，O. E.，1967. "Hierarchical Control and Optimum Firm Size," *Journal of Political Economy*，75（2），123—138

84. Young，Allyn，1928. "Increasing Returns and Economic Progress," *The Economic Journal*，38：527—542

85. KPMG. 2009. *A New Dawn：China's Emerging Role in Global Outsourcing.* Research Report

86. UNCTAD. 2004. *World Investment Report 2004：The Shift towards Services.* Research Report

87. Zhan，A.，X. Yu. 2007. "Innovation Standardization in China's Telecommunications Industry：The Actor-network Perspective," *Proceedings of the 4th International Conference on Innovation and Management*，Yamaguchi，Japan，Wuhan：Wuhan University of Science and Technology Press，1766—1772

88. Olsen，M. D. et al. 饭店与旅游服务业战略管理. 南开大学出版社和约翰·威利父子公司联合出版，2004

89. ［美］彼得·M·布劳，W·理查德·斯科特. 正规组织：一种比较方法. 夏明忠译. 北京：东方出版社，2006

90. ［美］F. 艾伦，D. 盖尔. 理解金融危机. 山东大学学报，2009（5）

91. ［美］R·格伦·哈伯德（R. Glenn Hubbard），安东尼·P·奥布赖恩（Anthony Patrick O'Brien）. 经济学（微观）. 张军，罗汉译. 北京：机械工业出版社，2011

92. ［美］赫尔曼·西蒙. 21 世纪的隐形冠军：中小企业国际市场领袖的成功策略. 张非冰等译. 北京：中信出版社，2009

93. ［美］赫尔曼·西蒙. 隐形冠军：谁是全球最优秀的公司. 阿西，温新年译. 北京：新华出版社，2002

94. ［美］J. E. 克伍卡，L. J. 怀特. 反托拉斯革命——经济学、竞争与政策（第 4 版）. 林平，臧旭恒译. 北京：经济科学出版社，2007

95. ［美］卡尔潘. 全球企业战略联盟. 吴刚，李海客译. 北京：冶金工业出版

社，2003

96. ［美］克里斯·祖克，詹姆斯·艾伦. 回归核心（第二版）. 罗宁译. 北京：中信出版社，2004

97. ［美］理查德·施马兰西，罗伯特·D·威利格. 产业组织经济学手册. 李文浦等译. 北京：经济科学出版社，2009

98. ［美］罗伯特·L·海尔布罗纳，威廉·米尔博格. 经济社会的起源（第12版）. 李陈华，许敏兰译. 上海：格致出版社、上海人民出版社，2010

99. ［美］罗伯特·洛根，路易斯·斯托克斯. 合作竞争. 陈小全译. 北京：华夏出版社，2005

100. ［英］马丁·沃尔夫. 全球化为什么可行. 余江译. 北京：中信出版社，2008

101. ［英］马赫·M·达芭. 反垄断政策国际化研究. 肖兴志等译. 大连：东北财经大学出版社，2008

102. ［美］迈克尔·波特. 竞争论. 刘宁，高登第，李明轩译. 北京：中信出版社，2004

103. ［德］米歇尔·鲍曼. 道德的市场. 肖军译. 北京：中国社会科学出版社，2003

104. ［美］钱德勒. 看得见的手——美国企业的管理革命. 重武译. 北京：商务印书馆，1987

105. ［美］乔尔·布利克，戴维·厄恩斯特. 协作型竞争. 林燕等译. 北京：中国大百科全书出版社，1998

106. ［美］托马斯·弗里德曼. 世界是平的：21世纪简史. 何帆，肖莹莹，郝正非译. 长沙：湖南科学技术出版社，2006

107. ［美］威廉·G·谢波德，乔安娜·M·谢波德. 产业组织经济学. 张志奇等译. 北京：中国人民大学出版社，2009

108. ［英］亚当·斯密. 国富论. 郭大力，王亚南译. 上海：上海三联书店，2009

109. 埃森哲管理咨询公司. 服务外包市场研究报告——中国与全球，2008

110. 鲍延磊. 世界银行业产业组织与发展趋势. 新金融，2009（11）

111. 毕博管理咨询公司. 2007年度中国服务外包产业发展战略报告，2008

112. 世行发布《2008年全球发展金融报告》——全球经济增长放缓，新兴市场保持强劲. 世界贸易组织动态与研究，2008（8）

113. 曹红英，王洋. 欧盟竞争政策值得中国借鉴. 中国对外贸易，2008（11）

114. 曹永福. 美国经济周期稳定化研究述评. 经济研究，2007（7）

115. 陈文涛. 应对金融危机，贸易保护主义不可取. 中国高新技术企业，2009（7）

116. 陈庆江，杨蕙馨. 经济全球化条件下离岸制造外包的发展趋势和产业间差异. 南方经济，2011（4）

117. 程卫东，李靖堃. 欧洲联盟基础条约：经《里斯本条约》修订. 北京：社会科学文献出版社，2010

118. 程勇，徐康宁. 企业"最优多元化水平"假说是否存在——以中国上市公司为样本的研究. 中国软科学，2006（9）

119. 程勇，黄建华. 多元化还是归核化？——一个基于企业核心资源视角的研究. 科学学与科学技术管理，2009（5）

120. 崔世娟，孙利，蓝海林. 中国企业归核化战略绩效研究. 科学学与科学技术管理，2009（7）

121. 崔世娟，郑建存，蓝海林. 中国企业归核化战略影响因素实证研究. 深圳大学学报（人文社会科学版），2010（7）

122. 邓伟根. 产业生态：产业经济学研究的第四个领域. 产经评论，2010（1）

123. 董红霞. 美国欧盟横向并购指南研究. 北京：中国经济出版社，2007

124. 董进. 宏观经济波动周期的测度. 经济研究，2006（7）

125. 杜传忠. 产业组织演进中的企业合作——兼论新经济条件下的产业组织合作范式. 中国工业经济，2004（6）

126. 杜朝晖. 现代产业组织学：理论与政策. 北京：高等教育出版社，2005

127. 冯德连. 对外贸易政策扶持目标产业的理论与策略. 中国经济问题，2002（3）

128. 冯文娜，杨蕙馨. 中间性组织网络中成员企业的学习模式研究. 山东大学学报（哲学社会科学版），2008（1）

129. 冯文娜. 外部网络对中小企业成长的贡献分析——来自济南中小软件企业的证据. 山东大学学报（哲学社会科学版），2009（5）

130. 傅军，张颖. 反垄断与竞争政策：经济理论、国际经验及对中国的启示. 北京：北京大学出版社，2004

131. 符正平. 论企业集群的产生条件与形成机制. 中国工业经济，2002（10）

132. 甘华鸣，蒋钦华. 合争. 北京：中国国际广播出版社，2002

133. 高巍. 印度对外投资的经验及启示. 国际经济合作，2006（12）

134. 高越，李荣林. 异质性、分割生产与国际贸易. 经济学季刊，2008（1）

135. 郭莉等. 基于哈肯模型的产业生态系统演化机制研究. 中国软科学，2005（11）

136. 郭斌，蔡宁. 企业核心能力审计：指标体系与测度方法. 系统工程理论与实践，2001（9）

137. 韩德超. 分工—融合与我国物流产业发展. 中国物流与采购，2009（11）

138. 韩小威. 经济全球化背景下中国产业政策有效性问题研究. 北京：中国经济出版社，2008

139. 何君毅. 恒源祥的战略联盟观. 2008 年 4 月，http://www.c8888.com/Channel_

news/shijian/200804/Channel _ news _ 20080428101029. html

140. 胡宏，忻展红. 企业多元化经营与企业绩效关系分析模型. 北京邮电大学学报（社会科学版），2009（1）

141. 黄定轩，尤建新. 企业核心能力识别综述. 同济大学学报（社会科学版），2007（5）

142. 黄如金. 经济全球化与中国工业化的战略选择. 中国工业经济，2001（11）

143. 江静，刘志彪. 全球化进程中的收益分配不均与中国产业升级. 经济理论与经济管理，2007（7）

144. 江小涓. 服务外包：合约形态变革及其理论蕴意——人力资本市场配置与劳务活动企业配置的统一. 经济研究，2008（7）

145. 江小涓. 服务全球化与服务外包：现状、趋势及理论分析. 北京：人民出版社，2008

146. 揭筱纹，宋宝莉. 基于核心能力的适度多元化：企业成长与发展的方向. 经济学家，2007（1）

147. 金碚. 经济全球化背景下的中国工业. 中国工业经济，2001（5）

148. 荆林波. 质疑外包服务降低成本及引起失业的假说. 经济研究，2005（1）

149. 康荣平. 企业专业化成长：利基战略. 经济界，2003（5）

150. 李国学. 资产专用性投资与全球生产网络的收益分配. 世界经济，2009（8）

151. 李孟刚. 产业安全理论研究（第2版）. 北京：经济科学出版社，2010

152. 李群. 管理贸易、新贸易理论与产业政策. 产业经济研究，2004（6）

153. 李新波，韩伯棠，王宗赐. 标准化与技术创新规模和速度的关系研究. 科学学与科学技术管理，2010（11）

154. 李玉红，茹长云. 国际金融业的产业融合对我国金融业的启示. 河北科技师范学院学报（社会科学版），2006（1）

155. 李云娥，郭震洪. 墨西哥多重区域贸易协定策略. 山东社会科学，2007（5）

156. 联合国贸发会议. *World Investment Report*（2008），http：//www. unctad. org

157. 梁宏. 产业集群及其竞争力研究. 哈尔滨工业大学学报（社会科学版），2005（1）

158. 林季红. 国际生产非一体化论析. 厦门大学学报（哲学社会科学版），2008（5）

159. 林民盾，杜曙光. 产业融合：横向产业研究. 中国工业经济，2006（2）

160. 刘春生. 全球生产网络构建与中国的战略选择. 北京：中国人民大学出版社，2008

161. 刘洪德. 中国汽车产业组织系统研究. 哈尔滨工程大学博士论文，2004

162. 刘钧霆. 产业内贸易研究的新发展：文献综述. 经济研究导刊，2008（3）

163. 刘起运等. 投入产出分析. 北京：中国人民大学出版社，2006

164. 刘世锦，冯飞. 汽车产业全球化趋势及其对中国汽车产业发展的影响. 中国工业经

济，2002（6）

165．刘曙光，郭刚．从企业标准到全球标准：技术创新及标准化问题研究．经济问题探索，2006（7）

166．刘志彪．全球化背景下中国制造业升级的路径与品牌战略．财经问题研究，2005（5）

167．刘志彪，吴福象．贸易一体化与生产非一体化——基于经济全球化两个重要假说的实证研究．中国社会科学，2006（2）

168．卢锋．产品内分工．经济学（季刊），第4卷第1期

169．卢锋．服务外包的经济学分析——产品内分工的视角．北京：北京大学出版社，2007

170．卢锋．我国承接国际服务外包问题研究．经济研究，2007（9）

171．卢中原．世界产业结构调整趋势和启示．中国产业经济动态，2007（15）

172．陆辉．产业集群及其竞争力研究．现代商贸工业，2008（11）

173．吕政，杨丹辉．国际产业转移的趋势和对策．经济与管理研究，2006（4）

174．罗仁会．开的产业生态系统最优产业单链的搜寻．数学的实践与认识，2006（2）

175．马健．产业融合论．南京：南京大学出版社，2006

176．马健．产业融合理论研究评述．经济学动态，2002（5）

177．马建堂．结构与行为——中国产业组织研究．北京：中国人民大学出版社，1993

178．马作宽，刘东贤．组织合作与竞争．北京：中国经济出版社，2009

179．商务部．日本反垄断法律制度，http：//www.antimonopolylaw.org/article/default.asp？id＝123.

180．沈进军．2006—2007中国汽车市场年鉴．北京：中国商业出版社，2007

181．沈琪．战略性国际外包理论与应用．北京：中国人民大学出版社，2010

182．宋旭琴，蓝海林，向鑫．相关多元化与归核化的研究综述．科学学与科学技术管理，2007（1）

183．谭力文，马海燕．全球外包下的中国企业价值链重构．武汉大学学报（哲学社会科学版），2006（2）

184．唐铁球．经济全球化时代产业组织及其政策的新变化．经济论坛，2008—06

185．汪斌，唐铁球．经济全球化下产业组织政策的新变化及其启示．价格理论与实践，2006（7）

186．王德建，杨蕙馨．温特制生产：动因、运行机制与企业竞争优势重构．山东大学学报（哲学社会科学版），2011（2）

187．王海汀，齐捧虎．归核化战略：企业获得持续成长力的路径选择．大连理工大学学报（社会科学版），2005（2）

188. 王军. 产业组织演化：理论与实证. 北京：经济科学出版社，2008

189. 王军，杨蕙馨. 2006—2008 年中国省际高技术产业效率实证研究——基于三阶段 DEA 模型分析. 统计研究，2010（12）

190. 王先林. 论经济全球化背景下竞争政策和竞争法的国际协调. 上海交通大学学报（哲学社会科学版），2006（6）

191. 王晓晔. 紧盯国际卡特尔——美国反托拉斯法及其新发展. 国际贸易，2002（3）

192. 魏江，叶学锋. 基于模糊方法的核心能力识别和评价系统. 科研管理，2001（3）

193. 吴福象. 经济全球化中制造业垂直分离的研究. 财经科学，2005（3）

194. 巫强，刘志彪. 双边交易平台下构建国家价值链的条件、瓶颈与突破——基于山寨手机与传统手机产业链与价值链的比较分析. 中国工业经济，2010（3）

195. 吴意云，朱希伟. 从无差异到差异——2008 年诺贝尔经济学奖得主理论评介. 浙江社会科学，2008（11）

196. 夏华强. 中国产业加快从分散到寡头垄断竞争. 经济导刊，2007（12）

197. 肖竹. 竞争政策与政府规制. 北京：中国法制出版社，2009

198. 徐文彬. 全球三大全能银行并购发展路径的比较分析. 首都经济贸易大学学报，2010（2）

199. 薛红志. 技术标准竞争和主导设计形成过程. 南开大学博士论文，2007

200. 严帅. 中国汽车产业集中度研究. 重庆大学硕士学位论文，2009

201. 杨波，尹国鹏. 中国服务外包：发展现状与提升对策. 国际经济合作，2009（1）

202. 杨丹辉，贾伟. 外包的动因、条件及其影响：研究综述. 经济管理，2008（2）

203. 杨蕙馨主编. 产业组织理论. 北京：经济科学出版社，2007

204. 杨蕙馨. 企业的进入退出与产业组织政策——以汽车制造业和耐用消费品制造业为例. 上海：上海三联书店、上海人民出版社，2000

205. 杨蕙馨，徐向艺等. 开放经济与中国产业组织研究. 北京：商务印书馆，2006

206. 杨蕙馨，纪玉俊，吕萍. 产业链纵向关系与分工制度安排的选择及整合. 中国工业经济，2007（9）

207. 杨蕙馨，冯文娜. 中间性组织研究. 北京：经济科学出版社，2008

208. 杨蕙馨，冯文娜. 合作性竞争对市场结构的影响：基于全球汽车产业的经验研究. 中国工业经济，2010（6）

209. 杨蕙馨，金家宇. 2002—2009 年中国百强企业分析. 山东社会科学，2010（6）

210. 杨蕙馨，李峰，吴炜峰. 互联网条件下企业边界及其战略选择. 中国工业经济，2008（11）

211. 杨蕙馨，吴炜峰. 居住消费升级与产业发展相关性分析. 经济学动态，2009（4）

212. 杨蕙馨，吴炜峰. 用户基础、网络分享与企业边界决定. 中国工业经济，2009（8）

213. 杨蕙馨，吴炜峰. 经济全球化条件下的产业结构转型及对策. 经济学动态，2010（6）

214. 叶春. 产业融合背景下的能源安全战略. 电业政策研究，2007（8）

215. 尹发跃. 标准取胜：企业风靡国际市场的金钥匙. 决策与信息，2002（2）

216. 于立，舒玲敏，刘劲松. 欧盟竞争政策及其发展趋势. 世界经济研究，2005（4）

217. 于立，吴绪亮. 国际竞争政策的分歧、互动与展望. 世界经济研究，2006（9）

218. 于刃刚等. 产业融合论. 北京：人民出版社，2006

219. 臧旭恒，徐向艺，杨蕙馨主编. 产业经济学（第4版）. 北京：经济科学出版社，2007

220. 曾楚宏，林丹明. 论企业边界的两重性. 中国工业经济，2005（7）

221. 曾国安，兰荣蓉. 反垄断政策的国际协调与中国的选择. 江汉论坛，2007（3）

222. 詹爱岚. 标准战略导向的通信产业创新协同机制研究. 华中科技大学博士学位论文，2008

223. 张伯里. 经济全球化、金融危机与国际合作及协调. 求是，2009（11）

224. 张宏. 跨国公司与东道国市场结构. 辽宁大学博士学位论文，2004

225. 张利华. 华为研发. 北京：机械工业出版社，2009

226. 张介岭. 星巴克：回归核心业务，突出品牌特色. 经济日报，2008—C7—30

227. 张明倩，臧燕阳，张琬. 传统贸易理论、新贸易理论和新经济地理框架下的产业集聚现象. 经济地理，第27卷第6期，2007年11月

228. 张五常. 中国的经济制度. 北京：中信出版社，2009

229. 张晓明，胡惠林，章建刚. 2009年中国文化产业发展报告. 北京：社会科学文献出版社，2009

230. 赵宝华，綦建红. 跨国公司进入的产业组织分析：一个关于主导厂商的模型. 河北经贸大学学报，2001（4）

231. 郑雄伟. 国际外包——国际外包全球案例与商业机会. 北京：经济管理出版社，2008

232. 植草益. 信息通讯业的产业融合. 中国工业经济，2001（2）

233. 中国品牌研究院. "中国100最具价值驰名商标"排行榜. 2006年1月，http：//www.globrand.com/brandlist/

234. 中国汽车技术研究中心，中国汽车工业协会. 世界汽车工业发展年度报告2008，http：//bbs.jinku.com/attachment.php？aid=37161

235. 中国汽车技术研究中心，中国汽车工业协会. 中国汽车工业年鉴（2009）. 北京：人民交通出版社，2009

236. 中华人民共和国商务部．中国服务贸易发展报告 2007，2007

237. 钟雪梅．产业内贸易理论研究的综述．现代经济信息，2008（8）

238. 周晓宏，王介石．技术标准与技术创新协同关系研究．求索，2009（3）

239. 邹文杰．企业战略联盟研究．厦门大学博士论文，2007

240. 邹文杰．竞争、合作与产业组织演进．2009 年 7 月，http：//lw. xinxueshu. com/Html/SocialSciences/124837637111674 _ 4. html

后　记

　　20 世纪 90 年代中期，我在南开大学经济研究所攻读博士学位、撰写博士学位论文时，开始集中研究产业组织问题，《企业的进入退出与产业组织政策——以汽车制造业和耐用消费品制造业为例》（上海三联书店、上海人民出版社 2000 年出版，2001 年获孙冶方经济科学奖）即为我的博士论文。现在呈献在读者面前的这本书可以说是那时研究工作的延续。2009 年，我得到国家哲学社会科学基金和山东省"泰山学者"建设工程专项经费的资助，继续产业组织问题的研究，本书初稿即为国家社科基金项目"经济全球化条件下产业组织与发展新趋势及我国对策研究"的最终研究成果，结题鉴定等级为优秀。2011 年我们对最终研究成果做了进一步修改，并在此基础上申报《国家哲学社会科学成果文库》，有幸获得立项后，我们根据专家评审意见再次修改了书稿。可以说，这本书是近三年来我们研究团队共同努力的结果，是研究团队集体智慧的结晶。整个研究课题和书稿由我设计思路，提出研究计划、方法和撰写提纲，并由我和研究团队成员分头撰写初稿，具体分工为：第 1 章：杨蕙馨、吴炜峰；第 2 章：吴炜峰；第 3 章：王军；第 4 章：王蒙；第 5 章：赵明亮；第 6 章：杨蕙馨、王军、冯文娜、吴炜峰；第 7 章：冯文娜；第 8 章：徐凤增；第 9 章：陈庆江；第 10 章：辛立国；第 11 章：吴炜峰、杨蕙馨。吴炜峰、冯文娜和王军协助我修改初稿，最后由我修改、审定定稿。

　　感谢国家哲学社会科学基金与《国家哲学社会科学成果文库》匿名鉴定和评审专家对该成果的充分肯定以及提出的宝贵修改意见。

　　在该课题研究与书稿修改过程中，得到了许多专家学者的关心、支持和帮助，特别是国家统计局局长马建堂博士、国务院研究室工交贸易司司长马传景博士在百忙中不辞劳苦,审阅书稿,并大力推荐。在此,我与研究团队全体成员表示衷心的感谢。作为项目负责人,我还要感谢山东大学管理学院和原山东经济学院、山东财经大学(筹)的各位领导、"泰山学者"学术团队各位戒员的大力支持。感谢中国人民大学出版社为该书出版所做出的努力。

随着经济全球化的深入和中国在全球经济地位的日益提升,产业组织以及中国企业在全球经济中的竞争态势都处在快速变化过程中,新的现象与问题层出不穷,我们试图理清头绪,找到能够提纲挈领的研究框架,并比较准确地概括出其趋势。呈现在读者面前的这本书即是我们思考与研究的初步成果。由于数据与资料所限,本该做得比较理想的计量研究,只好寄希望于日后能够有比较齐全、连续的数据了。书中还有不少需要完善之处,恳请学界同仁和读者朋友提出批评建议,不吝赐教,推动这项研究继续深入下去。

我的电子邮箱地址是:yhx@sdu.edu.cn 。

杨蕙馨

2011 年 11 月

策划编辑：司马兰　王　磊
责任编辑：薛　锋
装帧设计：肖　辉　彭莉莉

图书在版编目（CIP）数据

经济全球化条件下产业组织研究/杨蕙馨等著.
　-北京：中国人民大学出版社，2012.3
（国家哲学社会科学成果文库）
ISBN 978-7-300-15048-2

Ⅰ. 经… Ⅱ. 杨… Ⅲ. 产业组织－研究　Ⅳ. F062.9

中国版本图书馆 CIP 数据核字（2012）第 018835 号

经济全球化条件下产业组织研究
JINGJI QUANQIUHUA TIAOJIAN XIA CHANYE ZUZHI YANJIU

杨蕙馨　吴炜峰　冯文娜　王军　等著

中国人民大学出版社　出版发行

（100080　北京中关村大街 31 号）

涿州市星河印刷有限公司印刷　新华书店经销

2012 年 3 月第 1 版　2012 年 3 月第 1 次印刷
开本：710 毫米×1000 毫米 1/16　印张：27.5
字数：420 千字　印数：0,001－2,000 册

ISBN 978-7-300-15048-2　定价：98.00 元

邮购地址 100080　　北京中关村大街 31 号
中国人民大学出版社读者服务部　电话（010）62515195　　82501766